Über den Autor:

Norman Vincent Peale wurde am 31. Mai 1898 in Bowersville/Ohio, USA geboren. Nach einer journalistischen Ausbildung arbeitete er zunächst für das *Detroit Journal* und studierte dann Theologie an der *University School of Theology*. Er veröffentlichte zahlreiche Bestseller zu seiner Theorie des positiven Denkens, die in viele Sprachen übersetzt wurden. Er starb am Heiligabend 1993.

Von Norman Vincent Peale sind außerdem bei BASTEI-LÜBBE lieferbar:
66168 Lebe positiv!
66180 So hast du mehr vom Leben
66223 Die Kraft des positiven Denkens
66328 Leben kann Freude sein
66337 Nimm das Glück in deine Hand
66365 Das Abenteuer des Lebens
66366 Die Wirksamkeit positiven Denkens
66367 Begeisterung wirkt Wunder
66368 Der leuchtende Stern

NORMAN VINCENT
PEALE

Das Buch
der Lebensfreude

Die Geschichte eines
positiven Daseins

Aus dem Amerikanischen von
Peter Hübner

BASTEI-LÜBBE-TASCHENBUCH
Band 66369

Erste Auflage: Juli 1999
© Copyright 1984 by Norman Vincent Peale
Originaltitel: THE TRUE JOY OF POSITIVE LIVING
Originalverlag: William Morrow Comp., New York
© Copyright für die deutschsprachige Ausgabe
1987 by Oesch Verlag AG, Zürich
Lizenzausgabe im Bastei-Verlag Gustav H. Lübbe GmbH & Co.,
Bergisch Gladbach
Lektorat: Diane von Weltzien
Einbandgestaltung: Manfred Peters
Titelfoto: IFA, Düsseldorf
Satz: KCS GmbH, Buchholz/Hamburg
Druck und Verarbeitung: Elsnerdruck, Berlin
Printed in Germany
ISBN 3-404-66369-1

Sie finden uns im Internet unter
http://www.luebbe.de

Der Preis dieses Bandes versteht sich einschließlich
der gesetzlichen Mehrwertsteuer.

Inhalt

1. Kapitel
Ein Junge aus dem ländlichen Ohio

Viele meiner Mitmenschen waren überrascht, daß aus mir ein Seelsorger wurde, obwohl ich als Junge eigentlich nicht allzuviel anstellte und nicht das war, was man im bösen Sinne einen Lausbuben nennen würde. In den kleinen Gemeinden Ohios wurde man zu Beginn dieses Jahrhunderts als Sohn eines Seelsorgers als »anders« angesehen, und es wurde einem auch das Gefühl vermittelt, man sei anders. Was immer der Sohn eines Seelsorgers tat, wenn es auch nur geringfügig abseits des absolut Korrekten lag, es kennzeichnete ihn als Sünder.

Es brauchte eine Anzahl von Faktoren, um aus jemandem einen Seelsorger werden zu lassen, der dafür wahrlich nicht berufen zu sein schien. Ein solcher Faktor waren die Predigten meines Vaters. Die Art und Weise, wie er Jesus Christus beschrieb, erweckte in mir bereits früh in meinem Leben tiefe Bewunderung und Begeisterung für den Herrn. Mein Vater besaß eine unvergleichliche Gabe, das Christentum wirklich und aufregend erscheinen zu lassen. Er war ein mitreißender öffentlicher Redner. Ich empfand enorme Achtung und Liebe für meinen Vater, und da ich seinen Predigten immer gerne zuhörte, war ich ein regelmäßiger Kirchgänger.

An einem Sommersonntag, als ich noch ein Junge war, erteilte meine Mutter den Sonntagsschülern Bibelunterricht in der kleinen Methodistenkirche von Lynchburg, Ohio. Mutter begann mit dem Tabellenstand unser aller Lieblingsmannschaft im Baseball, den Cincinnati Reds. Dann ging sie über zu einer Beschreibung Jesu und wie Er »sein Gesicht gen Jerusalem wandte«, wohl wissend, was ihm dort widerfahren würde. Was für ein Mann; was für ein Mut! Mutter nannte das »Mumm«. Fest entschlossen schritt er geradewegs hinein in das Lager seiner Feinde, weil er mich liebte und bereit war, für mich zu sterben. Der Glaube daran ließ mich mein Leben lang nicht mehr los, sondern bewirkte, daß ich ihn ewig liebte. Für mich gab es niemanden, der mit ihm auch nur vergleichbar gewesen wäre.

Obwohl mir Liebe und Bewunderung für unseren Herrn eng am Herzen lagen und ich auch Liebe für die alten Kirchenlieder empfand, gerne gute Predigten anhörte und gläubig war, befand ich mich, wie man zu sagen pflegte, »nicht im Königreich Gottes«. Ich war ein lebhafter, kraftvoller Junge, der sich zu den Lasterhöhlen des Fleisches hingezogen fühlte, obwohl ich in Wirklichkeit nie herausfand, was dort tatsächlich ablief.

Ich wußte, daß es immer der Wunsch meiner Mutter gewesen war, daß ich Seelsorger würde. Vater forcierte diese Vorstellung nie, sondern meinte, daß ich von Gott erlernen sollte, was ich Seinem Wunsch entsprechend mit meinem Leben anzufangen hätte, um dann Seinem Willen und Seiner Führung zu folgen. Ich fühlte mich zum Seelsorgertum hingezogen, leistete dieser Neigung aber Widerstand, denn als Sohn eines Seelsorgers in den kleinen Ohio-Gemeinden von damals schien es mir, daß ich abseits der anderen Kinder meines Alters gestellt würde. Wenn ich auch nur das Geringste anstellte, wie etwa mit den anderen hinter der Scheune versteckt das Pfeiferauchen auszuprobieren, würde mich unweigerlich jemand hänseln: »Oh, du bist doch ein Pastoren-sohn!« So etwas ärgerte mich, genau wie es in ähnlicher Weise andere Söhne und Töchter von Seelsorgern berührte. Jugendliche Traumata dieser Art verblassen üblicherweise mit zunehmender Reife; ich weiß jedoch, daß einige Kinder von Geistlichen derart getroffen waren, daß sie die Kirche insgesamt ablehnten, obwohl sie die Achtung für ihre Eltern beibehielten.

In einer Kleinstadt in Ohio, in der wir eine Zeitlang wohnten, war es üblich, daß mein Vater an jedem Montagmorgen die Bank aufsuchte, um dort vom Bankdirektor seinen Gehaltsscheck für die Woche zu erhalten. Der Direktor erwartete natürlich, daß mein Vater den Scheck sofort auf unser Konto einzahlen würde. Jedesmal, wenn er den Scheck überreichte, kam die gleiche Frage: »Nun, Bruder Peale, meinst du, daß deine Predigt gestern diesen Scheck rechtfertigt?«

Das machte mich immer unsagbar wütend, denn meistens begleitete ich meinen Vater bei diesem montäglichen Ritual. Aber Vater blieb gelassen und reagierte humorvoll auf diesen sogenannten Scherz. Was mich verwunderte, war, daß mein Vater und der Bankier Freunde waren. Später konnte ich sogar feststellen, daß sie eine tatsächliche Liebe und tiefer gegenseitiger Respekt miteinander verband.

Der Bankier lebte in einem imposanten Haus in der Hauptstraße. Es war fürstlich gelegen, von der Straße zurückversetzt, von alten Bäumen umgeben, mit einer Zufahrt, die in großer Kurve zum Haupteingang führte. Jeden Morgen bestieg der Bankier eine makellos gepflegte Kutsche, von zwei herrlichen Rappen gezogen, die der Kutscher zur Bank dirigierte, um am Mittag den Bankier wieder nach Hause zu bringen und danach erneut zur Bank. Das alles mutete an, als wäre der Bankier irgendein römischer Feldherr. Jedenfalls erschien er so in meiner voreingenommenen Betrachtung. Was für ein Bonze war dies, an den ein Diener des Allmächtigen Gottes herantreten mußte wie ein ehrfürchtiger Bittsteller?

Aber mein Vater sagte: »Man muß alles über einen Menschen wissen, jedenfalls alles, was man wissen kann, bevor man eine fundierte Meinung über ihn bilden kann. Sehen wir uns diesen Bankier an. Er ist der Sohn eines armen Bauern, eines Vaters, der seinen wenigen Morgen an steinigem Boden nie einen Erfolg abringen konnte. Die Familie war weitaus ärmer, als wir es sind. Der Junge kam eines Tages vor vielen Jahren in die Stadt und ging die Straßen auf und ab auf der Suche nach Arbeit, irgendeiner Arbeit. Letztlich wurde er von dieser Bank zum Saubermachen eingestellt. Er fegte die Fußböden, putzte die Fenster, machte Botengänge, hielt die Toiletten sauber und verrichtete jede niedere Aufgabe, so gut er nur konnte und mit einer freundlichen Ausstrahlung. Ein Jahr nach dem anderen zog dahin, und letztlich wurde er der Bankdirektor.

Er heiratete ein wunderschönes Mädchen, und die beiden lebten fünfundzwanzig Jahre lang oder noch länger glücklich zusammen. Dann kam eines Morgens sehr früh dieses Gespann mit der Kutsche, die du so ablehnst, zu mir, und sie brachten mich in das große Haus des Bankiers, wo seine Frau, trotz des Reichtums und des gesellschaftlichen Ansehens, nicht mehr gerettet werden konnte. Ich war dabei, als sie starb, und ich saß bei ihm in seinem Schmerz. ›Ich werde nie vergessen, was du getan hast, als du in der schlimmsten Stunde meines Lebens bei mir warst‹, sagte er, als er meine Hand beim Abschied ergriff.

Er hat nie wieder davon gesprochen, denn es ist nicht seine

Art, Gefühle zur Schau zu tragen. Aber verstehst du, ich kenne ihn, und in seiner eigenen Weise liebt er mich als einen seiner engsten Freunde. Also störe dich nicht daran, daß wir jeden Montagmorgen unser kleines Ritual durchspielen. Das ist nur ein Weg für Männer, einander zu zeigen, wie sehr sie sich gegenseitig schätzen.«

Danach sah ich den Bankier als einen Mann, anstatt ihn als Bankdirektor zu betrachten, und ich bin sicher, daß mein Vater das beabsichtigt hatte. Und ich begann, für diesen Mann ein Mitgefühl zu entwickeln. Offensichtlich erreichte es ihn auch, denn das letzte Mal, als ich ihn sah, legte er seinen Arm um meine Schultern und sagte: »Norman, dein Vater ist ein großartiger Mann. Paß immer gut auf ihn auf.« Als er das gesagt hatte, ging er an seinen Schreibtisch zurück und entließ mich mit einer Handbewegung. Er hatte alles gesagt, was er sagen konnte. Als ich einige Jahre später von seinem Tod erfuhr, machte mich das traurig, aber ich wußte, daß ein ehrenwerter Mann mit sauberen Händen zum Herrn heimgekehrt war. Die Menschen mitfühlend zu lieben und das Gute in jedem Mann und in jeder Frau zu erkennen, ist, was mein Vater seinen Kindern beibrachte, durch seine Lehren und sein Vorbild.

Eine Erinnerung, die mich mein Leben lang begleiten wird, bezieht sich auf einen Sonntagabend im Rahmen einer Serie von Erweckungsversammlungen, die mein Vater in der Dorfkirche einer kleinen Gemeinde im südlichen Ohio abhielt. Damals waren die zwei Wochen der Erweckungsversammlungen, samt ihren allabendlichen Zusammenkünften, das größte Ereignis des Jahres im ganzen Landkreis. Es gab keine Kinofilme, keine Rundfunkprogramme und kein Fernsehen, um davon abzulenken. Die Kirche hatte unbedingten Vorrang. Sie war nicht nur der spirituelle Mittelpunkt, sondern auch der zentrale Punkt der Unterhaltung, ein Ort des Zusammenseins. Und da Vater ein gewaltiger Redner war, war seine Kirche immer voll; bei Erweckungsversammlungen war man über einen Stehplatz froh.

In diesem Dorf gab es einen Mann, Dave Henderson, der als durchaus umgänglich galt – wenn er nüchtern war. Man war sich jedoch dahingehend einig, daß der betrunkene Dave eine gesellschaftliche Katastrophe darstellte. Seine Sauftouren fanden in regelmäßigen Abständen statt und dauerten in ihrem vollen Ausmaß einige Tage lang an.

Dave war ein großer Mann mit prankenartigen Händen, die, zu Fäusten geballt, die Schlagkraft von Motorenkolben besaßen, wie einige Betroffene bestätigen konnten. Normalerweise war er ein freundlicher Mann, aber wenn er Alkohol in sich hatte, wurde Dave beim nichtigsten Anlaß aggressiv. Auch genoß er den Ruf, im Fluchen der Landesmeister zu sein, und verfügte in diesem Bereich über einen beachtlichen Wortschatz. Manche behaupteten, er prügle seine Frau, aber diese würdevolle, kultivierte Frau bestätigte von sich aus nie etwas Derartiges.

Merkwürdigerweise war Dave ein ziemlich regelmäßiger Kirchgänger, der immer in der letzten Reihe Platz nahm. Beim Verlassen der Kirche reichte er meinem Vater immer die Hand: »Schöne Predigt heute, Hochwürden. Ich höre Ihnen gerne zu.« Mein Vater mochte Dave und sagte oft, wenn er sich je dem Glauben widmen würde, hätte der Herr einen großartigen Mitstreiter gewonnen. Vater bemühte sich, auf Dave spirituell einzuwirken, jedoch ohne erkennbare Wirkung. Bis jener Abend stattfand.

Nach einer stark evangelisierenden Predigt pflegte mein Vater jeden Menschen, der sein Leben verändern wollte, zu sich an den Altar einzuladen, um dort hinzuknien, und viele nahmen diese Aufforderung an. In der Ausübung seines Amtes bewirkte er eine große Anzahl von Bekehrungen, und die meisten blieben dem Glauben lange Jahre treu. Aber nach der Erweckungspredigt dieses Abends trat kein Mensch nach vorne, statt dessen war plötzlich Unruhe in der Gemeinde. Jemand betrat den Gang in Richtung Altar. Der Fußboden schien unter seinem Schritt förmlich zu beben. Mutter drehte sich um und hauchte überrascht: »Es ist Dave!« Der große Kerl kniete vor dem Altar und sprach leise mit meinem Vater. Der erzählte uns danach, was Dave gesagt hatte: »Ich will nicht mehr so sein, wie ich jetzt bin, Hochwürden. Ich will Jesus. Ich will, daß Er mich erlöst.« Mit gesenkter Stimme betete Vater mit Dave und legte zum Segen seine Hand auf den dunklen Lockenkopf des großen Mannes.

Dann stand Dave auf und drehte sich zur versammelten Gemeinde in der Kirche um. Obwohl ich erst ein Junge war, ließ mich sein Gesichtsausdruck staunen. Es war ein Ausdruck der Verwunderung, der unsagbaren Freude. Er ist mir bis heute ins Gedächtnis geprägt. Natürlich sagten einige, daß die Bekehrung nicht lange andauern würde. Wie sollte denn ein Querschläger wie Dave innerhalb von einer Minute eine Veränderung erfahren haben? Aber was er geworden war, dauerte an, und zwar mehr als fünfzig Jahre lang, bis zu seinem Tode. Er wurde buchstäblich zu einem Heiligen, einem neuen Menschen in Jesu, und ein halbes Jahrhundert lang war er ein Segen im Leben jedes Menschen, der ihn kannte.

Eines Tages, es ist nur wenige Jahre her, wurde mir mitgeteilt, daß Daves langes, wunderbares Leben seinem Ende nahte. Also reiste ich zu ihm, um ihn in seinem alten Zuhause in dem kleinen Ohio-Dorf aufzusuchen. Ich traf ihn im Bett an, sein Haar war so weiß wie das Kissen, auf dem der große

Kopf ruhte. Dave war abgemagert und wirkte zerbrechlich, die Hände auf dem Deckbett waren schmal geworden, die Adern standen blaufarben hervor. Ich nahm seine Hand in meine. Da war noch etwas von dem früheren Zangengriff zu spüren. Aber in jedem Fall vermittelte diese Hand Liebe. Wir sprachen über die alten Zeiten und die Wege unseres Herrn Jesu Christi, und wie Er alle diejenigen segnet, die Ihn lieben und Ihm folgen.

»Dein Vater war ein großer Mann, Norman, der größte Mann, der mir je begegnete. Wer kann denn wohl größer sein als der Mann, der dich zum Herrn führt? Und dich liebe ich, mein Sohn. Du warst an dem wundervollen Abend bei mir, als meine Seele bereinigt wurde, als der Herr kam und mich, eines Seiner verirrten Schafe, erlöste. Ich werde dich immer lieben, Norman.«

»Und ich dich, Dave«, sagte ich, meine Kehle fast zugeschnürt. »Laß uns zusammen beten, bevor ich gehe«, sagte ich, »und ich möchte, daß du das Gebet sprichst.« Ich kniete neben dem Bett dieses großartigen alten Heiligen. Er legte seine Hand auf meinen Kopf. Seine Stimme versagte stellenweise, ob durch Schwäche oder durch die Kraft seiner Gefühle, aber jedes seiner Worte ist mir ins Gedächtnis gebrannt. Sein Segen bleibt mir unvergeßlich. Als ich in der Tür stand, sah ich ihn an und hob die Hand zum Abschiedsgruß. Mit einem sanften Lächeln hob er seine Hand. Wir sahen uns nie wieder.

Als kleiner Junge, von dem Mysterium der Veränderung des Kerns eines Menschen in Ehrfurcht versetzt, bat ich meinen Vater, mir dies zu erklären. »Alles, was ich sagen kann, ist: Es ist die Macht Gottes.« Dann fügte er hinzu: »Der Erschaffer ist auch der Wiedererschaffer.« Aber das Ereignis mit Dave prägte mein Bewußtsein mit Ahnungen der Wunder

14

und Herrlichkeiten des Seelsorgeramtes. Ich bin mir sicher, daß dies, gemeinsam mit anderen Erlebnissen, zur Überwindung meiner Widerstände gegenüber der Berufung zum Seelsorger führte.

Ich wurde am 31. Mai 1898 in Bowersville im Landkreis Greene County in Ohio geboren, einem charmanten Dorf mit rund dreihundert Einwohnern, das an einer staubigen Straße inmitten fruchtbarem Weideland liegt. Es gab im gesamten Staat Ohio wohl keinen friedlicheren, schöner gelegenen Ort als diesen, und so ist er bis heute geblieben, obwohl er nur eine Meile von der Ohio-Schnellstraße entfernt ist, auf halber Strecke zwischen Cincinnati und Columbus.

Mein Vater, Charles Clifford Peale, Pastor der örtlichen Methodistenkirche, hatte ursprünglich als Arzt in Milwaukee, Wisconsin, praktiziert. Er war Stadtrat für das Gesundheitswesen in Milwaukee, als er schwer erkrankte. Seine Mutter rechnete kaum noch mit seinem Überleben, und da sie tief religiös war, gab sie dem Herrn das Versprechen, daß sie auf ihren Sohn »Cliffy« einwirken würde, seine Karriere in der Medizin zugunsten der eines Seelsorgers aufzugeben, falls er die Krankheit überleben sollte.

Die Besserung seines Gesundheitszustandes schien die direkte Antwort auf alle Gebete zu sein, und obwohl Clifford Peale keineswegs mütterlichem Druck unterlag, spürte er die Einwirkung göttlicher Vorsehung. Er gelangte zu der Überzeugung, daß seine Genesung tatsächlich anzeige, es sei der Wille des Herrn, daß er sich voll dem christlichen Dienst eines Seelsorgers widme.

Er besaß alle Instinkte eines Mediziners und übertrug sie auf das Amt des Seelsorgers. Dadurch wurde er meiner Meinung nach einer der ersten, die die funktionierende Partnerschaft zweier heilender Disziplinen in die Tat umsetzten: die des Doktors der Medizin und die des Doktors des Geistes und der Seele. Als Inhaber der Doktorhüte beider Disziplinen meinte Vater oft spaßhaft, er sei ein Widerspruch in sich selbst.

Jedenfalls erwies sich mein Vater als höchst einflußreicher Pastor und Prediger. Sein erster Dienst im Jahre 1895 war im Dorf Sugar Tree Ridge im südlichen Ohio. Seine junge Ehefrau und er transportierten ihren Haushalt von Lynchburg, Ohio, wo sie beide aufgewachsen waren, im Verlauf einer langen Tagesreise von fünfzehn Meilen per Pferdewagen zu dem kleinen Dorf, wo sie ihr erstes gemeinsames Zuhause etablierten. Drei Jahre später zogen sie nach Bowersville um, wo ich dann die Familie vergrößerte.

Wir waren arm, aber mir war das nie bewußt. In späteren Jahren versuchten Soziologen, Menschen wie uns glaubhaft zu machen, daß die Gesellschaft uns benachteiligt habe. Wir waren gute, saubere, anständige und von Selbstachtung geprägte Amerikaner des armen Standes und haben uns nie in irgendeiner Weise dafür geschämt.

In Bowersville war mein Vater Pastor eines »Kreises«, wie man es damals nannte. Er betreute drei kleine Kirchen in einem Gebiet von ungefähr zehn Quadratmeilen. Jeden Sonntagmorgen hielt er den Gottesdienst in der einen Kirche ab, Sonntagnachmittag in der nächsten, und zum Schluß des Sabbats war er in der dritten. Von jeder Kirche brachte er Naturalien mit, einen Korb Äpfel, einen Sack Kartoffeln, frisches Gemüse oder manchmal ein oder zwei Laib Brot (an dessen Duft ich mich heute noch erinnere), und damit kamen wir großartig aus.

Sein Gehalt mußte er selber einsammeln. Ich erinnere mich noch, wie ich ihn einmal zu einem großen Farmhaus begleitete, wo ihm der Farmer zwei Silberdollars überreichte. »Das ist alles, was dir zusteht, Hochwürden«, erklärte das

Gemeindemitglied. »Aufgrund des schlechten Wetters war ich in diesem Winter nur zweimal in der Kirche.« Worauf mein Vater, der dem Leben immer Humor abgewinnen konnte, sagte. »Nun, es freut mich, daß meine Predigten an Wert gewinnen, denn beim letzten Mal bekam ich nur fünfzig Cent pro Stück von dir.«

Der Mädchenname meiner Mutter war Anna DeLaney. Sie war die Tochter eines in der alten Heimat geborenen Iren, Andrew DeLaney, und ihre Mutter, Margaret Potts, stammte mütterlicherseits von einem Angehörigen des Stabes von George Washington ab. Margaret Potts war eine Dame englischer Abstammung, aber irgendwie schien das irische Erbe bei meiner Mutter vorzuherrschen. Sie hatte zarte, bleiche Haut, blaue Augen und goldgelbes Haar, und ihre Bewegungen waren von Charme und Anmut geprägt. Immer werde ich mich an ihre weichen, sanften Hände erinnern, die aber auch stark sein konnten und die Spuren der Arbeit trugen. Sie bewältigte den Haushalt immer alleine, war aber in religiösen Aktivitäten gleichfalls führend tätig. Alle, die Anna DeLaney in ihrer Jugend gekannt hatten, berichteten mir übereinstimmend, daß sie »das schönste Mädchen in Lynchburg« gewesen sei, und manche meinten sogar, »die lieblichste junge Dame des Highland County«.

Es war nicht lange, nachdem mein Vater von Milwaukee nach Lynchburg zurückgekehrt war, als er im Laden der Gebrüder Peale stand, die Passanten betrachtete und dabei eine liebliche Erscheinung wahrnahm, die die Hauptstraße entlangging. Von ihrer Schönheit und ihrer Würde beeindruckt, fragte er seinen Vater: »Wer ist dieses Mädchen?«

»Das ist Anna DeLaney«, antwortete Samuel Peale.

»Nun, Vater, ich werde dieses Mädchen heiraten«, kündigte Cliff Peale an. Und genau das tat er, am 25. Oktober

1895 in der kleinen Methodistenkirche in Lynchburg. Mutter sagte immer, sie habe ihn eine Weile lang hingehalten, damit er nicht eingebildet würde.

Während meiner gesamten Jugend war meine Mutter für mich die lieblichste Frau, die ich je wahrgenommen hatte. Deutlich ist sie mir immer noch vor Augen, eine makellose Erscheinung in ihrem langen, weißen Kleid, mit einem schmucken Hut auf dem goldblonden Haar, wie sie an Sommertagen voller Anmut spazierenging, einen farbenfrohen Sonnenschirm auf der Schulter. Und der Schönheit ihres Ausdrucks entsprach voll und ganz die Schönheit ihres Charakters. Ich war immer so stolz auf sie, denn für mich stellte sie alles dar, was gut und edel war. Meine Mutter war eine christliche Frau der traditionellen Art, die aber keineswegs des Sinns für Humor und der Lebensfreude entbehrte.

Ihre irische Abstammung trat unverkennbar hervor, wenn sie die alten Lieder Irlands mit ihrer melodischen Stimme vortrug oder auf unserem Rasen Gedichte über Feen wiedergab. Sie erzählte uns die überlieferten Geschichten der smaragdgrünen Insel, die sie von ihrem Vater gelernt hatte und die sie wiederum an ihre Kinder weitergab. Das gesamte Maß der sprichwörtlichen irischen Witzigkeit, der romantischen Veranlagung und der grenzenlosen Sentimentalität der Iren war ihr zu eigen. Mit feuchten Augen konnte sie uns rührende Geschichten aus dem alten Irland erzählen, das sie zwar selbst nie erlebt hatte, für sie aber dennoch unbestreitbar wirklich war. Eines Tages, eines wunderbaren Tages, hoffte sie, doch noch Fuß auf die Erde Irlands zu setzen, von der ihr abgöttisch geliebter Vater vor langer Zeit ausgewandert war.

Ihre Mutter, Margaret Potts DeLaney, war eine würdevolle Dame alter Art. Ich habe sie ständig in eher strenger schwarzer Bekleidung in Erinnerung. Sie pflegte die Umgangsformen einer Aristokratin, ihrer Herkunft gebührend, aber ihre Bescheidenheit und ihr liebevoller Charakter schafften ihr Freunde bei allen, ob reich oder arm. Trotz allen Umgangsformen gehobener Kreise besaß sie die menschliche Gabe, zu jedem Kontakt zu finden. Ich erinnere mich an die köstlichen Mahlzeiten bei Oma DeLaney und an die kultivierte Atmosphäre ihres Hauses, und obwohl sie uns verließ, als ich noch recht jung war, sehe ich sie durch den Dunst der vielen Jahre vor mir als eine großartige Dame mit einem riesigen Herz. Meine Mutter ähnelte ihr in markanter Weise, vereinte jedoch in sich das würdevolle Auftreten ihrer Mutter mit dem irischen Witz und der Gefühlsbetonung ihres Vaters – eine bemerkenswerte, unvergeßliche Mischung.

Es war lustig, mit meiner Mutter zusammenzusein, und sie hatte immer etwas Interessantes parat. Nach dem Abendessen versammelten wir uns um sie, und in ihrer charmanten, begeisternden Art erzählte sie uns von dem, was sie gerade las, und zitierte uns viele Autoren. Sie war sehr humorvoll, und wenn etwas sie amüsierte, was häufig vorkam, war ihr Lachen nicht zu unterdrücken, dafür aber um so ansteckender.

Bei einer Trauerfeier geschah es einmal, daß der Pastor eine Formulierung verwendete, die meine Mutter unheimlich komisch fand. Ich saß neben ihr und merkte, daß es sie innerlich vor Lachen schüttelte, daß sie aber um alles in der Welt bemüht war, sich nichts anmerken zu lassen. Sie ergriff meine Hand und flüsterte: »Um Himmels willen, halte mich vom Lachen ab!« Ich warf ihr einen strengen Blick zu, der sie auch einigermaßen bremste, aber ich spürte dennoch, wie der unfreiwillige Humor der Situation sie weiterhin bewegte. Ich mußte wieder an diesen Tag denken, als ich auf derselben Kirchenbank bei ihrer Trauerfeier saß, und diese Erinnerung war mir doch ein Trost. Tatsächlich war sie für mich nie wirklich gestorben.

Vor einigen Jahren kehrte ich nach Bowersville zurück und besuchte das Haus, in dem ich geboren wurde. Heute gehört es Herrn Roy Venard und seiner Frau, einem überaus netten und gastfreundlichen Ehepaar. Frau Venard fragte mich, ob ich wüßte, in welchem Zimmer ich zur Welt gekommen war. Vielleicht hatte meine Mutter mir das vor Jahren einmal erzählt. In Erinnerung war mir ein Bauernwagen, der immer vor dem Haus auf der anderen Straßenseite gestanden hatte und in dem wir Kinder aus dem Umkreis gespielt hatten. Jedoch war ich mir nie sicher, in welchem Alter das echte Gedächtnis einsetzt, und es mag sein, daß ich mich vielleicht an Geschehnisse und Ereignisse »erinnere«, die mir später erzählt wurden.

Der Ort Bowersville erteilte mir die Ehre, an beiden Ortseinfahrten Gedenktafeln zu errichten. Sie haben die Form des Staates Ohio, und auf ihnen ist zu lesen: »Bowersville. Geburtsort Seiner Hochwürden Norman Vincent Peale, Pastor und Schriftsteller.«

Ich hatte von diesen Tafeln bereits gehört, sie aber noch nicht besichtigt. Also machten meine Frau Ruth, mein Sohn John, der Philosophieprofessor am Longwood College in Virginia ist, und ich eines Tages den langen Umweg auf einer Reise von Dayton nach Cincinnati, um Bowersville zu besuchen. Wir sahen eine der historischen Gedenktafeln am Stadtrand, und ich war tief berührt und sehr stolz darauf. Dann fuhren wir durch die Ortschaft, um festzustellen, ob es am anderen Ende auch eine solche Tafel gebe. John hatte beim Betrachten der ersten Tafel keinen Kommentar abgegeben, aber nun sagte er: »Mensch, Papa, die haben hier wirklich nicht viel, womit sie angeben können, oder?«

Nun vielleicht haben sie das wirklich nicht, aber man lud mich vor einigen Jahren wieder dorthin ein, um bei der Hundertjahrfeier der Ortschaft eine Rede zu halten, und das wurde zu einem der merkwürdigsten Erlebnisse, die ich überhaupt je hatte. Ich war von äußerst qualvollen Ohrenschmerzen befallen. Verblüffend daran war, daß ich nie mehr Ohrenschmerzen erlebt hatte, seitdem ich als Junge in Cincinnati wohnte. Damals war ein chirurgischer Eingriff notwendig gewesen. Nun war ich wieder an meinem Geburtsort, um eine Jubiläumsrede zu halten, und litt unter furchtbaren Schmerzen im linken Ohr.

Als wir in Bowersville angekommen waren, sagte ich Ruth: »Geh bitte hinein, und sage dem Festkomitee, daß wir da sind, aber daß ich im Auto bleiben werde, bis es Zeit für mich ist, meine Rede zu halten. Sag ihnen, was es mit meinem Ohr auf sich hat, aber auch, daß mich nichts davon abhalten wird, meine Ansprache zu geben. Sie sollen die Versammlung so lange wie möglich in Gang halten. Vielleicht gehen die Schmerzen zurück.«

Während ich also unter Schmerzen im Auto verweilte, kam ein Mann des Weges und stellte sich mir als einheimischer Farmer vor. »Der Herr hat mir einiges an Heilungskraft verliehen«, sagte er zu mir. »Warum gerade mir, weiß ich auch nicht, aber ich würde dir gerne helfen, wenn ich das könnte.« Dann fügte er hinzu: »Ich werde nicht der sein, der irgend etwas bewirkt. Es wird der Herr sein, der aus Seinen ureigenen Gründen heraus manchmal durch mich, Seinen demütigen Diener, Dinge bewirkt.«

Also antwortete ich: »Bitte, tu es.« Daraufhin legte er eine große und rauhe, aber äußerst sanfte Hand auf mein betroffenes Ohr. »Nun, Bruder Peale, glaube einfach. Das ist alles, was du tun mußt, nur glauben.« Ich spürte, wie ich diesen

Mann mochte, und saß einfach da und bejahte meinen Glauben, während er ein Heilungsgebet sprach. Zum Schluß nahm er seine Hand wieder weg, und ich fühlte mich wesentlich besser, was ich ihm auch dankbar mitteilte. Er ging, und obwohl ich noch Schmerz empfand, war dieser erheblich geringer als vorher.

Dann erschien ein weiterer Mann, der um einiges jünger war als der Farmer. Er stellte sich als Arzt vor und sagte, er habe von meiner Frau erfahren, daß ich Schwierigkeiten mit einem Ohr hätte.

»Es ist jetzt wesentlich erträglicher«, sagte ich ihm. »Sie müssen sich nicht bemühen, aber ich bin Ihnen für die Fürsorge sehr dankbar.« Und ich erzählte ihm, was gerade vorgefallen war, Er hörte kommentarlos zu, sagte dann aber: »Ich habe einen Vorschlag, zusätzlich zu der Glaubensbehandlung: Lassen Sie mich Ihnen eine Spritze mit Antibiotika geben.« Da ich Vertrauen in beide Methoden habe, sagte ich: »Gut, warum auch nicht?« Daraufhin behandelte er mich.

Als es Zeit für mich war, am Rednerpult anzutreten, war mein Zustand derartig verbessert, daß ich ohne größere Schwierigkeiten sprechen konnte. Nachdem ich dann die Nacht lang fest und erholsam geschlafen hatte, waren meine Ohrenschmerzen am nächsten Morgen völlig verschwunden, und sie sind bis zum heutigen Tage nicht wiedergekehrt. Wer hat meine Heilung bewirkt, der Glaubensheiler oder der Arzt? Ich bin geneigt, sie beiden zuzusprechen. Beide Männer waren aufrichtige Christen, und wirkt nicht der Herr durch demütig Glaubende sämtlicher Lebenswege? Jedenfalls bin ich, ein Junge vom Lande, der seinen Glauben von einer gottgefälligen Mutter und einem ebenso gottgefälligen Arzt-Seelsorger als Vater erhielt, längst überzeugt, daß die spirituelle Kraft viele Kanäle benutzt, um zu uns zu gelangen.

Eine der Kirchen, die zu Vaters Kreis um Bowersville gehörte, war die Alte Zentrumskirche. Noch heute steht sie inmitten von mächtigen, uralten Bäumen, und als ich ein Junge war, ging eine staubige Landstraße daran vorbei. Im Sommer lösten die Hufe der Pferde Staubwolken aus, im Winter kämpften sie sich mühsam durch Schlamm, Eis und Schnee. Die Landstraße zog sich durch riesige, wogende Maisfelder, und laut einer alten Bauernregel mußte der Mais am 4. Juli kniehoch sein, um sich im Spätsommer voll zu entfalten. Nachdem die Maiskolben herausgeschält und in die Silos gebracht waren, wurden die übriggebliebenen Maispflanzen in Garben gebündelt. Das Bild der Maisgarben vor dem weiten Himmel ist so charakteristisch für Ohio, daß es sogar im großen Siegel des Staates wiedergegeben ist.

An einem Herbstnachmittag vor nicht zu langer Zeit stand ich in der Stille der Alten Zentrumskirche zusammen mit Wilbur Beard, einem Freund seit unseren gemeinsamen Kinderjahren. Er erinnerte an die Namen der gläubigen Menschen, der Freunde von einst, die diese Kirchenbänke bevölkert hatten, als Mutter und Vater noch da waren. Das Pendel der altmodischen Wanduhr, so angebracht, daß der Pastor sie immer im Auge hatte, zählte eine Minute nach der anderen ab. Plötzlich waren wir beide still und hörten dem langsamen Ticken der Uhr zu.

»Wilbur, wie lange hängt die Uhr schon dort an der Wand?«

»Schon ewig, würde ich sagen. Jedenfalls so lange, wie ich mich erinnern kann.«

»Ist dort nicht der Platz meiner Mutter?« fragte ich, und Wilbur bestätigte das. Ich setzte mich einen Augenblick lang dorthin. Dann ging ich nach vorn zur Kanzel und legte meine Hände auf die Bibel, wo die Hände meines Vaters so oft geruht hatten. »Dieselbe alte Bibel?« fragte ich, und Wilbur nickte. »Diese Uhr markierte die Lebensminuten meines Vaters, die meiner Mutter, die deiner Eltern und all der großartigen, standhaften Menschen, die wir kannten.«

»Letztlich zerstört die Zeit alles«, sagte Wilbur nachdenklich.

»Ja«, antwortete ich, »aber Lord Tweedsmuir sagte einmal: ›Die Zeit verwahrt.‹ Damit meinte er zweifellos das Mysterium der Erinnerung.« Da saßen wir, zwei älter werdende Männer, still vereint in dem Verständnis des sich jahrelangen Kennens. Und Tweedsmuir hatte es richtig erkannt: Die Zeit umschließt und bewahrt uns all die lieben Menschen, mit denen wir im Leben verbunden waren.

Der tiefgreifende Einfluß, den Bowersville auf mein Leben ausgeübt hatte, wurde mir Jahre später wieder einmal bewußt, als ich einen Reisepaß beantragen mußte. Ich war damals fünfundzwanzig Jahre alt und hatte beschlossen, daß eine Europareise für mich sehr interessant sein würde. Da ich jedoch für ein solches Abenteuer keine Mittel besaß, organisierte ich eine Reisegruppe von ungefähr zwanzig Mitgliedern meiner Gemeinde in Brooklyn, New York. So konnte ich kostenlos reisen und hatte zudem noch an die zweihundert Dollar Taschengeld. Da ich aber keinen Reisepaß hatte, schrieb ich der Registratur für Greene County, Ohio, in Xenia, und bat, mir eine Geburtsurkunde auszustellen. Die Antwort besagte jedoch, daß es keine Akteneintragung über meine Geburt gebe, da Geburten erst ab dem Jahre 1900 registriert wurden. Der Beamte schlug vor, ich möge mir von dem Arzt, der die Entbindung durchgeführt hatte, eine entsprechende Erklärung ausstellen lassen.

Da mir dieser Arzt nicht bekannt war, schrieb ich meinem Vater mit der Bitte, mir hier weiterzuhelfen. Er teilte mir umgehend mit, daß der Name des Arztes Charles Clifford Peale lautete. Dieser Arzt war damals frisch von seiner Großstadtpraxis aufs Land gezogen und soeben zum Seelsorger geworden; er fühlte sich durchaus befähigt, einem Kind auf die Welt zu helfen. Zudem meinte er, daß die Frauen des Ortes, die ihn als Pastor, aber nicht als Arzt kannten, »mich wohl aufgeknüpft hätten, wäre irgend etwas schief gegangen. Ich führte die Entbindung durch und legte dich in die Arme deiner Mutter. Anschließend kam das ganze Dorf, um dich zu sehen.«

Ich habe den größten Teil meines Lebens in städtischen Umgebungen gelebt, in Cincinnati, Detroit, Boston, Brooklyn, Syracuse und mehr als fünfzig Jahre in New York City, aber ich danke Gott, Anna DeLaney und Charles Clifford Peale, daß es mir gegönnt wurde, in einem wunderschönen kleinen Dorf Amerikas das Licht der Welt zu erblicken, einem Ort, wo Liebe zu Gott und der Heimat und christliche Moral von standhaften Menschen gelehrt und praktiziert wurden, die wirklich das sprichwörtliche Salz der Erde waren. Zumindest in meinem Herzen werde ich bis zuletzt ein Junge aus dem ländlichen Ohio bleiben.

2. Kapitel
Dampfschiffe auf dem Fluß

Im Leben jedes Menschen sind die Kindheitserinnerungen die vielleicht einfachsten, und dennoch wirken sie bestimmend bei der Formung der Persönlichkeit mit. Das Leben ähnelt in gewisser Weise einer Perlenkette – einige Erinnerungen, eine Anzahl unvergeßlicher Erlebnisse, und das alles aufgefädelt auf dem, was wir die Routine des Alltags nennen. Vielleicht werden wir tatsächlich primär von den Erinnerungen und Erlebnissen unserer Kindheit gestaltet.

Die dritte Kirche im Kreis meines Vaters befand sich in Highland, Ohio, ungefähr siebzehn Meilen südlich von Bowersville, ein kleines, aber hübsches Dorf. Mein Bruder Bob wurde dort geboren. In Highland machte ich eine traumatische Erfahrung, an die man sich dort heute noch erinnert. Ich schob einen Rasenmäher durchs Gras, und ein Mädchen aus der Nachbarschaft zog an der Querstange, die sich über den Klingen befand, als ihr plötzlich ein Finger abrutschte und im Nu abgetrennt war. Mein Vater befand sich gerade im Haus, und ich sehe noch vor mir, wie er den Finger wieder ansetzte und die Verletzung fachgerecht verband, bis man das Mädchen ins nächste Krankenhaus bringen konnte. Ein Freund dieser Dame, der mich vor kurzem besuchte, erzählte mir, daß sie den Finger weiterhin völlig normal gebrauchen kann, aber ich frage mich, wie angenehm ihre Erinnerung an mich sein mag.

Alte Einwohner von Highland erinnern mich heute noch an den Sonntag in der Kirche, als mein kleiner Bruder Bob weinte und sich überhaupt äußerst störrisch gab. Mutter schickte mich nach Hause, um aus dem Pfarrhaus nebenan einen Keks zu holen. Bald war ich zur Kirche zurückgekehrt und schleppte zur Belustigung der gesamten versammelten Gemeinde einen fünf Pfund schweren Beutel mit Keksen den Kirchgang entlang, denn das war die damals übliche Handelsgröße.

In den Jahren, über die ich hier schreibe, war es bei den Methodisten üblich, daß der Bischof den Gemeinden Seelsorger zuordnete, meistens für eine relativ kurze Dauer, was zu Gefühlen von Ungewißheit und Unsicherheit innerhalb der Pastorenfamilien führte. Wie ich mich erinnere, konnte ein Seelsorger damals höchstens mit einer Dienstdauer von fünf bis sechs Jahren an einem Ort rechnen, wobei es keine Rolle spielte, wie erfolgreich er seine Tätigkeit ausübte, und meistens war die Dienstdauer noch kürzer.

Jede Pastorenfamilie war von dem »Konferenzgang« im September betroffen. Der Vater konnte nicht sicher sein, wo er demnächst dienen würde, die Kinder machten sich Sorgen, ob sie nun umgeschult werden müßten. Und zu der Jahreszeit hatte das neue Schuljahr nach den Sommerferien im allgemeinen bereits begonnen. Der Höhepunkt der Konferenz kam immer, wenn der Bischof bei der letzten Sitzung die Dienststellenbesetzungen bekanntgab. Für die Familien hieß es anschließend, sich freuen zu können oder sich mit einer Enttäuschung abfinden zu müssen.

Von Highland zogen wir in die Großstadt und fanden es aufregend, jetzt Bürger von Cincinnati zu sein. Ich war ein kleiner Junge, und wir wohnten nahe dem Stadtkern in einer ruhigen, mit Bäumen gesäumten Straße. Ich erinnere mich, wie ich in Sommernächten im Bett lag und – wenn die Windrichtung stimmte – das romantische Pfeifen der Dampfschiffe hören konnte, die ihren Weg östlich nach Pittsburgh oder südlich nach New Orleans nahmen. Die Gedanken eines kleinen Jungen sind sehr langgesponnen, und sie sind mit Träumen vermischt.

Auch konnte ich das Pfeifen von Eisenbahnzügen hören, das ausgedehnte Heulen der traditionellen Dampflokomotiven, die ihre Züge durch die Nacht am Mill Creek entlang beförderten und bis hinter East Norwood hörbar waren, worauf sich ihr Gesang in der Ferne verlor. In meiner Phantasie sah ich die hell erleuchteten Züge, wie sie durch die nächtliche Landschaft eilten, durch Städte und Dörfer hin bis Columbus, Cleveland, Buffalo, bis New York oder gar Boston. Würde ich je auf solchen Dampfschiffen oder Zügen hin zu romantischen Städten reisen? Und dann versank ich rasch in meine kindlichen Schlafträume von Dampfschiffen auf dem Fluß und Fernzügen auf dem Weg durch die Nacht. Vielleicht war das die Zeit, in der ich zum Nomaden wurde, der Grund, warum ich heute ungefähr 200 000 Meilen im Jahr über Land und Meere und in der Luft zurücklege.

Nur einmal im Jahr, an einem lange ersehnten und ebensolange im Gedächtnis festgehaltenen Sommertag, fuhren Mutter, Vater, Bob und ich auf der alten *Königin der Insel* den Ohio River hoch nach Coney Island, einem Ausflugsort, der wohl nach dem Original in Brooklyn benannt worden war. Vaters magere Brieftasche war nur einem solchen Ausflug pro Sommer gewachsen. Natürlich besuchten wir den städtischen Zoo, wo der Eintritt kostenlos war. Und mit langen Intervallen besuchten wir auch Chester Park, einen Vergnügungspark, wo Bob und ich einmal Achterbahn fahren durften und uns mit Popcorn vollstopften, das wir uns aus einer Tüte teilten.

Als Kinder eines Seelsorgers gab es für uns aber auch Vorteile, denn gelegentlich erhielt der Pastor Freikarten für Musik- oder Sportveranstaltungen. Natürlich waren Bob und ich besonders an letzteren interessiert. Wir wohnten in der Spencer Avenue in Norwood, einem Vorort von Cincinnati mit selbständiger Verwaltung, und unser Nachbar nebenan war Frank Bancroft, ein Spitzenfunktionär der Cincinnati Reds, eines Baseball-Clubs der Nationalliga.

Frank hatte eine überaus schöne Tochter namens June, und es war nicht überraschend, daß sich die Spieler der Reds-Mannschaft häufig und zahlreich bei den Bancrofts einfanden. Für uns Kinder war es aufregend, einige der berühmtesten Baseballspieler des Landes ansehen zu dürfen und manchmal sogar ehrfürchtig ihre Hände zu schütteln. Nicht selten steckte Frank Bancroft seinem Nachbarn, dem Pastor Peale, vier Freikarten für das Baseball-Stadion zu. Ich hege noch immer eine spezielle Zuneigung in meinem Herzen für den Baseball-Club meiner Jugend, die *Cincinnati Reds*, auch wenn ich ein Anhänger der *Brooklyn Dodgers* wurde, nachdem ich nach New York zog, und später auch die *Mets* anfeuerte.

Vater war ein ausgezeichneter Redner, kraftvoll, positiv und überzeugend, aber Mutter stand ihm in dieser Beziehung in nichts nach. Sie war eine überaus fähige Sprecherin. Sie konnte ihre Zuhörer menschlich berühren und sie mit ihrem erzählerischen Geschick verzaubern. Ihre Geschichten befaßten sich mit den althergebrachten menschlichen Dingen, in denen sich jeder im Publikum wiederfinden konnte. Mutter brachte es fertig, in einem Moment Beklemmung und Trä-

nen auszulösen und im nächsten Moment herzhaftes Gelächter.

Auch besaß Mutter das erstaunlichste fotografische
Gedächtnis, das ich je bei einem Menschen erlebt habe. Ich
habe es zu einem gewissen Grad von ihr geerbt, aber eben nur
zu einem gewissen Grad. Sie konnte sich auf eine Druckseite
konzentrieren und sie dann praktisch fehlerlos wiederholen.
Ihre Vorträge waren mit passenden Zitaten aus der Literatur
garniert, und Gedichte rezitierte sie in fast inspirierter Wie-
dergabe. Anna Peale war zu ihrer Zeit, was man heute einen
Kommunikationsmenschen nennen würde. Sie vermittelte
ihrem Publikum immer die gewünschte Botschaft, weil sie
aus spürbarer Überzeugung heraus Sprachbegriffe und
Gedankenbilder anwendete, die von den Menschen verstanden wurden.

Ich bewunderte die ausgeprägt männliche Art, in der mein
Vater Reden hielt. Bei meiner Mutter war ich bezaubert von
der lieblichen Weiblichkeit, die verknüpft war mit ihrem geistigen Fassungsvermögen und ihrem Talent, die Herzen ihrer
Zuhörer zu berühren. Mutter und Vater sprachen beide aus
dem Stegreif, ohne vorbereitete Manuskripte oder Notizen.
Beide waren begeisterte Leser, verfolgten das Tagesgesche-
hen und nahmen regen geistigen Anteil an allem, was sich in
der Religion oder im öffentlichen Leben oder im Geist der
Zeit überhaupt abspielte.

Zudem war Anna Peale ein natürliches Führungstalent.
Das Abitur der High School von Lynchburg, Ohio, kennzeichnete den Schlußpunkt ihrer formellen Bildung, aber die
autodidaktische Weiterbildung, die sie sich durch Lesen,
durch Zuhören und durch kreatives Denken verschaffte, war
meines Erachtens gleichwertig mit dem Bildungsstand eines
Doktors der Philosophie, wenn nicht sogar weit darüber. In

ihrem Elternhaus fehlten die Mittel, die benötigt worden wären, um ihr eine höhere Schulbildung zu ermöglichen, was sie ihr Leben lang als Enttäuschung empfand, aber sie glich das um das Vielfache durch ihre andauernde Selbstbildung aus. Sie war in der klassischen englischen Literatur vollständiger bewandert als irgendein anderer Mensch, den ich je kannte.

Mutter entwickelte Interesse für die Arbeit der Übersee-Missionen, und bevor viel Zeit verstrichen war, wurde ihr die Leitung dieser Aktivitäten für die Nationale Auslandsmissionen-Gesellschaft der methodistischen Kirche anvertraut. Ihr wurde die Verantwortung für die Arbeit der Methodisten in Südchina, Sumatra, Singapur und Taiwan übergeben. Im Verlauf einer ausgedehnten offiziellen Reise besuchte sie diese Gegenden auch. Und natürlich sprach sie dort sowie auch in der Heimat vor vielen Versammlungen. Ihr Interesse am öffentlichen Leben war sehr ausgeprägt. Als sie in Findlay, Ohio, wohnte, wurde sie die erste Frau, die je in den Schulverwaltungsrat gewählt worden war, und sie wirkte mehrere Amtsperioden lang.

Wäre Anna Peale zu einer späteren Zeit auf der Welt gewesen, hätte sie sich höchstwahrscheinlich um ein öffentliches Amt oder den Posten einer Senatorin beworben oder hätte andere Wege gefunden, dem Interesse der Allgemeinheit zu dienen. Man hätte sie nie als eine Feministin bezeichnet. Sie war einfach eine Amerikanerin, frei von jeglicher »Pro-Frau«- oder »Anti-Mann«-Einstellung. Mutter war lediglich ein Mensch, der sich mit Leichtigkeit – aber in liebevoller, offener Weise – behaupten konnte.

Ich begleitete sie zum Wahllokal am ersten Wahltag, an dem Frauen stimmberechtigt waren. Es war auch für mich die erste Wahl, da ich erst einige Monate zuvor einundzwanzig geworden war. Sie stand vor mir in der Schlange wartender Wähler vor dem Lokal. »Vorrang den Damen«, hatte ich zu ihr gesagt.

»Hätte schon längst geschehen sollen«, raunte sie. »Stell dir vor, Frauen wurde das Wahlrecht verweigert, und der da wählt schon seit Jahren«, sagte sie und deutete auf einen stadtbekannten, rotnäsigen Säufer hin.

Als wir die Wahlkabinen verlassen hatten, fragte ich: »Mutter, wie hast du gestimmt?«

»Das ist eine private Angelegenheit«, erwiderte sie forsch, »aber wenn du es wissen mußt, habe ich natürlich die einzige intelligente Wahl getroffen. Ich habe für die Demokraten und ihren Präsidentschaftskandidaten James M. Cox gestimmt. Um meine Ausgewogenheit zu beweisen und auch, weil ich ihn mag, habe ich für Clint Cole als Kongreßabgeordneten gestimmt, obwohl er Republikaner ist.« Und dann gewann Neugier bei ihr doch die Oberhand. »Ich nehme an, du hast für die Republikaner und diesen alten Warren G. Harding gestimmt, wie dein Vater?«

»Ja, ich gebe zu, daß ich republikanisch gewählt habe. Also haben sich unsere beiden Stimmen wohl gegenseitig aufgehoben.«

»Nie und nimmer«, erklärte sie heftig. »Ich habe wie eine intelligente, denkende Amerikanerin ausschließlich nach Sachargumenten gestimmt, während du dich undenkenderweise dem traditionellen Verhalten der Peale-Männer angeschlossen hast.« Während wir weitergingen, nahm sie liebevoll meinen Arm und erzählte irgendwas von einem politischen schwarzen Schaf, das wohl in jeder Familie auftauche, womit sie mich meinte. Daraufhin erinnerte ich sie daran, daß ihr Vater wie auch ihr Großvater bereits für die Demokraten Partei ergriffen hatten.

Später befreiten wir uns beide von politischen Zugehörigkeiten und Parteietiketten, und bei einer Wahl stimmten wir tatsächlich für den gleichen Präsidentschaftskandidaten.

Mein Vater liebte Menschen, alle Menschen unter allen Umständen, ob gut oder schlecht. Bei ihm gab es solche Unterschiede nicht, sie waren alle Kinder Gottes. Nicht nur liebte er sie, sondern er achtete jede einzelne Person, ob sie Achtung verdient hatte oder nicht, denn nie verkannte er den besseren Menschen im Inneren. Er besaß eine Integrität und ein riesiges Herz wie wenige Männer, die mir im Leben begegnet sind.

Einmal traf ich ihn auf der Straße, und zu meinem Erstaunen wie auch meiner Besorgnis weinte er. »Vater, was fehlt dir?« fragte ich ihn.

»Ich habe Besuche abgestattet, wie es ein Seelsorger sollte, und der Kummer und das Elend der Menschheit können einem wirklich das Herz brechen.«

Eines Abends geschah etwas, was einen tiefwirkenden Eindruck auf mich machte und viel dazu beitrug, mich auf meine spätere Arbeit als Seelsorger vorzubereiten. Ich war vielleicht neun oder zehn Jahre alt, als mein Vater ausgerechnet von der »Wirtschafterin« eines Etablissements der halbseidenen Sorte angerufen wurde, das sich in der Rotlichtgegend von Cincinnati befand. Damals nannte man das unverblümt ein Hurenhaus.

Meine Mutter nahm den Anruf entgegen und war einigermaßen schockiert, aber sie berichtete dann, daß in jenem Haus eine junge Frau von nur neunzehn Jahren im Sterben liege und einen Seelsorger sprechen wolle. Würde mein Vater zu ihr kommen, mit ihr reden und für sie beten? Vater hat sich nie von einem notleidenden Menschen abgewandt. »Norman«, sagte er, »du kommst mit, und wir werden tun, was wir können, um dieser armen Seele bei dem Gang durch die Tore des Todes beizustehen.«

»Clifford«, empörte sich meine Mutter, »du hast doch nicht im Ernst vor, deinen Sohn an einen solchen Ort mitzunehmen?«

»Genau das habe ich«, antwortete Vater entschlossen. »Norman kann sehr wohl anfangen, die Übel dieser Welt kennenzulernen. Und außerdem, Anna, glaubst du nicht auch, daß es helfen wird, Mißverständnisse zu verhindern, wenn ich so ein Haus in Begleitung meines Sohnes besuche statt alleine?« fragte er weise.

Mutter stimmte widerwillig zu, und wir machten uns auf den Weg, um dieser ungewöhnlichen seelsorgerischen Aufgabe nach Möglichkeit gerecht zu werden. Wir fanden die junge Frau, und ihr Gesicht war so bleich wie das Bettlaken, ihre schlanken Hände lagen kraftlos auf der Decke. Die »Madam« und andere Frauen standen entlang den Wänden im Zimmer herum. Vater setzte sich neben das Bett und fragte die Frau nach ihrem Namen und dem Wohnort ihrer Familie. Sein Wissen als Arzt und sein Instinkt sagten ihm, daß sie sich tatsächlich in unmittelbarer Nähe des Todes befand.

Sie erzählte ihm, daß sie aus einer kleinen ländlichen Gemeinde in Kentucky stammte, wo ihre Familie noch wohnte. Dazu sagte sie, sie seien »ehrbare und aufrichtige Christen. Aber ich bin ein verdorbenes Mädchen. Ich bin auf die schiefe Bahn geraten und endete als Nutte. Ich bin zutiefst verdorben. Gibt es noch eine Hoffnung für mich? Wird mir der Herr verzeihen?«

Vater nahm die kleine zerbrechliche Hand in seine großen, starken Hände und sagte: »Du bist kein verdorbenes Mädchen, lediglich ein gutes Mädchen, das sich schlecht verhal-

34

ten hat. Liebst du Jesus, Kleine?« fragte er mit sanfter väterlicher Stimme.

»Oh doch, Sir. Aber ich bin Ihm untreu geworden.«

»Aber erinnerst du dich denn nicht, wie Er sich aufmachte, um das verlorene Schaf zu finden, unser Fürsorglicher Hirte?« Sie nickte, und Vater sprach weiter.

»Empfindest du Reue, und bereust du deine Sünden?«

»Ja«, flüsterte sie, »oh ja.«

»Und akzeptierst du hier und jetzt Jesus Christus als deinen Heiland und bittest Ihn um Gnade und Vergebung?«

»Das tue ich«, antwortete die junge Frau. Daraufhin sagte Vater eindrucksvoll:

»Der Herr hat dir all deine Sünden vergeben und wird dich noch an diesem Tage zu sich ins Paradies nehmen.« Dann sprach Vater ein Gebet, eines der einfühlsamsten und schönsten Gebete meiner gesamten christlichen Erfahrung. Ich öffnete die Augen, während er betete und sah, daß Tränen über die Gesichter der anderen Frauen liefen. Aber das Gesicht der sterbenden Frau war von innerem Frieden gekennzeichnet. Obwohl ich noch sehr jung war, beeindruckte mich dieses Erlebnis durch seine Schönheit. Dieser verruchte Ort des Übels wurde zu einem geweihten Ort, weil der Herr dort tatsächlich präsent war. In diesem Moment erkannte ich das Wunder und die Herrlichkeit der Seelsorge, die Majestät und die Kraft der Arbeit des Seelsorgers. Noch in derselben Nacht starb das arme, gebrochene Mädchen, aber göttliche Liebe begleitete sie über den Fluß.

Als junger Knabe besuchte ich die alte Williams-Avenue-Schule in Norwood. Der Klassenlehrer der fünften Klasse war Professor George Reeves. Damals wurden Lehrer, auch wenn sie keine akademischen Grade aufzuweisen hatten, mit einer Würde angesprochen, die heute leider verlorengegangen ist. Mr. Reeves ist unauslöschbar in mein Gedächtnis geprägt. Er war ein großer Mann und wog wohl mehr als 110 Kilogramm. Er kultivierte ein strenges Aussehen, aber das kaschierte eher ein mitfühlendes Herz. Er war gewissermaßen ein Original. Mr. Reeves konnte Dinge tun, die unvergeßlich waren. So schrieb er gelegentlich in großen Buchstaben auf die Tafel: KANN NICHT. Während er dann die Kreide von den Fingern staubte und die Klasse ansah, fragte er. »Was soll ich jetzt tun?«

Wir wußten, worauf er hinaus wollte, und riefen ihm zu: »Nimm das NICHT aus dem KANN NICHT«, was er sofort mit einer gelassenen Geste tat. Dann sagte er uns: »Laßt euch das eine Lektion sein. Ihr könnt, wenn ihr glaubt, ihr könnt.« Und dann richtete er seinen großen Zeigefinger auf uns und knurrte. »Und daß ihr mir das nie vergeßt!«

Zweifelsohne würden manche modernen Pädagogen gegenüber solchen Unterrichtsmethoden skeptisch die Augenbrauen heben, aber da muß etwas dran gewesen sein, denn zumindest ein Schüler erinnert sich an den pädagogischen Wert dieser Lektion, und zwar mehr als ein halbes Jahrhundert danach. Ich segne den Namen George Reeves, denn er setzte in den Gedanken eines scheuen kleinen Jungen etwas in Bewegung. Ich bin mir sicher, daß er einen Einfluß darauf hatte, daß ich mich zum Prinzip des positiven Denkens hin entwickelte. Er pflanzte den Kern einer Idee in mein Gehirn ein: Die Art und Weise, in der man denkt, hat eine mächtige Wirkung auf die eigene Fähigkeit, wirksam zu handeln. Natürlich wußte ich dies damals nicht, aber da dieses Erlebnis in meiner Erinnerung lebendig bleibt, läßt sich leicht folgern, daß es langfristig einschneidenden Einfluß auf meine Persönlichkeitsbildung ausübte.

Bildhaft in Erinnerung ist mir die unglaubliche Nacht, als

der Halleysche Komet in seiner ganzen Herrlichkeit direkt über unserem Haus in der Spencer Avenue in Cincinnati am Himmel schwebte. Während wir ihn bestaunten, erzählte uns Vater, daß das Universum so präzise funktioniere, daß der Komet genau nach 76,1 Jahren wieder erscheint. »Papa, glaubst du, daß ich noch hier sein werde, wenn der Komet in 76,1 Jahren wiederkommt?« fragte ich ihn.

Die Antwort war charakteristisch für ihn: »Das weiß ich nicht, aber die Dauer eines Lebens ist nicht annähernd so wichtig wie die Qualität eben dieses Lebens. Mir ist es nicht so wichtig, ob du noch da sein wirst, wenn der Komet zurückkehrt, aber ich hoffe doch, daß du bis dahin etwas darstellst.«

Unsere Eltern sagten Bob und mir immer wieder, daß wir hart arbeiten und studieren müßten, daß wir ehrlich und charakterfest sein sollten, um es zu etwas zu bringen. Zusätzlich waren wir gehalten, dem Herrn zu dienen und den Menschen zu helfen. Wir sollten treu im christlichen Glauben sein und Jesus Christus in allen Dingen folgen.

Die jetzige Generation junger Menschen kann kaum nachvollziehen, mit welcher Intensität die Amerikaner von früher bestrebt waren, sich von der Armut zu befreien. Mutter erzählte uns oft, wie die Mutter Abraham Lincolns ihren Sohn trotz der Armut, in der sie lebten, aufforderte: »Abe, werde etwas Besonderes.« Die gleiche Ermahnung wurde von nachfolgenden Generationen amerikanischer Eltern an ihre Kinder weitergegeben, jedenfalls in den Familien, die wir kannten. Diese Eltern haßten die Armut und auch die Mittelmäßigkeit. Ihr vorherrschendes Bestreben war es, daß ihre Kinder es im Leben zu etwas bringen sollten, um mehr zu erreichen, als sie es selber gekonnt hatten.

Jedoch war diese Betonung auf Leistung von einer anderen begleitet, die offenbar demselben Wunsch entsprang, an der Verbesserung der menschlichen Natur und dem Schicksal jedes einzelnen mitzuwirken. Diese Betonung lag auf dem Wert, sogar der Heiligkeit, der Persönlichkeit. Das war eine Vorstellung, die tatsächlich unabdingbar in der Demokratie selbst verwurzelt ist, und sie läßt sich zurückverfolgen bis hin zu einer alten Schrift, die das Fundament des Glaubens der Amerikaner bildet. »Du sollst deinen Nächsten lieben wie dich selbst« (Levitikus 19, 18). Hieraus leitet sich Mitgefühl ab, wie auch Achtung für alle Männer und Frauen, und das Bestreben, jeden Menschen dahingehend zu motivieren, daß er das wird, was er mit der Gnade Gottes sein kann.

Dieses Ideal war in der Weltanschauung meiner Eltern so tief verankert, daß sie es ihren Kindern ständig wiederholten. Eine Zeitlang wohnten wir in einer hügeligen Gegend von Cincinnati, und die Straßenbahnen knarrten mühsam unsere Straße hoch, um dann, oben angekommen, mit lautem Kreischen eine Kurve zu durchfahren. Ein Bahnarbeiter hatte die Aufgabe, die Schienen einzufetten, um dadurch den Lärm zu verringern. Wir Kinder nannten ihn den »Fettigen Dick« und riefen ihm diese Bezeichnung auch häufig zu. Unsere Eltern hielten uns an, den alten Mann nicht zu hänseln, aber das blieb ohne Wirkung.

Dann erschien er einige Tage lang nicht mehr, und eines Nachmittags sagte mein Vater: »Norman, ich möchte, daß du mit mir ins Krankenhaus gehst, weil ich dort einen kranken Freund von mir besuchen will.« Ich war völlig überrascht, als sich herausstellte, daß es sich um den »Fettigen Dick« handelte. Er wurde mir mit seinem vollen Namen vorgestellt und war ein ehemaliger Geschäftsmann, dem das Leben übel mitgespielt hatte. Sehr höflich sagte er: »Ich habe bereits das Vergnügen gehabt, Master Norman zu begegnen.« (Damals gehörte es zum »guten Ton«, die Jungen einer Familie mit dem Titel »Master« anzusprechen.)

»Siehst du«, sagte Vater, als wir das Krankenhaus wieder verließen, »euer ›Fettiger Dick‹ ist ein feiner Mensch. Behandelt ihn entsprechend.«

Aber die bedeutendste Lektion dieser Art erhielt ich kurz vor einem Weihnachtsfest. Vater und ich besorgten unsere Einkäufe in letzter Minute, eine Angewohnheit, die sich übrigens bei mir bis heute gehalten hat. In einer Einkaufsstraße in Cincinnati kam ein verschmutzter, zerlumpter alter Mann auf mich zu, hielt mich mit seiner dreckigen, klauenhaften Hand am Arm fest und bat um eine Gabe. Ich schüttelte ihn ab, und er setzte seinen Weg müde fort. »Behandle einen Mann nie in der Weise, Norman«, sagte mein Vater. »Außerdem ist heute Heiligabend.« Er holte seine Brieftasche hervor und zog einen Dollarschein heraus. »Hier, nimm das«, befahl er mir. »Geh dem Mann nach, und sag ihm genau das, was ich dir auftrage: ›Sir, ich überreiche Ihnen dieses Weihnachtsgeschenk im Namen unseres heiligen Herrn Jesus Christus‹, und paß auf, was dann mit ihm geschieht.«

Ich schreckte vor dem Gedanken zurück. »Aber Papa, das möchte ich nicht tun.«

»Tu, was ich dir sage. Los.«

So angespornt rannte ich die Straße entlang, fand den Mann und sagte: »Sir, ich überreiche Ihnen dieses Weihnachtsgeschenk im Namen unseres heiligen Herrn Jesus Christus.«

Sein Gesicht nahm den Ausdruck totaler Überraschung an. Er zog den verbeulten Hut vom Kopf und verbeugte sich elegant, wobei er sagte: »Und ich, junger Herr, habe die Ehre, Ihr freundliches Geschenk im Namen unseres heiligen Herrn Jesus Christus anzunehmen.« Als er diese Worte gesprochen hatte, war er wie verklärt. Ein wunderbares Lächeln erhellte sein Gesicht, und sein ganzes Wesen strahlte Würde aus. Ich erkannte in ihm den Mann, der er einst gewesen war und wie er hätte werden können.

Auf dem Heimweg in der Straßenbahn fragte Vater: »Was hast du gesehen, als du dem Mann den Dollar gabst?«

Ich mußte nicht lange nach Worten suchen, denn ich kannte die Antwort. »Ich sah den Mann, der er wirklich ist.«

Mein Vater, immer Seelsorger, fügte hinzu: »Behalte das immer im Gedächtnis, und vergiß es nie. Jesus Christus kann aus Männern und Frauen das machen, was sie sein könnten.«

Als ich ein Junge war, war Weihnachten immer wunderbar, aber ein Weihnachtsfest ist besonders deutlich in meiner Erinnerung. Als erstes begann Mutter, Süßigkeiten zu machen. An gekauften Süßigkeiten gab es damals wenig, vielleicht mit Ausnahme von Lakritze, Zitronenbonbons oder Schokoladendrops, die man beim Lebensmittelhändler kaufte. Extravagante Pralinen in Schachteln waren kaum erhältlich, also stellten die meisten Familien ihre eigenen her, und ich erinnere mich gerne an das Aroma, das dann unser Haus durchzog.

Mutter legte die frischgemachten Süßigkeiten aus, und dann halfen wir alle, indem wir sie in geschmolzene Schokolade tauchten, manchmal mit einem Nußkern oben drauf. Manche Stücke waren grün, andere gelb, und alle waren sie so köstlich, daß ich mich jetzt noch nach diesem Geschmackserlebnis sehne, das von keinem modernen, industriell hergestellten und verpackten Produkt dieser Art befriedigt werden könnte.

Aber es ist eben ein Teil des Erwachsenseins, daß die freudigen Erlebnisse der Kindheit sich dem späteren Wiedererleben weitgehend verweigern. Ich las einmal den Leserbrief eines alten Mannes an einen Zeitungsredakteur. Darin erzählte er, daß er als Kind Pfirsiche von einem Baum gegessen hatte, der nahe einer Mauer im Hof seines Elternhauses in Troy, New York, gestanden hatte. Den Geschmack dieser Pfirsiche hatte er nie vergessen können, und jetzt, im hohen Alter, würde er es über alles schätzen, noch einmal einen dieser Pfirsiche genießen zu können. Seine Frage war, ob vielleicht der Redakteur wüßte, wo ein solcher Pfirsich aufzutreiben wäre.

Die Antwort, die der Redakteur darauf in seiner Kolumne schrieb, spricht jeden an, der sehnsüchtig auf die süßen Freuden seiner Kindheit zurückblickt. »Am besten ist es, wenn Sie Ihre Pfirsiche weiterhin in der Erinnerung genießen, denn auch wenn Sie dorthin zurückkehren könnten und vom gleichen Baum einen Pfirsich pflücken würden, würde dem Geschmack etwas fehlen, das er hatte, als das Leben selbst neu und frisch war. Bewahren Sie den Geschmack von damals in der schönen Verwahrung Ihrer Erinnerung auf.«

So ist es auch mit den aromatischen Süßigkeiten, die Mutter in den schönen Stunden meiner Kindheit für uns machte. Was für herrlichen Spaß hatten wir zu Weihnachten, wenn alle Nachbarskinder bei uns waren, um sich an der Herstellung unserer Sahnebonbons zu beteiligen. Dabei verschwand natürlich so manches Stück, aber viele lecker aussehende Portionen wurden mit der Küchenschere abgeschnitten und auf dem frischgeschrubbten Tisch ausgelegt. Ich habe seither nichts gekostet, was mit Mutters Sahnebonbons vergleichbar wäre.

Bereits seit Monaten vor diesem unvergessenen Weihnachtsfest hatten mein Bruder Bob und ich von Fahrrädern geträumt. Wir streunten durch die Läden und besichtigten »Räder«, wie wir sie nannten. Lange debattierten wir über die schönsten Farben und über die Vorteile gewisser technischer Eigenschaften. Einig waren wir uns darüber, daß wir vorne eine Lampe und dann noch eine laute, melodische Klingel haben wollten.

Aber unser Vater war ein Pastor mit bescheidenem Einkommen, und es war nicht leicht, damit zu leben. Also blieb der Gedanke an ein Fahrrad ins Reich der Träume verbannt.

Wenn Weihnachten nicht an einem Samstag oder Sonntag stattfand, fuhr die Familie nach Lynchburg, Ohio, wo Oma und Opa Peale wohnten. An diesem Heiligabend versammelten wir uns nach dem Abendessen in der »guten Stube«. Da schmückten wir den frisch aus dem nahen Wald geholten Weihnachtsbaum, und von den Ornamenten haben wir noch heute einige, die ihre Ehrenplätze an unseren Weihnachtsbäumen haben. Dann wurden die Kerzen angebracht, nicht elektrische, wie man sie heute verwendet, sondern echte, die aus Talg gezogen waren. In keinem Märchenland hätte es einen Baum geben können, der so schön war wie unserer, wenn die Lampen ausgeschaltet waren und seine Herrlichkeit voll erblühte, und der Duft von Kerzen und Harz den Raum erfüllte.

Wir bemerkten, daß unsere Eltern miteinander tuschelten und besorgte Blicke austauschten, nachdem der abendliche Zug aus Cincinnati angekommen war, aber sie gaben sich bewußt gelassen. Als der Weihnachtsmorgen angebrochen war, schlichen wir die Treppe herab in den Salon. Mutter und Vater waren bereits dort, die Kerzen am Baum brannten, und wir wurden mit Küssen empfangen. Geschenke lagen unter dem Weihnachtsbaum, und wir alle waren voller Freude und glücklich. Es gab eine gewisse Enttäuschung, die aber nicht angesprochen wurde. Dann sagte Mutter hoffnungsvoll: »Laßt uns doch alle zum Bahnhof gehen und den Morgenzug aus Cincinnati begrüßen. Vielleicht hat das Christkind etwas vergessen, das es mit dem Zug nachschickt.«

Also fuhren wir mit dem Schlitten durch den Schnee, hin zum alten Bahnhof der Baltimore & Ohio-Linie, und das Klingeln der Schlittenglocken erfüllte die klirrend kalte Luft. Dort angekommen, hörten wir das Tickern des Telegrafen, sahen dem Bahnhofsvorsteher zu, der herauskam und wichtig wirkte, und hörten den langen Pfiff der Dampflok in den Hügeln südlich der Stadt. Mit kraftvollem Schwung und Wolken von austretendem Dampf zog der Zug in den Bahnhof ein. Ich beobachtete, wie Mutter und Vater den Atem anhielten und zum Gepäckwagen hinschauten. Und da war es – ein rotes Fahrrad, mit einer Lampe vorne dran. Natürlich war es ein gebrauchtes Fahrrad, und wir beiden Brüder mußten es uns teilen, aber bis heute und für alle Ewigkeit sehe ich diese Szene vor meinen Augen. Bob und ich waren glücklich, aber das war nichts verglichen mit dem Gefühl, das unsere Eltern ergriffen hatte. Liebe und Freude strahlten aus ihren Gesichtern.

Lange Zeit danach erfuhr ich, daß Mutter entschieden hatte, daß ihr alter Mantel doch noch ein Jahr länger dienen könnte, und Vater blieb bei seinem blankgescheuerten blauen Sergeanzug, damit wir unser Traumfahrrad bekommen konnten.

Unser Zuhause war tatsächlich eins, das von Liebe und Freude erfüllt war. Und das ist der Grund, warum diese spezielle Weihnacht ewig in meiner Erinnerung bewahrt bleiben wird.

Es war im Verlauf meiner jugendlichen Lernvorgänge, daß ich erstmals direkt auf das Prinzip des positiven Denkens stieß, das ich in späteren Jahren mit einer Anzahl von Büchern und vielen Artikeln und Vorträgen voll entwickeln sollte. Mich beeindruckte der positive amerikanische Weg, der ein Wirtschaftssystem hervorgebracht hatte, das mehr Güter und Dienstleistungen für den durchschnittlichen Bürger schuf als irgendein anderes System in der Geschichte des Menschen. Das System war nicht immun gegen gelegentliche Depressionen, und es schaffte die Armut nicht ab, aber es verbesserte den Lebensstandard für Millionen von Menschen.

Ich wuchs heran und formulierte meine Lebensphilosophie in einer Epoche, in der die Arbeitsethik des Horatio Alger, »Erfolg anstreben, erfolgreich sein«, der universelle Leitgedanke war, als individuelles Studieren und Engagieren geehrt wurden, als es hochangesehen war, etwas aus dem eigenen Potential zu machen. Da ich so nahe an der Armut geboren und erzogen wurde, daß ich mir ihrer ständig bewußt war, empfand ich ein starkes Verlangen, mich von ihrer Herrschaft zu befreien. Es ist nicht so, daß Geld an und für sich mir je etwas bedeutet hätte, denn von Natur aus gehöre ich zu denen, die geringe Ansprüche stellen. Gegen Armut wehre ich mich jedoch entschieden, ob sie nun mich oder irgendeinen anderen Menschen betrifft.

Ich glaubte daran, daß ich innerhalb einer freien Gesellschaft durch meine eigenen Anstrengungen eine bessere Existenzebene für meine Familie schaffen könnte und es mir vielleicht gelingen würde, anderen bei dem gleichen Bestreben behilflich zu sein. Aus diesem Grunde habe ich kontinuierlich über dieses Thema geschrieben und gesprochen, um Menschen dazu zu bewegen, an ihren eigenen Wert zu glauben, ihr gottgegebenes Potential zu begreifen und auf diesem Wege mit richtigem Denken, Anstand, Kreativität und der Führung Gottes etwas wirklich Lohnendes aus ihrem Leben zu machen.

Wann immer ich eine Nacht in Cincinnati verbringe, was ich gelegentlich kann, öffne ich das Fenster meines Hotelzimmers und lausche den Klängen der Vergangenheit, dem Pfeifen der durch die Nacht eilenden Züge oder dem der Dampfschiffe auf dem Fluß.

3. Kapitel
Ein Aluminium-Verkäufer

Lowell Thomas und ich verbrachten eine gemeinsame Zeit in Greenville, Darke County, Ohio. Lowells Vater war Arzt in Greenville, als mein Vater dort Methodistenpastor war.

Lowell besuchte die städtische High School einige Jahre vor mir und wurde wegen irgendeines Verstoßes gegen die Regeln, der später als geringfügig erachtet wurde, von dieser Schule verwiesen. Viele Jahre später, als er als Ehrengast der Stadt zurückkehrte, umkreiste er die Schule mit dem Flugzeug. Mir erging es besser als ihm, denn als ich zusammen mit einigen anderen Jungen dabei erwischt wurde, wie wir gerade »16«, die Jahreszahl des Schulabschlusses unserer Klasse, auf die Gehwege zum Schulgebäude malten, erhielten wir lediglich den Befehl, alles wieder sauber zu waschen, plus eine deftige Tracht Prügel von John Martz, dem Vorsitzenden der Schulverwaltung. Jahre später erzählte mir Frau Martz: »John haßte es, das tun zu müssen.« Worauf ich antwortete: »Er haßte es nicht annähernd so sehr wie ich.«

Wenn man auf die Geschehnisse eines langen Lebens zurückblickt, werden die exakten Daten und Zeiten der frühen Jahre etwas problematisch, es sei denn, man führte Tagebücher. Das hatte ich nie getan. Ich war immer viel zu beschäftigt dafür oder vielleicht einfach nicht genügend organisiert. Die Daten unseres Verweils in Greenville kenne ich aber noch immer ganz genau.

Eines Tages vor einigen Jahren machte ich auf der Durchreise Station in Greenville und ging die Straße entlang, in der meine Familie früher gewohnt hatte, in der Hoffnung, unser Wohnhaus wiederzuerkennen. Das Haus mit der Nummer 222 schien mir das wahrscheinlichste, obwohl es natürlich fremdartig wirkte. Mit Sicherheit hatte man einige architektonische Veränderungen durchgeführt. Jedenfalls ging ich das Wagnis ein und drückte den Klingelknopf. Ein angenehm wirkender junger Mann öffnete die Haustür. »Ist dies zufällig das methodistische Pfarrhaus?« fragte ich.

»Das war es früher einmal, aber die Kirche hat dafür ein neues Haus bauen lassen. Was kann ich für Sie tun?«

»Vor langer Zeit wohnte ich einmal hier …«, fing ich an.

»Wie heißen Sie?« unterbrach er mich. Als ich meinen Namen nannte, kam so etwas wie Begeisterung bei ihm auf. »He, Liebling«, rief er ins Haus hinein, »der Mann ist hier, dessen Name auf dem Dachboden eingeschnitzt ist.« Daraufhin kam eine sehr hübsche junge Frau an die Tür und lud mich kurzerhand ins Haus ein. »Schauen Sie sich um, soviel Sie möchten«, sagte sie freundlich.

»Was soll das heißen, mein Name sei auf dem Dachboden eingeschnitzt?«

»Nun, kommen Sie mit, und wir werden Ihnen eine Ihrer Unternehmungen aus Ihrem Knabenalter vorführen.« Also stiegen wir in den Dachboden hoch, und da war es, unverkennbar, tief in einen großen Balken eingeschnitzt: »Norman Peale, 1. Jan. 1912.« Offenbar hatte am Neujahrstag vor langer Zeit ein dreizehnjähriger Junge sichergehen wollen, daß man sich an ihn erinnern würde, oder vielleicht hatte er sich damit nur die Zeit vertrieben. Es war mir eine Freude, Herrn und Frau Marchal kennenzulernen, die jetzt dieses Haus aus meiner Jugendzeit besitzen.

Ein weiteres Datum, das mich unseren Aufenthalt in Greenville mit Sicherheit bestimmen läßt, stammt aus einer schlimmen Erinnerung. Als Zeitungsjunge für den *Cincinnati Enquirer*, eine Morgenzeitung, stand ich jeden Morgen sehr früh auf, um mein Zeitungskontingent am Bahnhof abzuholen. Nachdem ich eines Morgens mein Bündel abgeholt hatte, begann ich meine Route zu beliefern und packte deshalb die Zeitungen aus. Bis heute weiß ich genau, wo ich wie angewurzelt stand, während ich die vielleicht dramatischste Schlagzeile dieser Zeit las: »EINTAUSENDACHTHUNDERT LEBEN IM ATLANTIK VERLOREN! RIESENDAMPFER TITANIC STÜRZT IN DIE TIEFE: WELTBERÜHMTE PERSÖNLICHKEITEN UNTER DEN TOTEN.« Das war am 16. April 1912.

Einige meiner aufregendsten Jugenderinnerungen haben mit meinem Onkel William Fulton Peale zu tun. Er absolvierte die University of Tennessee und wurde Lehrer an einem Gymnasium in Knoxville. Dann beteiligte er sich an Ölgeschäften mit einem erfolgreichen Geschäftsmann namens Edgar Davis und erwirtschaftete ein beachtliches Vermögen in Texas. Zu der Zeit, als ich die High School besuchte, handelte er mit Immobilien in Iowa.

Zum ersten Mal in meinem jungen Leben unternahm ich alleine eine für mich lange und komplizierte Reise, um meinen Onkel Will zu besuchen. Mein Vater hatte mir gesagt, ich solle jemanden fragen, wenn ich mich verirrt oder verwirrt fühlen sollte, am besten einen Polizisten, einen Bahnangestellten oder eine ältere Dame. »Wende einfach deinen Verstand an«, war sein Rat.

Ich entdeckte, daß mein Verstand ziemlich gut funktionierte. Die Familie begleitete mich zum Abschied. In Chicago mußte ich umsteigen und einen Zug der Rock-Island-Linie nach Des Moines, Iowa, nehmen, wo mich Onkel Will abholen sollte.

Der Schaffner hatte mir erklärt, welchen Bus ich von einem Bahnhof zum anderen nehmen mußte, also packte ich meinen Handkoffer und schob mich durch das Gedränge. An der Anfahrt zum Bahnhofsgebäude wartete ich auf den Omnibus, der sich als einer des alten Typs herausstellte, den man über eine Treppe am hinteren Ende bestieg. Innen gab es gepolsterte Sitzbänke entlang den Wänden, die ungefähr zehn Menschen Platz boten. Die Passagiere saßen da und betrachteten sich gegenseitig, während der Bus die überfüllten Straßen entlangrollte. Über uns donnerten die S-Bahnen. Das Ganze wirkte furchtbar aufregend auf den etwas eingeschüchterten Jungen vom Lande, der bemüht war, sich gelassen und weltmännisch zu geben. Wenn mich mein Gedächtnis nicht ganz trügt, meine ich, daß der Omnibus von einem Doppelgespann gezogen wurde, und um ein Fenster zu öffnen, mußte man einen Riemen hochziehen, der dann das Fenster herabließ, und der Innenraum war mit Troddeln geschmückt.

Als wir den Unionsbahnhof erreicht hatten, stieg der Fahrer von seinem hohen Sitz herunter und drehte eine Kurbel, um die Hintertür zu öffnen. Das Treppchen wurde ausgeklappt, und sämtliche Reisenden stiegen aus. Einige warteten noch, bis ihnen der Fahrer das Gepäck herunterreichte, das auf dem Dach von einem Messinggeländer gehalten wurde.

Ich ging in den Bahnhof hinein und fand erst einmal die große Anzeigetafel, auf der die Ankünfte und Abfahrten standen, so auch mein Zug nach Des Moines. Ich war begeistert von dem Gedanken, weit in den Westen zu fahren, noch weiter als der Mississippi. Ich fühlte mich wie ein Pionier auf dem Wege zu den endlosen Prärien. Vielleicht würde ich sogar einige Indianer sehen können. Ein großer, blauuniformierter Schaffner, der die Worte »Rock Island« auf der Mütze trug, hielt eine Taschenuhr in der Hand, die mit einer großen goldenen Kette an seiner Weste befestigt war. »Zug nach Des Moines und weiter westlich«, kündigte er an, »alles einsteigen, bitte.« Die Lokomotive atmete bereits Dampfschwaden aus. Mit meinem Handkoffer fest im Griff kletterte ich die Treppe hoch, fand einen Platz, verstaute meinen Koffer über mir und lehnte mich stolz in meinem Sitz zurück. Der Umstieg in der großen Stadt war mir gelungen.

Der Zug begann mit klingender Glocke zu rollen und klapperte über die Weichen auf sein Bestimmungsgleis zu. Ohne Unterlaß huschten Straßen an uns vorbei, bis wir die Stadt dann doch hinter uns hatten und durch das Farmland, die Städte und Dörfer von Illinois fuhren.

Ein Verkäufer kam durch den Waggon, und ich kaufte mir ein Schinkenbrot und ein Glas Limonade. Es war ein heißer Sommertag, und Ascheteilchen von der Lokomotive wehten zum Abteilfenster hinein.

Endlich erreichte der Zug die lange Brücke, die den großen Mississippi überquert, den Vater der Gewässer. Wir rollten darüber nach Iowa, und ich war auf einmal dort, wo der Westen anfängt, eine lange, lange Strecke von Greenville, Ohio, entfernt. Ich war ein Mann von Welt, ein Abenteurer, ein Abkömmling all jener unerschrockenen Menschen, die diese Prärien in Planwagen durchquert hatten. Aber trotzdem fühlte ich mich erleichtert, als der Zug in den Hauptbahnhof von Des Moines einrollte und ich in der wartenden Menschenmenge meinen Onkel Will mit seinem Strohhut und einer dicken Zigarre ausmachte. Er begrüßte mich herzlich mit den Worten: »Du hast es geschafft, Norman, und das ganz alleine. Ich bin stolz auf dich!« Die erste große Reise alleine ist sicherlich eine der aufregendsten Erinnerungen jedes Menschen.

Mein Onkel verkaufte in diversen Städten Baugrundstücke. War zum Beispiel ein Grundstück infolge einer Hypothekenpfändung wieder im Besitz einer örtlichen Bank, so einigte sich der Bankier mit meinem Onkel, und der versteigerte die Parzellen bei einer öffentlichen Auktion. Im Verlauf der Sommerferien nahm mich Onkel Will zu einigen solcher Verkaufsveranstaltungen mit. Für einen vierzehnjährigen Jungen waren sie äußerst aufregende Erlebnisse. Wir planten Straßen auf den Grundstücken und markierten die Parzellen mit Holzpflöcken, die ich bemalt hatte. Dann ging ich die Straßen entlang, überreichte Damen Schachteln voller Süßigkeiten und verschenkte gelegentlich auch ein Fünf-Dollar-Goldstück, wobei ich dem überraschten Empfänger lediglich sagte, daß es bei der geplanten Auktion weitere Süßigkeiten und mehr Gold geben würde.

An jedem Versteigerungstag konnten die Anwesenden ihre Namen auf numerierte Lose schreiben, von denen eins nach der Ziehung einen Ford Modell T gewann. Aber der Gewinner mußte bei der Ziehung persönlich dabei sein, um das Auto auch zu erhalten. Das sollte dafür sorgen, daß die Leute täglich zu den Versteigerungen kamen.

Ich war also der Reklamefachmann, der Holzpflockbemaler, der Straßenplaner und ansonsten der Laufbursche für alle Zwecke. Onkel Will verfügte über eine mächtige Rednerstimme. In der damaligen mikrofonlosen Zeit behaupteten Bewunderer des wortgewandten Redners William Jennings Bryan, daß seine Stimme im Freien von dreißigtausend Zuhörern klar und deutlich wahrgenommen werden konnte.

Bevor eine Versteigerung begann, bei der meist Tausende von Menschen anwesend waren, prüfte mein Onkel seine Stimme, indem er mich immer weiter weggehen ließ und ich ihm dann signalisierte, bis wohin ich ihn klar verstehen konnte. Er behauptete immer, Bryan noch übertreffen zu können, und da ich beide gehört habe, bin ich geneigt, Onkel Wills Anspruch gelten zu lassen.

Seine Reden konnten Herzen aus Stein erweichen lassen, wenn er schilderte, wie die Parzellen zukünftig besiedelt sein würden. Am Anfang spielten Kinder unter kleinen Bäumchen, aber am Lebensabend konnten die Besitzer unter riesigen Eichen und Ahornbäumen spazierengehen.

Die Preise, zu denen die Parzellen den Besitzer wechselten, wären nach heutigen Immobilienwerten sagenhaft günstig, und Onkel Will löste die Erschließung von so manchem hochwertigen Wohngebiet aus. Mit ihm zu reisen und zu arbeiten war eine Wachstumserfahrung für mich. »Wenn du ein öffentlicher Redner sein willst«, sagte er mir, »dann ist die erste Regel, daß du deutlich gehört wirst. Die zweite Regel ist, so zu sprechen, daß die Leute dich auch klar verstehen können. Die dritte Regel ist, etwas zu sagen zu haben, was sich auch zu sagen lohnt. Regel Nummer vier lautet: Sei ehrlich, vollkommen ehrlich in dem, was du sagst. Die fünfte Regel ist, einen handfesten Wert mit dem zu bieten, was du verkaufen oder vermitteln willst. Und Regel Nummer sechs ist, die Denkfähigkeit, das Herz, den gesunden Menschenverstand, die Vernunft und die Gefühle anzusprechen. Wenn du ein Seelsorger werden willst«, fügte er hinzu, »dann achte auf mich, und du wirst gelernt haben, wie man seine Kirche voll bekommt.« Ich protestierte gegen seine Annahme, daß ich Seelsorger werden würde, aber er winkte ab und meinte nur: »Ich kenne dich doch.«

Onkel Will war einer jener einfachen, warmherzigen Menschen, die sich bemühen, genau das Gegenteil davon vorzuspielen, aber seine aufgesetzte Härte war fadenscheinig, denn sein großes, liebevolles Herz schien bei allem durch, was er tat. Ich verehrte ihn abgöttisch.

Als er achtundsechzig war, mußte sich Onkel Will einer Operation unterziehen, da er an Zungenkrebs litt. Er ließ sich in das Sloan-Kettering-Institut für Krebsforschung des New Yorker Memorial Hospital einweisen, und ich war ständig bei ihm. Am Abend vor dem Eingriff, der ihm die Fähigkeit zu sprechen nehmen würde, befaßte ich mich schweren Herzens mit der Tatsache, daß es mir nicht mehr gegeben sein würde, diese großartige, melodische Stimme zu vernehmen.

»Onkel Will«, sagte ich, »es tut mir zutiefst leid, daß du diese Qualen durchmachen mußt. Die Art und Weise, wie du diese Krise ohne Murren und Beschwerden annimmst und dabei deinen inneren Frieden bewahrst, beeindruckt mich außerordentlich. Du begegnest diesem Schicksalsschlag als wahrer Christ.«

»Ist das nicht, wie wir uns verhalten sollen, die Härte des Lebens wie Männer auf uns nehmen?« fragte er mich. »Außerdem wird Jesus mir da durchhelfen.«

Nach einer Weile des Schweigens sagte er: »Norman, erinnerst du dich noch, wie Mama (seine Mutter, meine Großmutter) immer für jeden von uns betete, als wir noch alle klein waren? Sie ließ uns Jesus so nahe erscheinen. Würdest du jetzt für mich beten? Es soll nicht ein hochtrabendes Gebet von der Fifth Avenue sein«, meinte er und lächelte ziemlich traurig. »Bete einfach so, wie Mama gebetet hat. Du erinnerst dich doch an ihre Gebete, nicht wahr?«

»Ich bemühe mich, es auf ihre Weise zu tun«, sagte ich. Also schlossen wir die Augen, und ich betete: »Lieber Herr

Jesus, segne mein Lämmchen an diesem Abend. Nimm den kleinen Willie in Deine liebevollen Arme, und schütze ihn in dieser Nacht. Bringe ihn sicher und behütet in das Licht des Morgens. Er ist doch nur unser kleiner Junge, lieber Herr Jesus, und wir lieben ihn so sehr. Behalte ihn immer in Deiner wachsamen Obhut, so daß er immer ein guter Junge bleibt.

Lege ihn jetzt schlafen, lieber Herr, und mögen ihn Deine allumfassenden Arme vor jedem Schaden schützen. Behüte unseren lieben kleinen Willie jetzt und in Ewigkeit. Ich danke Dir, Himmlischer Vater. Amen.«

Onkel Will öffnete die Augen, die mit Tränen gefüllt waren. »Fast hörte ich ihre wunderschöne Stimme, während du betetest«, sagte er. »Mach dir keine Sorgen um mich, Norman. Mit Hilfe Jesu komme ich da durch.«

Ich küßte seine Wange und streichelte seinen Kopf, so, wie Oma es getan hätte. Ich hatte das noch nie getan, aber alles war jetzt anders. Er drückte meine Hand, und ich ging. Er verbrachte nur noch eine kurze Zeit auf dieser Welt, aber wir sehen uns wieder in den himmlischen Regionen, wo es keine Trennung mehr gibt.

Das wohl schwierigste Problem, mit dem ich als Jugendlicher zu kämpfen hatte, war mein alles beherrschender Minderwertigkeitskomplex. Ich war zurückhaltend und von Selbstzweifeln erfüllt. Genau gesagt lebte ich wie ein verschrecktes Kaninchen. Ich hielt mir selbst dauernd vor, daß ich keinen Verstand besaß, keine Fähigkeiten hatte, daß ich nichts darstellte und es auch nie würde. Ich lebte in einer elenden Welt der Selbstabwertung. Und dann wurde mir bewußt, daß Menschen mit dieser Meinung übereinstimmten, denn Tatsache ist, daß andere unbewußt die Selbsteinschätzung übernehmen, die man von sich selbst hat.

An einem Sommernachmittag sagte mein Vater, er wolle eine Familie besuchen, die auf dem Land einige Meilen außerhalb von Greenville wohnte, und ich möchte ihn dabei begleiten. Wir gingen zu Fuß, und mit uns lief Tip, unser kleiner Foxterrier. Die Gegend, durch die wir kamen, konnte beachtlichen Wohlstand aufweisen, und wir kamen an einigen offensichtlich wohlhabenden Gehöften vorbei und winkten den Leuten zu, da wir sie natürlich alle kannten. Ich erinnere mich, daß uns eine Familie überzeugte, auf ein Glas Limonade einzukehren, da es ein heißer Tag war, und die Farmersfrau servierte uns eine große Portion selbstgemachtes Vanilleeis und Plätzchen. Ich habe seitdem Speiseeis in der ganzen Welt genießen können, aber dieser Teller mit selbstgemachtem Eis bleibt mir im Gedächtnis als das köstlichste überhaupt, ein unvergeßlicher Genuß.

Wir erreichten die Familie, die mein Vater besuchen wollte. Es gab da irgendwelche Schwierigkeiten, die er fürsorglich und mit praktischen Hinweisen lindern konnte. Als wir den Heimweg antraten, brachte er mich dazu, über mich selbst zu reden. Ich schüttete das Problem meiner geringen Selbstwertgefühle aus, über die wir bereits bei früheren Gelegenheiten gesprochen hatten.

Die Erfahrungen meines Vaters als Arzt und sein Genie als Seelsorger machten ihn zu einem wirksamen Seelenheiler. Sein Spürsinn dafür, daß anormale Schuldgefühle aus schlechten Gedanken oder falschem Denken über Persönlichkeitsbeschaffenheit schädlich sein konnten, befähigten ihn, mit meinem Minderwertigkeitskomplex umzugehen.

Wir kamen zu einer Stelle, wo gerodet worden war, und die Baumstümpfe boten uns eine willkommene Sitzgelegenheit. Vater legte mir die Mechanismen der Gefühle von Minderwertigkeit und mangelndem Selbstwert in einer Weise dar, die einem modernen Psychotherapeuten alle Ehre machen würde. Er erklärte mir, daß es wahrscheinlich wissenschaftliche Behandlungsmethoden gebe, die mir helfen könnten, aber eine Behandlung dieser Art gab es in unserer Gegend nicht, und außerdem wäre sie sehr teuer.

»Aber«, fuhr er fort, »es gibt einen Arzt hier bei uns, der jeden geistigen oder gefühlsbedingten Mißstand heilen kann. Er besitzt die seltene und erstaunliche Kraft, unsere ungesunden Denkschemata zu korrigieren. Und Er kann diese gewisse sensible Selbstbezogenheit heilen, die an der Wurzel der Gefühle von Minderwertigkeit und mangelndem Selbstwert liegt.«

Am Schluß fragte mich Vater: »Norman, wärest du bereit, diesen großen Arzt, Jesus Christus, deinen Minderwertigkeitskomplex behandeln zu lassen? Wenn du Jesus die Führung über deinen Verstand, ja, dein ganzes Leben, übernehmen läßt, kannst du von diesem Elend befreit werden, das, wenn es weiter zunimmt, deine gesamte Wirksamkeit vernichten kann.« Ich war zutiefst beeindruckt und sagte, ich würde mein Leben in die Hände des Herrn Jesus Christus legen. Vater ließ mich neben dem Baumstumpf niederknien, und er selbst kniete hin. Ich weiß noch, daß Tip dazukam und mein Ohr leckte und sich dann neben mich setzte. Mit einem bewegenden Gebet verpflichtete mein Vater mich unserem Herrn Jesus Christus.

Dann bat er mich, Jesus zu erklären, daß ich mich in Seine Hände begebe und mit einem Akt der Bejahung alle meine Gefühle der Minderwertigkeit loslassen würde. Als wir uns im anbrechenden Zwielicht auf den Heimweg machten, empfand ich ein merkwürdiges Gefühl des inneren Friedens und des Glücks, als hätte ich meine Probleme tatsächlich im Griff. Als ich einen weiteren Anfall von Minderwertigkeitsgefühlen im Verlauf meiner Studienzeit erfuhr, wurde in gleicher Weise dagegen angegangen, mit ebenso gutem Ergebnis, durch die positive Kraft Jesu Christi.

Meine Erfahrung als Redner bei Verkaufsveranstaltungen und Versammlungen dürfte nicht ganz leicht zu überbieten sein, und ich habe mich mein ganzes Leben lang für den Verkauf interessiert, wie ich auch Menschen hoch schätze, die damit zu tun haben. Wahrscheinlich rührt dieses Interesse von einer weiteren Verkaufserfahrung aus den Sommerferien in Greenville her. In der Jugendzeitschrift *The Youth's Companion*, die, obwohl längst eingestellt, damals unter Jungen und Mädchen sehr beliebt war, hatte ich eine äußerst überzeugende Anzeige gelesen. Sie schilderte in verlockender Weise die Gewinne, die durch den Haus-zu-Haus-Verkauf von Küchengeräten aus Aluminium erzielt werden konnten. Die Anzeige betonte, daß es jedem unternehmungsfreudigen Jungen eine leichte Aufgabe sein würde, hierbei erfolgreich zu sein. »Eine spielerisch leichte Sache«, stand da geschrieben.

Ich zeigte die Annonce meinem Vater, und der ermutigte mich, das Angebot wahrzunehmen. Es mag sein, daß er dachte, daß eine solche Erfahrung gut für mich sein würde, und er borgte mir die erforderlichen 15 Dollar für den Einstiegssatz. Diesem Satz lag auch ein Vortragsentwurf bei, mit todsicheren Argumenten, die in jedem Fall zu Ergebnissen führen würden. Nach einigen Tagen hatte ich die Verkaufsargumente zu meiner Zufriedenheit gemeistert, also packte ich eines Morgens meinen Mustersatz unter den Arm und nahm guten Mutes die Straßenbahn nach Union City, einer Stadt knapp über der Grenze von Ohio und Indiana. In meiner Heimatstadt Greenville mit dem Verkauf zu beginnen, war meinem Mut doch etwas zu viel abverlangt.

Am Stadtrand angekommen, ließ ich erst einige Straßen vorbeiziehen und sammelte meine bereits nachlassende Courage. Endlich stieg ich aus und begann eine Straße entlangzugehen. Dem ersten Haus fehlte der Anstrich, und es wirkte leicht heruntergekommen, was mir Grund genug war, es auszulassen. »Das scheinen mir keine sehr progressiven Leute zu sein. Die würden so etwas wie diese neuen Aluminiumgeräte nicht nehmen«, sagte ich mir. Das nächste Haus war genau das Gegenteil, schön gestrichen und gepflegt, mit sauber geschnittenem Rasen und Blumen entlang dem Gehweg. »Diese Leute sind modern eingestellt«, überlegte ich. »Die wissen, was gut ist, und benutzen bereits Aluminiumgerät. Da lohnt es sich nicht.«

Dann erkannte ich, daß ich Angst hatte und Ausreden und Auswege suchte. Also raffte ich mich entschlossen zusammen, machte meine Einstellung möglichst positiv und marschierte direkt auf den Eingang des dritten Hauses zu. Leise hoffend, daß sich niemand melden würde, drückte ich zaghaft auf den Klingelknopf. Die Tür wurde jedoch aufgerissen, und vor meinen entsetzten Augen stand die größte und wütendste Frau, dich ich je gesehen hatte, und starrte mich an. Mit schwacher Stimme murmelte ich: »Sie wollen doch keine Küchengeräte aus Aluminium, nicht wahr?«

»Selbstverständlich nicht!« bellte sie und warf die Tür vor meiner Nase ins Schloß.

Nun war ich ziemlich müde. Indem ich mir sagte, ich hätte eine Tagesarbeit geleistet, stieg ich in die Straßenbahn und fuhr nach Hause, im vollen Bewußtsein, daß ich völlig versagt hatte. Ich war aber keineswegs bereit, mich mit meinem Mißerfolg zufriedenzugeben, also suchte ich meinen Freund Harry auf. »Harry«, sagte ich, »warst du je im Aluminiumgeschäft tätig?« Als er das verneinte, richtete ich die gesamte

Kraft meines Verkäuferpotentials auf ihn. »Was?« donnerte ich. »Du hast noch nie Aluminiumgerät verkauft? Mensch, du versäumst gerade die Erfahrung deines Lebens samt wirklich gutem Gewinn.« Zum Schluß konnte ich Harry die Hälfte meines Geschäfts für 7,50 Dollar verkaufen. Ich gab ihm den Verkaufsvortrag zu studieren und sagte: »Wir treffen uns an der Ecke morgen früh um Punkt acht. Sei pünktlich. Dann fahren wir wieder nach Union City und werden einen großartigen Verkaufstag haben.«

Nach dieser Anweisung erschien Harry am nächsten Morgen auch pünktlich mit seinem Teil der Ware. In Union City kamen wir an der Straße meines Versagens vorbei, und Harry meinte: »Das sieht wie ein gutes Gebiet aus. Laß uns hier aussteigen.«

»Nein«, sagte ich, »die habe ich gestern schon bearbeitet. Wir nehmen die nächste.« Als wir in der ausgewählten Straße standen, wies ich Harry an: »Nun, Harry, merk dir dies. Du mußt daran glauben, daß du den Problemen der Hausfrauen Abhilfe schaffst, und du mußt an dich selbst glauben. Geh ohne zu zögern zur Haustür, setz dir ein freundliches Lächeln auf, und laß dich nie mit ›nein‹ abspeisen. Du nimmst diese Straßenseite, ich nehme die andere.«

Harry ging seinen ersten Gehweg entlang, ich meinen. Harry ging auf seine Tür zu, ich auf meine. Harry läutete seine Türglocke, ich meine. Und man mag mir glauben, ich fühlte mich gefestigt, denn ich hatte einen Partner.

Nach meinem kraftvollen Läuten wurde die Tür langsam geöffnet, und vor meinen jetzt selbstsicheren Augen erschien die sanfteste kleine Frau, die mir je begegnet war. »Madam«, sagte ich mit fester, klarer Stimme, »ich bin gekommen, um Ihnen einen großen Gefallen zu erweisen. Ich bin hier, um Sie mit Aluminiumgerät zu versorgen.«

Mit schwacher Stimme und sehr höflich bat sie mich hinein, und zum Schluß hatte sie eine der besten Bestellungen aufgegeben, die mir dieser Sommer bringen sollte. Jahre später, als ich einmal einen Vortrag in Indianapolis hielt, nahm mich eine uralte Dame bei der Hand. »Du hast mir vor langer Zeit einmal Küchengerät in Union City verkauft. Du gefielst mir, denn du warst so jung, selbstsicher und begeistert, und was für ein guter Verkäufer du warst! Und jetzt ›verkaufst‹ du das Evangelium mit derselben Begeisterung, wenn ich das so ausdrücken darf.« Bevor sie sich von mir wandte, sagte sie mit einem Lächeln: »Übrigens, würdest du es glauben? Ich habe noch immer einige der Töpfe und Pfannen von dir.« Und als Fußnote dazu: Harry konnte auch einen Auftrag schreiben.

Aus der Zeit in Greenville habe ich aber auch eine eher schmerzhafte Erinnerung, die mit einer Rede zu tun hat, die William Jennings Bryan bei uns gab. Was öffentliches Reden anging, stellte Bryan jeden anderen Politiker mit seiner großartigen Stimme, dem melodischen Fluß seiner Worte und seiner dramatischen Gestik in den Schatten. Im Verlauf einer Rede, die ich miterlebte, hob er einmal einen Krug mit Wasser in die Höhe, goß das Wasser in das Glas in seiner Linken, ein Abstand von ungefähr einem Meter, leerte das Glas in seinen Mund und stellte Glas und Krug auf seinen Rednertisch. Und das alles geschah, ohne daß eine einzige Silbe seiner Ansprache dabei auch nur aus dem Rhythmus geriet. Die zahlreichen Zuschauer waren von dem Vorgang wie hingerissen. Es versammelten sich immer riesige Menschenmassen, wenn dieser dreimalige Präsidentschaftskandidat eine Rede hielt.

Greenville hatte weniger als zehntausend Einwohner, und ich glaube, daß der Auftritt William Jennings Bryans ein Teil des sommerlichen »Chautauqua-Programms« gewesen war, eine damals sehr beliebte Organisation von Vortragsreisen, die die größten Künstler und Redner in kleine Städte führte. Die Darbietungen fanden im Freien statt oder in geräumigen Zirkuszelten, die die Menschenmengen aufnehmen konnten, die mit ihren Pferdekutschen aus dem ganzen Umkreis anreisten. Ein gleichaltriger Junge und ich waren dermaßen angesteckt von der allgemeinen Erregung um das große Ereignis, daß wir uns heimlich eine Zigarre besorgten, die wir halbierten. Dann krochen wir unter das hölzerne Sprecherpodium und zündeten die Zigarrenhälften an und pafften daran, während Bryan auf der Plattform über uns herumstampfte. Bald nahmen wir jedoch eine grünliche Gesichtsfarbe an, und uns wurde sterbensübel. Wir würgten und übergaben uns, während Bryans Rede fortdonnerte. Es mag sein, daß dieser Zwischenfall nicht ganz ohne Wert für mich war, denn er markierte den Beginn meines lebenslangen Nichtrauchertums.

Ich hörte William Jennings Bryan noch oft in späteren Jahren, und bis heute bin ich beeindruckt von der beispiellosen Qualität seiner inspirierten Redekunst und seines imposanten Auftretens. Seine vielleicht berühmteste Rede in einem politischen Zusammenhang war die, die ihm die Ernennung zum Präsidentschaftskandidaten der Demokratischen Partei bei dem Nationalkonvent von 1896 einbrachte, wo er dramatisch erklärte: »Ihr sollt nicht auf das Haupt der Arbeit die Krone aus Dornen drücken. Ihr sollt die Menschheit nicht an ein Kreuz aus Gold schlagen.« Aber für mich war sein Meisterwerk gar keine politische Rede, sondern eine religiöse mit dem Titel »Der Prinz des Friedens«, die er im Laufe der Jahre zahllose Male vortrug. Für mich und Tausende von anderen Zuhörern war diese Rede das Vortragsereignis des Lebens.

Ich habe diese Rede von Bryan zwei- oder dreimal gehört.

Beim ersten Mal war ich noch ganz klein, und ich erinnere mich genau, wie ich mit meinem Vater zu den alten Lancaster Ohio Camp Grounds fuhr, wo die Rede gehalten werden sollte. Wie jeder andere auch reiste Bryan im Passagierwaggon und war während der Fahrt von vielen Männern umgeben, darunter auch von Vater und mir. Der berühmte Mann sagte: »Komm her, mein Sohn, setz dich auf meine Knie.« Und so saß ich eine kleine Weile lang bei dieser Zugfahrt auf den Knien des »großen Bürgers«, wie Bryan genannt wurde.

Mein Vater besaß enormen Glauben an die Menschen. Als Beispiel zitiere ich die Geschichte eines Seelsorgers, den ich Bill nennen will. Bruder Bill, wie er allgemein liebevoll genannt wurde, war ein fröhlicher, gewissenhafter Seelsorger. Er war ein bewegender Redner, der seine Gemeinde liebte und ihr diente und an den Freuden und Erfolgen ebensosehr wie an Sorgen und Kummer der Menschen teilnahm. Er war ein fürsorglicher und selbstloser Mann und galt als wahrer Heiliger. Die kleine Kirche an einer Wegkreuzung, die er leitete, genügte ihm völlig. Als Vorsteher der Kirchen dieser Gegend war mein Vater Bills kirchlicher Vorgesetzter.

Dann suchte Bill ein plötzlicher, tragischer Schicksalsschlag heim, und seine Existenz war auf einmal bis in die Fundamente erschüttert. Offenbar war er auf so etwas in keiner Weise vorbereitet, hatte für sich selbst keine Glaubenslösung für persönliche Widrigkeiten parat, keine Lebensphilosophie, die den Schock lindern konnte. Er wanderte die Landstraßen entlang, ein völlig veränderter Mann. Er zog sich von seinen Pflichten zurück, sorgte aber dafür, daß er ausreichend vertreten wurde, so daß die Kirchenarbeit nicht allzusehr litt.

Eines Tages erschien Bill bei uns zu Hause, offensichtlich

unter riesigem Druck. »Doktor Peale«, sagte er, »ich halte es nicht mehr aus. Mein Leben ist ruiniert. Ich bin heute hierher gekommen, um Ihnen meinen Rücktritt von meinem Amt und aus der Kirche zu überreichen. Sehen Sie, ich schäme mich, Ihnen in die Augen zu schauen, Sie sind immer so gut zu mir gewesen. Ich bin aber ein Säufer geworden, bin zum einfachen Säufer verkommen. Ich kann nicht als Seelsorger weitermachen, wenn mir mein Gewissen sagt, daß ich ein Lügner und Fälscher bin.«

Vater war nicht umsonst Arzt und Seelsorger geworden, und er verstand es, eine Beichte entgegenzunehmen und eine Persönlichkeit so zu untersuchen, daß Heilung wirksam angewendet werden konnte. Er gab sich in keiner Weise schockiert, geschweige denn, daß er auch nur andeutungsweise verurteilt hätte. Vielmehr besaß er die leidenschaftslose Objektivität eines Wissenschaftlers, kombiniert mit Liebe für diesen armen, gebrochenen Mann.

»Bill«, antwortete er, »ich möchte, daß Sie tun, was ich Ihnen aufgebe.« Er griff in seine Tasche und drückte dem Seelsorger dann einige Geldscheine in die Hand. »Ich möchte, daß Sie nach Lakeside, Ohio, fahren. Dort wird eine Erweckungsversammlung abgehalten, und Sie nehmen daran teil und lassen sich noch einmal von Grund auf bekehren. Wenn Sie den Alkohol nicht im Griff haben, der Herr hat ihn im Griff, und ich werde für Ihren Sieg beten. Bessere Zeiten sind im Anmarsch. Bleiben Sie in Lakeside, bis Sie von mir hören.« Obwohl Bill protestierte, gehorchte er den Anweisungen.

Dann rief Vater die Mitglieder von Bills kleiner Gemeinde zusammen, erzählte ihnen, was es mit ihrem Pastor auf sich hatte, und fügte hinzu, daß Bills Vater Alkoholiker gewesen sei. Dann hielt er eine kleine Ansprache über seine Vorstellungen von der Beschaffenheit christlicher Solidarität. Mit Hilfe der Gemeindemitglieder wollte er einen Plan zur Rettung und zum Verständnis für ihren Pastor ausarbeiten, und er bat sie darum, Bill ihre Solidarität nicht zu versagen, bis nicht jeder Versuch unternommen worden war, ihn mit der Gnade Gottes zu rehabilitieren.

Er sprach eine Gruppe von Bauern und Landfrauen an, Farmer des Schlages, den die spöttelnden, abgeklärten und aburteilenden Medien oft als störrisch und engstirnig abservieren. Es herrschte ein langes Schweigen, bis ein grobschlächtiger Farmer mittleren Alters die Stimme erhob.

»Es hätte jedem von uns so ergehen können. Das hätte ich sein können.«

Und ein anderer sagte: »Einige von euch wissen, daß ich früher alles andere als ein Heiliger war. Und auch nachdem ich bekehrt worden war und der Kirche beitrat, bin ich manchmal rückfällig geworden. Aber ihr habt mir nicht den Rücken gekehrt. Laßt uns das gleiche für Bruder Bill tun.«

Vater war von der Wende überrascht, die die Versammlung genommen hatte, aber es war wirklich so, als wollte jeder Bill beistehen. Zugegeben, einige Lippen blieben eng zusammengepreßt, und Vater rechnete eigentlich mit einigen lautstarken Beschuldigungen, aber nichts dergleichen geschah, denn es herrschte eine Atmosphäre des Verständnisses und der Verzeihung.

Vater stellte die Situation klar dar. Bill könne sein Amt erst wieder antreten, wenn er über sein Problem gesiegt, wenn der Heilige Geist ihm zur Neugestaltung seines Lebens verholfen habe. Bis dann würden alle für ihren spirituellen Anführer beten, für seine Erlösung und seine Erneuerung.

Als er uns später davon erzählte, sagte Vater: »Manche werfen mir vielleicht vor, daß ich zu nachlässig und ungewissenhaft mit der Integrität der Kirche umgehe. Ich vertrete aber die Überzeugung, daß es unsere Pflicht ist, dem verlorenen Schaf nachzugehen, auch wenn es der Pastor selbst sein sollte. Zum allerersten Mal habe ich in dieser kleinen ländlichen Kirche die Herrlichkeit der Christenheit, Verbrüderung durch Demut und Liebe in Aktion erlebt. Es war wundervoll.«

Unterstützt von den Gebeten und dem Verständnis seiner Mitmenschen, fand Bruder Bill den Herrn in der Kraft des Heiligen Geistes. In Jesus wurde er zu einem neuen Mann, die alten Dinge verblichen, alles wurde erneuert. Die Echtheit seiner Veränderung wurde dadurch bestätigt, daß er nie abglitt, sondern bis zu seinem Tod standhaft blieb. Er war ein lebendes Zeugnis der Kraft, die Christus bewirken kann, um einen Menschen zu verändern und christliche Solidarität ins Leben zu rufen.

Nie habe ich den Lebenswandel von Bruder Bill vergessen, seine Tragödie und seinen Fall, gefolgt von seiner Genesung. Darüber hinaus lernte ich früh in meinem Leben, daß Christen durch den Glauben an den Herrn Jesus und das Leben in Seinem Geist Größe im Mitgefühl, im zwischenmenschlichen Verständnis und in der Brüderlichkeit erlangen können. In Christus wächst der demütig Glaubende über sich selbst hinaus.

In Greenville wurde unsere Familie vollständig, als mein Bruder Leonard DeLaney Peale am 20. April 1912 geboren wurde. Das geschah im Christus-Krankenhaus in Cincinnati. Bob und ich spielten Ball mit anderen Jungen hinter unserem Haus in Greenville, als eine Nachbarin über den Rasen gelaufen kam, um uns zu erzählen, daß wir einen kleinen Bruder hatten. Zur Feier des Tages gingen Bob und ich abends in eine Filmvorstellung (die Bezeichnung »Kino« kam erst später auf). Aber wir wurden aus der Vorstellung herausgeholt, um zu erfahren, daß wir am nächsten Morgen mit dem Frühzug nach Cincinnati fahren müßten, wenn wir das Baby noch lebend sehen wollten. Ich erinnere mich deutlich, wie wir beiden Jungen Hand in Hand dort hineingeführt wurden, wo das Leben unseres winzigen Bruders an einem seidenen Faden hing. Glücklicherweise überlebte er.

4. Kapitel
Auf den Stufen der Kapelle

Nach Greenville wurde Bellefontaine, Ohio, unser Heimatort, und der führende Herrenausstatter dort war Emil Geiger. Emils hervorragende Eigenschaften waren eine gütige, liebevolle Persönlichkeit und kompromißlose Ehrlichkeit. Ich weiß, wovon ich rede, denn nach der Schule, an Samstagen und bei gelegentlichen Sonderprojekten arbeitete ich für ihn.

In jenen Jahren besaßen Männer und Jungen der wirtschaftlich schwachen Schichten der Gesellschaft nur zwei Anzüge, den für den Alltag und den »Sonntagsanzug«, der bei Kirchgängen und anderen besonderen Anlässen getragen wurde, und bei beiden Anzügen war die Haltbarkeit am wichtigsten. Dementsprechend langsam wälzte sich Emils Lagerbestand um, so daß er ab und zu Ware loswerden mußte, die zwar neuwertig war, der herrschenden Mode jedoch nicht mehr ganz entsprach.

Eines Tages sagte er zu mir: »Norman, ich möchte, daß du einige Fahrten hinaus aufs Land machst und diese übriggebliebenen Anzüge an die Farmer verkaufst.« Die Anzüge waren ordentlich in einem Planwagen ausgestellt. »Das sind völlig brauchbare Anzüge, herrliches englisches Material und gut verarbeitet. Sie eignen sich hervorragend als ›Sonntagsanzüge‹. Und wenn der Kunde den Anzug pflegt und ihn eine Weile lang trägt, wird der Schnitt wieder in Mode kommen. Betone das, und verkaufe keinen Anzug, der nicht paßt oder befriedigend umgeändert werden kann. Ich habe jeden Anzug mit einem fairen Preis versehen. Behalte immer vor Augen, mein Sohn, daß das Geheimnis erfolgreichen Verkaufens darin liegt, Qualitätsware anzubieten, die du aus Überzeugung empfehlen kannst. Und wenn dein Produkt etwas ist, was der Kunde braucht und ihm gute Dienste leisten wird, dann sei überzeugend.«

Nachdem mir Emil diese Richtlinien mit auf den Weg gegeben hatte, nahm ich die Zügel in die Hände, setzte das Pferd in Bewegung, und auf ging es zum Farmland Logan County. Der Job hatte einen Vorteil, mit dem ich nicht gerechnet hatte. Die einzige Freizeit, die ein Farmer hatte, war mittags oder am frühen Abend, also plante ich meine Besuche auf den Farmen immer so, daß ich zur Mittagszeit oder zum Abendbrot eintraf. Das Ergebnis war, daß mir meine Verkäufertätigkeit einige der schmackhaftesten und nahrhaftesten Mahlzeiten einbrachte, die ich je gegessen habe. Es war durchweg die gute alte Küche Ohios, die ich noch immer für die beste der Welt halte. Man reichte Fleisch oder Geflügel, Kartoffelstock, Soßen und Gemüse und schloß die Mahlzeit mit einer großzügigen Portion Obstkuchen mit Speiseeis darauf. Mein lebenslanger Kampf um eine schlanke Linie begann ganz sicher damals, als ich Verkaufsreisen für Emil Geiger machte.

Ich brauchte nur wenige Tage, um die Restposten samt und sonders zu verkaufen, und was freute sich Emil darüber! Er gab mir einen Bonus von einigen Dollar und legte seinen Arm um meine Schultern. »Junge, du hast das Zeug zu einem echten Verkäufer. Du mochtest deine Kunden, und das solltest du auch, denn sie sind das Salz der Erde. Du hast sie ehrlich behandelt und bist wirklich überzeugend.«

Die Jahre vergingen, und eines Tages entdeckte ich von meiner Kanzel in New York ein altes, bekanntes Gesicht unter meinen Zuhörern. Es war mein lieber Freund Emil Geiger. Er grinste zu mir hoch, und ich war so erfreut, daß ich ihn anlachte. Später sprachen wir in meinem Arbeitszimmer über die alten Zeiten. Emil sagte: »Erinnerst du dich noch, als du unsere Restposten mit dem alten Planwagen an den Mann brachtest? Nun, diesen Job handhabst du genauso. Du liebst die Menschen, du vertrittst etwas, was wir alle brauchen, du bist ehrlich in deiner Überzeugung von dem, was du anbietest, und du bist überzeugend.« Dann fügte er das für ihn als Jude höchste Kompliment hinzu: »Nur, ich wünschte, du wärst Rabbiner geworden.« Als er mich verließ, umarmten wir uns herzlich. Wir sahen uns nie wieder, aber Emil bleibt mir ewig in dankbarer Erinnerung.

Durch die Nebel der vielen Jahre bleiben mir geschätzte Erinnerungen an Bellefontaine gewahr: Das Gerichtsgebäude in der Stadtmitte, um das die Straße verlief, von der es hieß, sie wäre als erste im Staate Ohio gepflastert worden; unsere High School mit ihren großartigen Lehrern, besonders Professor Guy Dietrick, der später dem Landtag von Ohio angehörte und der die Dramatik der Geschichte für uns lebendig werden ließ; die Jungen und Mädchen, die ich damals kannte, von denen einige die höhere Schule jenseits dieser Welt aufgesucht haben, während die restlichen die feinen Menschen sind, die sie eh und je waren. Ich denke da an Bob Cooke, Vincent Castle, »Hike« Newell, Garton Churchill, Glenn Hill und Sammy Kaufman. Ich wünschte, ich hätte all ihre Namen parat, aber ich sehe noch ihre frohen Gesichter vor mir, so, wie sie damals in den Morgenstunden unseres Lebens aussahen.

Und dann gab es auch noch »Sport« Dietrick, der mit dem

Professor nicht verwandt war. Sport arbeitete in einer Wäscherei, um seinen Aufenthalt an der High School und sein darauffolgendes Studium zu finanzieren. Nach der Universität arbeitete er in einer Bank in Worthington, Ohio, und galt in der Gemeinde als ein Mann von felsenfestem Charakter. Als die dunklen Zeiten der großen Depression aufzogen, gab es panikartigen Ansturm auf alle Banken. Der Schlange von besorgten Kunden vor der Bank, deren Direktor Sport nun war, sagte er ganz einfach: »Ich versichere Ihnen, daß Ihre Einlagen nicht gefährdet sind.« Das genügte, denn Sport Dietricks Zusicherung war so viel wert wie Gold in der Hand, oder besser gesagt, sie war wie sein Charakter.

Sport nahm mich eines Tages nach Delaware, Ohio, mit und leistete die Fürsprache für meine Aufnahme in die Verbindung, der er angehörte, Phi Gamma Delta an der Ohio Wesleyan University. Er steckte mir den weißen Stern höchst persönlich an das Revers. Sport war irgendwie ein Heiliger, aber sein typisches tiefes Lachen würde erklingen, wenn er diese Zeilen von seinem alten Jugendfreund lesen könnte. Aber eines ist sicher, daß er dort drüben mit den Heiligen verweilt, weil er hier so war, wie er war.

Ich gedenke meines lebenslangen Freundes Sammy Kaufman. Die Kaufmans und die Geigers waren die einzigen jüdischen Familien in einer Gemeinde, die sich hauptsächlich aus Methodisten, Presbyterianern und Baptisten zusammensetzte. Aber in jenen guten alten Zeiten schien niemand einen Gedanken an unterschiedliche Rassen oder Religionszugehörigkeiten verschwenden zu wollen, jedenfalls nicht in unserer kleinen Stadt. Sammy und ich gingen gemeinsam zur Schule und waren auch in der High School untrennbare Weggefährten. Später arbeitete er in der Gemeindeplanung. Sammy lebte sein Leben, ohne je nach Ruhm zu liebäugeln, und alle Menschen, die ihn kannten, brachten ihm Liebe entgegen. Er war ein großer Amerikaner, der Liebe und Ehre verdient.

Meine alte Schüchternheit begleitete mich bis ins Studium, obwohl ich sie nach der unvergeßlichen spirituellen Erfahrung mit meinem Vater in Greenville wesentlich besser unter Kontrolle hatte. Aber irgendwie war es immer noch da, das Gefühl von Minderwertigkeit, von Unzulänglichkeit. Besonders im gesellschaftlichen Leben außerhalb meines engsten Freundeskreises machte sich das bemerkbar. Ich verhielt mich wortkarg gegenüber neuen Bekannten jedes Alters. Aber merkwürdigerweise wollte ich öffentlicher Redner werden, obwohl mich alleine schon der Gedanke an einen öffentlichen Auftritt mit Angst erfüllte.

Als wäre es gestern gewesen, erinnere ich mich an den Schultag, an dem es meine Aufgabe war, einen kurzen Bericht vor einer Sonderversammlung aller Schüler abzugeben. Ich fing ziemlich gut an, war aber plötzlich niedergeschmettert, als ein Mädchen in den vorderen Reihen überlaut flüsterte: »Sieh mal, wie seine Knie zittern.« Meine Knie zitterten tatsächlich, aber wie teuflisch von ihr, das laut zu sagen! Es machte mich wütend und so stur, daß ich durchhielt, und sei es nur, um ihr zu zeigen, daß ich es konnte. Ihren verschmitzten, höhnischen Gesichtsausdruck habe ich heute noch vor Augen.

Aber immer schien es, als träte eine zusätzliche Kraft hervor, wenn ich ernsthaft für eine Lösung meiner Probleme betete. So »betete ich mich« in den Debattierclub unserer High School. Es gab echten Jubel, als wir eine Debatte über ein Thema gewannen, das damals öffentliches Interesse erregte: »Gegeben, daß das Vorwahlensystem zur Auslese von Kandidaten für öffentliche Ämter dem alten Konventsystem überlegen ist.« Mit Begeisterung argumentierte ich für die positive Seite dieser Frage und entwickelte selbst so viel Interesse an dem Thema, daß daraus ein aufregendes, befriedigendes Erlebnis des öffentlichen Vortragens für mich wurde. Dies zeigte mir deutlich an, daß mein Problem mit meinem Selbstbewußtsein zu tun hatte, aber es fiel mir trotzdem nicht leicht, dagegen anzukämpfen.

Irgendwann danach schickte mich mein Vater eines späten Abends zur Kirche, um dort etwas zu besorgen. Ich trat in den großen, dunklen Raum ein, der nur schwach von dem Licht der Straßenlaternen erhellt war, das durch die Buntglasfenster fiel. Die umlaufende Empore lag in tiefem Schatten.

Noch immer unter dem anregenden Einfluß meiner Debattenerfahrung bestieg ich die Kanzel und begann, in die leere Kirche hinein zu predigen. Ich muß selber zugeben, daß es eine kraftvolle Predigt war, wahrscheinlich sogar meine beste, aber leider war niemand da, um sie zu hören. Doch ohne mein Wissen hatte ich ein Publikum, einen Zuhörer. Vater war noch etwas eingefallen, was er haben wollte, und als er in die Kirche eintrat, hörte er die Stimme seines Sohnes, der von der Kanzel predigte. Er nahm weit hinten im tiefsten Schatten Platz und hörte zu. Anschließend sagte er mir: »Du hast es in dir, ein Redner zu sein, ein besserer als dein Vater.« Er freute sich in der besonderen Art und Weise, die den Stolz eines Vaters auf seinen Sohn kennzeichnet. »Aber du mußt dich selbst aus dem Bilde nehmen. Der beste Weg, das zu schaffen, ist, Jesus zum Mittelpunkt zu machen. Wenn du die Menschen liebst, zu denen du sprichst, und dich selbst vergißt, wirst du dich über kurz oder lang selbst finden. Jedenfalls herzlichen Glückwunsch von einem, der heute abend den echten Norman Peale anhören konnte. Bleib immer echt, Junge«, ermahnte er mich, als wir unseren Heimweg zum Pastorat in der North Detroit Street einschlugen.

An einem Septembertag des Jahres 1916 fuhr mich Vater nach Delaware, um mich an der Ohio Wesleyan University zu immatrikulieren. Die Wahl fiel auf Wesleyan, weil Kinder von Geistlichen dort großzügige Verbilligungen erhielten. Während wir uns dem wunderschönen Universitätsstädtchen näherten, wo ich die nächsten vier Jahre verbringen sollte, wurde ich immer stiller und empfand bereits Heimweh. Ich würde nun ein »Fuchs« sein, ein Student im ersten Studienjahr. Das Haus der Verbindung Phi Gamma Delta sollte von nun an mein Zuhause sein, also fuhr Vater dorthin, und gemeinsam trugen wir meine Habseligkeiten auf mein Zimmer. Dann sagte er: »Nun ist es Zeit für mich zu gehen, Norman.« Niedergeschlagen begleitete ich ihn zum Auto. Dort sagte er: »Heute verläßt du dein Zuhause wirklich. Mutter und ich haben uns bemüht, dich zu einem aufrichtigen, christlichen Jungen zu erziehen, wir lieben dich und glauben an dich. Ich hoffe, du wirst nie der Sünde verfallen, denn auf einen Jungen fern von zu Hause lauern viele Versuchungen. Eines will ich dir dazu sagen: Wenn du dich je mit Schnaps oder Frauen oder sonstwas verheddern solltest, dann lüge mich nicht an. Sei immer offen mit mir, und ich werde dir helfen, dich da durchzuarbeiten.« Dann stockte ihm die Sprache. »Vergiß nur eines nie – halte dich an Jesus. Ich liebe dich.«

Mit diesen Worten stieg er ins Auto, winkte kurz und war um die nächste Ecke verschwunden. Ich stand da mit feuchten Augen, fühlte mich verlassen und dachte: »Ich liebe ihn – was für ein Mann!« Er wußte genau, was einem Jungen unter den Umständen zu sagen war und wie man es sagt. Und was er sagte, wie er es ausdrückte, bleibt mir klar und liebevoll bewußt, während ich diese Zeilen mehr als siebzig Jahre danach schreibe.

Im Haus der Phi Gamma Delta teilte ich das Zimmer im ersten Jahr mit Cecil J. Wilkinson, genannt »Scoop« (Sensation), ein Spitzname, der Reportern zu eigen ist; er war nämlich der Redakteur von *The Transcript*, der Universitätszeitung. Später wurde Scoop Redakteur der Verbindungs-Zeitschrift und Generalsekretär des nationalen Dachverbandes der Verbindung und hatte somit immer Einfluß auf das Leben von Studenten. Unser Zimmer enthielt ein doppelstöckiges Bett. Da Scoop Präsident der Verbindung sowie in einer höheren Klasse war, beanspruchte er natürlich das untere Bett, während ich als armseliger Fuchs das obere hatte.

Eine meiner Erinnerungen betrifft das Öffnen des Fensters in bitterkalten Winternächten, worauf ich in mein Bett kletterte und mich in mein Bettzeug kuschelte, nur um Scoop sagen zu hören: »Fuchs, steh auf und mach das Licht an. Ich will einen letzten Blick auf Nells Bild werfen, bevor ich einschlafe.« Schmerzlich und mit klappernden Zähnen befreite ich mich dann von meinem hochgelegenen Bett und machte das Licht wieder an, während der eiskalte Wind meine Füße umwehte, damit Scoop liebevoll das Gesicht von Nell Herbert betrachten konnte, einem lieblichen Mädchen, das er anschließend heiratete.

Scoop Wilkinson war der unangefochtene »Mr. Phi Gamma Delta« seiner Zeit, so wie es zur Zeit dieses Schreibens der Nationalsekretär Bill Zerman ist. Scoop war der unbestrittene Führer des Verbindungswesens an den Universitäten Amerikas und tat viel, um die Standarte und Ziele hochzuhalten, um derentwillen die Verbindungen hundert Jahre früher ins Leben gerufen worden waren.

Ich hatte außerordentliches Glück mit den Menschen, die meine Verbindungsbrüder wurden. Ein späterer Zimmernachbar war Charles B. Mills aus Marysville, Ohio, der Sohn eines Landarztes. »Chid«, wie er genannt wurde, begann seine berufliche Laufbahn mit Arbeit nach der Schule und in den Ferien als Bürogehilfe bei dem Saatlieferanten O. M. Scott. Er arbeitete nie für irgendeine andere Firma, sondern blieb auch nach dem Studium dort, um später Direktor und dann Vorstandsvorsitzender zu werden. Er machte die Firma zu einer der größten und angesehensten des Landes. Chid war in seiner Branche immer ein Anführer und wurde während seiner Laufbahn einer der einflußreichsten Männer Ohios, der Freund von Gouverneuren und Senatoren.

Aber Chids hauptsächlicher Dienst war der eines christlichen Laien. Auch er war ein Heiliger, ein humorvoller und robuster, dem es einfach Spaß machte, ein Christ zu sein. Er war der unbestrittene »Mr. Ohio Wesleyan«. Ich bin diesen Männern, meinen Zimmernachbarn der Studienzeit, zu sehr viel Dank verpflichtet, auch für die Freundschaft, die sie mir ein Leben lang schenkten.

Meine engsten Freunde während der Studienzeit waren John J. Joseph, späterer Vizedirektor und Justitiar der Ohio Bell Telephone Company, Belford P. Atkinson, geschäftsführender Vizepräsident der Ohio Bankers Association, Charles H. Eichorn, Versicherungsdirektor in Ohio, Gardner T. Townsley, Zeitungsredakteur in Ohio, Doug Torrence, Geschäftsmann in Marion, Ohio, und Leo Wilson, der in der Bekleidungsindustrie tätig war.

Obwohl mich enge Freundschaft mit diesen und weiteren Führungspersönlichkeiten der Studentenschaft verband und mein Leben im allgemeinen interessant und erfüllt verlief, hatte ich dennoch weiterhin mit meinen Gefühlen der Minderwertigkeit und meiner miserablen Selbsteinschätzung zu kämpfen. Und eines Tages ereignete sich das krönende Erlebnis meiner gesamten Studentenzeit. Obwohl ich es damals nicht wußte, handelte es sich um einen der wichtigsten Wendepunkte meines Lebens.

Eines Tages nach der Vorlesung von Professor Ben Arneson (Wirtschaftswissenschaft) sagte er zu mir: »Peale, warten Sie noch einen Moment. Ich möchte mal mit Ihnen reden.« Als die anderen Studenten den Saal verlassen hatten, wurde dieser gütige Mann wirklich hart zu mir, jedenfalls so hart, wie er es sein konnte. »Was fehlt Ihnen eigentlich?« fragte er streng. »Ich weiß, daß Sie den Stoff dieses Kurses beherrschen, daß Sie das Wissen haben. Aber Sie sind so fürchterlich zurückhaltend, so befangen, wenn ich Sie aufrufe, daß Sie kein Wort über die Lippen kriegen, rot anlaufen und Ihre Minderwertigkeitsgefühle offen zur Schau stellen. Wissen Sie denn nicht, daß Schüchternheit dieser Art in Wirklichkeit eine Form von Egoismus und übertriebenem Selbstbewußtsein ist? Um Himmels willen, seien Sie ein Mann! Hören Sie auf, sich wie ein Wurm zu gebärden oder wie ein verschrecktes Kaninchen. Sie sind der Sohn eines Seelsorgers und sollten eigentlich etwas über unseren Heiland Jesus Christus wissen. Lassen Sie sich von Ihm helfen, denn Er wird es tun.« Er hatte mir die offene, unverblümte Wahrheit über mich selbst vorgetragen. Er hatte mich haargenau beschrieben, und was ich anhören mußte, gefiel mir überhaupt nicht.

Ich stampfte wuterfüllt aus dem Raum und schwor mir, die Universität umgehend zu verlassen. Aber bereits als ich vor dem Gebäudeeingang stand, hatte sich meine Verärgerung etwas gelegt, und ich hielt aus irgendeinem Grund auf der Treppe der Gray-Kapelle an, genauer gesagt, auf der vierten Stufe von unten. Sehr wohl erinnere ich mich daran. Professor Arneson hatte recht, und sein Anliegen war ausschließlich mein Wohlergehen. Was sollte ich nun damit anfangen? Ich betete, betete richtig aus dem Herzen heraus, aus einer Stelle in meinem tiefsten Inneren. »Herr Jesus«, sagte ich, »ich benötige Hilfe, und zwar jetzt. Du hast die Kraft, einen Trunkenbold in einen nüchternen Menschen umzuwandeln, aus einem Dieb einen ehrlichen Menschen zu machen, eine Hure zu einer tugendhaften Frau werden zu lassen. Kannst Du nicht aus einer armen Seele wie mir einen normalen Menschen machen? Bitte, lieber Herr, bewirke Deine Umwandlung meines Lebens.« Und dann dankte ich Ihm, denn mich erfüllte das überwältigende Gefühl, daß ich eine positive Antwort auf mein Gebet erhalten würde.

Nichts geschah in dem Moment, außer daß ich einen merkwürdigen Frieden verspürte. Ich wollte gleichzeitig lachen und weinen, und in mir breitete sich ein warmes, glückliches Gefühl aus. Die Ahnung einer Gegenwart ergriff mich, als ob Jesus in meiner unmittelbaren Nähe wäre, und ich bin sicher, Er war es auch.

Vielleicht gab es eine geheime Absprache unter den Lehrern, aber damals dachte ich nicht daran. Einige Tage danach hielt mich unser Professor für englische Literatur, William E. Smyser, nach der Vorlesung zurück. »Norman«, sagte er, »in der Bibliothek befindet sich ein Buch von Bliss Perry über die Werke Emersons, das du hilfreich finden könntest. Und wenn du schon dabei bist, sieh dir mal die ›Meditationen des Mark Aurel‹ an. Beide Schriftsteller behandeln die enormen Möglichkeiten der Beherrschung und Anwendung des menschlichen Verstandes. Sie zeigen, wie wir die Wirksamkeit unseres Denkens steigern können.« Und so wurden Emerson und Mark Aurel zu meinen lebenslangen Lehrern.

Einige Wochen später teilte mir unser Professor für Bibelkunde, Roland Walker, mit, daß ich einen weiteren Anrechnungspunkt für meinen akademischen Grad benötigte. Da ich mich noch immer gegen den Gedanken des Seelsorgertums sträubte, versuchte ich, meine Arbeit für das Fach Bibelkunde möglichst abzukürzen. Der Professor sagte: »Ich schlage vor, Ihnen einen Sonderkurs über den Brief des Paulus an die Römer zu geben. Wenn Sie den privat durcharbeiten, wird das viel schneller gehen als in einem Semester Klassenarbeit. Auch sollten Sie Ihren Verstand ernsthaft mit einem der größten Intellektes der Geschichte konfrontieren, dem des Heiligen Paulus. Was Sie dabei über die Bibel lernen, wird zweitrangig sein gegenüber dem, was dieses Studium für Sie als Denker tun wird.« Dieses Studienprojekt wurde zu einem der maßgeblichsten Einflüsse meines gesamten Lernprozesses.

Allmählich ließ meine Befangenheit nach, und die althergebrachten Gefühle der Unzulänglichkeit nahmen normalere Formen an, aber ganz verschwanden sie nie, und sie werden es wahrscheinlich auch nicht mehr. Auch heute noch merke ich, ob ich nun als Redner einem großen Publikum oder einem kleinen Kreis vorgestellt werde, wie sich die alten Minderwertigkeitsgefühle heranschleichen wollen. Aber ich weiß dann, was ich zu tun habe. Ich bete zu Ihm, der mich damals auf der Treppe der Kapelle befreite, und wieder einmal verleiht Er mir die Herrschaft über mich selbst.

Als der Erste Weltkrieg 1914 ausbrach, verbrachte meine Familie gerade einen Monat in Lakeside, Ohio, einem Sommerlager und Versammlungszentrum der Methodisten am Eriesee. Als wäre es gestern gewesen, erinnere ich mich, wie ich erstarrte, als ich Schlagzeilen des *Cleveland Plain Dealer* erblickte, die uns mitteilten, daß die von Stechschritt und Pickelhauben gekennzeichneten Truppen des Kaisers Belgien überfallen hatten. Europa befand sich im Kriegszustand. Ich war damals sechzehn Jahre alt, und obwohl sich alles weit weg von unserem friedlichen Leben abspielte, machte das Drama einen unvergeßlichen Eindruck auf uns.

Als ich mein Studium im Herbst 1916 aufnahm, war das Kriegsfieber stark angestiegen, und der Eintritt der Vereinigten Staaten in den Krieg war nur noch eine Frage der Zeit. Studenten der letzten und vorletzten Klassen meldeten sich bereits zum Dienst in der Regenbogen-Division, und als Präsident Wilson dem Kongreß am 2. April 1917 die Kriegserklärung vorlegte, enthielten unsere oberen Klassen bald darauf fast keine Studenten mehr.

Dies bewirkte, daß Studenten im zweiten Jahr, wie ich einer war, Führungspositionen in der Studentenschaft übernahmen. Das Student Army Training Corps (S. A. T. C.), ein militärisches Ausbildungsprogramm für Studenten, wurde auf dem Campus eingeführt. Wir wurden in die U. S. Army eingezogen und in Uniformen gesteckt. Der gesamte Campus wirkte wie ein Armeelager, und wir zogen in »Kasernen« um. Unsere Turnhalle war eine davon, sie war mit Feldbetten vollgestellt. Ich war in einer weiteren Kaserne, dem örtlichen C. V. J. M.-Gebäude, einquartiert. Ein recht rauher alter Armeehauptmann wurde unser Kommandeur und anstelle unseres umgänglichen Präsidenten die oberste Autorität an der Universität.

Obwohl wir alle als Gefreite eingestuft waren, wurden einige zu Studentenoffizieren ernannt, und ich wurde Leutnant. Natürlich hatte keiner von uns irgendwelche militärischen Vorkenntnisse, aber bald wußten wir, was »Haltung«, »vorwärts marsch« oder »rechts schwenkt marsch« und andere einfachere Befehle bedeuteten. Die ungeübten Studentenoffiziere benahmen sich häufig ungeschickt. Der schlimmste Zwischenfall geschah sicherlich an einem frischen Herbsttag, als unser abgebrühter Hauptmann Loman die 1. Kompanie vor dem C. V. J. M. antreten und zur Turn-halle marschieren ließ. Die Marschroute führte durch eine Seitenstraße und dann über den Campus.

Als sich die Kompanie formiert hatte, brüllte der Haupt-mann zu meiner entsetzten Überraschung: »Leutnant Peale, übernehmen Sie das Kommando!« Später wußten wir, daß dies einer seiner Tricks oder Taktiken war, um uns immer hellwach und reaktionsfähig zu machen. Ich war leider weder das eine noch das andere. Ich konnte lediglich militärisch grüßen und »Jawohl, Sir« sagen.

Hier muß ich hinzufügen, daß Ohio Wesleyan damals durch und durch »trocken« war und jede Form von Alkohol strengstens mißbilligt wurde. Das Betreten von Kneipen war gänzlich verboten. Eine Kneipe gehörte einem Mann namens George Buchman, dessen voluminösen Bauch eine goldene Uhrkette zierte, an der ein prächtiger Anhänger baumelte. Seine grüne Krawatte war immer mit einer Nadel in Form eines Doggenkopfes versehen. Wir waren gehalten, uns in keiner Form mit George abzugeben, aber er war ein kontakt-freudiger Mensch und sprach uns alle immer freundlich an, wenn man sich auf der Straße sah.

Nun, provisorischer Kommandeur, der ich war, rief ich die Kompanie zur Haltung, was auch in zackiger Manier befolgt wurde. »Vorwärts marsch!« donnerte ich und marschierte vorweg, hinter mir die Kompanie, die dem Klang nach ordentlich marschierte. Dann näherten wir uns der Straßen-ecke. Direkt vor mir befand sich Buchmans Kneipe mit bereits geöffneten Saloon-Türen, und George stand lässig neben dem Eingang. Für nichts auf der Welt konnte ich mich in dem Moment daran erinnern, wie der richtige Befehl lau-ten müßte, der die Kompanie um die Ecke marschieren las-sen würde. Panikartig durchspielte ich in Gedanken alle

Wortkombinationen, die in Frage kommen könnten. Meine Kommilitonen, die mit militärischer Disziplin sowieso nicht allzuviel im Sinn und zudem noch den Schalk im Nacken hatten, marschierten unbeirrt geradeaus, direkt in die Kneipe hinein, wo sie zu einem heillosen Gewühl wurden, das alle Beteiligten umwerfend komisch fanden, auch George.

Von dem Durcheinander überwältigt, vergaß ich jede Spur von militärischem Anstrich, kehrte zu meinen Vorkriegsgewohnheiten zurück und schrie, so laut ich nur konnte: »Los jetzt, Leute, macht, daß ihr hier rauskommt!« Man tat natürlich so, als hätte ich nichts gesagt, und drückte sich weiter in der Kneipe herum. Endlich hatten sie Erbarmen mit ihrem frustrierten Leutnant. Auf der Straße stellte ich wieder so etwas wie Ordnung her, konnte aber das Lachen und Kichern hinter mir den Rest des Weges vernehmen. Der Vorfall erklärt vielleicht, warum ich es in der militärischen Hierarchie nie weiter brachte.

Trotz dieses Mißgeschicks war ich zusammen mit anderen für ein Offiziersausbildungslager vorgesehen, aber der Waffenstillstand wurde ausgerufen. Der Krieg endete, und auf unserem Campus ging man wieder friedlicheren Dingen nach. Wir wurden aus der U. S. Army ausgemustert. Die Welt war »für die Demokratie gerettet«, und es würde nie wieder Krieg geben. Unschuldig, wie wir waren, stellten wir uns das jedenfalls vor.

Zu meinen unschönen Erinnerungen an die Zeit des Ersten Weltkrieges gehören zwei, die besonders hervorstechen. Die eine betrifft die große Grippeepidemie. Sie wütete wie eine globale Pest und raffte 21 Millionen Menschen dahin, mehr als doppelt so viele, wie im Kriege umgekommen waren. Die Medizin hatte einen schweren Stand gegen diese Geißel. Offensichtlich handelte es sich um einen neuartigen Erreger, der angeblich aus China stammte, dessen Virulenz für die außerordentlich hohe Anzahl von tödlichen Krankheitsverläufen verantwortlich war. Letztlich entdeckten Mediziner die Antwort darauf, und spätere Grippeepidemien tobten nie wieder so heftig wie die von 1917/18, die in so viele Familien eindrang und allein in Amerika 500 000 Todesopfer forderte.

Die zweite Erinnerung ist auch mit Traurigkeit behaftet. Sie betrifft die Einstellung, die unseren deutsch-amerikanischen Mitbürgern entgegengebracht wurde. Diese treuen Bürger waren auf einmal Opfer von Verdächtigungen. Manche Menschen nicht-deutscher Abstammung wendeten sich gegen lebenslange Freunde, deren Eltern oder Großeltern viele Jahre früher aus Deutschland in die Vereinigten Staaten gekommen waren. Bis heute erinnere ich mich daran, wie meine Eltern von den Schmerzen erzählten, die aufrichtige Menschen erdulden mußten, deren einziges »Mißgeschick« es war, einen deutschen Nachnamen zu haben. Es waren redliche, anständige, kirchentreue Männer, Frauen und Kinder, die plötzlich ausgestoßen waren. Aber obwohl gebürtige Amerikaner sich gelegentlich von irrationalen Gefühlen mitreißen lassen, sind sie im Herzen gute Menschen. Nach Ende des Krieges bemühten sie sich, ihren unsozialen Super-Patriotismus und ihr unüberlegtes Handeln wiedergutzumachen. Und es muß unseren deutschstämmigen Mitbürgern hoch angerechnet werden, daß sie gewillt waren, das ihnen angetane Leid der Vergangenheit zu überlassen.

Ich konnte diese Feindseligkeit gegenüber Deutsch-Amerikanern nie begreifen, denn ich wuchs in Cincinnati in einer fast ausschließlich deutschstämmigen Bevölkerung heran. Sie waren meine Klassenkameraden, meine engsten Freunde. Ich kannte sie gut, zweifelte nie an ihnen und liebte sie immer. Dieser Haß kam während des Zweiten Weltkrieges erneut auf, diesmal waren die Opfer loyale Amerikaner japanischer Abstammung und Herkunft. Man kann nur hoffen, daß solche Ansichten nie wieder um sich greifen werden.

Dr. John W. Hoffman, der seinerzeitige Präsident der Ohio Wesleyan University war eine gütige, charmante Persönlichkeit. Er war ein ehemaliger Footballspieler und half zahllosen Studenten mit seinem fürsorglichen Geist, seinem treffsicheren Spürsinn und seiner liebevollen Anteilnahme. Präsident Hoffman, allgemein »Prexy« genannt, war Mitglied unserer Phi Gamma Delta-Verbindung am Washington and Jefferson College, und so nahm er natürlich auch an unserem Spezialdiner in dem Haus der Verbindung, Fairbanks Lodge, am Abend vor unserer Abschlußfeier teil. Als Präsident unserer örtlichen Gruppe der Verbindung während meines letzten Jahres an der Universität war es an mir, ihn aufzufordern, eine Tischrede zu halten, was er in seiner gewohnt charmanten, humorvollen und nicht lehrerhaften Art auch tat. Er forderte uns auf, ein großes Leben zu führen, und die Jungen hörten ihm bewegt zu, die Wirkung seiner Worte deutlich in ihren Augen und jungen Gesichtern sichtbar.

Nachdem sich die Abendgesellschaft aufzulösen begonnen hatte, sagte Prexy Hoffman zu mir: »Norman, hast du etwas Zeit, um mich auf dem Heimweg zu begleiten? Morgen ist euer Abschluß, und dies könnte unsere letzte Gelegenheit sein, miteinander zu reden.« Da ich selbstverständlich immer »etwas Zeit« hatte, wenn mein Universitätspräsident ein Gespräch wünschte, spazierten wir die Oak Hill Avenue hoch in Richtung seines Hauses. Dort setzten wir uns im Mondlicht auf die Treppe zum Eingang und redeten. Es war

Juni, und der Duft der blühenden Blumen hing in der nächtlichen Luft. Am kommenden Tag würde ich mein Studium abgeschlossen haben und hinaus in die Welt gehen. Die Zukunft winkte mir zu, Träume tummelten sich in meinem Kopf. Und hier saß ich nun einige gemeinsame Momente lang mit meinem Präsidenten, einem Mann, den ich liebte und achtete. Es war mir ein unbeschreiblich kostbares Erlebnis.

»Ich bat dich, mich heute abend zu begleiten, Norman«, sagte er, »weil ich einmal Gelegenheit haben wollte, dir zu sagen, wie sehr ich dich mag und bewundere. Aber, was noch wichtiger ist, um dir zu sagen, daß ich an dich glaube. Du besitzt große Fähigkeiten und enormes Potential. Wenn du Jesus rückhaltlos die Führung deines Lebens überläßt, wenn du mit ganzem Herzen an Ihn glaubst, wirst du einen demütigen und dennoch zutreffenden Glauben an dich selbst entwickeln, und du wirst große Dinge in deinem Leben bewerkstelligen.« Dann sprach er weiter und sagte Dinge, die ich hier zum ersten Mal wiedergebe. »Du hast eine glockenklare, weittragende Stimme und eine deutliche, starke Sprechweise. Du kannst ein hervorragender Redner werden. Gott hat dir die bemerkenswerten Gaben von Persönlichkeit und Fähigkeit mitgegeben. Ich weiß, daß du sie richtig einsetzen wirst. Ich werde immer an dich glauben und stolz auf dich als einer meiner Jungen sein.« Er erhob sich und sagte: »Es wird mir eine Ehre sein, dir morgen dein Diplom zu überreichen.«

Zum Abschied schüttelte er meine Hand. »Der Herr segne dich an jedem einzelnen Tage des langen Weges, den du im Leben gehen wirst.« Mir war die Kehle zu sehr von Gefühlen zugeschnürt, als daß ich eine passende Erwiderung irgendeiner Art hätte machen können, aber als ich die Oak Avenue in dieser Juninacht wieder herabging, schwebte ich. Dieser große Mensch glaubte tatsächlich, daß ich jemand werden und etwas darstellen könnte. Das glaubte er wirklich. Und da kam mir die Erkenntnis, daß die Professoren und Dr. Hoffman bemüht waren, mir ihre abschließende Botschaft zu vermitteln, nämlich meine Selbstzweifel abzulegen und Jesus Christus mich zu einem normalen, wirkungsvollen Mann machen zu lassen. Was für gütige Menschen sie doch waren!

Viel Zeit verging, und ich wurde Seelsorger und versuchte immer mein Bestes, um ihren Hoffnungen in mich zu entsprechen. Dann erhielt ich die Nachricht, daß Dr. Hoffmann an Kehlkopfkrebs litt und nicht mehr lange leben würde. Er konnte sich höchstens noch im Flüsterton verständlich machen. Es erschütterte mich der Gedanke, daß ich seine goldene Stimme nie wieder hören würde, die Stimme, die mit solchem Ausdruck riesige Menschenversammlungen bewegt hatte. Also unternahm ich eine Reise speziell nach Pasadena, Kalifornien, um ihn bei sich zu Hause zu besuchen.

Sein Gesicht strahlte wie in meiner Erinnerung, als ich seinen Raum betrat. Er begrüßte mich von seinem Stuhl aus, und der Handschlag war immer noch fest, obwohl sein großer, sportlicher Körper beachtlich in sich zusammengesunken war. Wir unterhielten uns, indem wir unsere Fragen oder Antworten aufschrieben. »Wie geht es all den Jungs von damals?« wollte er wissen und nannte sie nacheinander namentlich: Slick Burgess, John Joseph, Chid Mills, einer nach dem anderen. Wir lachten viel, und es flossen auch einige Tränen. Dann war es Zeit für mich, zu gehen, aber ich zögerte, weil ich wußte, daß ich ihn in diesem Leben nie wieder sehen würde. Ich nahm seine Hand und erkannte, daß er etwas sagen wollte. Also beugte ich mich vor, bis mein Ohr dicht an seinen Lippen war, und hörte: »Ich bin sehr stolz auf dich. Ich habe immer an dich geglaubt. Ich liebe dich. Der

Herr sei immer bei dir.« Ich konnte nichts sagen, also legte ich meine Hand einen Moment lang auf sein Haupt. Dann ging ich zur Tür. Als ich mich umdrehte, sah ich zum letzten Mal sein Lächeln und die alte Geste des Lebewohls. Die Erinnerung an diesen vorbildlichen Menschen werde ich bis zum letzten Atemzug in mir lebendig halten, denn er wollte mich dazu bringen, mehr an mich selbst und das zu glauben, was Gott mit mir, einem Seiner unwürdigsten Diener, vorhaben könnte. Es ist ein wunderbarer Segen, wenn Menschen an einen glauben.

Ich habe zwei Weltkriege miterlebt, dazu die schlimmste Wirtschaftskrise der Geschichte und weitere Krisen, und das hieß für die Zeitgenossen meiner Generation und mich, Tragödien und Elend erfahren zu müssen, aber auch, an einer der aufregendsten Epochen der menschlichen Geschichte teilzuhaben.

5. Kapitel
Druckerschwärze an den Händen

Ein alter Spruch der Zeitungs- und Verlagsbranche besagt, daß, wenn man erst einmal Druckerschwärze an den Händen hat, man sie nie wieder ganz los wird. Den größten Teil meines Lebens habe ich eine Feder in der Hand gehabt, und die Druckerschwärze will ich mir gar nicht von den Händen waschen. Denn obwohl ich mich als eher sachbezogenen Schriftsteller betrachte, im Gegensatz zu echten Literaten, habe ich festgestellt, daß es durch Schreiben möglich ist, mehr Menschen dauerhafter anzusprechen, als es einem öffentliche Reden, Rundfunksendungen oder Fernsehauftritte erlauben.

Eine Ansprache, wie wirksam und überzeugend sie auch ausfallen mag, ist vom Winde verweht, wenn sie verklungen ist, aber das gedruckte Wort dauert an, manchmal über viele Jahre hinweg. Und das gleiche gedruckte Wort besitzt eine merkwürdige, ihm eigene Autorität. »Ich habe es in der Zeitung gelesen« oder »Das steht in einem Buch« sind Aussagen, die unsere Auffassung wiedergeben, daß etwas stimmt, weil es abgedruckt wurde. Deshalb habe ich das geschriebene Wort konsequent Fernsehen und Rundfunk vorgezogen, obwohl ich auch von beiden Gebrauch mache. Was den Rundfunk betrifft, so sagt man, daß seit dem Tod von Lowell Thomas meine Stimme die dienstälteste der nationalen Radio-

87

programme sei, da sie bereits seit 1933 zu hören ist. Und was Reden betrifft, so habe ich sehr viele gehalten, aber immer als Zusätze zu meinen Büchern. An Druckerschwärze an meinen Händen hat es also wahrlich nie gemangelt.

Tatsächlich wollte ich ursprünglich zur Zeitung, um Redakteur zu werden. Die Gerüche, das Geklapper, die Atmosphäre von Aktualität, die so typisch für Zeitungsbüros sind, haben mich immer fasziniert. Sie schienen sich für mich im Mittelpunkt der Geschehnisse zu befinden. Mich begeisterte die Kraft, die Worte in der Vermittlung einer Idee haben, und wie sie Handlungen auslösen können. Bezaubert hat mich die Schönheit des Wortes, seine klare, unverwechselbare Eigenständigkeit, seine Dynamik, wenn es mit anderen Wörtern kombiniert wird. Emerson nennt das Wort lebendig. Richtig angewendet, können Worte unwiderstehlich auf die Gedanken von Menschen einwirken und Änderungen in ihnen geschehen lassen, denn wenn sich Gedanken verändern, verändert sich auch der Mensch. Und wenn es sich um *das* Wort handelt, man mit dem Wort Gottes arbeitet, dann verstärkt sich seine Kraft zusehends mit der Stärke des Glaubens. *Das* Wort mit eigenen Worten zu vermitteln stellt die höchste Kunst der Kommunikation dar und ist daher immer die größte Herausforderung überhaupt.

Arthur Gordon drückte es unübertrefflich aus, als er über »jene kleinen schwarzen Zeichen« schrieb:

Ist es nicht erstaunlich, für wie selbstverständlich wir sie halten, jene kleinen schwarzen Zeichen auf Papier! Sechsundzwanzig verschiedene Formen, die wir Buchstaben nennen, in endlosen Kombinationen aneinandergereiht, die wir Worte nennen. Leblos, bis sie von einem menschlichen Auge erfaßt werden …

Aber dann findet ein Wunder statt. Entlang dem Sehnerv werden diese winzigen Symbole fast mit Lichtgeschwindigkeit dem Gehirn übermittelt, wo sie sofort entziffert und zu Ideen, Vorstellungen, Konzepten und *Bedeutungen* werden.

Der Besitzer des Auges ist auch verändert worden. Die kleinen schwarzen Zeichen lassen ihn lieben oder hassen, lachen oder weinen, kämpfen oder fortlaufen. Und wie bezeichnen wir diese unglaubliche Kette von Ereignissen?

Wir nennen es lesen.

Teilweise deshalb, weil Lesen so ein komplexer Vorgang ist, ist es nicht nur eine Gewohnheit oder eine Begabung, sondern ein zutiefst befriedigendes emotionelles Erlebnis. Etwas in uns weiß, daß uns die treffendsten Einsichten, die fundamentalsten Weisheiten, das profundeste Wissen auf diesem Wege erreichen. Das gesprochene Wort eilt vorbei und ist verschwunden, aber das geschriebene Wort ist von Dauer. Es lebt weiter. Man kann es immer wieder zu Rate ziehen, und das ewig.

Wie weise ist es daher, sich mit Büchern und Zeitschriften zu umgeben.

Wie weise ist es, sie zu lieben und die eigenen Kinder zu lehren, sie zu lieben.

Wie weise ist es, *zu lesen!*

Von meinen frühesten Tagen an suchte ich Kontakt zur Zeitungswelt, der damit begann, daß ich Zeitungsjunge wurde. In meinem ersten Studienjahr hielt ich mich gerne in den Büros des *Transcript* auf und erhielt letztlich einen Platz in der Redaktion. In den Sommerferien war ich Reporter für die Zeitung *The Morning Republican* in Findlay, Ohio (die später *The Courier* hieß). Ich arbeitete dort für den Chef der

Lokalredaktion, Anson Hardman, der ein kompetenter Zeitungsmensch war und mir viel Wertvolles beibrachte.

Der Herausgeber damals war I. N. Heminger, ein christlicher Herr der alten Schule. Seine Nachfolge trat sein Sohn Lowell an, der auch ein hervorragender Redakteur und eine führende Persönlichkeit unserer Kirche war. Sein Sohn Ed führt nun »unsere« Zeitung, wie ich sie gerne nenne, in der dritten Herausgeber-Generation weiter, treu den Qualitätsmaßstäben seines Vaters und Großvaters. In meinem Arbeitszimmer hängt ein Foto von Lowell Heminger, auf das er mir schrieb: »Mit den besten Wünschen für ein ehemaliges Mitglied der *Republican*-Mannschaft«, eine Widmung, die ich sehr schätze.

Meine erste Aufgabe bei *The Morning Republican* war es, die tägliche Runde zu den Bestattungsunternehmen zu machen, Todesfälle festzustellen und dann die Nachrufe zu schreiben. Dafür war es erforderlich, die betroffenen Familien zu besuchen, um Einzelheiten zu erfahren und Fotos zu bekommen. Diese Vorgänge rührten mich manchmal so sehr, daß meine Nachrufe davon beeinflußt waren und oft blumig und sogar poetisch ausfielen. Dies wurde dann so ausgeprägt, daß mich ein prominenter Bürger von Findlay bat, ihm zu versprechen, daß ich garantiert seinen Nachruf schreiben würde. »Das einzig Mißliche daran ist natürlich«, meinte er traurig, »daß ich ihn nicht werde lesen können.«

Die Güte, mit der Anson Hardman und Lowell Heminger meine amateurhaften Bemühungen entgegennahmen, sowie die fachkundige Weise, in der sie meine Berichte redigierten, war für mich ein wertvoller Lernvorgang. Ich schulde ihnen Dank für die Verbesserung meines Schreibstils. Auch brachten sie mir bei, daß sich viel mit wenigen Worten sagen läßt, vorausgesetzt, daß die Worte gut gewählt sind. Die Kunst des sparsamen Umgangs mit der Sprache, des kurzen, prägnanten Satzes, der konsequenten Darstellung eines Gedankens, das waren die Fertigkeiten, die ich dort lernen konnte, und ich bemühe mich seitdem, sie zu perfektionieren.

Im Laufe der Zeit weitete sich mein Aufgabenbereich aus, und ich berichtete über Polizeimeldungen und die Aktivitäten des Stadtrats. Mein ungewöhnlich junges Alter wirkte offenbar irritierend auf den Bürovorsteher bei der Polizei, einen altgedienten Sergeanten, und er erschwerte meine Arbeit um einiges, indem er sich einfach weigerte, mir etwas mitzuteilen, und mich statt dessen wie einen dummen Jungen vor die Tür schickte. Natürlich machte ich mir darüber Gedanken, denn die andere Zeitung unserer Stadt, der nachmittags erscheinende *Courier*, erhielt Nachrichten, die mir auch zustanden.

Bei den Stadtratssitzungen saß ich am gleichen Tisch mit Irwin Geffs, Chefredakteur beim *Courier*, ein Mann mehr als doppelt so alt wie ich und einer der besten Berichterstatter, den ich überhaupt je gelesen habe. Er war ein aufgeschlossener Mann und gab mir viele wertvolle Hinweise, also vertraute ich ihm und erzählte von meinen Schwierigkeiten mit dem Polizeisergeanten.

»Der ist gar nicht so grobschlächtig, wie er sich gibt«, sagte Geffs. »Unter der rauhen Schale schlägt ein großes Herz, das er am liebsten verbirgt. Ich sag' dir was, Norman, wende ein bißchen Strategie bei ihm an, und du gewinnst ihn für dich.«

Er erzählte mir dann, daß der Sergeant eine kleine Enkelin hatte, die sein ein und alles war, und legte mir nahe, unter irgendeinem Vorwand das Mädchen kennenzulernen und dann mit dem »alten Bären« über sie zu sprechen, um so in den Genuß seines Wohlwollens zu gelangen. Also fuhr ich am folgenden Tag mit dem Fahrrad die Straße entlang, in der das Kind wohnte, und sah, wie sie im Hof des Hauses spielte. Dann radelte ich zum Polizeigebäude, wo ich wie üblich nur ein zur Kenntnis nehmendes Grunzen des Sergeanten auf mein fröhliches »Guten Morgen« erhielt.

»Sergeant«, sagte ich, »ich bin zufällig Ihrer kleinen Enkelin begegnet. Sie ist ja wohl eines der schönsten kleinen Mädchen, das man sich vorstellen kann.«

»Das«, antwortete er, »ist die vernünftigste Äußerung, die ich von Ihnen bislang gehört habe.« Er taute nicht über Nacht auf, aber dieser kleine Einblick in das Herz eines recht rauhen Mannes ließ mich ihn wirklich mögen, und im Laufe der Zeit sprang das wiederum auf ihn über, und unser Umgang nahm freundliche Formen an. Als ich mit Irwin Geffs darüber sprach, meinte er: »Ich habe entdeckt, daß man das Gute im Menschen findet, wenn man es sucht, und der andere wird dir seinerseits Güte entgegenbringen.« Irwin Geffs war einer meiner Lehrer auf dem Lebensweg, und ich halte ihn in liebevoller Erinnerung.

Meine Arbeit bei der Zeitung verrichtete ich mit Freude und Begeisterung, obwohl ich die Nächte durcharbeiten mußte, da die Zeitung früh morgens erschien. Ich war mir sicher, den Beruf meines Lebens gefunden zu haben, bis ich dann sonntags in der Kirche wieder eine der großartigen Predigten meines Vaters anhörte und Regungen in mir spürte. Diese jedoch verdrängte ich entschieden und widmete mich begeistert dem Vorschlag meines Studienfreundes Gardner Townsley, in Partnerschaft mit ihm eine Kleinstadtzeitung in Troy, Ohio, zu kaufen. Er wollte sich mit dem kaufmännischen Bereich befassen, und ich sollte die Redaktion besorgen. »Und womit sollen wir diese Zeitung kaufen?« fragte ich ihn.

»Mit A. L. G.«, antwortete er, und das war das erste Mal, daß ich hörte, daß man anderer Leute Geld für sich verwenden könnte. »Wir borgen uns die Anzahlung zusammen«, fuhr er fort, »und arbeiten hart. Und sowie wir Geld verdienen, zahlen wir das Geborgte zurück, steigern dadurch unsere Kreditwürdigkeit und machen von dort weiter.«

Das hörte sich sinnvoll an, denn die Wirtschaft befand sich im Aufschwung, aber für einen Jungen, der kaum zwei Groschen besaß, die in seiner Tasche klimpern konnten, klang es wie ein reichlich gewagter Traum. Und außerdem schien mich eine kleine Stimme im Inneren warnen zu wollen, daß dies nichts für mich sei.

Zur gleichen Zeit bot eine große Zeitung in Detroit, das *Journal*, eine Stelle als Reporter, und das schien mir für mich geeigneteres »A. L. G.« zu bieten, also sagte ich zu. Gardner blieb jedoch bei seinem Vorhaben, zielbewußt, wie er war, und erwarb die älteste Zeitung Ohios, *The Western Star*, in Lebanon, einer wunderschönen Stadt nahe Cincinnati. Er gab die Zeitung jahrelang mit Erfolg heraus und wurde einer der angesehensten Männer dieser Branche im Mittleren Westen.

Also zog ich um nach Detroit und arbeitete dort für einen großen Zeitungsmann, Grove Patterson. Am ersten Tag rief er mich in sein Büro und fragte: »Was wissen Sie von der Arbeit bei einer Zeitung?«

»Nun, erstens war ich Redakteur bei der Universitätszeitung.« Das machte keinen erkennbaren Eindruck auf ihn, und ich fuhr fort: »Und bis jetzt war ich Reporter beim *Morning Republican* in Findlay.«

»Na, endlich etwas Vorzeigbares«, erklärte er. »Das ist eine großartige Zeitung, eine der besten, und die Heminger sind gute Männer. Sie haben Glück gehabt, Ihren Anfang da machen zu können.«

In einem Gespräch mit Grove Patterson lernte ich eine der wertvollsten Lehren meiner bescheidenen »Karriere«. Ich setze diesen Begriff in Anführungszeichen, weil ich nicht der Meinung bin, daß ein Seelsorger im üblichen Sinne des Wortes Karriere macht. In meinem Denken deutet Karriere auf materielle Errungenschaften hin und wäre daher unangebracht in Verbindung mit dem Amt eines Seelsorgers. Dieser Lebensweg ist eher eine demütige Dienstleistung im Namen des größten Dieners von allen, Jesus Christus. Also habe ich, was mich betrifft, nie von einer Karriere gesprochen.

Ich erwähne das hier beiläufig, weil ich kürzlich einen Brief von einem offenbar sehr netten jungen Mann an der Westküste erhielt, der schrieb, daß ihm meine Seelsorge geholfen habe, und um Vorschläge von mir ersuchte, wie er meine »Karriere« nachleben könne. In meiner Antwort wies ich darauf hin, daß ich persönlich keine Karriere gemacht hätte, und erwähnte die bereits genannten Gründe. Es freute mich, daß er dann zugab, diesen Begriff aus den weniger spirituell orientierten Medien aufgegriffen zu haben, und stimmte mir zu, daß wir in der Funktion von Seelsorgern besser beraten wären, unser Gebaren an dem des heiligen Franziskus von Assisi zu orientieren, also als nicht-öffentliche Personen, die sich bemühen, den Heiland der Menschheit zu vertreten.

Doch zurück zu Grove Patterson und seiner Lehre. Sie drehte sich darum, wie man einen Zeitungsartikel verfaßt. Er nahm einen Bleistift und machte einen Punkt auf ein Blatt Papier. »Was ist das?« fragte er dann.

»Ein Punkt«, sagte ich natürlich.

»Nicht nur. Es ist das Satzzeichen Punkt, das größte literarische Werkzeug, das die Menschheit kennt. Schreiben Sie nie über einen Punkt weg. Und verwenden Sie so viele, wie

Sie nur können. Schreiben Sie kurze, lebendige Sätze.« Dann stellte er eine Frage. »Da oben an der Universität befindet sich ein hochgebildeter Professor, während unten auf der Straße ein ungebildeter, aber des Lesens kundiger Arbeiter einen Graben aushebt. Für welchen von beiden werden Sie schreiben?«

»Für den Arbeiter«, sagte ich, »denn dann verstehen beide, was ich sagen will.«

»Richtig, und damit sind Sie Klassenbester geworden! Und gestalten Sie Ihre Artikel immer interessant und wahrheitsgetreu, und polemisieren Sie nicht, wenn Sie berichten sollten. Schreiben Sie die relevanten Fakten in den ersten Absatz, erläutern Sie sie dann ausreichend, um die ganze Geschichte zu erzählen, machen Sie einen Punkt, und hören Sie auf. Verwenden Sie einfach verständliche Sprache, wie ›kaufen‹ statt ›käuflich zu erwerben‹. Verwenden Sie immer die gute, alte Umgangssprache. Und vergessen Sie das Menschliche nicht.«

Später schrieb Grove Patterson eine tägliche Kolumne, »Der Weg des Wortes«, für *The Toledo Blade*. Einer seiner Aufsätze beeindruckte mich besonders, weil er ein Beispiel dafür ist, wie fundamentale Wahrheit auf einfache Weise dargestellt werden kann, und in einer solchen Weise, daß sie unvergeßlich wird. Und er hatte das Menschliche berücksichtigt. Ich habe dieses Editorial aufgehoben und lese es seit Jahren immer wieder. Es hat mir ungemein geholfen, und ich halte es für klassisch:

Vor langer Zeit lehnte ein Junge an dem Geländer einer altmodischen Brücke und sah der Strömung des Flusses unter sich zu. Ein Ast und treibende Holzstücke und Zweige glitten vorbei. Wieder war die Wasseroberfläche ungebrochen. Doch unaufhörlich, wie seit Hunderten oder vielleicht sogar Tausenden von Jahren strömten die Gewässer weiter – unter der Brücke. Je nach Jahreszeit trieb die Strömung schneller oder wieder eher träge, doch der Fluß blieb ununterbrochen – unter der Brücke.

Beim Beobachten des Flusses an jenem Tage machte der Junge eine Entdeckung. Er entdeckte nichts Materielles, nichts, was er mit den Händen fassen konnte. Es war nicht einmal sichtbar. Er hatte eine große Idee entdeckt. Plötzlich und schnell wußte er, daß alles in seinem Leben eines Tages unter der Brücke vorbeiziehen und verschwunden sein würde, wie Wasser. Und dem Jungen fingen diese Worte an zu gefallen, »unter der Brücke«.

Sein ganzes Leben lang danach leistete ihm die Vorstellung gute Dienste und half ihm über manches hinweg, wenn ihm Tage und Wege bevorstanden, die düster und schwer waren. Immer wenn er einen unvermeidbaren Fehler beging oder etwas verlor, was nicht zurückkehren würde, sagte der nun zum Mann gewordene Junge: »Es ist Wasser unter der Brücke.«

Und danach machte er sich keine großen Sorgen mehr, wenn ein Fehler passierte, und er ließ Kummer nicht schwer auf sich lasten – denn es war doch »Wasser unter der Brücke«.

Meine interessanteste Erfahrung beim *Detroit Journal* hatte mit einem Brand in einem sechsstöckigen Gebäude zu tun. Eine große Menschenmenge hatte sich bereits versammelt, als ich dazu stieß, meinen Presseausweis vorzeigte und zu den Feuerwehrleuten der vordersten Linie vorging. Ich bemerkte sogleich, wie die Menschen ängstlich nach oben sahen. Da befand sich ein junges Mädchen, vielleicht zwölf oder dreizehn Jahre alt, das um den Mut kämpfte, auf einem kaum dreißig Zentimeter breiten Holzbrett, das man ihr hingeschoben hatte, die zwei bis drei Meter zum nächsten Gebäude zu überwinden. Einige Male begann sie im Kriechgang, blickte aber dann nach unten und zog sich entsetzt zurück. Menschen aus der Menge riefen ihr Ermutigungen zu, aber sie war vor Angst erstarrt.

Ich hauchte ein Gebet vor mich hin, und ungeachtet der Menschen um mich herum rief ich zu ihr hoch. »Kleines, glaubst du an Gott?« Sie kauerte auf allen vieren und nickte. »Glaubst du, daß Gott da oben bei dir ist, daß Er dich liebt und für dich sorgen wird?« Wieder nickte sie. »Dann richte deinen Blick geradeaus und sieh Ihn dir an, und Er wird dich schnell hinüberführen. Ich und alle anderen hier unten werden für dich beten.«

Das Mädchen zögerte, hob dann langsam die Augen und blickte gerade vor sich hin. Vorsichtig bewegte es sich auf dem Brett vorwärts. In der Mitte angelangt, schien es ins Stocken zu geraten) und ich rief: »Halte nicht an, Kleines, Gott hilft dir! Weiter geradeaus!« Das tat sie auch, unter dem Jubel der Menschenmenge, und bald darauf halfen ihr wartende Hände in die Sicherheit. Ein großgebauter Polizist neben mir sagte: »Das hast du gut gemacht, Junge. Hörst dich an wie ein Pastor.«

»Oh, ich bin aber kein Pastor«, widersprach ich.

»Verdammt wohl bist du einer«, war seine Antwort.

Ich wanderte zwei oder drei Stunden lang in einem Zustand innerlicher Erregung herum und beschloß dann, obwohl es spät nachts war, meine Eltern anzurufen, um ihnen den Vorfall mitzuteilen.

»Der Mann sagte, ich hätte wie ein Pastor geklungen. Was meinte er damit?«

»Er meinte, daß du Glauben hast und ihn dem Mädchen weitergeben konntest. Das ist Seelsorge«, sagte Vater. »Warte einen Moment, bis ich das deiner Mutter erzählt habe.« Es vergingen einige Minuten, bis er wieder am Telefon war. »Sie sagt, daß du zum Seelsorger geboren bist«, berichtete er.

»Aber wie kann ich das mit Sicherheit wissen?« fragte ich verstört und ratlos.

»Nur durch Gebet und die Bereitschaft, das zu tun, was Gott will, und nicht, indem du auf dem bestehst, was du meinst zu wollen.« Und dann fügte mein weiser Vater hinzu: »Gute Nacht, mein Sohn. Wir werden auch beten.«

Der innerliche Kampf zwischen meiner Begeisterung für die Arbeit im Zeitungswesen und der nicht nachlassenden Anziehungskraft des Seelsorgertums versetzte mich in einen Zustand der Unruhe. Ich machte meine Arbeit weiterhin mit Fleiß und hatte bald die Aufgabe, über einen Mordfall zu berichten, der im Gericht von Windsor, Ontario, auf der anderen Flußseite in Kanada, behandelt wurde. Die Einzelheiten des Falls, die damals von großem Interesse waren, haben sich meinem Gedächtnis entzogen, mit Ausnahme der beiden Anwälte, die beide energische Tabakkauer waren. Im Verlauf der Verhöre und Plädoyers war die Aufmerksamkeit der Geschworenen und der Zuschauer (und ich meine, auch des Richters) darauf gerichtet, welcher der Anwälte beim Auf- und Abgehen vor dem Richterpult seinen Tabaksaft aus der größten Entfernung in den dafür vorgesehenen Spucknapf aus Messing spucken würde, wobei der Napf jedesmal wie eine Glocke bimmelte. Ich meine mich zu erinnern, daß dieser Spuckwettbewerb sogar Erwähnung in meiner Berichterstattung fand und den Korrekturstift meines ausschließlich sachlich gesinnten Chefredakteurs überlebte.

Mit dem September kam auch die Zeit der Methodisten-

Konferenz, eines großen Ereignisses für die Kleinstädte Ohios, und da sie in Delaware, meinem alten Universitätsstädtchen, tagen sollte, beschloß ich, dabei zu sein. Mutter und Vater würden da sein, eine willkommene Gelegenheit für ein Wiedersehen. Auch waren mir die bedeutenden Reden und Predigten, die während der Konferenz gehalten wurden, immer wieder eine Inspiration. Im Verlauf einer Versammlung war ich von der Predigt so tief gerührt, daß ich die Kirche verließ und durch die Straßen wanderte, bis ich mich endlich auf der Treppe der Strafanstalt von Delaware County hinsetzte, um auszuruhen, direkt gegenüber der Kirche. Dort konnte ich die wunderschönen alten Kirchenlieder hören, die von der Versammlung gesungen wurden. Ich wußte sehr wohl, daß ich vor dem Herrn weggelaufen war. Also sagte ich endlich: »Herr, wie lautet Dein Wille, was mich betrifft? Wie auch immer, ich werde ihm folgen. Aber ich glaube eigentlich nicht, daß ich das bin, was Du für Deine Seelsorge haben willst, doch ergeht Dein Ruf manchmal an die unwahrscheinlichsten Menschen. Wenn Du mich willst, bin ich Dein, zu Deiner vollen Verfügung.« In manchen Momenten in meinem Leben habe ich dieses gewisse Gefühl der Gegenwärtigkeit des Herrn gehabt, und dies war ein solcher Moment.

Aber vielleicht wollte ich mir noch immer einen Ausweg freihalten, und ich begann zu zaudern. »Wir haben Ende September, Herr«, erklärte ich, »und es kann zu spät sein, um noch an der Boston University immatrikuliert zu werden. Das ist der Ort, wo alle geistlich orientierten Studenten, die ich kenne, ihre Weiterbildung erhalten. Ich schicke ein Telegramm. Erhalte ich eine Absage, so nehme ich das als Dein Zeichen, daß Du mich noch nicht so dringend haben willst (hier ließ ich mir auch einen möglichen Weg für spätere

Zwecke offen). Wenn die aber sagen: ›Komm‹, dann werde ich dorthin gehen.«

Die Telegrammannahme war bereits geschlossen, also marschierte ich zum Bahnhofsgelände und stieg in den Verwaltungsturm hinauf, um meine Anfrage schicken zu können. Bereits am nächsten Tag lag die Antwort vor: HABEN STUDIENPLATZ FÜR SIE – KOMMEN SIE MÖGLICHST SCHNELL – STOP –. Aber immer noch war ich nicht restlos entschlossen, und es grenzt an ein Wunder, daß der Herr nicht sämtliche Geduld mit mir verlor oder einfach entschied, daß ich zu wankelmütig sei und mich fallen ließ. Denn die Antwort, die ich zurücktelegrafierte, besagte, daß ich die Fachkurse für Graduierte belegen würde, um meinen Magister zu machen, und nebenbei einige Kurse am theologischen College besuchen würde, sozusagen zur Probe. Ich wollte erst einmal erleben, wie ich mit Seelsorgern auskam, und ob ich in irgendeiner Weise qualifiziert war, um Seelsorger und Pastor zu werden.

Am Montag erschien ich wie üblich beim *Detroit Journal* in der Jefferson Avenue. Mein Entscheidungsprozeß muß jedoch fortgeschrittener gewesen sein, als ich es selbst vermutete, denn ich suchte meinen Chef, Grove Patterson, auf, um ihm die erschütternde Nachricht zu überbringen, daß seine Zeitung demnächst, so gut sie eben konnte, ohne meine hochgeschätzte Mitwirkung auskommen mußte. Er trug die Ankündigung durchaus mit Fassung. Ich erklärte ihm, daß ich gerade dabei war, ein Tal der Entscheidung zu durchqueren, und als der großartige Christ, der er war, verstand er mich vollkommen. Er hatte noch die Güte, mir zu sagen, daß meine Arbeit als Reporter für seine Zeitung gut sei und ich im Laufe der Zeit einen sehenswerten Zeitungsmann abgegeben hätte, und fügte dann hinzu: »Der Dienst für unseren Herrn Jesus

Christus ist die größte Arbeit auf dieser Welt, und wenn der Herr dich zum Seelsorger auserwählt, kannst du diesem Ruf nur folgen, und meine Gebete werden dich deinen ganzen Weg lang begleiten.«

Aus welchem Grund auch immer grinste er mich an und sagte: »Norman, wenn die Seelsorge nicht das richtige sein sollte oder du mit ihr nicht zurechtkommst, will ich dir nur sagen, daß deine alte Stelle immer hier auf dich warten wird.«

Diese Zusicherung behielt ich nahe am Herzen als eine Art von Sicherheit für alle Fälle. Jahre später konnte ich in der Marble Collegiate Church in New York eines Tages von der Kanzel aus meine Gemeinde betrachten und stellte mit Freude fest, daß Grove Patterson dort saß. Da ich auch nur ein Mensch bin, wollte ich ihm das Gefühl vermitteln, daß sein früherer Reporter sich in der Rolle des Seelsorgers nicht schlecht machte. Ich legte alle Hemmungen ab und hielt die bestmögliche Predigt, zu der ich damals fähig war. Anschließend setzte ich mich und dachte mir, sie sei vielleicht nicht großartig gewesen, aber ganz schlecht auch nicht. Nach dem Gottesdienst sprach ich mit mehreren Menschen und machte meinen alten Chefredakteur in der Schlange von Leuten aus, die mich sprechen wollten. Ich war mir sicher, daß er, auch wenn er etwas übertreiben müßte, ein gewisses Lob zustande bringen würde. Statt dessen streckte er mir die Hand entgegen und sagte mit säuerlicher Miene: »Nun, Norman, dein alter Arbeitsplatz ist auch weiterhin für dich da.«

6. Kapitel
Am Südbahnhof

Wenn ein junger Mensch in eine neue Lebensphase übergeht, beginnt für ihn ein frisches, aufregendes Abenteuer. Als mich die Eltern an jenem Septembernachmittag des Jahres 1921 zum Bahnhof von Toledo brachten, gab es unter uns nicht viel zu besprechen. Wir standen auf dem Bahnsteig und warteten auf den Zug, der mich nach Boston und in ein Leben der christlichen Seelsorge bringen würde. Wir standen einfach da in einem alles umfassenden Gefühl von Liebe, das sich mit Worten nicht ausdrücken ließ.

Dann hörten wir in der Entfernung das langgezogene Pfeifen, der elegante Zug rollte ein, mit Pullman-Waggons und sogar einem Speisewagen. Ein Kuß meiner Mutter, ein fester Händedruck meines Vaters, der Ruf des Zugschaffners »Alles einsteigen, bitte«, dann stand ich an der Waggontür, während der Zug langsam davonzog, und wir drei winkten uns zu, bis der Zug um eine Kurve gefahren war und meine beiden Lieben nicht mehr zu sehen waren. Während der Fahrt betrachtete ich die vorbeiziehende Landschaft Ohios, über die sich zunehmend dunkler werdendes Zwielicht legte. Ich verspürte Wehmut oder sogar schon Heimweh, aber auch eine Spur aufgeregter Erwartung. Ich befand mich auf dem Weg in meine Zukunft.

Ich öffnete das Lunchpaket, das mir Mutter mitgegeben

hatte, da der Speisewagen für uns zu teuer war. Später begann ich mich etwas einsam zu fühlen und ging durch den Zug, in der Hoffnung, auf jemanden zu stoßen, den ich kannte, und traf alsbald Bill Stewart, einen Kommilitonen von der Universität. Er erzählte mir, daß er sich auf dem gleichen Wege befand wie ich, und zwar mit dem gleichen Ziel. Bill war ein sehr sensibler junger Mann und litt bereits an Heimweh. »Wir sind jetzt ganz alleine auf der Welt«, sagte er, und ich dachte fast, er würde anfangen zu weinen.

»Fühl dich nicht schlecht, Bill«, tröstete ich ihn, »zumindest haben wir uns noch. Wir werden tolle Zeiten erleben.«

»Hast du schon einen Zimmernachbarn?« fragte er vorsichtig.

»Ja, wenn du mich aushalten kannst, schon«, war meine Antwort.

Es war früher Morgen, als der Zug mit viel Gefauche den Südbahnhof erreichte und zwei Landjungen aus Ohio aus dem Zug stiegen, verwundert um sich schauend und mit je einem Koffer in den Händen. Es war die morgendliche Stoßzeit, und uns war, als drängten Tausende von Pendlern an uns vorbei. Mit viel Gefrage machten wir unseren Weg endlich zur Mt. Vernon Street, wo Lafe, ein sehr sympathischer Schwarzer, uns unser Zimmer im Wohnheim zeigte, wie bereits vielen Theologiestudenten im Laufe der Jahre. »Ich hoffe, es gefällt Ihnen hier, und Sie werden tüchtige Seelsorger. Glauben Sie mir, wir brauchen solche«, sagte er im Gehen.

An der Boston University belegte ich Kurse, die zum Master of Arts sowie dem Bachelor of Sacred Theology führten. Die Professoren waren auf ihren Gebieten anerkannte Gelehrte, und jeder war auf seine eigene Art eine hervorragende Persönlichkeit. An einige erinnere ich mich besonders deutlich, wie die Professoren Leslie, Knudson, Vaughan,

Lowstutter, Brightman und Cell, die meine Favoriten waren. Ihnen allen waren hochintellektuelles Leistungsvermögen und menschliche Wärme zu eigen. So eröffnete Dr. Cell eines Frühlingstages seine Vorlesung über Kirchengeschichte mit den Worten: »Meine Herren, Sie haben das Semester lang gewissenhaft in diesem Kurs gearbeitet, und da heute unsere Boston Red Sox die Baseballsaison eröffnen, bitte ich Sie, abzustimmen, ob Sie sich nicht lieber ins Fenway-Park-Stadion absetzen möchten, um unsere Mannschaft zu unterstützen. Wir können Tribünenplätze für 50 Cent pro Stück bekommen.« Daß das Ergebnis einstimmig ausfiel, wird kaum überraschen.

Die Herausforderung, ein objektiver Denker zu werden, so eine Art Intellektueller, fand täglich statt und machte die Theologieschule der Boston University zu einem aufregenden Erlebnis. Mich bekümmerte zugegebenermaßen die größere Bedeutung, die der Christenheit als Sozialevangelium beigemessen wurde, statt daß sie als lebensverändernde Verkündung galt, und ich konnte nicht einsehen, warum diese beiden Aspekte nicht zusammengehörig sein sollten. Aber ich hatte Vertrauen in die Professoren, die uns für den christlichen Dienst am Menschen schulten.

Bis ich eine eigene Studentenkirche hatte, ging ich sonntags mit Kommilitonen, um die großen Prediger zu hören, die damals in Boston dienten. Es waren George A. Gordon, der meisterhaft in der Südkirche am Copley Square predigte, und Reverend Dr. A. Z. Conrad vom Tremont Temple. In letzterer Kirche an einem Sonntagabend erlebte ich Dr. Emil Coué, Urheber der berühmten Lehre »Jeden Tag, in jeder Weise werde ich besser und besser«. Mich beeindruckte die unübersehbare Beliebtheit seiner Theorien, und ich war fasziniert von der Anzahl der Gläubigen, die sich dort versammelten, um Heilung zu erfahren. Es war klar ersichtlich, daß da Kraft präsent war, und ihre Manifestation interessierte und beschäftigte mich.

Meine spärlichen Mittel schrumpften von Tag zu Tag, und ich war mir bewußt, daß ich ein Einkommen brauchte, sollte meine erfreuliche Zeit dort nicht beendet werden müssen. Endlich wurden ein Klassenkamerad und ich eingestellt, um gemeinsam den Speisenaufzug im Wohnheim für Frauen des C. V. J. M. in der Beacon Street zu bedienen. Mein Freund tat Dienst am Aufzug in der Küche, die im Keller lag, und schickte mir die Gerichte hoch in den Speisesaal im vierten Stock. Von unten rief er: »Hoch geht's!« Hatte ich dann den Aufzug mit benutztem Geschirr beladen, rief ich »Runter geht's« den Schacht hinab, und das Geschirr verschwand in der Tiefe. Für diese anstrengende Arbeit erhielten mein Freund und ich die ungeheure Entlohnung von zwei Dollar pro Kopf und Tag, fünf Tage die Woche, und zwei Mahlzeiten am Tag, Mittag- und Abendessen. Diese Stelle behielt ich mein erstes Jahr hindurch.

Für das Frühstück, bestehend aus Kaffee und Brötchen, mußten wir selber aufkommen. Wir nahmen es in einem Imbißlokal namens New England Kitchen an der Kreuzung der Straßen Mt. Vernon und Charles ein. An einem historischen Morgen las ich dort in der Zeitung, dem *Boston Herald*, vom Tod von Präsident Warren G. Harding und der mitternächtlichen Vereidigung des Vizepräsidenten Calvin Coolidge zum Präsidenten der Vereinigten Staaten. Der Amtseid wurde auf dem Sitz der Familie Coolidge im Staate Vermont beim Licht einer Petroleumlampe geleistet und vom Vater des neuen Präsidenten, der Friedensrichter und somit dazu berechtigt war, abgenommen. Es waren interessante Zeiten.

Später wohnte ich einer Rede bei, die Coolidge in seiner nördlichen Sprechweise und überaus sachlichen Art in der Nordkirche Bostons hielt. Und noch später konnten wir es einmal einrichten, auf dem Wege zurück nach Boston nach den Weihnachtsferien die Stadt Washington zu besuchen. Mit Hilfe Clint Coles, unseres Kongreßabgeordneten, erhielten ein Kommilitone und ich Eintrittskarten zum Publikumsempfang des Präsidenten, der Mittwoch mittag stattfand. Wir beide waren Verbindungsbrüder der Phi Gamma Delta und wußten, daß auch der Präsident unserer Verbindung angehörte. Als wir ihm vorgestellt wurden, übten wir daher verwegen den geheimen Erkennungshändedruck der Verbindung an ihm aus. Er erkannte das Signal sofort und erklärte: »Auch ich bin ein Mitglied der Phi Gamma Delta und gehöre der Amherst-Gruppe an.«

»Das war uns klar, Bruder Coolidge«, sagten wir, und hinterließen einen so überraschten wie belustigten Präsidenten.

Im Verlauf meiner letzten beiden Jahre an der Theologieschule studierte mein Bruder Bob Medizin an der Harvard-Universität. Wir entwickelten die Gewohnheit, einmal in der Woche gemeinsam zu essen. Abwechselnd schloß er sich mir und einer Gruppe von Theologiestudenten in Boston an, und ich besuchte ihn und eine Gruppe von Medizinstudenten in Harvard in der Woche darauf. Den Gedankenaustausch, der sich aus dem Kontakt der beiden Disziplinen Medizin und Religion ergab, fand ich höchst interessant und lohnend.

Ich faßte es jedenfalls so auf, sogar als ich dabei war, in meiner eigenen Vorstellung eine Kombination medizinisch-psychologischer Therapie in Verbindung mit dem Amt des Seelsorgers auszuarbeiten, die später meine Arbeit in der Marble Collegiate Church in New York kennzeichnen sollte.

Manche der Theologiestudenten an der Theologieschule der Boston University wurden zu Studentenseelsorgern ernannt. Es gab viele kleine Kirchgemeinden in der Gegend von Boston und Providence, nicht weit entfernt im Staate Rhode Island, und Theologiestudenten dienten in solchen Gemeinden an Wochenenden. Bei Anbruch meines zweiten Studienjahres bewarb ich mich um eine dieser Kirchen, falls es einen freien Posten gäbe, bei dem methodistischen Bischof, der für das Gebiet um Boston verantwortlich war, Edwin H. Hughes. Einige Tage nach meiner Bewerbung rief mich der Bischof zu sich.

»Norman«, sagte er, »ich habe zwei Kirchen, über die du nachdenken kannst. Sie unterscheiden sich völlig voneinander, was die Lage, die Gemeinde und die Probleme betrifft. Die eine befindet sich in einer Kleinstadt hier in Massachusetts, wie man sie von Postkarten her kennt. Die Kirche ist im alten Stil New Englands gebaut, liegt direkt am Stadtpark, und das Pastorat befindet sich in einer ruhigen Straße voller Bäume. Diese Kirche hat keine finanziellen Probleme, obwohl es sich um eine eher kleine Gemeinde handelt. Das Gehalt dort beträgt eintausendfünfhundert Dollar im Jahr.«

Dann beschrieb er die zweite Kirche. Sie befand sich in einem Ort in Rhode Island, der von der Baumwollspinnerei lebte und wo ein ausgedehnter Streik die Bevölkerung verbittert hatte und viel Leid verbreitete. Die Stadt lag an einer vielbefahrenen Landstraße, die Tag und Nacht von lauten Lastkraftwagen befahren wurde. Die Kirchgemeinde bestand überwiegend aus recht neuen Einwanderern aus Lancastershire, England. Es waren gute, solide Menschen, von denen die meisten in der Garnkämmerei Berkeley und Londale beschäftigt waren, wo die berühmten Stoffe dieses Namens herkamen. »Du siehst also«, sagte Bischof Hughes, »es warten emotionale wie auch wirtschaftliche Probleme auf dich, wenn du diese Kirche wählen solltest.

Aber das ist noch nicht das Schlimmste. Die letzten zwei Jahre lang hat diese Kirche ein Studentenpastor geleitet, der so eine Art Elefant im Porzellanladen ist. Er ist noch nicht ganz trocken hinter den Ohren, aber ein Kreuzrittertyp, und in seiner unausgegorenen Weise versucht er diesen konservativen Menschen, die an dem biblischen Christentum hängen, neue soziologische Ideen beizubringen. Er hat es geschafft, die Gemeinde gründlich zu spalten, und hat zusätzlich den schlimmsten, bedauerlichsten innerkirchlichen Streit ausgelöst, der mir je begegnet ist. Das Gehalt bei dieser Kirche beträgt neunhundert Dollar im Jahr. Wer dahin geht, zerbricht daran, oder er wächst. Geht er jedoch mit Liebe und Menschenverständnis an die Sache, so wird sie ihn zu einem großen Seelsorger werden lassen. Ich stelle dich in der Kirche von den beiden genannten ein, die du haben willst. Wie lautet deine Entscheidung?« fragte er und lächelte. Obwohl ich jung war und mich in dieser Welt nur unzureichend auskannte, wußte ich instinktiv, daß ich geprüft wurde. Hatte ich den Mut, eine offenbar leicht zu erfüllende Stelle abzulehnen, um mich einer problematischen zu widmen? Da wartete eine in jeder Hinsicht idyllische Situation, dort wartete eine von Arbeitskampf gebeutelte und von einer holzhammerartigen Kirchenführung gespaltene Gemeinde auf mich. Ich wußte bereits, daß es nur eine Antwort geben könnte.

»Mit Ihrer Zustimmung, Bischof Hughes, werde ich die Kirche in Rhode Island übernehmen.« Er legte seine Hand auf meine Schulter. »So ist es richtig«, sagte er, »ich wußte doch, daß du von guter Substanz bist. Geh einfach dahin, und liebe diese Menschen, und es wird ein großartiges Amt für dich werden.«

Als ich am nächsten Sonntag in Berkeley, Rhode Island, ankam, suchte ich sofort das Pfarrhaus auf, das sich in der gleichen Straße wie die Kirche befand. Es war ein Zweifamilienhaus, und die Pastorenwohnung war im Obergeschoß. Den Schlüssel sollte ich mir von dem Ehepaar Morris geben lassen, das im Erdgeschoß wohnte. Ich klopfte an die Tür, die von einer gütig wirkenden Dame geöffnet wurde. »Sind Sie Mrs. Morris?« fragte ich.

»Die bin ich in der Tat, junger Mann. Und wer sind Sie?« Ihre Sprache war unverkennbar britisch.

»Ich bin der neue Pastor«, erklärte ich.

Sofort nahm ihr Gesicht einen Ausdruck des Mitgefühls an. »Ach, Sie armer Mensch. Treten Sie doch auf eine Tasse Tee ein.« Bald danach gesellte sich ihr Mann Arthur zu uns. Er war der Organist der Kirche. Zwei bessere Freunde sind mir nie begegnet, und ich verliebte mich sofort in sie. »Nun geh mal, und besichtige deine Kirche«, meinte Mrs. Morris einige Zeit später. »Den Schlüssel bekommst du von Mrs. Follett nebenan. Sie besitzt eine scharfe Zunge, aber mach dir nichts daraus. Sie hat ein gutes Herz. Frühstück und Abendbrot nimmst du vorerst mit uns ein, bis ich festgestellt habe, ob du auch vernünftig für dich sorgen kannst.« Und damit scheuchte sie mich nach mütterlicher Art hinaus.

»Sind Sie Mrs. Follett?« fragte ich nebenan mit dem größten Lächeln, zu dem ich fähig war. »Ich heiße Norman Peale und bin Ihr neuer Pastor.«

Ihr Blick wurde um einiges härter. »Ich nehme an, Sie kommen wegen des Kirchenschlüssels. Hier haben Sie den einen, den anderen behalte ich für mich. Sie haben harte Zeiten vor sich. Der Herr möge Ihnen gnädig sein.« Sehr viel Gnade war ihrem Ton dabei nicht zu entnehmen. Mir kam der Gedanke, daß sie die Anführerin der Fraktion gewesen sein mochte, die meinen Vorgänger, den ich nun ersetzte, unterstützt hatte. Später hörte ich, daß Mrs. Follett herumerzählte, daß der neue Seelsorger eingetroffen sei und ihrer Meinung nach nicht so aussehe, als wäre er gescheit genug, sich bei Regen ins Trockene zu stellen.

Ich stand vor der kleinen Kirche und betrachtete sie voller Stolz. Meine Gefühle schwollen in mir an. Jemand hatte den Namen meines Vorgängers mit einem dünnen Holzstück überdeckt und meinen Namen darauf geschrieben. Da stand nun: »Berkeley-Methodistenkirche, Norman Vincent Peale, Pastor.« Es war meine, ganz meine eigene Kirche! Ich steckte die Hände tief in die Taschen, zog meine Schultern zurück, hob den Kopf und las den Spruch nochmals laut vor mich hin. »Norman Vincent Peale, Pastor. Sollen die Schwierigkeiten doch kommen. Der Herr wird mir und uns allen helfen. Wir werden eine großartige Kirche haben.« Ich war aufgeregt und glücklich und konnte den nächsten Tag kaum erwarten, an dem ich diesen Menschen, die ich alle lieben würde, von Jesus Christus predigen konnte.

Die Predigt am nächsten Tag war nicht meine erste. Die hatte ich einige Monate zuvor in der Methodistenkirche von Walpole, Massachusetts, gehalten, wo ich eines Sonntags für Eugene McKinley Pierce einsprang, der dort Studentenseelsorger war, und später fünfundzwanzig Jahre lang mein Kollege an der Marble Collegiate Church sein sollte. Mac, wie ihn alle nannten, gab mir die Gelegenheit, meine erste Predigt in einer Kirche zu halten, und für mich, wenn auch nicht für seine Gemeinde, war es ein unvergeßliches Erlebnis.

Arn Anfang der Woche hatte ich meinem Vater telegrafiert: PREDIGE NÄCHSTEN SONNTAG – STOP – BITTE SCHICKE PREDIGT – STOP–, und Vater beantwortete meine Panik auch mit einem Telegramm: SCHLAGE VOR

JOHANNES 10, 10 – STOP – TRAGE DEINE EIGENE PRE-DIGT VOR – STOP – ALLES GUTE, PAPA – STOP –. Ich brauchte Johannes 10, 10 nicht nachzulesen, denn es war der Lieblingstext meines Vaters, den ich ihn so oft hatte vortragen hören. »Ich bin gekommen, damit sie das Leben haben und es in Fülle haben.« Also begab ich mich in Walpole frühzeitig zur Kirche und betrachtete von einem kleinen Arbeitszimmer im Kirchturm aus, wie die Gemeinde zusammenkam.

Ich war nervös, verängstigt und von Zweifeln an mir selbst erfüllt. Das alte Problem der Minderwertigkeitsgefühle und der Schüchternheit konfrontierte mich erneut. Dann sah ich einen großen, imposanten alten Herrn unter denjenigen, die sich dem Eingang näherten. »Was hätte ich denn einem solchen Mann zu sagen?« ging mir durch den Kopf. Dann hob er plötzlich das Gesicht, und ich sah darin eine schwere Last von Traurigkeit und Sorgen. Ich trat vor die Gemeinde und zelebrierte den Gottesdienst und hielt dann eine kurze Predigt. Ich erzählte einfach, was Jesus für mich ist, der größte Denker der Weltgeschichte, derjenige, der die Menschheit am meisten liebt, der Eine, der uns aus jeder Niederlage heraus zum Sieger machen kann und uns in die ewige Erlösung rettet. Anschließend hatten einige Leute am Eingang freundliche Worte für mich, und dann stand der ehrwürdige alte Herr vor mir. »Sie müssen meine Gedanken gelesen haben«, sagte er. »Ich brauchte Hilfe, und Sie ließen mir diese Hilfe mit Ihrer Predigt zuteil werden.«

Ich hatte im Verlauf des Winters zwei- oder dreimal in der Kongregationskirche in Hancock, New Hampshire, gepredigt und im Sommer einmal in Ohio. Ich war in unser Elternhaus in Findlay, Ohio, zurückgekehrt, wo mein Vater das Amt des Superintendenten des Dekanats bekleidete. Eines Samstagmorgens teilte er mir mit, daß einer seiner Seelsorger erkrankt sei, zwar nicht ernst, aber immerhin ausreichend, um seine Anwesenheit in der Kirche am nächsten Tag zu verhindern. Würde ich den Gottesdienst und die Predigt für ihn übernehmen? Ich verbrachte den ganzen restlichen Tag mit der Ausarbeitung einer Predigt, die ich mir Wort für Wort aufschrieb und die den Titel trug: »Die kinetische Theorie der Sühne«. Dieses Thema war in der Theologieschule diskutiert worden.

Spät abends an diesem heißen Julisamstag saßen Papa und ich auf der Veranda vor dem Haus. Er saß in einem Schaukelstuhl, einen Fuß auf dem Geländer, und aß Erdnüsse, die er innig liebte. »Was machst du da?« fragte er mich.

»Ich habe eine Predigt für morgen geschrieben. Sie heißt: ›Die kinetische Theorie der Sühne‹.«

»Was ist denn das?« wollte er wissen, und da ich mir selber darüber nicht so ganz sicher war, fragte ich ihn, ob er die Predigt nicht lesen wollte. Er nahm sie und las sie genau durch, während er weiterhin Erdnüsse verschlang.

»Nun, was ist deine Meinung?« fragte ich einigermaßen besorgt.

»Soll ich dir das wirklich sagen?« fragte er zurück. Ich nickte.

»Also, ich würde das Ganze zerreißen und in den Ofen stopfen. Erstens liest man nie eine Predigt oder eine Rede. Sprich sie gerade heraus, und sieh den Menschen in die Augen, wenn du eine Predigt hältst. Und dann hast du viel zuviele lange Worte in dieser Predigt. Hast du denn den Rat vergessen, den dir Grove Patterson gab? Der trifft für Predigten genauso zu wie für Zeitungsartikel. Verwende einfache, starke und inhaltsvolle Worte, die jedermann verstehen kann, auch wenn er des Lesens und Schreibens kaum kundig ist. Und was deinen Begriff – wie lautete der gleich – ›kinetisch‹

betrifft, erinnere die Menschen doch einfach daran, daß der Herr Jesus am Kreuze zu Golgata Sein Blut vergoß, um für ihre Sünden zu sühnen. Laß deine Predigt Zeugnis davon bringen, was Jesus für dich getan hat, genauso wie in Walpole.«

Obwohl ich etwas geknickt war, wußte ich, daß meine primanerhafte Einstellung ein Irrtum war und mein Vater in seiner Reife recht hatte. Am nächsten Tag, dem Sonntag, fuhr ich alleine hinaus zu der kleinen Landkirche, die an einer staubigen Kreuzung stand. Es war ein wunderschöner Sommertag, der Himmel wolkenlos, und im Hof der Kirche ging man auf saftigem Grün. Pferde stampften und wehten mit den Schweifen. Leute strömten in die Kirche, füllten jeden Sitzplatz, alle in ihrem Sonntagsstaat. Die kleinen Mädchen sahen süß aus in ihren adretten Kleidchen, und die Jungen ertrugen ihre Sonntagskragen und quietschenden Schuhe. In jeder Familie saß der Vater nahe dem Gang und die Mutter am anderen Ende der Bank, so daß die Kinder dazwischen besser beaufsichtigt werden konnten.

Als ich, in der Funktion des Pastors, die Kanzel bestieg, hörte das Getuschel und Herumrücken auf. Die Gemeinde wurde still. Der Chor hatte vor meinem Eintritt zu singen begonnen und stand nun auf, um den Eröffnungschoral vorzusingen. »Heilig, heilig, heilig, allmächtiger Herr!« Während der alte Gesang energisch, aber mit Gefühl erklang, betrachtete ich die Menschen, die alten und die jungen, und war mir bewußt, wie wunderbar sie doch waren. Durch die Fenster konnte ich den reifenden Mais sehen, der sich in leichtem Winde wiegte. Wie wundervoll mir all das vorkam.

Und als es Zeit für die Predigt war, sprach ich von der Liebe Gottes und über Seinen Sohn Jesus Christus. Ich schilderte, wie Jesus die Kranken geheilt hatte, wie Er aus Sündern anständige Männer und Frauen gemacht hatte, wie Er Jungen und Mädchen auf den guten Weg führte. Plötzlich war ich mir einer tieferen Stille bewußt, einer eindringlichen Geräuschlosigkeit. Es schien, als berühre einen Moment lang das Ewige, das Unendliche alles Vergängliche. Die Heilige Präsenz strich über jeden Anwesenden. Es war so unsagbar still, daß das Summen einer Biene, die durch ein Fenster hereingeflogen war, laut wirkte. In jenem Moment spürte ich die Kraft des Amtes, das ich innehatte.

Der Gottesdienst endete mit dem Choral »Jesus meine Zuversicht«. Während wir sangen, bemerkte ich, wie einige Tränen weggewischt wurden. Nach dem Gottesdienst kam ein großer Farmer mittleren Alters zu mir und lud mich zum Abendessen in sein Haus ein. »Du siehst ja mager und unterernährt aus«, meinte er. »Wir müssen dich etwas mästen.«

Ich saß dann auf der Veranda mit den Männern, während die Frauen in der Küche das Essen vorbereiteten. Entzückende Düfte drangen zu uns in unseren Schaukelstühlen, wo wir einfach plauderten. Mein Gastgeber schüttelte die Hände von Leuten, die er wie mich zu sich eingeladen hatte. Dann saß er in dem Stuhl neben mir und schlug mit seiner Pranke auf mein knochiges Knie. »Ich mag dich, Junge. Du schlägst in meine Richtung. Aber über das Predigen hast du noch 'ne Menge zu lernen, das weißt du doch, oder?«

»Ja, Sir, das weiß ich«, antwortete ich.

»Aber du bist auf dem richtigen Weg«, fuhr er fort, »denn du liebst Jesus und sagst den Leuten, was Er für dich getan hat und für sie tun kann. Das ist richtig, mein Sohn, halte dich einfach immer an Jesus.« Und dann stockte ihm die Sprache ein wenig, und er mußte erst einmal die Nase laut putzen.

Auf einmal stand er auf und ging um die Hausecke, und ich blieb ziemlich verwundert über seinen plötzlichen Ab-

114

gang zurück. Die anderen Männer schaukelten still in ihren Stühlen vor sich hin, bis einer erklärte: »Er wurde aus einem ziemlich üblen Lebenswandel heraus bekehrt, und er kann einfach nicht über Jesus reden, ohne daß es ihn völlig aufwühlt.«

Die Wirkung, die Jesus in Menschen auslöst, hat mich immer zutiefst beeindruckt und bewegt. Er zieht sie an sich wie kein anderer, und die Heilige Schrift gibt eine vieldeutige Wahrheit wieder: »Ich, wenn ich von der Erde emporgehoben bin, werde alle Menschen zu mir hinziehen.« Und das tut Er tatsächlich. Aus diesem Grund und weil ich Ihn persönlich liebe, habe ich den Menschen während meines gesamten Lebens als Seelsorger von ihm erzählt.

Als ich an jenem ersten Sonntag in Berkeley, Rhode Island, die Kanzel betrat, war mir klar, wie gespalten der unglückselige Initiator des hiesigen Kirchenstreits die Gemeinde hinterlassen hatte, denn jede Fraktion besetzte eine Hälfte der Kirche und übte sich darin, finstere Mienen zur anderen Seite des Gangs hinüber zu machen. Von der Kanzel betrachtete ich die gefüllte Kirche und sagte: »Freunde, ich bin nur ein junger Spund, der Seelsorger werden möchte, und ich habe noch viel zu lernen. Ich werde euch bitten, mir zu helfen, zu lernen, ein guter Prediger und Seelsorger des Herrn Jesus Christus zu werden. Ich wurde von unserem Bischof hierher geschickt, der mir auch sagte, daß ihr gütige Menschen seid. Und das sehe ich auch so schon, wenn ich euch nur betrachte.« Damit schenkte ich ihnen ein breites Lächeln, und einige lächelten mich wiederum an.

Wie in Walpole und in der Landkirche erzählte ich einfach, was Jesus mir persönlich bedeutete, wie ich die Umkehr zum Glauben erfahren hatte und wie die Liebe zu Gott und Jesus

Christus in mein Leben gekommen war. In meinem Bekenntnis zu Jesus machte ich mir keine Gedanken über mich selbst. Nach dem Gottesdienst stellte sich mir ein Mann als Rob Rowbottom vor und sagte: »Machen Sie so weiter, und eines Tages lieben alle hier Sie und Jesus und sich untereinander.« Offensichtlich hatte ich in meiner Kirchengemeinde einen Christen von Format, der über den Kleinigkeiten stand.

Ich begann sofort, Gemeindemitglieder zu besuchen, und da ich unverheiratet war und keine Frau hatte, die für mich kochte, lud man mich immer häufiger zu den Mahlzeiten ein. Nie wieder habe ich eine Gemeinde von solch hervorragenden Kochtalenten angetroffen. Nach dem Essen in einem Haushalt nahm ich die Einladung eines Mitglieds der oppositionellen Fraktion an und wurde nicht müde, der Dame des Hauses dort zu erzählen, wie wunderbar Mrs. Soundso gekocht habe. Und danach verbreitete ich in einem Haushalt der anderen Kirchenhälfte, wie köstlich meine letzte Gastgeberin eine Mahlzeit bereiten konnte. Aufrichtig und tapfer fraß ich eine Kirchengemeinde in die Einheit.

Eines Tages betrat ich Mrs. Folletts Küche und bemerkte eine Menge frischgebackener, lecker aussehender Plätzchen, die auf Wachspapier ausgelegt waren. Sie dufteten himmlisch, und das sagte ich ihr auch. Mrs. Follett grunzte nur. Ich kam so lange auf ihre Plätzchen zu sprechen, bis sie endlich keine Wahl mehr hatte, als mir eins anzubieten. Ich verzehrte es, nahm mir ein zweites und sagte dazu. »Bessie Smith hatte doch etwas über Sie anzumerken, als ich neulich Obsttorte bei ihr aß.«

»Na«, schnippte sie sofort, »was hatte die alte Tratsche denn über mich zu sagen?«

»Als ich ihr erklärte, wie gut ihr die Obsttorte gelungen war und wie herrlich sie doch backen könne, meinte sie: ›Es gibt aber noch eine Frau in der Stadt, die besser bäckt als ich, und das ist Mrs. Follett.‹«

»Sagte sie also, was? Das hat sie wirklich gesagt? Nun, ich habe ja schon immer gesagt, daß Bessie Smith eine recht nette Frau ist. Das nächste Mal, wenn Sie sie sehen, können Sie ihr sagen …«

»Halten Sie an«, sagte ich. »Ich werde ihr sagen, daß Sie die beste Plätzchenbäckerin seit meiner Großmutter sind, und die war immerhin die beste in Ohio.« Mrs. Follett gab mir sogar einen Kuß, als ich ging. »Sie sind ein netter Junge«, sagte sie.

»Und Sie sind auch sehr nett«, antwortete ich, denn sie war es.

Und so ging es weiter. Ich predigte sonntags Liebe, lebte ein liebevolles Leben unter den Menschen und webte täglich Fäden der Liebe, bis sie sich in ein unteilbares Muster der zwischenmenschlichen Liebe versponnen hatten. Die Kirche wurde endlich wieder eine fürsorgliche Gemeinschaft der Menschen um Christus. Sie hatten sich, oder besser gesagt, *wir* hatten *uns* vielleicht manchmal schlecht aufgeführt, aber solche Handlungen stellen uns nicht so dar, wie wir wirklich sind. Wenn wir von der Liebe und der Hochachtung Jesu berührt werden, zeigen wir alle unsere wahre Natur als Kinder Gottes.

Als Studentenseelsorger nahm ich gewöhnlich einen Zug vom Südbahnhof in Boston und fuhr so die fünfundvierzig Meilen nach Providence oder Pawtucket, um dort von einem Gemeindemitglied mit dem Auto abgeholt zu werden, oder ich fuhr mit dem Bus. Jeden Freitagabend hielt ich eine Gebetsversammlung, und diese war durchweg gut besucht. Bei den Versammlungen sprach ich über die großen Prinzipien oder Lehren Christi und deren Anwendung bei alltäglichen

Problemen. Danach folgte eine Fragestunde und allgemeine Diskussion, an der die Leute mit regem Interesse teilnahmen. Obwohl die Gemeinde größtenteils aus Arbeitern der Baumwollspinnereien bestand und nur wenige Mitglieder eine höhere Bildung vorweisen konnten, dachten alle Beteiligten rege mit und waren sehr interessiert.

Den Samstag verbrachte ich mit Besuchen bei meinen Gemeindemitgliedern und besuchte auch weitere Interessierte, die am Gottesdienst teilgenommen hatten oder auf die ich aufmerksam gemacht worden war. Ich konnte leere Kirchenbänke nie ausstehen. Ich war Seelsorger geworden, um mit Menschen zu kommunizieren, und ich war entschlossen, die Kirchenbänke zu füllen. Bald waren sie auch voll, denn die Gemeinde kam regelmäßig zur Kirche, wie auch viele Leute im Ort, die bislang nichts mit der Kirche zu tun gehabt hatten.

Am Sonntag feierte ich zwei Gottesdienste, einen morgens und den zweiten am Abend. Am Samstagabend saß ich immer lange auf und erarbeitete zwei unterschiedliche Predigten für den kommenden Tag. Diese Spätarbeit an den Predigten war notwendig, weil ich montags bis freitags viel für die Schule tun mußte und zudem täglich am Speisenaufzug im C. V. J. M. für Frauen arbeitete.

Ein Vorgang während meiner Seelsorgerzeit als Student verhalf mir in Berkeley zu einer Art von Unsterblichkeit, wenn auch recht fragwürdiger Art. Zumindest erinnert sich noch mein Sohn, Dr. John Stafford Peale, daran, der seinerzeit der Kirche auch als Studentenseelsorger diente.

Die Kirche hatte eine Küche, aber unverständlicherweise keinen Abort. Es wurde oft angeregt, diesen Mißstand zu korrigieren. Da der Vorsteher der Berkeley-Baumwollspinnerei und ich befreundet waren, ersuchte ich seinen Rat. Er suchte mich dann eines Tages auf, um mir mitzuteilen, daß die Schließung eines Teils der Spinnerei ein dreisitziges WC verfügbar machen würde, das in durchaus gutem Zustand sei. Die Kirche könne es haben, nur müßten wir es an den neuen Standort hinter dem Kirchengebäude schaffen. Wie genau wir das bewerkstelligten, weiß ich nach all den Jahren nicht mehr, aber ich erinnere mich, daß an einem Samstagmorgen vierzig arbeitswillige Männer bei ihrem Seelsorger erschienen, um das WC vom Spinnereigelände auf das Kirchengelände zu transportieren. Bevor es dunkel war, stand das WC an seinem neuen Platz, bereit, Sonntag früh den Dienst aufzunehmen.

Neben einigen derben, aber herzlichen Scherzen, die der Pastor aus diesem Anlaß über sich ergehen lassen mußte, sprachen sogar noch nachrückende Generationen von »Peales Pott-Projekt« als einem meiner größten Beiträge zur Kirche von Berkeley.

Während eines großen Teiles meiner damaligen Amtszeit befanden sich die Spinnereiarbeiter im Streik. Viele dieser guten, kernigen Briten lebten in Häusern der Spinnerei, niedrigen Backsteinbauten, die alle gleich aussahen und in langen Reihen angeordnet waren. Keines dieser Häuser hatte eine eingebaute Toilette, nur hölzerne Häuschen im Freien. Die Löhne waren so niedrig wie nur möglich und die Arbeitsbedingungen alles andere als gut. Eine große Anzahl der Streikenden gehörte meiner Kirchengemeinde an.

Ich bemühte mich, ihre Sache zu unterstützen, denn ich war der Meinung, daß ihre Beschwerden gerechtfertigt seien. Mehrere Male vertrat ich sie bei Verhandlungen mit den Spinnereibesitzern in Providence. Die Besitzer waren allem Anschein nach kultivierte Leute, aber in sozialen Angelegenheiten unbedarft bis höflich arrogant, um es gelinde auszudrücken.

Zu den Verbesserungen, für die ich plädierte, gehörte ein Einbaubad für jedes vom Arbeitgeber gestellte Haus, eine Erleichterung, die zu der Zeit jedem amerikanischen Arbeiter zustand. Einer der Herren meinte dazu: »Aber diese Menschen würden doch mit einer Badewanne gar nichts anzufangen wissen. Wahrscheinlich würden sie die Kohle für ihre Öfen darin lagern.«

»Ich übernehme die Aufgabe, ihnen eine Predigt mit dem Titel zu halten: ›Wie man eine Badewanne benutzt‹«, antwortete ich.

»Sie haben gewonnen«, hieß es zuletzt widerwillig.

Die Arbeiterfamilien bekamen ihre Badewannen, aber ich glaube nicht, daß die Spinnerei-Industrie in Rhode Island je wieder die gleiche war wie vor diesem ausgedehnten Streik.

Zu den Predigten selbst kann ich sagen, daß sie zumindest mit Begeisterung gehalten wurden. Das Evangelium hat mich immer schon begeistert, und ich weiß, daß es Wirkung hat, wenn man daran glaubt und die Lehren befolgt. Also sprach ich Sonntag für Sonntag davon, was Glaube an Jesus Christus und Verpflichtung Ihm gegenüber für diejenigen bewirken kann, die zu glauben bereit sind.

Alle meine Predigten basierten auf dem Evangelium. Sie sollten die Menschen überzeugen und dafür gewinnen, den Herrn Jesus Christus als ihren Heiland anzunehmen. Nach der Predigt lud ich jeden ein, der sein Leben zu verändern suchte, nach vorne zu kommen und am Altar niederzuknien. Dort sollte er Gott seine Sünden und Schwächen beichten und aufrichtig um Erlösung und eine Lebensveränderung bitten. Ich werde nie den ersten Sonntagabend vergessen, an dem ich »die Einladung« aussprach. Zu meiner Überraschung traten fünf Personen hervor und knieten vor dem Altar, drei Männer und zwei Frauen. Von allen fünf wußte ich, daß sie einen ausgesprochen unchristlichen Lebenswandel pflegten. Nun knieten sie demütig vor dem Altar und nahmen meine Zusicherung an, daß sich ihr Leben verändern könnte, und ich wußte kaum, was ich mit ihnen anfangen sollte. Also appellierte ich direkt an den Herrn, in dessen Namen ich ihnen die Erneuerung des Lebens versprochen hatte.

»Lieber Herr«, betete ich laut, »Du weißt, was ich diesen Menschen versprochen habe. Du weißt, daß es die Wahrheit ist. Bitte verändere sie jetzt, durch Deine Kraft.« Ein Mann, ich nenne ihn Henry G., war allgemein bekannt als »der übelste Teufel der Stadt«. Er selbst beichtete, als er da kniete: »Ein Teufel ist in mir und erfüllt mich mit Haß und mit Wut. Ich bin so seit meiner Jugend. Ich haßte meinen Vater.«

»Henry«, sagte ich, »willst du Veränderung erfahren? Meinst du es hundertprozentig ernst?«

»Das tue ich, das tue ich«, sagte er, und seine Stimme versagte.

»Und glaubst du, daß dich Jesus Christus hier und jetzt verändern kann?«

»Das glaube ich«, erwiderte er, seine tiefe Regung war offensichtlich.

Ich gab ihm auf, diese Worte an den Herrn zu richten: »Was ich nicht für mich selbst tun kann, Herr, das tue Du jetzt bitte für mich.«

Und aus meiner gläubigen Begeisterung heraus erklärte ich: »Henry, du bist verändert. Du bist ein neues Geschöpf. Die alten Dinge sind Vergangenheit. Du bist ein neuer Mann. Der alte Haß ist vorüber.«

Als ich einigen Studenten an der Theologieschule davon erzählte, schüttelten sie die Köpfe. »Was wäre, wenn es nicht gewirkt hätte?« Aber ich erwiderte, daß Henry alle Anzeichen einer Lebensveränderung aufwies: Er beichtete, legte Zeugnis für den Glauben ab, ersuchte die Gnade Gottes und verpflichtete sich dem Glauben. Ferner glaubte ich, die Veränderung würde so stark sein, daß sie sofort einsetzte, wenn der Glaube im tiefsten Inneren wirkte. Was immer auch die rationalen Überlegungen besagten, das Einwirken der spirituellen Kraft hatte die Persönlichkeit dieses Mannes völlig reingefegt. Er war beherrscht, ruhig, ausgeglichen, ein liebender und liebenswerter Mensch von der Minute an, und er blieb so bis zu seinem Tode mehr als dreißig Jahre später.

Der Weg hin zum Prediger ist jedoch keineswegs ein leichter Lernprozeß. Nach all den Jahren bin ich noch immer der Meinung, daß öffentliches Reden eine der schwierigsten menschlichen Tätigkeiten ist, die es zu meistern gilt. Beginnt man zu glauben, daß man es langsam beherrscht, so passiert unweigerlich ein peinliches, demütigendes Erlebnis. Im öffentlichen Reden trifft es sicherlich zu, daß Hochmut vor dem Fall kommt, und derartige »Fälle« gibt es viele, jedenfalls nach meiner Erfahrung.

Gut kann ich mich an den Sonntag in Berkeley erinnern, als meine Predigt einfach keine Form annehmen wollte. Alles schien an ihr platt werden zu wollen. Die besten Ideen, die ich mir im Geiste zurechtgelegt hatte, überging ich, und was ich letztlich von mir gab, klang ziemlich armselig. Nachdem ich die Kanzel verlassen hatte, erzählte ich einem angesehenen Seelsorger im Ruhestand, der dem Gottesdienst an dem Sonntag beiwohnte, von meinem Unbehagen.

»Ich sag dir was, Norman«, antwortete er mir. »Wenn du auf der Kanzel stehst, dann tust du einfach das Beste, was du kannst. Und wenn es vorbei ist, kommst du herunter und vergißt es. Die Gemeinde tut genau das, und ihr könnt es auch miteinander betreiben.«

Meine Pastorenweihe fand in der Kirche statt, die damals die methodistisch-episkopalische Kirche hieß und später zur vereinigten Methodistenkirche umbenannt wurde. Die Zeremonie selbst war Teil des sonntäglichen Morgengottesdienstes im Rahmen des Jahrestreffens der West-Ohio-Konferenz im September 1922. Die Weihe erteilte mir Bischof William F. Anderson.

Ich hatte diesen richtungsweisenden Punkt in meinem Leben über einen harten Entscheidungsprozeß erreicht, aber als ich dann ein geweihter Geistlicher war, umgab mich ein unvergeßliches Gefühl des inneren Friedens und der Richtigkeit. Obwohl es im Verlauf der Jahre manche schwierige Zeiten gegeben hatte, habe ich nie einen Moment lang meine Entscheidung bereut, Seelsorger und Prediger zu werden. Der Herr hat meine Tätigkeit über alle Erwartungen hinaus gesegnet und selbstverständlich weit über das hinaus, was ich verdient hätte.

Als Seelsorger an der Kirche in Berkeley zelebrierte ich meine erste Taufe an Kenneth Rowbottom, Sohn von Rob und Sadie. Ich führte meine erste Beerdigung durch, vermählte mein erstes Brautpaar. In der Kirche erfuhr ich Lektionen, die mich mein Leben lang leiten sollten.

Meine Jahre an der Boston University School of Theology waren für mich von tiefer Bedeutung und Inspiration, obwohl ich auch schmerzhafte Erlebnisse hatte. Eins betraf den Kurs, in dessen Verlauf wir lernen sollten, Predigten zu gestalten und sie zu halten. Unser Professor der Homiletik (Predigtlehre) war Dr. George S. Butters, einer der gütigsten Menschen, die ich je kennenlernte. Er war ein distinguierter Seelsorger und Prediger gewesen, und er war auch ein zugänglicher, bodennaher, liebenswerter und mitfühlender Mensch.

In seiner Klasse mußte jeder Student eine Predigt vor der Klasse halten. Der Gedanke daran erfüllte mich mit Selbstzweifeln und Angst. Ich empfand Ehrfurcht gegenüber den anderen Studenten, besonders den aufdringlichen gegenüber, die nach meinem Empfinden so taten, als wüßten sie alles. Und dazu kam meine Ehrfurcht gegenüber Predigern, besonders wenn ich vor ihnen auftreten mußte. Merkwürdigerweise hemmt mich dieses Gefühl auch heute noch.

Als ich also an der Reihe war, vor meinen Kommilitonen zu predigen, war ich angespannt und nervös. Ich fühlte mich wie innerlich verknotet und war mir meiner selbst viel zu sehr bewußt, und selbstverständlich schnitt ich schlecht ab. Später saß ich in meinem Zimmer im fünften Stock und fühlte mich miserabel, als ich ein leises Klopfen an der Tür hörte. Es war mein Professor für Rhetorik, »Daddy« Butters. Er hatte ein beschädigtes Bein und hinkte geringfügig. Etwas außer Atem von den fünf Stockwerken setzte er sich hin und ruhte sich aus.

»In deinem Alter konnte ich diese Treppen hochrennen, so wie du es machst. Es ist großartig, jung zu sein, aber manchmal ist das auch eine schmerzhafte Zeit, mein Sohn.« Dann fuhr er fort: »Ich bin nur hier hochgekommen, um dir zu sagen, daß ich weiß, daß du ein guter Prediger wirst. Lerne einfach, dich selbst zu vergessen, und liebe die armen Seelen in deiner Gemeinde, die so viele Schmerzen, Kummer und Widrigkeiten erleiden. Liebe sie einfach, und sprich zu ihnen aus deinem Herzen heraus. Sag ihnen, daß Gott sie liebt.« Er stand auf und sagte: »Ich habe einige Jungen zum Mittag in die New England Kitchen eingeladen. Bitte leiste uns Gesellschaft.«

Als wir um den Tisch herum versammelt waren, erzählte Dr. Butters uns Geschichten mit dem seltenen Talent eines guten Kabarettisten, und wir brüllten vor Lachen. Plötzlich wurde ich mir bewußt, daß der Professor und die Kommilitonen versuchten, mir Liebe entgegenzubringen. Ich hatte Tränen in den Augen, als ich den steilen Beacon Hill hochging und mein Zimmer betrat, aber mein Herz war von Glück erfüllt. Wie entgegenkommend sie doch alle waren!

Intellektuelle Brillanz, christliches Pflichtbewußtsein und Güte kennzeichneten wohl die Professoren der Boston University School of Theology. Sie boten geistige und spirituelle Herausforderung und waren gut ausgerüstet, um Männer auf christliche Führerschaft in dem neuen Zeitalter vorzubereiten, das mit den zwanziger Jahren begann. Eine spätere Begebenheit, in der ich eine Rolle spielte, prägt meine Erinnerungen an die Schule mit. Etwa zehn Jahre nach meinem Abgang wurde ich eingeladen, in Boston bei einer Versammlung zu sprechen, die mit meiner Schule in Verbindung stand. Professoren, Studenten und Absolventen würden anwesend sein.

Das Datum war zufällig das gleiche, zu dem ich Hauptmann Eddie Rickenbacker, den erfolgreichsten amerikanischen Kampfflieger des Ersten Weltkrieges, eingeladen hatte, bei einem großen Diner der Marble Collegiate Church zu sprechen. Aber aus seiner ganzen Güte heraus drängte mich Eddie, an dem Abend nach Boston zu fahren. »Niemand hat mich je eingeladen, an meiner alten Schule eine Rede zu halten. Die müssen eine hohe Meinung von dir haben. Mach dich auf den Weg. Ich handhabe das hier schon.«

Als ich jedoch in Boston meine Rede vor der großen Versammlung von Absolventen, Predigern, Fakultätsmitgliedern und Studenten begann, spürte ich auf einmal eine frostige Atmosphäre. Das Gefühl überkam mich, daß man mich hier nicht mochte. Welches Recht hatte ich, eine Kirche in der Fifth Avenue zu leiten, wo ich doch noch so jung war? Trotzdem versuchte ich, diese Gefühle zu überwinden, und ich schaffte meine Ansprache, so gut ich eben konnte. Ich hatte im Laufe der Jahre einige Redekatastrophen erlebt, aber mein Auftritt an der Boston University School of Theology führt diese Liste an. Einige großzügige Männer suchten mich anschließend auf, um mir die Hand zu schütteln, aber ich wollte nur weg von dort. (Tatsächlich bin ich seitdem nie wieder dort gewesen.) Als ich im Begriff war zu gehen, schnitt mir Professor Dr. Knudson, das wohl intellektuellste Mitglied der Fakultät, den Weg ab. Er war nie ein sehr aus sich herausgehender Mann, aber Güte leuchtete in seinen Augen. »Peale«, sagte er, »Sie sind ein beachtenswerter Mann. Machen Sie weiter so.« Und freundschaftlich legte er seine Hand auf meine Schulter. Ich habe ihn nie vergessen.

Dr. David Vaughn, ein wahrer Gentleman, führte den einen Psychologiekurs, der angeboten wurde, als ich die höheren Fachsemester belegte. Für mich eröffnete er ein völlig neues Konzept, das einen Einfluß auf meine zukünftige Tätigkeit als Seelsorger haben sollte. Ich glaube, mir wurde zum ersten Mal bewußt, wie stark die Auswirkung von Denkprozessen auf die Gesamtheit des menschlichen Lebens sein konnte. Als ich anfing, dieses neuentdeckte Wissen bei meinen eigenen Problemen anzuwenden, erkannte ich mit zunehmender Deutlichkeit, daß viel von meinen Selbstzweifeln und meiner Befangenheit mit der Denkweise zu tun hatte, die ich in bezug auf mich und andere anwendete. Durch Dr. Vaughns Kurs lernte ich, daß ein tiefergreifendes Annehmen der Denkart Christi meine Denkgewohnheiten vom Negativen zum Positiven umkehren konnte, von der Ichbezogenheit hin zum Aus-sich-Herausgehen, und daß dies daher mein Wohlbefinden und meine Wirksamkeit erhöhen würde.

Im Rückblick nach all den Jahren meine ich, daß ich mich

damals an der Boston University in den abschließenden Phasen meiner Selbstfindung befand. Das kann auch erklären, warum meine Erinnerungen an diesen Abschnitt meines Lebens eher eine bittersüße Mischung sind. Der künstlich hervorgerufene Dualismus des persönlichen und sozialen Konzepts des Evangeliums, das damals an der Theologieschule vorherrschte, war für mich beunruhigend. Auch wurde mir nachgesagt, daß ich mich gegen die soziale Anwendung der Lehren Jesu stellte, weil ich auf dem Hervorheben der persönlichen Lebensveränderung bestand. Tatsächlich habe ich jedoch immer beide dieser Gesichtspunkte als von profunder Wichtigkeit erachtet.

7. Kapitel
Brooklyn in den wilden zwanziger Jahren

Ich war in meinem Abschlußjahr an der Theologieschule, als ich, vor der Rückkehr nach Boston nach dem Weihnachtsurlaub, mit einem Klassenkameraden die Fifth Avenue in New York entlangging. Es war die erste Januarwoche des Jahres 1924. Plötzlich empfand ich den Drang, etwas zu unternehmen. Das Gefühl war so intensiv, so wie ich es heute in Erinnerung habe, daß es meiner Meinung nach wieder einen Weg aufzeigt, auf dem Gott diejenigen führt, die ihm folgen.

»Mein Vater kennt den Bischof der methodistischen Kirche hier in New York«, sagte ich, »und ich werde ihn jetzt sofort in seinem Büro in der Fifth Avenue 150 aufsuchen. New York City ist der Ort, wo ich dienen möchte, und ich werde ihn bitten, mich für irgendeine kleine Kirche in seinem Zuständigkeitsbereich zu berücksichtigen.«

Mein Freund war entsetzt. »Du kannst doch nicht einfach so in dem Büro eines Bischofs auftauchen.«

»Warum nicht? Das Schlimmste, was er sagen kann, ist nein, aber er könnte auch ja sagen. Jedenfalls erreicht man nichts, wenn man es nicht versucht. Außerdem empfinde ich einen richtigen Drang, ihn jetzt in seinem Büro zu besuchen.« Mein Freund begleitete mich, wenn auch ohne Begeisterung.

. Die Sekretärin des Bischofs empfing mich freundlich. Ja, der Bischof sei anwesend, aber wie immer sehr beschäftigt;

vielleicht könne er mich kurz empfangen. Einige Momente später kehrte sie zurück und führte mich in das Büro von Bischof Luther B. Wilson. Nach einer sympathischen Begrüßung erkundigte er sich nach dem Befinden meines Vaters und fragte dann, was er für mich tun könne. Ich erklärte ihm, daß ich die Theologieschule im Juni verlassen würde und mich zu der Herausforderung hingezogen fühlte, unter seiner Leitung in New York zu dienen. Hätte er vielleicht irgendwo eine kleine Kirche, die für einen Anfänger geeignet wäre? Er lächelte, lehnte sich in dem großen Bürosessel zurück und sagte: »Mir gefällt irgendwie, wie du hier hereinkommst und demütig nach einer Kirche für einen Anfänger fragst. Was hat dich dazu bewegt?«

»Mich überkam auf einmal die Überzeugung, Bischof Wilson, daß ich hier in New York arbeiten solle.«

Er nickte verständnisvoll. »Kannst du heute nachmittag um halb drei nochmals herkommen?«

»Selbstverständlich«, antwortete ich, obwohl mein Freund und ich geplant hatten, den Mittagszug nach Boston zu nehmen. Dies war eine Gelegenheit, die ich jedoch nicht gewillt war zu versäumen. Mein Freund nahm den Mittagszug, aber um Viertel nach zwei saß ich in dem Vorzimmer des Bischofs, zusammen mit seiner umgänglichen und, wie ich meinte, etwas belustigten Sekretärin.

Alsbald führte sie mich zu ihm ins Büro, wo er mich Hochwürden Dr. Abram S. Kavanagh vorstellte, dem Bezirks-Superintendenten von Brooklyn Süd, den ich auf Anhieb mochte. »Willst du noch immer mit uns zusammenarbeiten, Norman?« fragte der Bischof.

»Ja, Sir, sogar sehr.«

»Nun, wir hätten da eine nette kleine Kirche, mit einer zahlenmäßig nicht allzu starken, aber qualitativ hochwertigen Mitgliedschaft, einem sehr schönen Kirchengebäude und ebenso ansprechendem Pastorat. Aber du bist nicht verheiratet, oder?«

»Nein, Sir, bin ich nicht.«

»Die Zeit wird das schon besorgen. Diese Kirche befindet sich an die hundert Meilen draußen auf Long Island.«

Dann begann er, eine zweite Möglichkeit zu beschreiben, so wie es Bischof Hughes getan hatte, als ich mich für Berkeley entschloß! »Wir haben eine gänzlich andere Kirche in Dr. Kavanaghs Bezirk in Flatlands, Brooklyn. Dieser Kirche geht es nicht sehr gut, was uns verwundert, denn in der Gegend findet ungeheures Wachstum statt. Dennoch bleibt die Kirche so, wie sie vor Jahren war, unterstützt von einigen wenigen treuen Familien. Die Gottesdienste werden spärlich besucht, die Mitgliedschaft ist auf ungefähr vierzig Personen gesunken. Wir können dieser kleinen Kirche keinen verheirateten Seelsorger zuteilen, denn sein Unterhalt könnte durch das geringe und sogar schwindende Einkommen der Kirche nicht getragen werden. Aber wir könnten dich als Assistent an die St.-Markus-Methodistenkirche in der Ocean Avenue entsenden. St. Markus hat sich großzügig bereit erklärt, diese wackelige kleine Kirche unter die Fittiche zu nehmen. Es würde deine Aufgabe sein, dich dort zu engagieren und bei St. Markus wie immer möglich von Nutzen zu sein. Es ist eine harte Aufgabe, die wir dir bieten, aber so viele Menschen ziehen derzeit in das Flatlands-Gebiet, daß dort Zukunftsmöglichkeiten vorhanden sind, wenn du bereit bist, hart zu arbeiten und deine Begeisterung aufrecht zu halten.«

»Ich danke Ihnen, Bischof Wilson«, sagte ich. »Mit Ihrer Zustimmung wird es mich freuen, das Angebot der Flatlands-Kirche anzunehmen.«

Dr. Kavanagh sagte: »Mein Sohn, mir gefällt dein Zuschnitt. Du bist bereit, eine schwierige Aufgabe anstelle einer leichten auf dich zu nehmen.« Dieses Erlebnis lehrte mich zum zweiten Mal, an eine Kirche zu gehen, die unten war, und sie hoch zu bringen, statt eine zu nehmen, die bereits oben war, um dann darum kämpfen zu müssen, sie dort zu halten.

Dr. Robert M. Moore, Pastor der St.-Markus-Methodistenkirche an der Kreuzung Ocean Avenue und Beverly Road in Brooklyn, ein Herr von höflicher Manier und ein begnadeter Prediger, war daran interessiert, die Entwicklung der kleinen Kirche in Flatlands zu fördern, weshalb auch seine Kirche die Schirmherrschaft übernommen hatte. Und er schien an mir Gefallen zu finden, denn er ließ mir jede denkbare Rücksicht zuteil werden. Im Hinblick auf ein zukünftiges Bauprogramm wurde an der Kreuzung Kings Highway und 37. Straße Ost ein Grundstück gekauft. Dr. Moore schlug vor, die Kirche zur Kings-Highway-Kirche umzubenennen. »Wenn wir diesen Namen angenommen haben, müssen wir einfach auf dem Grundstück bauen«, sagte er. »Sie wird die Kirche der Zukunft werden, denn die Bezeichnung ›Flatlands‹ gehört der Vergangenheit an.«

Die Gemeinde feierte die Gottesdienste weiterhin in dem hundert Jahre alten Kirchengebäude, aber es kamen so viele Menschen, daß wir bei warmem Wetter ein großes Zelt auf dem Eckgrundstück errichteten und Menschenmassen dort den Sonntagsgottesdiensten morgens und abends beiwohnten. Die Leute strömten so schnell in die Gegend, wie neue Häuser gebaut werden konnten, und die Kirche wurde zu einem beliebten Gemeindezentrum. Ein großartiges Musikprogramm wurde von einem freiwilligen Chor bei jedem Gottesdienst geboten, und abends gab es auch häufig instrumentale Darbietungen. Die beliebten alten Kirchenchoräle, die die große Gemeinde inbrünstig sang, zog weitere Menschen an, die offensichtlich einen Bedarf an freundlichem christlichem Zusammensein hatten. Wir bemühten uns, eine Botschaft zu präsentieren, die zu menschlichen Erfordernissen und Problemen Beziehung hatte.

Sowie eine neue Unterkunft verkauft war und die Neulinge einzogen, besuchte ich sie, um sie in der Gemeinde willkommen zu heißen und mich als Seelsorger der Kirche im Zelt am Kings Highway vorzustellen. Meine Einleitung war die, daß die Kirche so jung wie das jeweilige Haus und ich hier auch ein Neuling sei. Viele Menschen nahmen meine Einladung an, und die Mitgliedschaft sowie der Kirchenbesuch stiegen schnell an, besonders aber der Besuch der Sonntagsschule. Es waren junge Familien, die dorthin zogen, und sie hatten viele Kinder. Ich glaube, daß Kings Highway die vielleicht größte Sonntagsschule des damaligen Brooklyn unterhielt.

Wenn sich bei meinen Besuchen herausstellte, daß es sich bei den neuen Mitbürgern um Katholiken, Protestanten mit fester Bindung zu einer anderen Kirche oder Juden handelte, gab ich diese Information an den jeweiligen Priester, Pastor oder Rabbiner in unserer Gegend weiter und bemühte mich somit, den Geist der Ökumene zu fördern, der bei uns aufgekommen war. Ich hatte eine besonders gute Beziehung zu Pastor Roeder von der traditionsreichen holländischen Reformkirche in unserer Nähe.

Weitere Freundschaften entstanden in Brooklyn, die auch noch Jahre später gegenseitige Unterstützung ergaben. So mit dem Ehepaar Frank C. Goodman, deren Nichte Ethel Rich und dem Ehepaar Wesley Goodman, Franks Sohn und Schwiegertochter. Sie wohnten praktisch um die Ecke in der 38. Straße Ost und genossen die Zeltgottesdienste, die sie auch regelmäßig besuchten.

Frank war früher ein berüchtigter Spieler in New York City gewesen, erfuhr aber eine fundamentale Bekehrung im Verlauf einer Missionsversammlung, bei der ihn der berühmte Evangelist Billy Sunday für Gott gewann, durch Predigten und Gebete. Er pflegte ein elegantes Äußeres, und seine Hände wirkten wie die eines Mannes, der sämtliche Kartentricks beherrscht, aber Frank Goodmans Treue zum christlichen Glauben bleibt in meiner Erfahrung unvergleichlich.

Frank und seine Frau luden mich oft zum Essen ein, wonach er mich aufforderte, vor einem großen Wandspiegel zu stehen und wie vor der Gemeinde zu sprechen, wobei er genau auf meinen Gesichtsausdruck, meine Haltung und meine Gesten achtete. »Du bist ein Prediger, der den Menschen die großartigste Botschaft aller Zeiten überbringt, und dafür mußt du alles einsetzen, was du hast, deinen Geist, deinen Intellekt und auch deinen Körper. Du mußt dich rückhaltlos und mit deiner Gesamtheit der Aufgabe hingeben, Menschen zu überzeugen, ihr Leben dem Heiland zu widmen.«

Diese Prozedur war mir anfangs doch peinlich, aber bald spürte ich Franks aufrichtigen Willen, mir zu helfen, und seine hohe Einschätzung meiner Person. Außerdem war er, dank seiner Vergangenheit, ein Meister auf dem Gebiet des öffentlichen Auftritts.

Dr. Robert M. Moore, der Pastor von St. Markus, ernannte ein »Kings-Highway-Komitee«, um mit mir bei der Entwicklung der neuen Kirche zusammenzuarbeiten. Für ein Komitee dieser Art kann ich mir keine Zusammensetzung aus angeseheneren und engagierteren Laien vorstellen als hier zusammentrafen. Obwohl ich Vorgänge schildere, die an die sechzig Jahre zurückliegen, treten ihre Namen klar aus dem Nebel der Erinnerung hervor. Da war Thomas E. Cisney, der den Gesamtvorsitz innehatte, ein führender Immobilienmakler Brooklyns; Anthony Krayer; Charles R. Gray, Präsident der New Yorker Börse, und Paul Ihrig, Kommissionär aus Manhattan. Diese in Finanzen und Immobilien erfahrenen Männer belehrten mich darüber, wie ein engagierter Mann seine Fähigkeiten und Erfahrungen zur Förderung der Kirche einsetzen kann. Das von der St.-Markus-Kirche stammende Komitee wurde von Vertretern der Kings-Highway-Kirche ergänzt, unter denen Robert P. Brand und Clarence G. Neese besonders hervortraten.

Das Problem, das die Beteiligten konfrontierte, war weder mangelndes Interesse noch fehlende Begeisterung seitens der Gemeinde. Das alte Kirchengebäude war nicht mehr tauglich, und das Zelt fiel im Winter aus. Also mußte die neue Kirche möglichst schnell errichtet werden, und das Problem war, wie üblich, das Geld. Da sie vorsichtige Geschäftsleute waren, überlegten sie auch, ob man der damals mancherorts praktizierten Sitte folgen sollte, ein Kellergeschoß zu bauen und dann zu überdachen, bis es möglich wurde, den Oberbau darauf zu errichten. Doch diese Idee stieß auf wenig Begeisterung. Eines Nachts rief mich Paul Ihrig, der den Bauausschuß leitete, zu vorgerückter Stunde an und stellte eine überraschende Frage: »Wann stehst du morgens auf?«

»Wann immer du es willst«, antwortete ich.

»Nun, kannst du um vier Uhr bei mir sein? Du weißt doch, wo mein Schuppen im südlichen Manhattan liegt.« Paul Ihrig belieferte Restaurants und große Hotels in New York mit Melonen und ähnlichem, und es hieß, er habe einen außergewöhnlichen Tastsinn in den Händen, mit dem er unfehlbar die Qualität einer Melone feststellte. Das hieß aber auch, daß er persönlich anwesend sein mußte, um die Frühstückslieferungen zu bestimmen.

Als ich um vier Uhr zu ihm kam, saß er auf einer Holzkiste und befühlte rasch eine Melone nach der anderen, um ihre Qualität und Reife festzustellen. »Setz dich, Norman«, sagte er kaum aufblickend, während der Strom von Melonen ununterbrochen durch seine Hände lief. »Ich habe in letzter Zeit viel gebetet, und ich glaube einfach nicht, daß das Haus des Herrn ein überdachter Keller sein sollte. Vielmehr glaube ich, daß der Herr je nach Stärke unseres Glaubens für uns sorgen wird. Du und ich und die anderen können das Geld aufbringen, wenn wir nur glauben, daß wir es können. Ich wollte nur, daß du weißt, daß ich auf eigene Faust als Vorsitzender des Bauausschusses angeordnet habe, daß die gesamte Kirche fertiggestellt wird, bevor die erste Schneeflocke fällt. Werdet ihr mich unterstützen? Nun ja, ihr habt wohl keine andere Wahl, denn ich habe den Vertrag bereits unterschrieben.«

Ich sah ihm mit Bewunderung zu und nahm seine Worte ergriffen auf, denn neben mir saß die Verkörperung des Glaubens des Laienchristen. »Paul«, sagte ich, »hör mal eine Minute lang auf, Melonen herumzuwerfen, während ich zum Allmächtigen Herrn bete und Ihm für einen großartigen Christen namens Paul Ihrig danke.« Am Tag der Kircheneinweihung überreichte er mir den Schlüssel zu der vollständig fertigen neuen Kirche, mit einem kleinen, verschwörerischen Augenzwinkern.

Ein Nebenprodukt dieses Vorgangs war, daß ich etwas über das Aufbringen von Mitteln lernte, und zwar das alleroberste Prinzip: Wenn der Bedarf vorhanden ist und man an Gottes Hilfe glaubt, kann das nötige Geld mit Sicherheit aufgebracht werden. Der Komiteevorsitzende Tom Cisney, der mir immer ein treuer Freund war, schenkte mir ein kleines Auto für meine Aufgabe, neue Mitglieder und Gelder zu sammeln, damit der Bau fertiggestellt werden konnte.

Als das erste Osterfest der neuen Kirche nahte, suchte

mich unser leitender Kirchendiener, Bob Mirrilees, auf und sagte: »Norman, auch wenn wir zu Ostern ein halbes Dutzend Gottesdienste abhalten, können wir die Menschenmengen nicht aufnehmen, die mit uns zelebrieren wollen. Wir sind als Kirche in dieser Gegend ziemlich beliebt und können an diesem Tag Hunderte von Menschen zu uns holen. Ich möchte das ›Theater am Meer‹ für Ostern anmieten.«

»Diese riesige Freilichtbühne!« staunte ich. »Wie viele Sitzplätze hat es eigentlich?«

»Das weiß ich nicht ganz genau, wohl an die dreitausend. Aber stell dir vor, so viele Menschen mit dem Evangelium zu begeistern.«

»Gut, dann mach das. Aber sei sicher, daß es nicht regnet oder sogar schneit. Ostern kommt früh in diesem Jahr, Ende März. Denk daran.« Als der Ostersonntag anbrach, eilte ich zum Fenster, um das Wetter zu begutachten. Ich war dankbar, daß es nicht schneite, aber es regnete.

Bob Mirrilees rief mich an. »Danke dem Herrn für diesen großartigen Tag«, sagte er. »Kümmere dich nicht um den Regen, er macht nichts aus. Nur Glaube zählt.«

Als ich zum Theater am Meer fuhr, standen Menschenmengen davor, denn die Zuschauertribünen waren bereits bis auf den letzten Platz gefüllt. Ich ging durch den Bühneneingang hinein und sah, daß Bob dabei war, die letzten Einzelheiten zu organisieren. Mit Tränen auf den Wangen ergriff er meine Hand. »Der Herr marschiert weiter«, erklärte er mit versagender Stimme. »Erzähle der Menge da draußen einfach von Jesus, unkompliziert und direkt. Ich habe für heute bis zum Geht-nicht-mehr gebetet.« Bob war ein durchschnittlicher, typischer Handelsvertreter, aber in ihm spiegelte sich der Geist wider, der die wunderbaren Menschen von Brooklyn damals in den aufregenden zwanziger Jahren beseelte.

Wir hatten ein unvergeßliches Osterfest hinter uns, hatten eine neue Kirche und viel Fortschritt gemacht, aber die Straße vor der Kirche war weiterhin ungepflastert. An Regentagen wurde sie zu einer Schlammbahn. Das rasante Wachstum des Flatlands-Gebiets machte es der Stadtverwaltung von Brooklyn nahezu unmöglich, mit dem Straßenbau ausreichend nachzukommen. Einige Leute mit vermeintlichem Einfluß bei den Behörden bemühten sich um die Pflasterung von Straßen, aber das führte zu keinem Ergebnis. Zu der Zeit war unsere Kirche in Brooklyn insgesamt nicht ohne Einfluß. Also kontaktierte ich den Bürgermeister des Stadtteils und lud ihn ein, Sprecher bei unserem ersten jährlichen Festessen zu sein, wobei ich ihn auch wissen ließ, daß er der erste einer Serie unserer prominentesten Mitbürger sein sollte, die bei diesem Anlaß als Sprecher eingeladen würden. Er war ein gläubiger, gütiger Mann und nahm die Einladung an.

Als der Bürgermeister des Stadtteils am Abend des Festessens seine Rede begann, sagte er: »Der nette junge Mann, der mich heute abend mit dem Auto hierher brachte, bemühte sich wirklich um mein Wohlbefinden, aber die Schlaglöcher in der ungepflasterten Straße da draußen haben mir fast die Knochen gebrochen. Ich frage mich, ob dies vielleicht der wahre Grund sein könnte, warum mich euer unternehmungslustiger Pastor als Redner in eure Kirche eingeladen hat.« Hochinteressant war, daß die Straße innerhalb eines Monats gepflastert wurde, was wieder einmal zeigt, daß Dinge unter den richtigen Umständen rasch geschehen können.

Von Anfang meiner Tätigkeit als Seelsorger an war es immer mein Bestreben, die Leute zum Kirchenbesuch zu bewegen. Ich wollte ihnen das Evangelium predigen, ihnen einen Plan der Erlösung umreißen, ihnen weg von ihren Sünden helfen und durch die reinigende Kraft des auf Golgatha vergossenen Blutes Christi Lebensveränderungen herbeiführen. Ich habe dies bereits oft in verschiedener Weise erklärt, jedoch nie mit einer Abweichung oder einer Verwässerung des Kerns meiner Aussage. Dadurch wurden im Verlauf der vielen Jahre viele Menschen bekehrt und viele Leben verändert, aber das nicht aufgrund irgendeiner Kraft, die mir zu eigen wäre, sondern ausschließlich durch die Kraft Gottes, wie sie durch Seinen Heiligen Sohn Jesus Christus wirkt.

Eines Tages kam ein Vierzehnjähriger in mein Büro in der Kings-Highway-Kirche. Angespannt saß er auf der Kante des Stuhls und drehte seine Mütze in den Händen. Etwas verstörte ihn, und daß es sich um etwas Schmerzhaftes handelte, war sofort klar. Ich bemühte mich, ihm zu helfen, seine Spannung abzulegen.

»Wie lautet dein Taufname?« fragte ich.

»Robert, und Sie kennen meinen Vater. Ich weiß nicht, was ich tun soll«, stammelte er.

»Warum sprichst du nicht mit deinem Vater?«

»Das kann ich nicht, ich kann es einfach nicht. Deshalb bin ich zu Ihnen gekommen.«

»Nun, dann erzähle es mir, und wenn ich kann, werde ich dir helfen. Und vergiß nicht, daß ich Seelsorger bin und du mir alles im strengsten Vertrauen sagen kannst.«

»Hochwürden, ist mein Vater aufrichtig? Ist er ein guter Mensch?« Er würgte fast an der Frage.

»Robert, ich kenne deinen Vater nicht näher, aber ich habe einen guten Eindruck von ihm und habe auch noch nichts Negatives über ihn zu Ohren bekommen. Warum stellst du diese Frage?«

»Sehen Sie, ich liebe meinen Vater sehr und habe schon immer zu ihm hochgeblickt. Für mich ist er großartig, der beste Mann auf dieser Welt.« Während er das sprach, liefen ihm die Tränen über das Gesicht.

»Ich glaube auch, daß er genau das ist, Robert.«

»Oh, ich hoffe es so sehr. Aber die anderen flüstern Dinge, Dinge über meinen Vater und irgendeine Frau. Es darf nicht wahr sein, es kann nicht wahr sein«, schluchzte er.

»Paß auf, Robert, du darfst deinen Glauben an deinen Vater nicht durch dummes Geflüster von einer Gruppe von Kindern erschüttern lassen. Du und ich werden weiterhin an deinen Vater glauben. Aber damit du deine Ruhe wiederfindest, werde ich der Sache etwas nachgehen.«

Am nächsten Tag rief ich Roberts Vater an und bat um einen Gesprächstermin. »Worum geht es denn?« fragte er. Ich sagte lediglich, wir hätten etwas zu besprechen. Als ich ihm in seinem Büro gegenübersaß, hatte ich das Gefühl, daß ihn etwas beunruhigte. Mir fiel die große Ähnlichkeit zwischen Vater und Sohn auf. »Als Seelsorger hat man es mit allen Arten von Problemen zu tun«, leitete ich ein, »und manchmal sind sie ausgesprochen heikel und persönlich. Aber wir müssen mit jedem einzelnen, so gut wir nur können, umgehen. Wir sind in der Menschenhilfe-Branche.«

»Gut, das habe ich verstanden«, meinte er etwas ungeduldig. »Aber was hat das mit mir zu tun? Ich habe nicht um Hilfe gebeten.«

»Sie vielleicht nicht. Aber Ihr Sohn Robert.«

»Robert«, wiederholte er. »Was für Kummer hat er denn, über den er nicht mit mir reden könnte?« Ich ließ die Frage einige Momente lang im Raum.

»Sie«, sagte ich dann.

Sein Kopf wurde zornrot. »Was soll das heißen, Hochwürden? Ihre Worte gefallen mir überhaupt nicht.«

»Das kann ich Ihnen nicht verdenken, und Sie mögen auch

der Meinung sein, daß mich das überhaupt nichts angeht. Ich versichere Ihnen, daß das, was Ihnen gesagt werden muß, mir sehr unangenehm ist. Aber ich bin gehalten, Ihrem Sohn gegenüber ein Versprechen einzulösen, und der Junge liebt Sie, besser gesagt, er vergöttert Sie.« Dann schilderte ich mein Gespräch mit Robert. »Ich bin ein Risiko eingegangen, indem ich ihn bat, den Glauben an Sie nicht zu verlieren und dem Geflüster nicht zu glauben. Meiner Meinung nach sind Sie aber kurz davor, den Jungen unwiderruflich zu vernichten und Ihre Beziehung zu ihm zu ruinieren. Was soll ich Robert denn erzählen, oder wie hätten Sie es gerne, daß ich mit ihm vorgehe?«

Er saß bewegungslos und kreidebleich, wie in einem Schock. Das Schweigen dauerte an, bis ich langsam besorgt wurde. Endlich sagte er: »Lassen Sie mich nachdenken. Können wir uns später sehen?«

Ich ließ ihn mit seinen Gedanken und seinem Problem zurück, und mir tat das Herz weh, nicht nur für den Jungen, sondern auch für seinen Vater.

Abends, nach einer Versammlung in der Kirche, wartete er draußen auf mich. Wir gingen in mein Büro und setzten uns.

»Ich will Ihnen reinen Wein einschenken, Hochwürden. Ich habe eine Affäre mit einer anderen Frau. Ich bin ein dreckiger, ehrenloser Lump. Meine Frau ist die wunderbarste Frau der Welt. Ich habe es getan, weil ich im Geiste und in meinen Gedanken verdreckt bin. Ich sehe deutlich, was ich anrichte, und das ist die Sache nie und nimmer wert. Ich bin ein verdammter Narr, aber wie komme ich da wieder heraus?«

»Sagen Sie ihr einfach, daß Schluß ist. Und dann lassen Sie es Schluß sein.« Darauf sagte er nichts, also fuhr ich fort: »Das ist aber nur der Anfang. Sie müssen sich nicht nur der Situation entziehen, sondern sie aus sich selbst entfernen.

Was Sie in diese Misere gebracht hat, ist die altbekannte, herkömmliche Sünde. Und nun müssen wir diese Sünde aus Ihrem Geist und aus Ihrem Herzen herausbekommen. Das geschieht, indem Sie durch Glauben an Jesus Christus ein neuer Mensch werden. Wollen Sie, daß diese Veränderung in Ihnen stattfindet?«

Plötzlich zerbröckelte seine Fassade gänzlich. »Oh mein Gott. Hochwürden, ich kann nicht weiterleben, wenn Sie mich nicht aus dieser Sache herausholen und eine Veränderung bewirken. Ich muß die Kontrolle über meine üblen Gedanken bekommen. Begierde, die ist es. Es ist das Schlechte in mir, ich tauge wirklich nichts.«

Wie er so sprach, das war gesund, denn es war die Erkenntnis seiner Sünden. Er bediente sich keiner Ausrede, sondern konfrontierte sich ehrlich mit dem, was er war und was er getan hatte. Und das war die Voraussetzung, das zu werden, was er sein konnte. Auch ging er einen weiteren wichtigen Schritt: Er beichtete. Er würgte seine ganze Verheimlicherei, seine Lügen, seine Unehrlichkeit und seine Treulosigkeit hervor. Offen focht er seinen inneren Krieg zwischen Gut und Böse. Er sah sich so, wie er war, und dieser Anblick war ausgesprochen unschön.

Nun wurde es wichtig, ihn sehen zu lassen, was er sein konnte. »Rufen Sie die Frau jetzt an, und machen Sie Schluß mit ihr«, sagte ich.

»Sie meinen jetzt sofort, hier bei Ihnen?«

Ich schob ihm das Telefon über den Schreibtisch zu. »Sagen Sie ihr, daß Sie bei Ihrem Seelsorger sind, in der Beichte, und daß Sie Ihr Leben verändern, und zwar ab sofort.«

Mit rotem Kopf und zitternder Hand am Hörer sagte er ihr genau das. Langsam legte er den Hörer dann wieder auf. »Wissen Sie, was sie gesagt hat?«

»Was?«

»›Du bist ein guter Mensch. Bleibe es lieber.‹«

»Sie hat recht. Es ist sehr schwierig für einen guten Menschen, ein schlechter zu werden. Und nun bitten Sie den Herrn Jesus Christus, Ihnen zu vergeben und Sie von allen Sünden zu befreien. Sagen Sie ihm, daß Sie mit ganzem Herzen an Ihn glauben und Ihn nun als Ihren Heiland annehmen.«

Er tat dies in aufrichtiger Überzeugung und unter Tränen. Ich zitierte den wunderbaren alten Spruch: »Obwohl deine Sünden scharlachrot leuchten, sie werden so weiß wie der Schnee«, und die herrlichen Worte Jesu an die Ehebrecherin: »Gehe und sündige nicht mehr.«

Als er von dem Gebet aufstand, trug sein Gesicht ein unvergeßliches, tränennasses Lächeln, das wie Sonnenstrahlen nach einem Regen wirkte. Er packte meine Hand wie mit einer Zange und fragte: »Wie kann ich Ihnen je danken?«

»Einfach indem Sie dem Herrn die Glaubenstreue halten und Ihrem großartigen Sohn ein guter Vater sind. Und«, fügte ich hinzu, »indem Sie sich selbst, Ihrem echten, guten Selbst, treu bleiben.«

Einige Wochen später standen Vater, Mutter und Sohn vor dem Altar, und ich empfing sie in die Gemeinde der Heiligen Kirche Christi, in die Gesellschaft der Erlösten. Es war der Gesichtsausdruck des Jungen, der mich zutiefst beeindruckte. Das Geflüster war beendet, und der Vater hielt die Treue bis zuletzt, so mächtig war die Veränderung, die Christus in ihm bewirkt hatte.

Ich erlebte drei aufregende Jahre in Brooklyn. Ich war jung, voller Begeisterung, grenzenloser Energie und Ideen und stürzte mich in alles hinein, was dem Aufbau unserer Kirche förderlich sein konnte. Ich trat der Bruderschaft der

Freimaurer bei, einer der ersten, die in der neugegründeten Midwood-Loge Nr. 310 entstand, und der ich immer noch angehöre. Anschließend stieg ich durch alle Grade des Freimaurertums, des Schottenritus und des York-Ritus auf, wurde ein Mitglied des 33. Grades und Empfänger der Gorgas-Medaille. Ich bin Großkaplan der Großloge von New York und früherer Großprälat der Tempelritter des Schreins. Auch wurde ich Mitglied der Kings County American Legion, dem nationalen Veteranenverband, in dem ich den Posten des protestantischen Kaplans bekleidete. Dieser verschaffte mir eine der erinnerungswürdigsten und kreativsten Erfahrungen meines Lebens.

Es geschah an einem Sonntagnachmittag, dem Gedenktag, 30. Mai 1926. Die Gemeinschaftsfeier an diesem fand zu Ehren der Gefallenen statt und auch der »Goldstern-Mütter«, so genannt, weil sie Söhne im Dienste des Landes verloren hatten. Als Kaplan der Legion wurde ich eingeladen, das Eröffnungsgebet bei der Feier zu sprechen, die im Musikpavillon von Prospect Park stattfand. Bei meiner Ankunft sah ich bereits die riesige Menschenmenge, nach Schätzung eines Polizisten mindestens fünfzigtausend Besucher. Von der Sprecherplattform aus erkannte ich, daß jeder verfügbare Platz besetzt war, und direkt vorne saß eine große Anzahl der Goldstern-Mütter Brooklyns.

Ich meldete mich beim Vorsitzenden der Feier, nahm meinen Platz auf der Plattform ein und überflog das Programm. Doch konnte ich meinen Augen kaum trauen, denn da stand mein Name, aber nicht für das Eröffnungsgebet, sondern für eine Ansprache. Schwarz auf weiß stand da. »Ansprache: Norman Vincent Peale.« Und schlimmer noch, ich sollte unmittelbar vor dem Hauptredner des Tages auftreten, General Theodore Roosevelt jr., dem berühmten Sohn des verstorbenen Präsidenten der Vereinigten Staaten. Ich hatte noch nie vor einem so großen Publikum gestanden.

Hell entsetzt und nahezu vor Angst erstarrt, eilte ich zu dem Vorsitzenden. »Das ist alles ein Irrtum, Sir. Ich werde hier für eine Ansprache genannt. Es sollte doch lediglich das Eröffnungsgebet sein. Das kann ich einfach nicht.«

General Roosevelt hatte meinen Protest mitbekommen und mischte sich nun in die Diskussion ein. »Mein Sohn«, sagte er, »du bist ein Seelsorger des Herrn. Als solcher wirst du diesen Frauen sicherlich etwas zu sagen haben.« Und damit deutete er auf die Goldstern-Mütter. »Jede von ihnen hat bereits jetzt in Gedanken vor sich den kleinen Jungen, den sie aufzog, nur um mitzuerleben, wie er in den Krieg zog und in Flandern starb. Und alle diese Menschen lieben unser Land genauso sehr wie du und ich. Sprich zu uns aus deinem Herzen heraus. Schenke Gott dein Vertrauen, und liebe diese Menschen, und du wirst deine Sache ausgezeichnet machen.« Mit diesen Worten klopfte er mir auf den Rücken.

Zum Glück war der Gedenktag am gleichen Morgen Thema meiner Predigt gewesen. Beruhigter durch die Worte des Generals formulierte ich eine kürzere Version der Predigt für diesen Anlaß. Ich hielt meine kleine Ansprache, erhielt freundlichen Applaus von dem zahlreichen Publikum und nahm meinen Platz wieder ein. General Roosevelt jedoch schien wirklich angetan zu sein und klopfte zur Gratulation auf mein Knie. »Du hast die Glocke zum Läuten gebracht. Das war großartig«, sagte er begeistert.

Es war ein kläglisches Glockenläuten, wie ich wohl wußte, aber der General fügte hinzu: »Ich wußte, daß du es schaffen würdest. Du mußtest nur *wissen*, daß du es konntest. Wenn wir uns selbst vergessen, an andere denken und uns bemühen, ihnen zu helfen, können wir über uns selbst hinauswachsen. Denke immer daran.«

Nun, ich habe versucht, diesen Rat vor Augen zu behalten. Ich hatte jedoch nie Schwierigkeiten, mich an General Roosevelt zu erinnern, denn er half einem jungen Seelsorger, der mit einer Menschenmenge konfrontiert war. Meine Erinnerung an ihn ist von dauernder Achtung und Dankbarkeit geprägt.

Ich glaube, ein christlicher Geistlicher kann als ein Mensch definiert werden, der Menschen liebt und bemüht ist, ihnen im Namen Jesu Christi zu helfen. Dies könnte durchaus eine zu einfache Definition sein, aber ich habe ja immer schon eine unkomplizierte Lebensauffassung gehabt. Jedenfalls habe ich die Menschen immer geliebt, die von Natur aus liebenswert sind, und bei denen, die es nicht sind, habe ich mich darum bemüht. Das Ergebnis ist, daß ich letztlich jeden mehr oder weniger liebe, in vielen Fällen sogar die, die mich sicherlich nicht lieben.

An einem Weihnachtsabend in Brooklyn war ich zum Essen bei Freunden eingeladen gewesen, und als ich anschließend in die klare, kalte Winternacht hinaustrat, bemerkte ich einen ungewöhnlichen Widerspruch. Auf der gegenüberliegenden Straßenseite hingen zwei Kränze an der Haustür. Der eine war der zu erwartende Weihnachtskranz, der zweite war ein Trauerkranz. »Was bedeutet das?« fragte ich die Freunde, von denen ich mich gerade verabschiedete.

»Die Leute dort haben ein Kind verloren«, antworteten sie mir. »Sie sind erst vor kurzem dort eingezogen, und wir hatten noch keine Gelegenheit, uns kennenzulernen. Unter diesen Umständen zögern wir aber, da ungebeten einzudringen.«

Ich wanderte auf der Straße auf und ab. War es denn nicht

meine Pflicht als Seelsorger, Trost und Hilfe anzubieten, obwohl ich keine Ahnung haben konnte, welcher Glaubensrichtung diese Eheleute angehörten, wenn überhaupt? Letztlich beschloß ich, daß das Angebot von Liebe und Anteilnahme nie fehl am Platze sei, und läutete. Ein sehr angenehmer junger Mann öffnete mir. »Mein Name ist Norman Peale, und ich bin Pastor der Kings-Highway-Methodistenkirche. Wenn ich Ihnen in Ihrem Schmerz in irgendeiner Weise beistehen kann, tue ich das gerne«, sagte ich ihm.

Er bat mich einzutreten und erklärte mir, daß sie zwei Kinder hätten. Das eine, ein kleiner Junge, war gerade im unteren Geschoß, wo ihm der Vater die Weihnachtsgeschichte aus der Bibel vorlas. »Meine Frau ist oben und hilft bei der Totenwache für unser kleines Mädchen aus.« Er führte mich nach oben und stellte mich seiner Frau vor, die ein engelhaftes Gesicht hatte und sehr ruhig war. »Wir sind Gott dankbar, daß wir sie fast fünf Jahre lang bei uns haben durften. Sie war so süß und wundervoll. Dann nahm Gott sie zu sich. Unsere Herzen brechen, aber der Herr weiß, was am besten ist, obwohl wir uns wundern, warum das geschehen mußte. Aber wir nehmen Seinen heiligen Willen an.« Diese Familie trat später meiner Kirche bei, und wir wurden lebenslange Freunde. Als ich an dem Heiligabend die frostkalte Straße entlangging, dachte ich über die Geburt des Christkindes nach und über den Abschied vom Leben dieses kleinen, unschuldigen Mädchens.

Es war erst einige Wochen her, daß ich meine erste Trauerfeier für ein Kind abgehalten hatte. Auch das war ein kleines Mädchen gewesen, die Tochter meiner Freunde John und Mary. Ich stand in ihrem Haus neben dem kleinen Sarg und sah in das liebliche Gesicht. Sie hatte ein weißes Kleid an, und ihr Haar war mit Schleifen geschmückt. Sie wirkte, als könne sie sich fast erheben und sprechen. Ich selbst war völlig niedergeschlagen, denn sie war einer meiner Lieblinge gewesen. Dennoch wußte ich, daß ich nicht vom Tode, sondern vom Leben sprechen mußte und von der Unsterblichkeit, an die wir alle glaubten. Ich las Passagen aus der Bibel vor: »Und gehe ich durch das Tal des Todesschattens, werde ich kein Leid befürchten ...« Und wieder: »Ich bin die Auferstehung und das Leben, spricht der Herr. Der an mich glaubt, auch wenn er tot sei, wird er dennoch leben.«

Dann war es Zeit für meine Anmerkungen, aber noch hatte ich meine Gefühle nicht unter Kontrolle. Ich sah die jungen Eltern, wie sie zusammengekauert dasaßen, sich gegenseitig mit gebeugten Köpfen die Hände hielten, beide dunkel gekleidet. Endlich, nach langem Schweigen, ging ich zu ihnen hinüber, legte meine Arme um sie und hielt sie fest. »John ... Mary«, sagte ich stammelnd, »Gott liebt sie. Gott liebt euch beide. Und ... und ... ich liebte sie, und ich liebe euch.« So drückte ich sie noch einige Momente lang an mich und sprach dann den Segen aus. Ich weiß, daß das nicht der richtige Weg für einen Seelsorger war, eine solche Feier abzuhalten, aber lange Zeit später sagte mir John einmal, daß er oft von der Liebe Gottes gehört, aber erst in jenem Moment verstanden hatte, was sie bedeutet.

Selbstverständlich hat unser christlicher Glaube mit harten Dingen zu tun, mit den Schmerzen und dem Leiden des Heilands und denen, die Ihm folgten, aber da es sich um einen Sieg handelt, »der die Welt überkommt«, enthält er neben den Schmerzen und dem Leiden auch Gelächter. Viele komische, sogar zum Brüllen komische Dinge spielten sich in meinen Jahren am Kings Highway ab. Das Leben eines Seelsorgers kann auch sehr viel Spaß machen. Warum auch nicht, denn das Christentum ist eine freudvolle Religion. »Diese Dinge habe ich zu euch gesagt«, sagte Jesus, »daß eure Freude groß sein möge.« »Freuet euch … Ich sage, freuet euch«, und »Jubelt ihr mit unbeschreiblicher Freude.«

Clarence G. Neese, selbst Sohn eines Seelsorgers und einer meiner fähigsten Helfer, war der Gesangführer an Sonntagabenden. An einem Abend war die Kirche völlig ausgelastet, jede Bank mehr als voll. Und da weitere Menschen hinein wollten, brachte man Stühle herein und stellte sie vor den Bänken auf. Dann kam die dicke Familie, und was ich jetzt erzähle, ist keine Übertreibung. Der Vater und die Mutter waren ausladend, ebenso die drei Kinder, wenn auch in kleinerem Maßstab. Das Gesamtgewicht dieser Familie muß an die vierhundertfünfzig Kilo betragen haben. Plötzlich gab der Stuhl der enormen Mutter unter ihr nach, und sie stürzte mit lautem Getöse undamenhaft zu Boden. Das löste einen Aufruhr aus, und Bruder Neese rief eine Gesangsnummer aus, um die Erregung zu übertönen. Zur erstaunten Belustigung der gesamten Gemeinde war es der alte Choral »Rettet die Lebensgefährdeten«.

Ich weiß nicht mehr, welches Gesangbuch damals benutzt wurde, aber ein Kirchenlied spielt in meinem Gedächtnis eine Rolle, das ich seitdem nie wieder gehört habe. An einem anderen Abend, als Bruder Neese den Gesang leitete, kam eine zwölfköpfige Familie, die jeder kannte, zu spät zum Gottesdienst. Während sie den Mittelgang entlangmarschierte, stimmte die Gemeinde auf einmal das Kirchenlied »Hier kommt die Verstärkung« an.

Eines Tages im angehenden Frühling des Jahres 1927 erhielt ich einen Brief von Bischof Adna Wright Leonard aus dem Bezirk Buffalo, New York, in dem ich gefragt wurde, ob ich an einem gewissen Sonntag in der University Methodist Church in Syracuse predigen würde. Ich begrüßte die Gelegenheit, in dieser großen Kirche zu predigen, die sich unweit des Campus der Universität Syracuse befand, und es war auch ein angenehmes Erlebnis für mich. Anschließend erhielt ich eine weitere Nachricht von Bischof Leonard, in der er mir mitteilte, daß ihn der Kirchenvorstand einstimmig beauftragt hätte, mich zum Pastor der University Church zu ernennen, und er fragte an, ob ich die Ernennung annehmen würde.

Ich genoß meine Arbeit in Brooklyn und liebte die Menschen dort so sehr, daß ich ungern daran dachte wegzugehen, so attraktiv die Gelegenheit in Syracuse auch sein mochte. Mein Bruder Bob war gerade zu Besuch. Gelegentlich konnte er auch sehr direkt denken, und diesmal erklärte er: »Du mußt dich jetzt vorwärts bewegen und neue Chancen wahrnehmen. Deine Arbeit hier ist beendet. Du hast eine neue Kirche gebaut und eine starke, wachsende Gemeinde etabliert. Du lebst von Problemen, und nach allem, was ich gehört habe, gibt es davon jede Menge in Syracuse.« Jetzt war ich an der Reihe, ein Telefon vor mich gestellt zu bekommen. »Ruf den Bischof an und frage ihn, wann du an deiner neuen Kirche anfangen kannst.«

Und so endeten für mich drei aufregende Jahre der wilden Zwanziger im alten Flatlands, Brooklyn, New York.

8. Kapitel
Im Norden New Yorks am 1. Mai

An einem Maimorgen des Jahres 1927 sagte ich Brooklyn Lebewohl. Mein Vater hätte den Tag mit einem für ihn typischen Satz beschrieben: »Fröhlich wie ein Morgen im Mai.« Ich verstaute meine wenigen Habseligkeiten in meinem kleinen Auto, fuhr die Flatbush Avenue entlang und überquerte die Brooklyn-Brücke, dann den Broadway hinauf, bis ich Manhattan Richtung Norden verlassen hatte und auf die Fernstraße 9 in Richtung Poughkeepsie fuhr. Nachdem ich Albany, die Hauptstadt des Staates New York, hinter mir hatte, fuhr ich westlich auf der alten Fernstraße 5 durch das schöne Mohawk-Tal nach Utica, und meine Einsamkeit und Traurigkeit wichen langsam der Erwartung der Dinge, die da kommen würden. Wieder war ich auf dem Weg in die Zukunft. Es war Mai, ich war jung, der Himmel war blau, und die herrliche Landschaft des nördlichen Staates New York erstreckte sich vor mir bis zum Horizont.

Als ich eine Mittagspause im alten Hotel Utica einlegte, kaufte ich mir eine Zeitung und las die aufregende Geschichte der historischen Landung von Lindbergh in Paris am Schluß seines Alleinfluges über den Atlantik in einem einmotorigen Flugzeug, der *Spirit of St. Louis*.

Nach meiner Ankunft in Syracuse verschaffte ich mir Quartier im Hotel Syracuse und erhielt Zimmer 648. Da ich

Junggeselle war, benötigte ich nur ein Zimmer, denn mir stand ein geräumiges Büro im Kirchengebäude zur Verfügung. Ich behielt das Hotelzimmer, bis Ruth und ich drei Jahre später heirateten.

Das Zimmer mündete in den Hof, aber es war bequem, und eine mütterliche Zimmerfrau mittleren Alters, die, wie ich meine, Grace hieß, verwöhnte mich. Das gesamte Hotelpersonal bis hin zum Direktor umsorgte mich und half mir, dort ein Zuhause zu etablieren. Ich glaube, ich zahlte damals etwa 40 Dollar pro Woche, kaum die Hälfte des heutigen Preises. Natürlich war das ohne Verpflegung, aber die Kirchenmitglieder erbarmten sich meiner und luden mich oft zu sich zum Essen ein.

Hervorragend unter diesen gütigen und großzügigen Freunden waren Geoff und Elsie Brown, die mir ihr Haus oft zur Verfügung stellten, wenn ich gelegentlich von allem weg wollte und meine Ruhe brauchte. Das war besonders nötig an den Abenden und Nächten vor und nach dem traditionellen College-Fußballspiel, wenn die früheren Studenten das Hotel belegten und unsagbaren Lärm machten.

Eines Winterabends kehrte ich bei einem kleinen Imbiß ein. Ein freundlicher und höflicher Armenier kam, um mich zu bedienen, als ich am Tresen Platz genommen hatte. »Hochwürden Peale«, rief er mit breitem Lächeln aus. »Willkommen, seien Sie willkommen. Meine gesamte Familie gehört Ihrer Kirche an, und jetzt sind Sie hier in meinem bescheidenen Imbiß. Ich werde Ihnen ein gutes Steak anrichten.« Es war ein schönes Erlebnis für mich, außer daß er mich nicht bezahlen ließ. »Ich bin Ihnen viel schuldig, denn Ihre Predigten haben mir sehr weitergeholfen.« Um die Rechnung entfachte sich eine laufende Debatte, die ich auch nicht dadurch gewinnen konnte, indem ich wegblieb, denn das hätte die Freundschaft zerstören können. Dies ging vierzig Jahre lang so weiter, denn Joe Edison zog nach Los Angeles, und bei fast jeder Reise, die ich dorthin machte, besuchte ich Joe in seinem grandiosen Privathaus, wo er mir immer »ein gutes Steak anrichtete«, genauso liebevoll, wie er es damals in seinem winzigen Imbiß in Syracuse gemacht hatte.

Mutter reiste aus Ohio an, um an meinem ersten Sonntag an der Universitätskirche bei mir zu sein. Es ist auch heute noch ein ansehnlicher Steinbau mit riesigen Buntglasfenstern entlang beiden Seiten des Kirchenschiffs. Bei einem gewissen Sonnenstand war es ein Ort von absoluter Herrlichkeit. An jenem Sonntagmorgen stand ich einer Gemeinde gegenüber, die nicht ganz die Hälfte der Sitze einnahm, und die geräumige Empore war gänzlich leer. Statt dessen war eine besonders lange Leiter, mit der man die hohen Leuchter erreichte, quer über die leeren Bänke gelegt worden. »Diese Leiter wird von der Empore verschwinden und durch Menschen ersetzt werden«, gelobte ich mir.

Ein Laie von beachtlicher Größe und ebensolchem Umfang, ein offenbar prominenter Mann, der den Gottesdienst leitete, saß neben mir am Rednerpult. »Wenn Sie sprechen«, riet er mir, »richten Sie die Stimme unter die Empore und zur Mitte hin, dann kommen Sie auch mit der eigenwilligen Akustik dieses Raumes klar.« Als er mich vorstellte, sagte er: »Die Mitglieder dieser Gemeinde tragen eine große Verantwortung. Wir haben einen besonders jungen Pfarrer, jünger als jeder andere, den wir je hatten. Wir können ihn einen mittelmäßigen oder aber einen hervorragenden Seelsorger werden lassen. Zu unserer Gemeinde gehören außergewöhnliche Personen aus den Bereichen der Pädagogik, der Naturwissenschaften, der Medizin, der Wirtschaft und der Industrie. Wollen wir einen hervorragenden Seelsorger aus ihm machen, indem wir für ihn beten, ihm helfen und lehren, ihn lieben, und all das um der Herrlichkeit Gottes willen und zur Ausbreitung des Königreiches Christi.«

Ich war überwältigt und zutiefst berührt, als ich in die intelligenten, freundlichen Gesichter sah, die zu mir hochschauten. Nachdem ich mich für die wohlwollende Ansage bedankt hatte, sagte ich: »Wir wollen diese Kirche gemeinsam groß werden lassen, sie ist wahrhaftig ein Ort, an dem jeder lernen kann, sein Leben in der Erneuerung durch Christus zu führen.«

Als der Schlußchoral gesungen wurde, beugte ich mich zu meinem Vorredner hinüber, der mich so herzlich willkommen geheißen hatte, und fragte: »Professor, welchen Lehrstuhl bekleiden Sie an der Universität?«

Ich wäre fast vom Stuhl gefallen, als er antwortete: »Ich bin Vorsteher der Schule für Rhetorik und Drama.« Dieser außergewöhnliche Mann, Hugh M. Tilroe, sollte großen Einfluß auf mein gesamtes Leben ausüben. Er war ein begnadeter Redner, aber auch ein leidenschaftlicher Naturfreund, Waidmann und Angler. Oft genoß ich selbsterlegtes Wildbret bei ihm und war auch häufig zu Gast in seiner Hütte am Oneidasee.

Ungefähr drei Jahre nach meinem Antritt in Syracuse rief mich Frau Tilroe eines Tages an, um mir zu sagen, daß ihr Mann einen Schlaganfall erlitten hatte, und mich zu fragen, ob ich kommen könnte. Ich saß an seiner Bettkante und sah voller Bestürzung den großen, bewegungsunfähigen Mann vor mir. Seine Aussprache war beeinträchtigt, aber immer noch verständlich. Er lag da wie ein großer Baum, der vom Blitz gefällt wurde. »Sieh mich nur an, Norman. Hingestreckt hat es mich. Ich werde nicht mehr jagen können, nicht mehr angeln, nicht mehr reden. Ich möchte, daß du einen Redetermin an meiner Stelle morgen abend wahrnimmst.«

»Aber Professor, kein Mann kann den Platz von Hugh Tilroe einnehmen.«

»Hör zu, mein Sohn, geh dahin, und nimm den Platz von Norman Peale ein. Erinnere dich daran, daß dein alter Freund sagt, daß du ein großartiger Mann am Rednerpult bist. Vergiß das nie.«

Was für ein Mensch er war! Es gab einmal einen Seelsorger in einem kleinen Ort im Norden New Yorks, der mit einer bildhübschen Frau verheiratet war, die er über alles verehrte. Aber sie geriet auf die schiefe Bahn, was sich bald herumsprach. Doch der Seelsorger lebte weiterhin in glücklicher Unwissenheit, bis er in einer stürmischen Nacht nach Hause kam und seiner Frau, wie immer, von der Tür aus einen lieben Gruß zurief. Es kam keine Antwort. Und dann fand er eine Nachricht auf dem Tisch.

Lieber ...,
   ich halte es nicht mehr aus. Du glaubst, daß ich eine reine, gute Frau und Ehepartnerin bin, ein Engel. Aber das bin ich nicht. Ich bin verkommen und kann mich dagegen auch nicht wehren. Gott weiß, ich habe es versucht.
   Aber es zerreißt mich, nicht das zu sein, wofür Du mich hältst, und statt dessen das zu sein, was ich wirklich bin. Also gehe ich heute abend fort mit ... (und hier nannte sie den Namen eines berüchtigten Herumtreibers).
   Versuche nicht, mich jemals wiederzufinden. Ich werde Dich immer lieben und verehren. Du bist ein Heiliger. Aber, Gott helfe mir, ich kann nicht mit deiner Güte leben.

Der Zettel fiel ihm aus den Fingern, sein Kopf sank auf die Arme, er saß da, benommen und erschüttert. Dann stolperte er zum Telefon und schaffte es glücklicherweise, Hugh Tilroe

154

in dessen Hütte am Oneidasee zu erreichen. Schluchzend erzählte er, was vorgefallen war.

Mit seiner rauhen Stimme sagte Tilroe: »Bleib du genau dort, wo du bist. Ich bin in ein paar Stunden da, ich mache mich sofort auf den Weg zu dir. Tu unterdessen nichts.«

Der Sturm tobte in dieser Nacht, was im Norden New Yorks nicht ungewöhnlich ist. Aber der Professor schaffte die Fahrt, ging in das Schlafzimmer und stopfte die Kleidung des Seelsorgers in einen Koffer, half ihm in den Mantel und sagte: »Los jetzt, alter Junge, steig ins Auto ein.« Zwei Stunden lang fuhren sie durch Regen und Schnee. Tilroe sagte überhaupt nichts, aber der betroffene Seelsorger erzählte mir später, daß es ihm bereits ein großer Trost war, das markante Profil seines Freundes im fahlen Licht der Armaturen sehen zu können.

Als sie in der Hütte angekommen waren, legte Tilroe neues Holz auf die Glut im großen Kamin, briet Schinkenspeck und Eier, setzte Kaffee auf und bestand dann darauf, daß der Mann eine vernünftige Mahlzeit zu sich nahm. »Und jetzt«, sagte er, »gehst du zu Bett.« Der Seelsorger gehorchte. Tilroe stand am Bett und sagte: »Laß uns beten. Oh Herr, lege Deine großen, liebevollen und ewigen Arme um meinen Freund und gönne ihm Frieden. Amen. Schlafe jetzt ein. Ich bleibe hier sitzen und bin zur Stelle, falls du mich brauchst.«

Der Seelsorger erzählte mir auch, wie gestört und unruhig sein Schlaf gewesen war. Jedesmal, wenn er aus dem Schlaf aufschreckte, saß Tilroe da am Kamin. Vor dem Morgengrauen hatte sich Tilroe in eine Decke gewickelt, aber er war wach und paßte auf. Dann sagte der Pfarrer: »Frieden kam über mich, denn indem ich diesem Mann zusah, erkannte ich, wie Gott ist. Ein Spruch aus der Heiligen Schrift fiel mir ein:

›Denn Er wird Seine Engel über dich wachen lassen, um dich auf deinen Wegen zu bewahren.‹«

Zu den Gründen, die Bischof Leonard bewegt hatten, mich nach Syracuse zu entsenden, gehörte auch das Bestreben, einen größeren Teil der Studentenschaft der Syracuse University in die Kirche zu bekommen. Er meinte offenbar, daß ich mir Zugang zu den jungen Menschen verschaffen könnte. Nur sehr wenige Studenten zeigten zu dem Zeitpunkt irgendein Interesse an der Kirche. Ich organisierte ein Komitee derjenigen, die dabei waren, und nach dem Gottesdienst an einem strahlenden Oktobersonntag hielten wir ein Treffen in der vordersten Reihe der Kirche ab.

Auf einmal wurden die Hintertüren geöffnet, und da stand ein Mädchen, im Türrahmen umgeben von goldenem Licht. Ich blickte auf und vergaß sofort alles andere. Ich stand da wie gelähmt. Das war das Mädchen. Ich hatte sie noch nie gesehen und kannte auch ihren Namen nicht. Ich wußte aber, wer sie war: die Meinige. In dem Moment, als sie da im leuchtenden Glanz des Lichts stand, verliebte ich mich in Ruth Stafford. Sie wartete auf eines der Mädchen aus meinem Komitee, aber in Wirklichkeit war ich es, der auf sie gewartet hatte, und ich hatte schon sehr lange gewartet.

Später machte uns ihre Zimmernachbarin Phyllis Leonard, Tochter des Bischofs, miteinander bekannt. Sie hatte Ruth überredet, zur Kirche zu kommen, um an einem Treffen von Studenten teilzunehmen. Ruth meinte später, daß ich bei der Vorstellung ihre Hand einen Augenblick länger als erforderlich festgehalten hatte und sie sich dachte: »Das wird noch interessant werden!«

Ich bat sie darum, den Vorsitz eines Komitees zu übernehmen, das ein großes Festessen der Studenten arrangieren

sollte. Als gute Christin und natürliches Führungstalent empfand sie nicht nur Verantwortung für die Arbeit mit Studenten, sondern sie liebte es auch, Dinge zu organisieren. Also
gab sie sich bereit, die Aufgabe zu übernehmen. Ich sagte ihr:
»Wir werden sehr eng zusammenarbeiten müssen.« Ich gebe
zu, daß diese Aussicht einen wesentlich höheren Stellenwert
in meinen Gedanken einnahm als das Festessen der Studenten.

Ich teilte Ruth mit, daß nur gelegentlich ein Zusammen-
treffen des gesamten Komitees erforderlich sein würde und
daß wir beide den größten Teil der Arbeit gemeinsam erledigen könnten, vielleicht während wir essen gingen. Dafür eig-
neten sich natürlich am besten die charmanten Restaurants
auf dem Lande. Als der Abend des Festessens da war und
Ruth die Platzkärtchen verteilte, sah sie für sich selbst einen
Sitz am Ende des Haupttisches vor. Natürlich tauschte ich die
Kärtchen um, so daß sie neben mir landete.

Als ich Ruth kennenlernte, befand sie sich in ihrem Abschlußjahr, und es war bereits Herbst. Während die Monate
verstrichen, wurde mir auf einmal bewußt, daß ihr Studium
im Juni beendet sein würde. Voraussichtlich würde sie heimkehren nach Detroit, und die Vorstellung, sie nicht mehr
sehen zu können, war zu schmerzhaft, als daß ich lange darüber nachdenken konnte. Mein enger Freund Carl Alverson
war zur Zeit Vorsteher der Schulbehörde in Syracuse und
hatte einmal beiläufig etwas von einer Lehrerknappheit dort
erwähnt. Daher sagte ich eines Tages zu ihm: »Carl, wir
haben eine junge Dame in unserer Kirchengemeinde, die sehr
gut als Lehrerin geeignet wäre. Sieh dir doch mal ihre Qualifikationen an.«

Das tat er, und Ruth wurde als Mathematiklehrerin an der
Central High School eingestellt. »Sie war eine ausgezeich-

nete Lehrerin«, bestätigte mir Carl Alverson später, »und leistete einen wertvollen Beitrag im täglichen Leben an der Schule.« Wie immer dem auch war, sicher ist, daß sie einen wertvollen Beitrag im Leben von Norman Peale leistete, so sehr sogar, daß ich eines Tages Bob Pond aufsuchte. Bob leitete eine angesehene Kette von Juweliergeschäften und war aktives Mitglied in unserer Kirche. »Wie steht es denn so mit Ringen heutzutage?« fragte ich so gelassen wie möglich.

»Nun, Schmuck liegt zur Zeit etwas hoch, aber es sieht so aus, als stünde uns eine Depression bevor, und wenn sie eintritt, fallen die Preise, aber hoffentlich nicht zu sehr. Woher rührt eigentlich dein Interesse an Ringen?«

»Ach, ich interessiere mich einfach für die Wirtschaftslage im allgemeinen.«

Aber ich konnte ihm nichts vormachen, denn als ich wieder gehen wollte, sagte er: »Wenn du ihr Interesse dermaßen weckst, daß ein Ring an der Tagesordnung ist, Norman, werden wir auch dafür sorgen, daß es genau der richtige wird. Aber warte nicht auf die Depression. Die kann sich noch eine ganze Weile verzögern.«

Aber bereits wenige Wochen später ereignete sich der Börsenkrach vom Oktober 1929. Die ersten Fabriken schlossen ihre Tore, Hungernde bildeten Schlangen, wo Nahrungsmittel verteilt wurden, Arbeitnehmer nahmen Verkürzungen der Löhne und Gehälter hin. Der wirtschaftliche Zusammenbruch, die große Depression der dreißiger Jahre, breitete sich aus. Ich sprach mit Bob Pond und anderen darüber bei einem Mittagessen des Rotary-Klubs, und Bob meinte: »Dieses Land wird nie wieder Wohlstand erleben«, eine negative Verallgemeinerung, die den Pessimismus wiedergab, den die Katastrophe hervorgerufen hatte. Wie die Ergebnisse später zeigten, ist »nie« eine sehr lange Zeit, und der Wohlstand kam wieder, wenn auch erst nach langen, harten Zeiten.

Noch bevor das nationale Unglück geschah, erlebte ich einige Depressionen in meiner Kirche. Ich war wieder an die Spitze einer Kirche gelangt, der es in vielerlei Hinsicht schlecht ging. Die Aufnahme von neuen Mitgliedern hatte sich bereits vor meiner Ankunft spürbar verlangsamt. Zusätzlich hatten Sterbefälle in der Gemeinde und nachlassendes Interesse den Kirchenbesuch auf ungefähr die Hälfte schrumpfen lassen. Kein Wunder, daß man die Empore als Lagerplatz für eine Leiter benutzen konnte. Auch gab es akute finanzielle Probleme, denn das Einkommen der Kirche nahm bereits seit einigen Jahren vor meinem Antritt stetig ab.

Ich war immer der Meinung, daß die Syracuse-Kirche auch bereit gewesen war, einen so jungen Pfarrer einzustellen, weil er sich mit bescheidenen Bezügen zufrieden geben würde. Mit mir gab es keine Diskussion über das Gehalt, und der Bischof sagte mir offen: »Der Kirchenrat verringert das Gehalt, weil die Kirche verschuldet ist. Aber übernimm das Amt trotzdem. Du kannst diese Kirche aufbauen, und die Frage des Gehalts wird sich dann von selber regeln.«

»Ich bin nicht Pfarrer aufgrund von Gehaltsüberlegungen geworden.«

»Ich weiß das«, sagte er, »aber du solltest wissen, daß diese Kirche in finanziellen Schwierigkeiten steckt.«

Es war die alte Geschichte. Ich war bereits Pastor an zwei Kirchen mit Geldsorgen gewesen und sollte später in New York eine übernehmen, die in noch viel größeren Schwierigkeiten war. Offenbar war ich so eine Art von »Feuerwehr« geworden. Durch diese Erfahrungen lernte ich, daß es wirklich ratsam sein kann, ganz unten anzufangen, denn dort gibt es nur eine Richtung, und zwar hoch. Wenn man die eigene

Stellung anhebt, ungeachtet der Tätigkeit, wird man damit selbst angehoben, und das zu Recht. Andererseits, wenn man etwas übernimmt, wenn alles gut läuft und optimal funktioniert, wird von einem nicht nur erwartet, daß man das hohe Niveau hält, sondern daß man es noch steigert. Und diese Aufgabe benötigt oftmals eine zusätzliche Art von Genie. Um also im Leben voranzukommen, kann es ratsamer sein, eine Stellung anzunehmen, bei der es Schwierigkeiten gibt, wo die eigene Leistung gebraucht wird. Das ist die persönliche Philosophie, die ich durch Erfahrung gelernt und in jedem Einzelfall befolgt habe.

Das Leben in Syracuse war tatsächlich sehr aufregend, und es gab einige ungewöhnliche Erlebnisse. Als ich eines Abends von einer Versammlung in mein Hotelzimmer zurückgekehrt war, klingelte das Telefon. Eine eher verhaltene Stimme fragte: »Sind Sie Hochwürden Peale?« Als ich das bejahte, fuhr die Stimme fort: »Eine Frau liegt im Sterben. Sie will einen Pfarrer haben, der ihr aus der Bibel vorliest und ein Gebet für ihre Seele spricht. Sie hat Sie reden gehört und bittet darum, daß Sie zu ihr kommen. Wir schicken Ihnen einen Wagen und bringen Sie ins Hotel zurück. Würden Sie das für sie tun?«

Meine Fragen nach ihrem Namen und der Adresse wurden umgangen. »Alles, was Sie tun müssen, ist, ihr aus der Bibel vorzulesen und für sie zu beten. Alles andere ist unwichtig.«

Darüber hatte ich so meine Zweifel, aber da ich immer bereit bin, dem Menschen in Not beizustehen, stimmte ich zu, die Beauftragten der Frau eine Viertelstunde später vor dem Hoteleingang zu treffen. Eine schwarze Limousine hielt, ein Mann stieg aus und fragte mich. »Hochwürden Peale?« Ich nickte und wurde auf den Rücksitz verwiesen. Der Mann folgte mir, und ich fand mich zwischen zwei Männern. Ein

160

weiterer saß vorne neben dem Fahrer. Meine Versuche, ein Gespräch zu beginnen, um etwas mehr über die sterbende Frau zu erfahren, erbrachten nur einige Grunzlaute meiner Begleiter. Dann merkte ich, daß die Seitenfenster mit Rouleaus verhangen waren. Umdrehen konnte ich mich nicht, und die breiten Schultern der Männer vor mir verwehrten mir die Sicht nach vorne.

Hier war ich nun zusammen mit vier auffallend wortkargen Männern in dunklen Anzügen in einem Auto, dessen Fenster verhangen waren. Vorstellungen eines Mordes durch Gangsterhand (sie sahen sehr danach aus) gingen mir durch den Kopf. Wir fuhren stillschweigend weiter, wobei der Fahrer so oft die Richtung änderte, daß ich sehr schnell die Orientierung verloren hatte und überhaupt nicht mehr wußte, in welche Richtung wir uns bewegten. So fuhren wir ungefähr eine halbe Stunde lang, bis der Wagen endlich anhielt. Der Mann, der mich eingewiesen hatte, führte mich nun wortlos heraus. Ein Kopfnicken signalisierte einem der anderen, uns zu folgen. Wir traten in ein Haus ein, an dem von außen kein einziges Licht zu sehen war; es war völlig dunkel. Der Mann führte mich in ein Zimmer, in dem eine Frau in einem Bett lag. Er stellte sich neben der Tür auf.

Die Frau schien mir Mitte Dreißig zu sein. Ihr Gesicht war blaß, die Hände auf der Bettdecke abgemagert. »Darf ich Ihren Namen wissen, Madam?« fragte ich.

»Mein Name wäre ohne jede Bedeutung für Sie, Herr Pfarrer. Ich bin nur eine arme, miserable Sünderin. Es war gut von Ihnen, zu kommen. Bitte lesen Sie mir aus der Heiligen Schrift vor. Ich habe die wunderbaren Worte darin als Kind immer sehr geliebt. Mutter las uns Kindern daraus jeden Abend vor, wenn sie uns schlafen legte.« All das sprach sie in einer hauchdünnen Stimme, die ab und zu so leise wurde, daß ich sie nur mit Mühe verstehen konnte. »Bitten Sie den Herrn, mir meine Sünden zu vergeben und mich zu Sich in den Himmel zu nehmen«, sagte sie in einer rührenden Weise.

»Was möchten Sie denn vorgelesen bekommen?« fragte ich. »Haben Sie Passagen, die Sie besonders mögen?« Sie nannte einige, die ich ihr vorlas, und das tat ihr offensichtlich gut. Die ganze Zeit über blieb der stille Mann regungslos bei der Tür stehen.

Dann nahm ich die schlanke, kalte Hand der Frau und hielt sie, während ich für sie betete. Ich bat den ewig mitleidigen Herrn um Vergebung aller ihrer Sünden und betete für eine, die gestrauchelt war, jetzt aber, wo die Vorhänge des Todes sich zuzogen, göttliche Vergewisserung und Liebe suchte.

Als ich »Amen« sagte, hielt sie meine Hand fest. »Danke, Herr Pfarrer. Ich spüre den Frieden in meinem Herzen. Ich bin bereit, wenn mich Jesus zu Sich ruft.« Ihre Hand fiel wieder auf die Bettdecke, und ein schwaches Lächeln erhellte ihr Gesicht.

»Gott liebt dich«, sagte ich. Der Mann an der Tür führte mich zum Wagen zurück. Beide Männer stiegen wie vorher wieder ein und nahmen mich in die Mitte. Wieder fuhren wir, ohne zu sprechen. Beim Hotel angekommen, sagte der Mann, der als Sprecher fungiert hatte, wenn auch in sehr beschränktem Maße: »Danke.« Dann schloß er die Wagentür, und sie waren um die nächste Ecke herum verschwunden. Zu spät fiel mir ein, mir das Kennzeichen zu merken.

Ich beobachtete die Zeitung einige Tage lang, besonders die Todesanzeigen, aber ich entdeckte nichts. Bis zu diesem Tage habe ich keine Ahnung, wer die Frau hätte sein können oder was es mit den vier merkwürdigen Männern auf sich hatte. Als ich aber an jenem Abend meine Gebete sprach, betete ich besonders für diese arme, sterbende Frau. Und dem fügte ich noch ein Gebet des Dankes hinzu, dafür, daß ich noch am Leben und wohlauf war.

Nachdem ich die Studentenaktivitäten in Gang gebracht hatte, war es meine vorrangigste Aufgabe in Syracuse, die durch laufende Kosten verursachten Schulden aus der Welt zu schaffen. Sie hatten bereits eine Höhe von mehr als 55 000 Dollar erreicht, heute kein bedeutender Betrag, aber damals eine riesige Summe. Ich berief eine Sitzung der Kirchenverwaltung ein, der einige prominente Geschäftsleute der Stadt sowie führende Mitglieder der Fakultät der Universität angehörten. Als wir versammelt waren, hielt ich eine kleine Ansprache.

»Meine Damen und Herren«, begann ich, »wir haben eine Verschuldung durch laufende Kosten dieser Kirche von mehr als 55 000 Dollar, und diese Schuldenlast wächst mit jedem Tag, der vergeht. In einer solchen Situation können wir zwei Wege gehen. Die eine Möglichkeit wäre, die Ausgaben zu reduzieren, Aktivitäten einzustellen und die Zahl der Mitarbeiter zu verringern. Die zweite besteht darin, den geschuldeten Betrag aufzubringen, mehr Einnahmen zu erzielen und mit wichtigen Aktivitäten weiterzumachen, um so zu dem Geld zu kommen, das wir für die Arbeit brauchen, die Gott von uns erwartet.

Ich persönlich bin dafür, den geschuldeten Betrag aufzubringen und vorwärts zu gehen. Es läßt sich schaffen, und wir sind genau diejenigen, die es schaffen können. Sagen Sie mir bitte nicht, daß die Zeiten schlecht sind, denn diese Tatsache entnehme ich täglich der Zeitung. Na und? Das Christentum behauptet sich immer besser, wenn schlechte Zeiten herrschen. Die Schwierigkeiten des Menschen sind die Gelegenheiten Gottes, und das stimmt. Sie tragen diese Verschuldung bereits über einen langen Zeitraum. Eine zu lange Zeit, wie ich meine. Jedenfalls bin ich nicht zur University Church gekommen, um die Kirche mit ›halber Kraft voraus‹ zu leiten. Also, fangen wir damit an, daß wir den Schuldbetrag aufbringen? Ich weiß, daß uns der Herr helfen wird und unsere Bemühungen segnet.«

Meine Worte waren der Beginn einer Diskussion, die bis tief in die Nacht anhielt. Letztendlich wurde eine Entscheidung verabschiedet, in der es unter anderem hieß, daß »unter den gegebenen Umständen (ein beliebter Tarnsatz für negatives Denken) die Gesamtschuld von 55 000 Dollar zu groß ist, um vorgenommen zu werden«, und wir uns um eine erreichbarere Entschuldung bemühen würden, in der Größenordnung von 20 000 Dollar.

Ich war zwar von dem zurückhaltenden Beschluß enttäuscht, machte mich aber dennoch guten Mutes auf, 20 000 Dollar oder vielleicht noch mehr aufzutreiben. Es gab da einen älteren Mann namens Harlowe B. Andrews, der ein fahrender Gemüsegroßhändler im nördlichen Staate New York war. Er ließ leicht verderbliche Ware mit Expreßzügen aus Arizona, Florida und Kalifornien kommen und verkaufte sie in der Salina-Straße in Syracuse, zur Verwirrung seiner Konkurrenz. Andrews war vielleicht der Vorläufer der heutigen Supermärkte und anspruchsvollen Spezialitätenläden.

Ein Bankier in Syracuse sagte mir einmal, daß Bruder Andrews, wie er allgemein wegen seiner christlichen Lebenseinstellung genannt wurde, der beste Geschäftsmann im nördlichen Teil des Staates wäre. »Alles, was er tun mußte«, sagte der Bankier, »war, die Hand aufzuhalten, und das Geld sprang ihm auf die Handfläche.« Ich hielt mich oft in Bruder Andrews Nähe auf, weil ich hoffte, sein Talent erlernen zu können, aber das blieb erfolglos. Er war einer der großen positiven Denker, die ich kennenlernte. Er glaubte immer an Potentiale und schaffte positive Ergebnisse.

Bruder Andrews war der Kirche gegenüber immer großzügig, also machte ich mich am Tag nach der Verwaltungssitzung auf den Weg aufs Land, um ihn zu sprechen. Obwohl er in der Genesee-Straße in der Stadt wohnte, hielt er sich oft tagelang in dem alten Farmhaus auf, in dem er seine Jugend verbracht hatte. »Bruder Andrews«, sagte ich, »die Verwaltung hielt gestern abend eine Sitzung ab.«

»Hab' ich schon gehört.«

»Ich dachte, ich komm' dich mal besuchen.«

»Hab' schon damit gerechnet.«

»Nun«, fuhr ich fröhlich fort, »wir sind nicht der Meinung, daß wir die gesamte Schuld von 55 000 Dollar wegbekommen können, also haben wir uns 20 000 zum Ziel gesetzt. Und ich wollte dich fragen, was du dazu beisteuern möchtest.«

»Also«, antwortete er prompt, »das kann ich dir sagen: keinen Groschen, nicht einmal einen Pfennig.« Ich saß da, ziemlich perplex. »Aber ich sage dir auch, was ich zu tun bereit bin. Ich werde mit dir beten.«

Obwohl ich fest an die Kraft des Gebetes glaube, muß ich gestehen, daß ich in diesem Moment etwas enttäuscht war. Aber dieses Gebet, wie alle Gebete Bruder Andrews, war von Kraft erfüllt. Es war vielleicht etwas weniger formal, als man gewohnt ist, aber es enthielt Liebe und Glauben.

»Knie dich hin«, befahl er mir. »Nun, Herr«, betete Bruder Andrews, »ich bete für diesen jungen Seelsorger. Was er nicht über Menschen weiß, würde ein Buch füllen. Ich weiß, daß er an der Universität war und mehrere akademische Titel trägt, aber er begreift nicht, daß Führerschaft Glauben und

Mut verlangt und daß Menschen auf Aufrufe reagieren. Wenn er sich also duckmäuserisch den negativen Einstellungen beugt und zaghaft hinausgeht, um nur 20 000 Dollar aufzubringen, werde ich nichts spenden. Aber, lieber Herr, sollte er den Mut aufbringen und beschließen, die gesamten 55 000 Dollar aufzutreiben, werde ich ihm 5 000 geben. Amen.«

»Das ist ja wunderbar, Bruder Andrews«, sagte ich voller Erregung. »Du wirst mir 5 000 Dollar geben, aber wie soll ich den Rest auftreiben?«

»Das ist leicht! So, wie du die ersten 5 000 aufgetrieben hast.«

»Und wie ging das?« fragte ich etwas verwirrt.

»Du hast darum gebetet, und jetzt hast du sie und brauchst nur noch weitere 50 000. Und hier ist, was du tun mußt. Du fährst in die Stadt und fragst Dr. Roy Moore um eine Spende, die meiner gleichkommt. Er kann das. Er weiß nicht, daß er es kann, aber er kann es. Also stell dir bildlich vor, daß er genau das tut, und danke Gott dafür, daß er sein Herz bearbeitet, denn er ist ein guter Mensch.«

In Befolgung seiner positiven Anweisungen fuhr ich zu der Praxis des Doktors. Und dann machte sich meine alte Zurückhaltung wieder in mir bemerkbar. In der Hoffnung, daß ich keinen Parkplatz finden würde, damit ich den Doktor nicht konfrontieren mußte, fand ich sofort einen freien Platz.

»Hallo, Norman«, sagte der Arzt. »Wie ich höre, bist du unterwegs, um 20 000 Dollar aufzutreiben.«

»Nun, das ist, was die Verwaltung entschieden hat, aber ich habe gerade eine beachtliche Spende unter der Voraussetzung zugesagt bekommen, daß wir die gesamten Schulden von 55 000 Dollar auftreiben. Nur verlangt sie eine gleichgroße Spende.«

»Wieviel willst du von mir haben?«

Ich wollte gerade 1 000 nennen, aber in meinen Gedanken hob ich das rasch auf 3 000 an. Dann sah ich das Gesicht von Bruder Andrews vor mir, das von Glauben gekennzeichnet war. »Doktor, Sie erhalten das Privileg, es Bruder Andrews' Spende von 5 000 Dollar gleichzutun.«

Der Arzt war offensichtlich überrascht, ich sah förmlich, wie seine Gedanken arbeiteten. »Das ist ein Haufen Geld«, murmelte er, »aber ... aber ... ich sage dir was, ich *werde* die 5 000 Dollar spenden.«

Ich konnte meine erstaunte Aufregung kaum bändigen. Ich sprang in mein Auto und brach sämtliche Geschwindigkeitsrekorde auf dem Weg zu Bruder Andrews. Ich bremste in einer Staubwolke, lief ins Haus hinein, ohne zu klopfen, und rief: »Er hat es getan! Er hat es getan!«

»Natürlich hat er es«, sagte Bruder Andrews seelenruhig. »Da ich wußte, wie schwach dein Glaube ist, schickte ich ein Gebet der Affirmation mit dir in die Praxis hinein.«

»Ich weiß es«, rief ich, »ich sah, wie es ihn traf.«

»Und nun, junger Freund, hast du 10 000 Dollar.«

»Aber ...«, zauderte ich.

»Oh, ich weiß«, unterbrach er mich, »du überlegst bereits, wie du die übrigen 45 000 Dollar zusammenbekommen sollst. Die Antwort bleibt dieselbe, so, wie du die ersten 10 000 bekamst. Genauer gesagt, indem du um sie betest, indem du an deinen Auftrag glaubst, indem du weißt, daß Gott einen Weg macht, wo es keinen Weg gibt, und indem du da hinausgehst und darum bittest.«

Und so verlief es. Mit der immer gegenwärtigen Hilfe des Herrn und der Unterstützung einiger engagierter Christen kehrte die wunderwirkende Kraft wieder in eine große Kirche zurück.

Die Ausübung des wahren Glaubens in Verbindung mit

dem Predigen und Lehren des ursprünglichen Evangeliums begann sich dahingehend auszuwirken, daß abgekehrte Mitglieder wieder in die Kirche kamen und neue in Scharen dazu. Die Kirchenbänke füllten sich, und finanzielle Unterstützung wurde weniger problematisch. Aber, was noch viel wichtiger war, ein neuer Geist entfaltete sich, ein anregender Geist, der lebensverändernde Erfahrungen in das Leben von so vielen Menschen brachte, daß die Kirche zu einem lebendigen Zentrum des spirituellen Wachstums wurde.

Studenten von der Universität begannen die Kirche in solcher Stärke sonntags aufzusuchen, daß der Pfarrer von der Kanzel in ein Meer von Gesichtern blickte, von denen viele jung und angeregt waren und aus innerer Überzeugung heraus strahlten. Dieses begeisterte Mitwirken der Studentenschaft hielt ununterbrochen an, bis die Hendricks-Kapelle auf dem Campus errichtet wurde. Wir beschlossen dann, unsere nachdrücklichen Bemühungen um die Studenten nicht mehr fortzusetzen, weil wir der Meinung waren, daß ihr spirituelles Leben nicht abgetrennt von dem Lernerlebnis insgesamt stattfinden sollte. Viele von ihnen besuchten jedoch auch weiterhin die University Church, besonders die große Anzahl derer, die dort eine neue Bedeutung und Realität im Leben gefunden hatten.

Die spektakuläre christliche Studentenarbeit, die an der University Church in den Jahren vor dem Bau der Kapelle entwickelt worden war, wurde zum obersten Gesprächsthema auf dem Campus. Ich führte die Praxis ein, Bereiche des Kirchenschiffs für Studentenverbindungen zu reservieren. An einem Sonntag nahm meine Verbindung, Phi Gamma Delta, geschlossen teil, und zwar nicht nur die Studenten, sondern auch im Umkreis wohnende Absolventen. Als Gegengewicht reservierte Ruths Verbindung, die Alpha-Gruppe der Alpha

Phi, einen großen Teil auf der gegenüberliegenden Seite des Gangs. Am nächsten Sonntag waren es dann zwei andere Verbindungen von Studenten und Studentinnen, und das ging so weiter und so fort, Sonntag für Sonntag.

Es war »in« für Studenten, die University Church zu besuchen. Das gab uns nicht nur Gelegenheit, ihnen Jesus Christus durch das gesprochene Wort näherzubringen, sondern auch in kleinen Diskussionsgruppen. Die Studenten persönlich kennenzulernen, bedeutete, daß sich viele von ihnen mit ihren Problemen an uns wendeten, und die persönlichen Probleme junger Menschen sind zahlreich und oft von krisenhafter Intensität. Im Verlauf meiner Redetouren durch das ganze Land treffe ich noch immer auf Absolventen der Universität von Syracuse, die mir erzählen, daß sie sich spirituell selbst fanden in den Gottesdiensten und den freundlichen Kontakten an der University Church.

Bei all dieser Arbeit wurde ich wirksam von Hochwürden Webster D. Melcher unterstützt, einem Klassenkameraden an der Boston University, der später assoziierter Pfarrer bei mir wurde, und zu einer anderen Zeit von Hochwürden Dean Richardson. Beiden Männern war es gegeben, der Kirche in hervorragender Weise zu dienen.

Das größte, was mir in Syracuse geschah, nein, das größte, was mir überhaupt je geschehen ist, war meine Eheschließung mit Ruth Stafford, dem Mädchen, das ich in der besagten Kirchentür erblickt hatte, von der ich sofort wußte, daß sie für mich bestimmt war. Einige Monate, nachdem ich Bob Pond mit aufgesetzter Gelassenheit über den Preis von Verlobungs- und Trauringen ausgefragt hatte, besuchte ich ihn wieder in seinem Geschäft.

»Bob, die Zeit ist reif für den Ring.«

»Du hast dir ganz schön Zeit gelassen«, stellte er fest. »Jedenfalls herzlichen Glückwunsch. Du kannst dich glücklich schätzen, so ein Mädchen zu finden. Gib ihr einen Kuß von mir.« Mit diesen Worten nahm er einen Ring aus einem Schaukasten.

An dem Abend holte ich Ruth wie üblich im Hause unserer Bekannten, Frau Calthrop, ab, wo sie während ihrer Lehrtätigkeit wohnte. Kurz bevor wir zum Abendessen gehen wollten (und hier zitiere ich, wie sie die Geschichte erzählt), nahm ich eine kleine, uneingewickelte Schachtel aus meiner Tasche und gab sie ihr einfach mit den Worten: »Hier ist das, worauf du vermutlich gewartet hast.« Sie öffnete die Schachtel, probierte den Ring an und stürzte sich in meine Arme. Obwohl wir nichts lieber getan hätten, als unsere Entscheidung publik zu machen, bewahrten wir Stillschweigen darüber, bis sie von den Zeitungen einige Wochen vor unserer Eheschließung angekündigt wurde.

Die Hochzeit fand am 20. Juni 1930 um sechzehn Uhr in der University Church statt. Die Kirche war übervoll, und weitere Hunderte von Menschen warteten draußen auf dem Rasen auf das Erscheinen des frischvermählten Paares. Der Traugottesdienst wurde von drei Pfarrern abgehalten, und ein vierter, Hochwürden Frank B. Stafford, trat in seiner primären Funktion als Vater der Braut auf. Die drei Pfarrer, die die Zeremonie gemeinsam führten, waren der Vater des Bräutigams, Hochwürden Dr. Charles Clifford Peale, Pfarrer der First Methodist Church, Columbus, Ohio; Bischof Adna Wright Leonard und Kanzler Charles W. Flint von der Syracuse University. Dr. Howard Lyman leitete den sechzig Stimmen starken Chor, den ich begeistert »den besten Chor des Staates New York« nannte, und ließ uns Musik von einmaliger Sensibilität und Schönheit zuteil werden. Die Ehren-

plätze gehörten den beiden charmanten Müttern des Brautpaares, meinem jüngeren Bruder Leonard DeLaney Peale
sowie Ruths Brüdern Charles und William Stafford. Mein
älterer Bruder, Dr. Robert Clifford Peale, erfüllte die Funktion des Freundes, der dem Bräutigam zur Seite steht, und
Eleanor Stafford, die Frau von Ruths Bruder Charles, war
Ruths wunderschöne Ehrendame. Im Verlauf der Zeremonie
schaffte es der Bräutigam (der unterdessen noch einmal bei
Bob Pond gewesen war, um Eheringe zu besorgen), den Ring
nicht zu Boden fallen zu lassen, sondern steckte ihn auf den
Finger der Braut. Und so tauschten wir die heiligen Gelübde
aus.

Während wir den Gang entlang zum Hauptportal schritten, flüsterte ich Ruth zu: »Stell dir mal vor, was für eine Kol-
lekte eine solche Menschenmenge einbringen würde!« Auch
lenkte ich die Aufmerksamkeit meiner jungen Braut auf die
Tränen, die einige anwesende Damen vergossen, weil es
ihnen nicht gelungen war, den Bräutigam für sich zu erobern.
Auf alle diese nebensächlichen Bemerkungen erwiderte
Ruth: »Sei still. Der Bräutigam ist bei einer Hochzeit eine
höchstens zweitrangige Figur.« Und damit schritten wir über
die Portalschwelle durch die weitgeöffneten Türflügel und
wurden von der wartenden Menschenmenge mit offensichtlicher Liebe und Anteilnahme an unserem Glück begrüßt.

Der Hochzeitsempfang wurde von Kanzler Flint und seiner Frau in deren Herrenhaus an der Universität gegeben.
Danach fuhren Ruth und ich fort in den anbrechenden Abend
dieses denkwürdigen Junitages, um unser gemeinsames
Leben zu beginnen. Für die erste Nacht unserer Flitterwochen hatten wir ein Zimmer in dem historischen Cooper Inn
bei Cooperstown, New York, reserviert, denn am nächsten
Tag sollte ich am nahegelegenen Cazenovia-Seminar spre-

chen. Es ging um die Rede der Abschlußfeier jener Klasse, der mein Bruder Leonard angehörte. Es war eine unvergeßliche Fahrt in der Dämmerung auf der Fernstraße 20, einer der landschaftlich schönsten im ganzen Staat.

Am nächsten Morgen lasen wir in dem *Syracuse Post-Standard*, daß »der begehrteste Junggeselle von Syracuse« am Tage zuvor geheiratet hatte. Ich wies Ruth ausdrücklich darauf hin, aber sie schien unbeeindruckt davon.

Wir kamen von der Abschlußfeier und dem Festessen danach später weg, als wir geplant hatten. Die Straßen im nördlichen New York waren damals nicht gerade Autobahnen, und der Nachmittag war bereits fortgeschritten, als wir mit unseren Flitterwochen weitermachen konnten. Ruth bemerkte philosophisch, daß verschobene Zeitpläne wohl völlig normal seien. Es war bereits dunkel, als wir unser Ziel erreichten.

Das Ehepaar Dr. Markham, Freunde von uns aus Syracuse, hatte ein hübsches Häuschen in dem Nordwald-Gebiet in der Nähe des Fifth Lake, einem See im Adirondack-Gebirge, das uns zur Verfügung stand. Es war bereits Nacht, als wir durch die dichten Wälder um den Fifth Lake fuhren und das Häuschen der Markhams suchten. In der Tageszeitung berichtete eine Schlagzeile von dem Ausbruch eines gefährlichen Verbrechers aus der Strafanstalt in Auburn, und man vermutete, daß der Gesuchte ins Nordwald-Gebiet geflüchtet sei. Alle Einwohner der Gegend wurden gewarnt, besondere Vorsichtsmaßnahmen zu treffen, denn der Mann war ein Mörder und bewaffnet und würde ohne zu zögern wieder töten.

Wir fanden das Haus endlich tief im Wald. Es war stockdunkel, obwohl der Mond durch die Bäume hier und da sichtbar war. Ich tastete mich zur Hintertür hin und konnte das Haus nach einiger Mühe aufschließen. Im Kamin startete ich sofort ein prasselndes Feuer, denn obwohl der Kalender Ende Juni anzeigte, war die Nacht ausgesprochen kühl.

Nachdem meine frisch angetraute Ehefrau, die bereits damals hervorragend kochen konnte, uns ein Abendbrot bereitet hatte, saßen wir beide eng beisammen vor dem Kamin. Aber die Stille wirkte beunruhigend auf mich, und die Vorstellung, daß vielleicht gerade in diesem Teil des Waldes ein Gewaltverbrecher umherschleichen könnte, war meiner inneren Ruhe kaum dienlich. Bei jedem Geräusch oder Knarren in dem alten Haus hörte ich bereits den sich nähernden Verbrecher. Plötzlich hörte sich etwas auf der Veranda wie ein Schritt an. Ein kalter Schauer durchlief mich. Hier war ich nun, alleine mit meiner jungen Frau. Sollten wir in unseren Flitterwochen ermordet werden? Etwas mußte getan werden, und es war an mir, es zu tun. Ruth war völlig unbekümmert und offenbar überhaupt nicht nervös.

»Mach dir keine Sorgen«, sagte ich heldenhaft. »Überlaß alles mir. Wer immer der Eindringling sein mag, ich werde schon mit ihm fertig.« Mit diesen Worten packte ich eine Axt, die ich in der Brennholzkiste in der Küche entdeckt hatte, und näherte mich der Tür zur Veranda. Beherzt packte ich die Klinke und riß die Tür auf. Da saß nur ein Streifenhörnchen und blinzelte mich verdutzt an. Es nahm meine furchterregende Erscheinung mit einem Blick wahr und hüpfte in den Wald. »Hasenfuß«, sagte Ruth.

»Man muß auf der Hut sein«, murmelte ich.

Als wir in dem geräumigen Schlafzimmer oben zu Bett gehen wollten, überprüfte ich die anderen Räume und Schränke, während Ruth seelenruhig unsere Sachen auspackte und das Bett machte. Ich kam dann auch ins Schlafzimmer und hielt die Axt verlegen hinter meinem Rücken. »Was hast du mit der Axt vor?« fragte sie.

»Wenn der Sträfling hier einbricht, wird er es mit mir zu tun haben«, antwortete ich und stellte die Axt neben meine Seite des Bettes, wo ich sie schnell zur Hand hätte.

»Ich bin sicher, das würde ihn erschrecken«, meinte meine ruhige, furchtlose Gattin. Als es Morgen war, die Sonne durch die Bäume schien und auf dem See funkelte, tat ich so, als wenn nichts wäre, und legte die Axt zurück in die Brennholzkiste. Der Sträfling wurde am folgenden Tag Hunderte von Meilen entfernt gefangengenommen.

Einige Tage danach kehrten wir nach Syracuse zurück, und im Verlauf der nächsten zwei Jahre begann das Mann-und-Frau-Team Ruth und Norman Peale in der vielfältigen Art und Weise zu funktionieren, die eine aufregende gemeinsame Lebensgeschichte mehr als ein halbes Jahrhundert lang bestimmte.

9. Kapitel
Die Bürgersteige von New York

Winter in Syracuse war Winter im vollen Sinne des Wortes: Kälte, Schnee und Eis. Damals in den dreißiger Jahren behauptete man sogar, das Wetter in Syracuse bestehe aus elf Monaten Winter und einem Monat mit schlechten Rodelbedingungen. Ich mochte zwar immer das Anregende der stahlblauen Schönheit des Winters in Onondaga County, aber die nicht enden wollende Folge von kalten, windbeherrschten Tagen mit dicker Schneedecke auf gefrorener Erde ließ den Wunsch nach einer Pause davon gelegentlich aufkommen.

Als ich daher Anfang März 1932 eine Einladung erhielt, in der Marble Collegiate Church in der Fifth Avenue in New York City zu predigen, begrüßte ich sie als eine Chance, dem Wetter des nördlichen Staates New York für ein paar Tage zu entrinnen. Als ich Ruth davon erzählte, war die Sache entschieden. Sie hatte nicht die Absicht, ein Wochenende in New York City zu versäumen. Mein Freund Bischof Adna Wright Leonard hielt sich gerade in Syracuse auf und sagte freundlicherweise zu, meine Gottesdienste an der University Church für mich zu übernehmen. Also fuhren wir nach New York, natürlich ohne irgendeine Ahnung, daß, wie wir später erfahren sollten, Gott meine Seelsorgertätigkeit dort nicht für ein Wochenende vorgesehen hatte, sondern wir die Bürgersteige von New York mehr als ein halbes Jahrhundert lang kennenlernen sollten.

Die Marble Collegiate Church war seit zweieinhalb Jahren ohne geistliche Führung, seit ihr berühmter Pfarrer, Dr. Daniel A. Poling, zurückgetreten war, um die Leitung eines religiösen Verlagsprojektes zu übernehmen. Ich hatte Dr. Poling einmal kennengelernt, als er, ein junger, schwarzhaariger Hüne, einmal Greenville, Ohio, besuchte, um anstelle meines Vaters zu predigen. Seine Eloquenz bewegte mich damals, aber nie hätte ich davon geträumt, daß ich eines Tages sein Nachfolger auf einer Kanzel in New York sein würde, lebenslange Freundschaft mit ihm schließen sollte oder, zum Schluß, das Seelenamt für ihn leiten müßte, bei dem ich ihn als einen der größten Prediger in der Geschichte Amerikas darstellte.

Dr. Poling konnte auf eine glänzende Amtszeit an der Marble Collegiate Church zurückblicken, in deren acht Jahren er eine beachtliche Kirchengemeinde aufgebaut hatte. Sein Rücktritt stellte einen schmerzhaften Verlust für diese Kirche dar. Er konnte noch erfolgreich gegen eine Bewegung anwirken, die Kirche ganz aufzugeben, denn er war überzeugt davon, daß sie ein großes Potential für zukünftige Entwicklung besaß. Aber nach seinem Abschied setzte ein stetiger Niedergang ein, und die lange Zeitspanne ohne Pfarrer ließ die Marble Collegiate Church zu einem Skelett einer funktionierenden Kirche werden.

Viele Kandidaten waren eingeladen worden, Predigten in der Marble Collegiate Church zu halten. Das Komitee, das vom Kirchenrat einberufen worden war, um einen neuen Pfarrer auszuwählen, hatte alle Möglichkeiten erkundet. Aus irgendwelchen Gründen war es jedoch zu keiner positiven Entscheidung gelangt. Von alledem wußte ich natürlich nichts, als ich an jenem Sonntagmorgen, dem 13. März 1932, diese klassische alte Kirche an der Ecke der Fifth Avenue/29. Straße aufsuchte. Die Entscheidung, mich als Gastprediger einzuladen, wurde kurzfristig getroffen, weil der für diesen Tag vorgesehene Pfarrer plötzlich erkrankt war.

Ruth hatte sich mit einigen ehemaligen Klassenkameradinnen und Freundinnen aus ihrer Verbindung verabredet, die sie auch zum Gottesdienst begleiteten. Eine sehr entgegenkommende Dame, die der Anblick einer ganzen Bank voller ansehnlicher junger Frauen beeindruckte, sprach sie nach dem Gottesdienst an und fragte, ob sie in New York zu Besuch seien. Als Ruth darauf antwortete, sie komme aus Syracuse, meinte die Dame: »Unser heutiger Gastpfarrer stammt auch aus Syracuse. Darf ich Sie mit ihm bekannt machen?« Die Dame war dann einigermaßen überrascht, als sie von der sehr jugendlich wirkenden Ruth erfuhr, daß sie die Frau des besagten Pfarrers sei.

Am Abend predigte ich nochmals vor einer Versammlung von ungefähr derselben Größe wie am Vormittag, und keine von beiden füllte mehr als ein Zehntel der vorhandenen Sitzplätze. Unter den Mitgliedern der kleinen Kirchengemeinde war jedoch ein ausgeprägter Geist der Hingabe spürbar. Zusammen mit der Gastfreundlichkeit und der Schönheit des Kirchenschiffs verlieh er der Kirche Charme und eine ihr eigene Attraktivität.

Am folgenden Sonntag, als ich wieder meine große Gemeinde in Syracuse vor mir hatte, war mir der Besuch in New York nicht mehr gegenwärtig. Ich bemerkte zufällig ein Gesicht unter den Zuhörern, das mir merkwürdig bekannt vorkam, doch konnte ich den Mann nicht einordnen. Ähnlich ging es mir kurz danach mit einem zweiten Gesicht. Dann fiel mir ein, woher ich die beiden Männer kannte. Wir waren uns in der Marble Collegiate Church begegnet. Beide Männer waren auch beim Abendgottesdienst anwesend. Anschließend sprach mich einer von ihnen an und sagte, daß fünf Mitglieder ihres Komitees nach Syracuse gekommen seien, um mich predigen zu hören und mit mir zu sprechen, und fragte, ob ich mich noch am gleichen Abend mit ihnen treffen würde.

Als wir zusammensaßen, erzählten sie mir von der Geschichte der Marble Collegiate Church. Sie war holländischen Ursprungs und das protestantische Zentrum, und sie war mit der Stadt New York herangewachsen. Der erste Gottesdienst der Kirche fand am 9. April 1628 statt, einem Sonntag, und wurde in einer Getreidemühle in der Gegend der südlichen Spitze Manhattans zelebriert. Die Bevölkerung des 1625 gegründeten Neu-Amsterdam zählte damals wohl kaum mehr als dreihundert Personen.

Die Komiteemitglieder erzählten mir voller Stolz, daß ihres Wissens seit diesem historischen Tag kein Sonntag vergangen sei, an dem nicht unter den Auspizien dieser Kirche ein Gottesdienst zelebriert wurde.

Ich war wirklich fasziniert von der Geschichte der Marble Collegiate Church. Es war die Politik der niederländischen Westindischen Kompanie gewesen, Handelsniederlassungen an den entlegensten Ecken der Welt immer mit einem »Dominie«, einem Pfarrer, zu versehen, dessen Pflicht es war, Gottesdienste abzuhalten, Kranke zu versorgen und Seelsorger für die Angehörigen der Kompanie zu sein. Der erste Dominie Neu-Amsterdams hieß Jonas Michaelius. Die Gouverneure der Kolonie, vielleicht auch der berühmteste unter ihnen, Peter Stuyvesant, waren Mitglieder der Kirche und Kommunikanten. Tatsächlich war Peter Minuit, der die Insel Manhattan für den Gegenwert von vierundzwanzig Dollar von den Indianern kaufte, einer der ersten Dekane der jungen

Kirchengemeinde. Viele Personen holländischer Abstammung standen in den Mitgliedslisten der Kirche, darunter einige der berühmtesten Namen der amerikanischen Geschichte. Das Wort »Marble« im Namen der Kirche bedeutet Marmor, und dieser wurde bei dem Ort Hastings-on-Hudson gebrochen und für den Bau der Kirche verwendet. Sie stellte die führende Vereinigung oder Kongregation der Niederländischen Reformierten Kirche in New York City dar. Vier eigenständige Kirchen, jede mit einem Pfarrer und eigener Gemeinde, jedoch unter einem Vorstand vereint, bildeten die Kollegiatkirche oder das Kollegium der Pfarrer. Vor ungefähr hundertdreißig Jahren war diese Kollegiatkirche der Reformierten Kirche Amerikas beigetreten.

Obwohl sie eingestanden, daß sich die Marble Collegiate derzeitig an einem Tiefpunkt befand, vertraten die Komiteemitglieder die Überzeugung, daß sie bei richtiger Führung und mit einem starken, evangelistisch gesinnten Pfarrer zu neuem Glanz gelangen könnte, um in unserer Zeit eine Rolle zu spielen. Und wer immer diese Kanzel an der Fifth Avenue behaupten konnte, wäre in der Lage, auf nationaler und sogar internationaler Ebene für die Förderung des Christentums einzutreten.

Mir gefielen diese Männer, und ich fand mich im Einklang mit ihrem positiven Geist und Denken. Sie sagten mir, daß sie meine Predigten in New York und Syracuse überzeugt hätten, daß meine Art der Wortverkündung das war, was sie suchten. Zugegeben, die Gemeinde der Marble Collegiate Church sei klein und verstreut, sagten sie, aber wenn ich mich vom Herrn dorthin gerufen fühle, gebe es ihrer Meinung nach Grund, darauf zu bauen, daß eine beispielhafte Gemeinde um diese Kirche herum aufgebaut werden könnte.

Ich dankte ihnen für das Vertrauen, das sie mir entgegenbrachten, und für den Hinweis, daß ich an ihre Kirche in New York berufen werden könnte. Ich teilte ihnen mit, daß ich bereits eine Einladung angenommen hätte, einen Monat als Prediger an der Ersten Methodistenkirche in Los Angeles zu verbringen, und auch, daß ich erwarten durfte, demnächst das Pfarramt dieser Kirche angeboten zu bekommen. Wenn sie interessiert genug seien, ihre Einladung an mich einen Monat lang offenzuhalten, würde ich dann in einer besseren Position sein, die Situation, die mich dort erwartete, zu überdenken.

Sie nahmen diesen Vorschlag an und äußerten den Wunsch, nach meiner Rückkehr aus Los Angeles wieder nach Syracuse zu kommen, um mich dann formell einzuladen, das Pfarramt der Marble Collegiate Church zu übernehmen. In dieser Übereinstimmung verabschiedeten wir uns, und ich reiste nach Los Angeles.

Einen Monat lang predigte ich regelmäßig vor sehr großen Versammlungen der Ersten Methodistenkirche. Die Kirche enthielt dreitausend Einzelsitzplätze und war bei jedem Gottesdienst überfüllt. Die Gemeinde war hingebungsvoll und engagiert. Am Ende des Monats erhielt ich eine offizielle Einladung, der Nachfolger des amtierenden Pfarrers, Dr. Elmer Ellsworth Helms, zu werden. Er selbst wollte dies sehr, denn er war überzeugt, daß ich dieselben Schwerpunkte setzen würde, die er im Verlauf vieler Amtsjahre innerhalb der Kirche und auch der Stadt Los Angeles gegenüber betont hatte.

Ich beantwortete die Einladung, indem ich den Kirchenrat darüber in Kenntnis setzte, daß ich einem ähnlichen Ruf der Marble Collegiate Church in New York entgegensah und etwas Zeit benötigte, um mich zwischen den beiden dreitausend Meilen auseinanderliegenden Gelegenheiten zu entscheiden.

Wieder daheim in Syracuse machten Ruth und ich Qualen

durch, wie sie Menschen erleben, die sich im Tal der Unent-
schlossenheit befinden. In welcher der beiden Gemeinden
konnten wir dem Herrn besser dienen? Die Kirchen miteinander zu vergleichen war müßig. Unter der großartigen
Amtsführung von Dr. Helms war die Erste Methodistenkirche von Los Angeles eine der größten und vitalsten Kirchen
Amerikas geworden. Die Kirchengemeinde umfaßte mehr als
siebentausend Mitglieder, war die größte unserer Konfession
und eine der größten sämtlicher protestantischer Gemeinden
Amerikas. Finanziell ging es der Kirche sehr gut, und sie
konnte jedes gewünschte Programm verwirklichen, ungeachtet des Aufwandes.

Nach einem Monat des Ringens mit mir selbst kam ich
eines Mittags nach Hause und sagte Ruth, daß die Bedenk-
zeit fast abgelaufen sei und wir eine Entscheidung treffen
müßten. Wir übergaben die Frage in die Hände Gottes und
erbaten Seine Führung. Sie konnte nicht nach Maßstäben des
irdischen Erfolges entschieden werden, sondern nur nach
dem Kriterium unseres wirksamsten Dienens. Wo konnten
wir unser Leben am besten für Christus investieren? Das war
ja die grundsätzliche Verpflichtung, die wir auf uns genommen hatten.

Die meiste Zeit knieten und beteten wir und baten den
Herrn von ganzem Herzen, uns klar und eindeutig anzuzei-
gen, was Sein Wille für uns sei. Wir baten Ihn, sämtliche mate-
riellen Überlegungen, alle Gedanken an weltlichen Komfort
und Erfolg aus unseren Überlegungen zu löschen und uns zu
helfen, eine Entscheidung einzig und alleine auf der Basis
dessen zu treffen, was unser Herr Jesus von uns wollte. Unser
Beten muß drei bis vier Stunden angedauert haben. Wir hatten jedes Zeitgefühl verloren, aber ich weiß noch, daß es später Nachmittag war, als wir uns wieder erhoben.

Der Dichter James Russell Lowell schrieb in seinem Werk
»Die Kathedrale«:

Ich, der ich noch immer morgens und abends bete …
Habe in meinem Leben vielleicht dreimal wirklich ge-
betet,
Dreimal, bewegt unter meinem bewußten Selbst, gespürt
Die vollkommene Befreiung, die Gott ist …

Auch wir erreichten diese spirituelle Ebene, als wir jedes
Verlangen nach irdischen Vorzügen, Komfort und Bequem-
lichkeit losließen und rückhaltlos bereit waren, Gott unser
Leben führen zu lassen. Wir würden dorthin gehen, wo Gott
es wollte. In vollkommener Aufrichtigkeit wollten wir nur
eines, daß Sein heiliger Wille geschehen möge.

Plötzlich, in einem Blitz der Erkenntnis, kam Seine Antwort. Jede Ungewißheit war nun weggewischt. Ich wußte
jetzt, wie Gott, unser Allmächtiger Herr, wollte, daß wir
unser Leben verbringen. Ich erhob mich von den Knien und
fragte Ruth: »Hast du eine Antwort erhalten?«

»Ja«, sagte sie mit Bestimmtheit, »ich habe es.«

»Und wie lautet die Antwort?« fragte ich sie.

»Das werde ich dir nicht sagen, denn es ist deine Entscheidung. Ich werde selbstverständlich dorthin gehen, wo du hin-
gehst.«

»Die Antwort lautet«, sagte ich, von allen Zweifeln befreit,
»wir gehen nach New York.«

Und nun kommt das, was ich als ein Wunder der göttlichen
Gnade ansehe. Ich hatte in dem Moment ein Gefühl tiefen
Friedens und damit verbunden das Wissen, daß ich die richtige Entscheidung getroffen hatte. Niemals seit dieser Minute
trat in mir auch nur die Spur eines Zweifels daran auf, daß

diese Entscheidung die richtige gewesen war. Während ich diese Worte schreibe, mehr als fünfzig Jahre später, erfüllt mich dieselbe sichere Überzeugung, daß Gott mir einen Weg gezeigt hatte und ich daraufhin richtig handelte, und all das beweist, daß Gott tatsächlich gläubige, betende Menschen führt. Wenn man bereit ist, die eigenen Wünsche unterzuordnen und dem Willen Gottes zu folgen, wird sich die richtige Antwort auf jedes Problem ganz gewiß einstellen.

Ich rief William S. Denison an, den Vorstandsvorsitzenden in New York, und teilte ihm mit, daß wir die Entscheidung getroffen hätten, dem Ruf der Marble Collegiate Church zu folgen.

Kurz darauf fuhr ich nach New York, um vor dem Ältestenrat der reformierten Kirche Amerikas zu erscheinen und aus der methodistischen Konfession versetzt zu werden. Ich empfand mich zwar nie als an eine konfessionelle Zugehörigkeit gebunden, aber es berührte mich doch, die Kirche meiner Vorväter zu verlassen. Doch jede Spur von Melancholie verflüchtigte sich, als ich dem Gebet zuhörte, das meiner Eintragung in das uralte Buch folgte, in das die Pfarrer der reformierten Kirche Amerikas bereits seit Jahrhunderten ihren Namen schrieben. Ich wußte in dem Moment, daß ich mich in der fürsorglichen Gesellschaft christlicher Brüder in Jesu befand.

Im Verlauf der vielen Jahre habe ich es immer als Ehre empfunden, einer historischen Konfession anzugehören, die in der protestantischen Reformation und der Kirche der Niederlande wurzelt. Meine Ordinationsurkunde der Methodistenkirche, mit herzlichen Empfehlungen unterschrieben von Bischof Francis J. McConnell, dem vorsitzenden Bischof von New York, wurde vorgelesen und einstimmig anerkannt. Somit war ich offiziell in die reformierte Kirche Amerikas aufgenommen. Anschließend stieg ich in die obere Etage eines der altmodischen Busse der Fifth Avenue, blickte zurück auf die Marmorkirche, während wir die große Straße entlangrollten, und wußte jenseits von jedem Zweifel, daß diese Kirche meine spirituelle Heimat war.

Mein Einführungszeremoniell als Pfarrer der Marble Collegiate Church fand am Sonntagabend, dem 2. Oktober 1932, statt, und der Publikumsandrang überstieg die räumliche Aufnahmefähigkeit des Kirchenschiffs bei weitem. Leiter war der Präsident des Ältestenrates New York der reformierten Kirche Amerikas, Hochwürden Dr. Oliver P. Barnhill. Die Unterrichtung der Gemeinde wurde von dem Präsidenten der Generalsynode der reformierten Kirche Amerikas, Hochwürden Dr. Edward Dawson, durchgeführt. Die Predigt hielt einer der berühmtesten Kirchenredner jener Zeit, Dr. Charles E. Jefferson, Ehrenpastor des Broadway-Tabernakels.

Die Einweisung des Pastors fiel meinem Vater, Hochwürden Dr. Charles Clifford Peale, zu. Er war damals Pastor der Ersten Methodistenkirche in Columbus, Ohio. Ich sehe ihn noch vor mir, wie er auf der Kanzel stand und zu mir herabblickte, der ich in der ersten Reihe am Gang saß, denn eigentlich war ich immer noch ein Anwärter auf das Pfarramt.

In seiner direkten, liebevollen Art sagte er: »Norman, ich kenne dich seit dem Moment, in dem du geboren wurdest. Du hast gebrüllt, als du auf diese Welt kamst, und du brüllst seitdem ohne Unterlaß.« Und dann fügte er mit feuchten Augen und einem Kloß in der Kehle hinzu: »In deinem ganzen Leben hast du mich noch nie enttäuscht, und du wirst mich jetzt auch nicht enttäuschen.«

Als die Zeremonie vorbei war und sämtliche Menschen gegangen waren, entdeckte ich meine Mutter draußen vor dem Haupteingang an der Fifth Avenue. Sie war alleine und weinte.

Erschrocken fragte ich sie. »Mutter, was ist denn?«

»Ich hatte meine Hand gerade auf einen dieser riesigen Marmorblocks gelegt, aus denen die Kirche gebaut ist«, sagte sie. »Die sind so stark.« Sie weinte wieder und legte ihre Hand auf meine Schulter. »Laß sie immer stark bleiben.«

10. Kapitel
Eine schwierige Aufgabe

Früh am nächsten Morgen war ich in meinem Büro. Der Trubel des vergangenen Tages und Abends war verklungen, und ich stand nun einer schwierigen Aufgabe gegenüber. Die Kirche war ein hohles Gehäuse, ihre Organisation bestand aus wenigen Leuten, die jedoch hingebungsvoll und wirksam arbeiteten. Mir standen zwei Mitarbeiter zur Verfügung, Hochwürden Albert A. Leininger und Fräulein Mercé E. Boyer. An diesem Montagmorgen setzten wir uns zusammen, und sie berichteten mir, was ich bereits erfahren hatte: daß die Kirche an die fünfhundert eingetragene Mitglieder hatte, von denen selten mehr als zweihundert die Morgengottesdienste und einige mehr die Gottesdienste sonntagabends besuchten. Eine Gebetsstunde mittwochabends hatte fünfzig bis sechzig Teilnehmer, und es gab noch einige weitere kleine Veranstaltungen.

Die räumlichen Möglichkeiten waren extrem beschränkt. Hinter dem Kirchenschiff lag ein Raum, der »der Salon« genannt wurde, obwohl es sich hauptsächlich um einen Durchgang zwischen dem Eingang von der 29. Straße und den Büros handelte. An Versammlungsräumen für Gruppen gab es nur einen großen über dem Salon, »das Vortragszimmer« genannt, wo Gebetsstunden abgehalten wurden. Sollte ein Festessen stattfinden, so konnten im Salon ungefähr siebzig Personen Platz finden, die dann auf umständlichste Weise von einer winzigen Küche aus versorgt werden mußten.

Das Kirchengebäude war seit seiner Errichtung im Jahre 1854 kaum verändert oder verbessert worden. Unter dem wunderschönen Kirchenschiff befand sich ein Keller mit natürlichem Erdfußboden und einer Höhe von ungefähr eineinhalb Metern, in dem mehrere Heizungsanlagen untergebracht waren. Für die Durchführung eines zeitgemäßen Programms waren die Beschaffenheit und die Ausrüstung der Kirche völlig unzureichend, um es milde auszudrücken. Tatsächlich wurde die Kirche allgemein als ein Zentrum für Predigten angesehen, und wenig wurde unternommen, um den Aufbau der Gemeinde aktiv zu fördern.

Aber der Kirchenrat, die Dekane und Mitarbeiter sehnten sich danach, mit innovativen Aktivitätsprogrammen zu beginnen. Ihre begeisterte Unterstützung meiner Amtsführung war von Anfang an aufrichtig und loyal. Und wenn einem ein solches Team von einsatzfreudigen Menschen zur Seite steht, das gemeinsam glaubt, arbeitet und betet, müssen große Errungenschaften einfach folgen, und sie taten es auch im Laufe der Jahre.

Sonntags blickte ich von der Kanzel auf die menschenleere Empore und die vielen unbesetzten Bänke des großen Schiffs und mußte eine weitere Entscheidung treffen. Wie sollten diese vielen wartenden Plätze gefüllt werden? Eine sensationsbetonte Art des Predigens könnte die Plätze füllen, und das schnell. Damals in den dreißiger Jahren gab es Prediger, die so arbeiteten. Ich sah tatsächlich mit eigenen Augen die Ankündigung einer Predigt an einer Kirche in Brooklyn, die lautete: »WENN ICH SATAN WÄRE, WAS ZUM TEUFEL WÜRDE ICH DANN TUN?« Da ich jedoch fest an die Heilige Schrift glaube, berief ich mich auf das dort stehende Versprechen: »Aber wenn ich von der Erde erhöht bin, werde ich alle an mich ziehen«. (Johannes 12,32) Es durfte nicht der Zweck meines Handelns sein, Sitzplätze zu füllen, sondern es ging alleine darum, Seelen mit dem Evangelium des Herrn Jesus Christus zu füllen. Dies war mein Leitmotiv, und in meinen Predigten sprach ich menschliches Leid an und befaßte mich in verständlicher Sprache mit den konkreten Problemen der Menschen, die mir zuhörten.

Nachdem wir unser erstes Jahr lang gegen die trüben Umstände der Marble Collegiate Church angegangen waren, machten Ruth und ich im Sommer 1933 Urlaub in England. Wir wohnten in Keswick im Lake District, einer Gegend mit Hügeln und Seen, die für ihren Charme und ihre landschaftliche Schönheit bekannt war und viele historische Stätten bot, die mit den großen Persönlichkeiten der englischen Literatur verbunden waren.

Ich aber war ruhelos und bedrückt wegen unserer Kirche daheim in New York. Die Situation erschien ausweglos – warum hatte ich mich überhaupt je auf eine solche Aufgabe eingelassen? Aus meiner düsteren Gemütsverfassung heraus lud ich meine Sorgen auf meine fröhliche, positive junge Frau ab. Das Hotel, in dem wir wohnten, war von einer wundervollen formellen Gartenanlage umgeben. Gepflegte Hecken, ehrwürdige alte Bäume und herrliche Blumenbeete ließen einen dort zur Ruhe kommen. Oft gingen wir auf den kiesgestreuten Wegen spazieren und genossen es, eine Weile dort zu sitzen, besonders auf einer Bank am äußersten Ende des Gartens.

Als wir eines Tages auf dieser Bank saßen, ereignete sich etwas, das mein Leben, meine gesamte Existenz dramatisch beeinflußte und wendete. Es war das Schlüsselereignis für meinen persönlichen Werdegang. Als ich dasaß und all meinen negativen Gedanken und meiner ganzen Entmutigung Luft machte, vollbrachte Ruth ein meisterhaftes Werk der Therapie an mir. Normalerweise ist Ruth eine gütige, ausgeglichene Dame, aber dort wurde sie bestimmt und autoritär, psychologisch sowie spirituell.

»Du«, sagte sie, »bist nicht nur mein Ehegatte. Du bist auch mein Seelsorger, und auf diesem Gebiet muß ich leider feststellen, daß du mich zunehmend enttäuschst. Ich höre, wie du von der Kanzel über Glauben und Vertrauen in die wunderbare Kraft Gottes sprichst. Aber was ich jetzt von dir höre, zeigt nichts von Glauben oder Vertrauen. Du winselst mir nur deine Ohnmacht vor. Und um es unverblümt auszudrücken: Dir fehlt eine tiefgreifende spirituelle Erfahrung. Dir fehlt die Bekehrung.«

»Ich bin bereits bekehrt«, protestierte ich.

»Nun, das hat nicht gewirkt«, schoß sie zurück, »also tätest du gut daran, eine echte Bekehrung zu erleben.«

Wir saßen da in tiefem Schweigen, das endlich von Ruths Erklärung gebrochen wurde, daß weder sie noch ich diese Bank verlassen würden, bis ich nicht einen echten Zugang zum Herrn gefunden hätte und aus mir ein neugestalteter Mensch geworden wäre. »Und wie stelle ich das an?« fragte ich kleinlaut.

»Du, ein Seelsorger, fragst, wie man das anstellt«, war ihr Kommentar. »Sage dem Herrn, daß du ausweglos verirrt und ermattet bist, daß du aus dir heraus keine Kraft mehr aufbringen kannst, daß du dich demütig Seiner göttlichen Gnade unterwirfst und daß du Ihn bittest, dich jetzt umzuwandeln.«

Sie nahm meine Hand und hielt sie fest. »Bitte Ihn laut. Ich bete auch für dich.« Mit holprigen Worten beichtete ich all meine Schwächen und flehte den Herrn an, in meiner

Niederlage zu mir zu kommen. Ich wiederholte das immer wieder, in völliger Selbstaufgabe und Selbstgabe, ich betete mit der gesamten Intensität meines Wesens. Und das Gebet wurde auf der Stelle erhört. Ich verspürte eine Wärme, die sich von meiner Kopfhaut bis hinab zu meinen Füßen ausbreitete. Eine Freude, wie ich sie noch nie verspürt hatte, stieg in mir auf, und Tränen rannen über mein Gesicht. Ich lachte und weinte gleichzeitig, sprang auf und lief aufgeregt auf und ab.

»Es ist wunderbar!« rief ich außer mir. »Wunderbar und herrlich! Er hat mich erhört. Er ist in meinem Herzen, in meinem Verstand. Nichts kann mich nunmehr besiegen, weder diese Kirche noch sonst etwas. Ich will wieder zurück und an die Arbeit. Von jetzt an werden wir wunderbare Zeiten erleben.« So redete ich nach meinem neuerlebten Erfahren Gottes. »Laß uns zusehen, daß wir gleich zurück nach New York kommen und die Aufgaben dort kraftvoll in Angriff nehmen. Wir benötigen keinen weiteren Urlaub.«

Mit gespielter Verzweiflung meinte Ruth dazu: »Meine Güte, ich bin wohl zu weit gegangen.« Aber sie war ebenso angeregt wie ich und machte sich gleich daran, unsere Sachen zu packen. Ein von Tatendrang beseeltes junges Paar war alsbald auf dem Wege zurück zur trostlosen Ecke Fifth Avenue/29. Straße, nur war sie nicht mehr trostlos, denn wir betrachteten die Probleme mit einer anderen Einstellung als zuvor und mit anderen Augen. Selbstverständlich gab es eine Menge Schwierigkeiten, aber ich ließ mich nie wieder davon überwältigen, und diese alte, herabgekommene Kirche füllte sich mit neuem Leben und Glauben, mit Freude und Kraft und Menschen. Von ganz unten begann sie ihren Aufstieg und ist seitdem wieder führend. In solcher Weise arbeitet der Herr, wenn der Mensch Ihm die Chance gibt, das Leben zu führen, besonders dann, wenn der Betroffene so eine starke, gläubige, weise und liebende Ehefrau hat.

Viele Jahre später war ich einmal Gast und Mittelpunkt einer Folge der berühmten Fernsehsendung von Ralph Edwards, »Das ist ihr Leben«. Der Gast wurde immer durch irgendwelche Tricks dazu gebracht, an dem speziellen Abend unter den Zuschauern im Fernsehstudio zu sein. Ich war daher überhaupt nicht auf Fragen vorbereitet. Aber dort, vor dem riesigen Studiopublikum und den Millionen von Zuschauern an den Bildschirmen, gab es nur eine Antwort, als mich Ralph fragte, welches das größte Ereignis meines Lebens gewesen sei. Ohne nachzudenken, erzählte ich von meiner Erfahrung der unfaßbaren Gnade Gottes auf einer Gartenbank in England.

Ich kam auf den Gedanken, daß ich zu den Leuten hingehen würde, wenn sie nicht in die Kirche kommen wollten. Deshalb nahm ich jede Vortragseinladung an, die mir geboten wurde, in Militärclubs, bei kommunalen Versammlungen, Abschlußfeiern an Schulen, Vertriebskonferenzen von Firmen und karitativen Veranstaltungen. Ich hielt keine Predigten, sondern betonte konsequent, daß jeder Mensch über sich selbst hinauswachsen kann, wenn er sich dem Schöpfer anvertraut. Und allmählich begann sich die Kirche mit Menschen zu füllen, die mehr davon hören wollten, und sie blieb voll. Seit mehr als vierzig Jahren suchen mehr Menschen Einlaß, als aufgenommen werden können, aber es dauerte seine Zeit, bevor das erreicht war. Die Lehre darin ist, daß man nicht aufgeben darf, wie schwierig die Aufgabe auch sein mag.

Der Kirchenhaushalt war eines der ersten Probleme, die ich mir vornahm. Das war besonders dringend, da der Börsenmakler Hyde, der zwei Drittel unserer Gelder für laufende

Ausgaben gespendet hatte, unerwartet verstarb. Ich sagte der Gemeinde, daß wir diesen Verlust wettmachen wollten, aber nicht durch eine jährliche Spende aus einer Quelle, sondern durch kleine Spenden vieler Menschen. Es wurde den Mitgliedern überlassen, sich freiwillig zu einer Spende zu verpflichten, und ich war zutiefst gerührt, als wir diese neuen Bürgschaften zählten und feststellten, daß wir mehr als doppelt so viele wie die vorherige Gesamtzahl erhalten hatten. Denjenigen, die sich an die biblische Ermahnung der Gabe des Zehnten hielten, versprachen die nicht zu unterschätzende Nebenwirkung des spirituellen Wachstums durch ihre Großzügigkeit. Diese Bereitschaft zu spenden hat im Laufe der Zeit ständig zugenommen, und unterdessen sind in der Marmorkirche Millionen für die Arbeit des Herrn gesammelt worden.

Meine Handhabung des Pfarramts in New York basiert damals wie heute auf drei Faktoren: 1. Ich übernahm eine stark heruntergekommene Kirche und glaubte, daß es für sie nur eine Richtung gäbe, und zwar nach oben. Wäre sie weiter abgesunken, so wäre sie nicht existenzfähig geblieben. 2. Ich predige das Evangelium der Erlösung und der Lebensveränderung durch Glauben an Christus und hob Christsein als praktische Lebensführung hervor. 3. Meine Wortverkündungen bedienten sich ausnahmslos einfacher, nachvollziehbarer Strukturen und Sprache. Ich redete so wie die Menschen, mit denen ich in Ohio aufgewachsen war.

Ich werde manchmal gefragt, ob ich nicht auch die Schwierigkeiten mit Mitmenschen gehabt habe, die Pfarrer gelegentlich erleben. Da möchte ich nicht so tun, als hätte es immer nur eitel Sonnenschein gegeben. Ich erfuhr einige Schwierigkeiten und sogar Opposition von zwei Männern, die beide Kirchenälteste waren und somit einiges zu sagen hatten. Warum der eine von beiden sich so verhielt, bleibt mir auch heute noch ein Rätsel. In meiner Anfangszeit an der Kirche war er durchaus freundlich und hilfsbereit. Ruth und ich waren oft privat bei ihm und seiner Frau zum Essen eingeladen, und sie waren fürsorgliche Gastgeber. Ich war jedoch jung, und ich glaube, daß er eine väterliche Einstellung mir gegenüber entwickelte, die sich dann wohl unbewußt so auswirkte, daß er meine Handlungen zu kontrollieren suchte, mir sogar vorschreiben wollte, wie ich zu predigen hatte. Ich war mir meiner Unvollkommenheit als Prediger durchaus bewußt, aber ich bezweifle, daß dieser Mann in seinem gesamten Leben je eine öffentliche Ansprache gehalten hatte. Daher erschienen mir die Qualifikationen, aus denen heraus er meine Wortverkündungen umgestalten wollte, eher fragwürdig. Obwohl ich bemüht war, mit seinen Ansichten respektvoll umzugehen, ließ sich leider eine gewisse Reibung zwischen uns nicht vermeiden.

Außerdem war ihm an einigen bevorzugten Positionen in unserem Konsistorium, dem Verwaltungsrat unserer Kirche, gelegen. Ich setzte mich für ihn ein, konnte aber die anderen Beteiligten nicht von ihm überzeugen. Vielleicht machte er mich dafür verantwortlich, daß er nicht das erreichte, was ihm seiner Meinung nach zustand. Bedauerlicherweise kam es letztlich zum Bruch zwischen uns, das eine von zwei solchen Vorkommnissen in meinen über fünfzig Jahren im Pfarramt.

Das andere Problem entwickelte sich mit einem leitenden Kirchenältesten, dem Vorsitzenden des Kirchenvorstandes, einem Geschäftsmann namens William S. Denison. Nach seiner Auffassung machte ihn seine Stellung in der Kirche zum obersten Befehlshaber und meinem »Chef«. »Ich will nicht«, sagte er mir, »daß Sie da und dort auftreten, um Reden zu halten. Zumindest nicht, bis Sie ihre Abwesenheiten mit mir abgesprochen haben.« Ein anderes Mal hieß es: »Wir haben Sie eingestellt, damit Sie jeden Tag von 8 Uhr bis 17 Uhr an Ihrem Platz sind und die üblichen Abendaktivitäten erledigen.« Als ich ihn sanft daran erinnerte, daß ein Pfarrer des Evangeliums nicht »eingestellt«, sondern »berufen« wird, bestand er darauf, daß ich sein Angestellter sei und damit basta.

Einmal, als Denison mein Gast bei einem Mittagessen im Union League Club war, begegnete er einem Freund und stellte mich ihm als »unser neuer Mann in der Kirche« vor. Ein anderes Mal, als ich ihn mit einem angesehenen New Yorker Geistlichen bekannt machte, sagte er: »Ich bin Dr. Peales Chef.« Diese ganze Anmaßung von Autorität und die unangebrachte Angeberei störten mich nicht übermäßig. Ich nahm ihn so, wie er war, ein ziemlich instinktloser Mann, der nirgendwoanders etwas zu sagen hatte, und als er in der Kirche zu Autorität gelangte, wußte er nicht in angemessener christlicher Weise damit umzugehen. Einmal, nach der Beendung der wöchentlichen Gebetsstunde, holte er seine Uhr hervor und sagte streng und mißbilligend: »Sie haben um zwei Minuten überzogen.«

Ich gebe zu, daß mich Bill Denison zeitweise ziemlich irritierte, aber ich ließ ihn immer so höflich wie möglich wissen, daß ich der federführende Pfarrer war und daß ich zwar gewillt war, kameradschaftlich mit ihm zusammenzuarbeiten, mich aber ausschließlich Gott unterstellt fühlte. Trotz seiner manchmal unfeinen Art spielte ich auch Golf mit ihm. Persönlich mochte ich ihn sehr und schätze die Erinnerung an ihn. Eines Abends, als Bill die U-Bahn nach Hause nahm, holte ihn der Herr zu sich in den Himmel. Er war ein guter, aufrichtiger Mann und hatte den Himmel verdient, dachte ich. Aber ich muß eingestehen, daß mein Weg um einiges ebener wurde, nachdem diese beiden Männer, pflichtbewußt und ehrbar wie sie waren, uns verlassen hatten – der eine, um an einer anderen Kirche tätig zu werden, und der zweite durch den Ruf des Schöpfers. Ausnahmslos willenskräftige, intelligente Männer dienten in unserem Verwaltungsrat, aber keiner, auch nicht der Vorsitzende, hat je wieder versucht zu dominieren, sondern sie haben alle kooperativ zusammengearbeitet, ohne Hintergedanken an Macht oder Kontrolle.

Spätnachmittags am Sonntag, dem 7. Dezember 1941, kam im Rundfunk die schockierende Meldung, daß das Inselreich Japan einen vernichtenden Luftangriff auf Pearl Harbor verübt hatte. Natürlich erhitzten sich die Gefühle nach diesem unglaublichen Vorfall, und jeder war von Wut und Feindseligkeit erfüllt. Ich sollte den Sonntagabendgottesdienst um 20 Uhr leiten. Die Kirche war übervoll, und viele begnügten sich mit Stehplätzen. Die Atmosphäre war äußerst angespannt. Ich begann in dieser Stunde der Krise mit einem kurzen Gebet für unseren Präsidenten, für unsere geliebte Heimat und dafür, daß die Menschlichkeit in dieser Zeit der emotionalen Reaktionen von rationalem Denken geleitet würde.

Als ich dann die dichte Menschenmenge betrachtete, erahnte ich die vorherrschenden Gefühle, denn sie waren auch meine, und ich rief auf zum Gesang unserer Nationalhymne. Oft war ich dabei, wenn Versammlungen von Amerikanern ihre Hymne bei historischen Anlässen sangen, aber niemals hat sie mich so tief berührt wie in diesem Moment. Der durch das Kirchenschiff tosende Gesang war bewegend und bleibt mir unvergeßlich.

Nach diesem Ausdruck der Vaterlandsliebe setzte sich die Gemeinde wieder, aber das angespannte Gefühl blieb. Ich stand schweigend da und betrachtete die Menschen. Sie sahen zur Kanzel hoch, ihrer Kanzel, die uralt war und vor der das Evangelium bereits gepredigt wurde, bevor die Republik der Vereinigten Staaten gegründet war. Mir kam der Gedanke, die Worte James A. Garfields zu wiederholen, die er der Menschenmenge vom Balkon des alten Willard-Hotels in Washington an dem Abend zugerufen hatte, als Abraham Lincoln erschossen wurde: »Gott regiert, und die Regierung in Washington lebt noch!« So, wie dieser Ausruf die Menschen auf den Straßen der betroffenen Hauptstadt in dieser schlimmen Nacht beruhigt hatte, so brachte er auch Ruhe in die Menge in der Marble Collegiate Church an dem ähnlich furchtbaren Abend von Pearl Harbor.

Am darauffolgenden Montagabend war ein Herrenessen für Angehörige der Kirche geplant, bei dem der Gastredner Hochwürden Sojiro Shimizu sein sollte, Pfarrer der japanischen reformierten Kirche von New York. Hochwürden Shimizu war ein gelehrter, ruhiger und gütiger christlicher Herr. Er rief mich Montag früh an, um zu sagen, er sei sicher, daß es mir peinlich sein würde, wenn er angesichts der aktuellen Situation unserer Einladung Folge leistete, und wollte mir sagen, daß er nicht erscheinen würde.

Ich antwortete darauf, daß die politischen Differenzen zwischen Japan und den Vereinigten Staaten keinen Einfluß auf unsere Beziehung zueinander als Christen hätten, daß wir Brüder in Christus seien und daß ich ihn liebte. Auf jeden Fall sollte er zu uns kommen und seine Rede wie geplant halten. Als er als Redner vorgestellt wurde, erhob sich das gesamte Publikum und spendete ihm Beifall. Er stand da, und die Tränen liefen ihm über das Gesicht. Für mich, und ich glaube für alle Anwesenden, war das eine eindrucksvolle Demonstration gelebter christlicher Brüderlichkeit.

Ein weiteres Ereignis auf unserem Programm war die Ordination eines Japaners zum Pfarrer. Es war Toru Matsumoto, ein brillanter Mann, der sich der Botschaft Christi rückhaltlos verschrieben hatte. Einige schlugen zaghaft vor, die Zeremonie zu verschieben, bis »die Zeiten etwas günstiger« wären. Andere dagegen bestanden darauf, daß die Angelegenheiten des Königreichs Gottes konsequent weitergeführt werden sollten, unbeeinflußt von Krieg oder anderen weltlichen Geschehnissen. Dementsprechend wurde die Ordination wie geplant in der Marble Collegiate Church zelebriert, während Polizeimannschaften die Kirche umstellten. Ich bin stolz auf die Tatsache, daß wir darauf bestanden, einem japanischen Bürger die Weihe des Heiligen Amtes Christi zu einer Zeit zu ermöglichen, in der wir loyale Amerikaner und auch loyale Christen uns im Kriegszustand mit seinem Heimatland befanden. Nach Kriegsende kehrte Hochwürden Matsumoto nach Japan zurück, wo er die Jahre bis zu seinem Tod ein beliebter Rundfunkredner war und viel bewirkte, um seinem Volk das Christentum näherzubringen.

Zwischen Januar und Februar des Jahres 1942 fand eine dramatische Veränderung des Aussehens der Kirchgemeinde statt. Wenn ich sonntags von der Kanzel herabblickte, sah ich Hunderte von Uniformen, und die Männer, die sie trugen, stammten aus allen Teilen Amerikas. Unsere Nation befand sich wieder im Krieg und holte die Jugend zum Militärdienst heran. Da von New York aus eine riesige Anzahl von jungen Amerikanern an die Front nach Europa gebracht wurden, hielten sich damals stets Tausende von Militärangehörigen in der Stadt auf. Viele dieser Männer und Frauen, die vielleicht zum erstenmal von zu Hause weg waren, drängten in die Kirche. Sie waren sich bewußt, daß dies nicht die altbekannte Heimatkirche der Dörfer und Städte Amerikas war, aber dennoch fanden sie die freundliche Aufnahme, die sie suchten, in vollem Umfang in der Marmorkirche.

Mitglieder der Kirchgemeinde veranstalteten gesellige Treffen unter der Woche und ein traditionelles Kirchenessen an Sonntagen. Die Mitglieder luden Militärangehörige zu sich nach Hause ein und zeigten diesen jungen Männern und Frauen auf vielfältige Weise, wie sehr wir alle sie schätzten. Bis heute passiert es mir auf meinen Vortragsreisen im ganzen Land, daß Männer, die unterdessen grauhaarig sind, meine Hand erfassen und gerührt fragen: »Wie geht es der guten alten Marmorkirche? Ich werde nie vergessen, was es mir bedeutete, während des Kriegs dort hineinzukommen, ziemlich einsam und auch mit etwas Angst vor dem, was mich erwartete.«

So ging es weiter Monat für Monat, bis hin zu dem unvergessenen Sommertag, dem 9. August 1945, in Pawling, New York, als die Glocke des Turmes der wunderschönen, weißen Christuskirche auf dem Quaker-Hügel jubilierend in den stillen Nachmittag hinein läutete. Präsident Harry S. Truman hatte soeben das Ende des Krieges bekanntgegeben. General Douglas McArthur hatte auf dem Deck des Schlachtschiffes *USS Missouri* im Hafen von Yokohama die Kapitulation der japanischen Regierung entgegengenommen.

Von der Kirchenglocke herbeigerufen (wie wohl in allen Ortschaften des Landes, wo Glocken diese frohe Botschaft verkündeten), eilten Menschen, die für einen Ausflug aufs Land gekleidet waren, aus allen Richtungen zu der Kirche auf dem Hügel, bis kein Mensch mehr hineinpaßte. »Wir müssen einige Ansprachen haben, die dem tiefen Gefühl unseres Volkes in dieser großen, historischen Stunde Ausdruck geben«, sagte Hochwürden Dr. Ralph Conover Lankler, der hochverehrte Pfarrer dieser Kirche. Thomas E. Dewey, der Gouverneur des Staates New York, war mit seiner Familie auf der für sie reservierten Bank anwesend. Nicht weit von ihm entfernt saßen Lowell und Frances Thomas.

»Frag die doch. Das sind unsere Anführer«, sagte ich, als mich Pfarrer Lankler ansprach. Aber Ralph kam zurück zu mir, nachdem er mit dem Gouverneur und Lowell gesprochen hatte. »Sie meinen, daß dies ein Moment ist, in dem Gott gedankt werden sollte.« Wir beschlossen einen Kompromiß. Erst sagten der Gouverneur und Lowell einige Worte, und dann hielt ich eine kurze Ansprache, in der ich auf das überlieferte amerikanische Prinzip der Freiheit unter Gott einging, für dessen Erhaltung wieder einmal viele Tausende unserer besten jungen Leute ihr Leben gelassen hatten. Dieses Amt des Dankes, spontan dem Gott unserer Vorväter dargebracht, bleibt ewig in geheiligter Erinnerung aller, die die Botschaft der Glocken an dem Tag wahrnahmen, als der Zweite Weltkrieg endete.

11. Kapitel
Es weht ein rauher Wind

Rundfunksendungen, das Schreiben von Büchern und das Rednerpult gehörten zu den kreativen Mitteln, die ich einsetzte, um meine fast totgesagte Kirche in den Anfangsjahren mit neuem Leben zu erfüllen. Kurz nach meiner Ankunft aus Syracuse im Jahre 1932 lud mich mein alter Freund Frank C. Goodman, der in meiner Zeit an der Kings Highway Church in Brooklyn so gut zu mir gewesen war, zum Mittagessen im Prinz-Georg-Hotel in der 28. Straße ein.

Frank hatte meine Pfarrtätigkeit in Syracuse aufmerksam verfolgt und sagte: »Ich habe immer noch eine sehr hohe Meinung von deinem Potential«, um sein Kompliment exakt zu zitieren. Er freute sich, daß ich in das Stadtgebiet zurückgekehrt war, und sagte: »Mit der Kirche in der 29. Straße hast du dir einen schwierigen Fall eingehandelt. Aber wenn du die Menschen in diesen schweren Zeiten der Depression liebst, wenn du allen, die zum Zuhören bereit sind, sagst, daß der Herr sie liebt und ihnen helfen wird, wenn sie Ihm ihr Vertrauen schenken, dann glaube ich sehr wohl, daß du zum Ziel kommen wirst – mit der Zeit.« Diese letzten Worte, »mit der Zeit«, sollten sich bewahrheiten, und ich mußte lernen, Geduld zu haben.

Frank war das geschäftsführende Vorstandsmitglied für den Bereich Rundfunk des damaligen Bundesrates der Kirchen geworden, der später zum Nationalrat der Kirchen Christi in Amerika wurde, und fragte mich, ob ich im Sommer drei Monate lang eine national ausgestrahlte Rundfunksendung machen wollte. Es handelte sich um eine Sendung von fünfzehn Minuten, samstags um 18.15 Uhr, während der Monate Juni, Juli und August. Ich sollte ersatzweise für die immens populäre Sendung von Dr. Walter Van Kirk, »Religion in den Nachrichten«, eintreten. Damals wurden Radioprogramme nicht vorzeitig aufgezeichnet, und wenn ich diese Gelegenheit wahrnehmen wollte, würde das lange Fahrten von Southhampton auf Long Island oder Canisteo, New York, bedeuten, wo Ruth und ich unseren Sommerurlaub verbrachten. Obwohl es von Sommersendungen immer heißt, daß sie nur ein kleines Publikum erreichen, sah ich dies als eine weitere Möglichkeit an, Menschen die christliche Botschaft näherzubringen. Und vielleicht würde es der Marble Collegiate Church sogar einige neue Mitglieder bringen. Nach vielen Jahren in den Medien bin ich nicht der Meinung, daß Radio und Fernsehen sehr viele Menschen zur Mitgliedschaft in ihrer örtlichen Kirche bewegen, aber daß solche Sendungen das Denken und Leben von zahllosen Menschen beeinflußt, steht für mich außer Zweifel.

Frank Goodman schlug vor, meine Sendung »Die Kunst des Lebens« zu nennen. Sie wurde erstmals im Sommer 1933 ausgestrahlt und dann weitere vierzig Jahre lang. Meine Botschaft enthielt viele der Ideen und Prinzipien, die später zum Inhalt meines Buches »Die Kraft positiven Denkens« wurden. Ich schulde Frank Goodman Dank dafür, daß er mir half, die Art zu denken zu entwickeln, die später zu meiner Kernbotschaft wurde.

»Die Kunst des Lebens« war eine Sendung von einer Viertelstunde, die in einem Studio aufgenommen wurde und sich nicht an ein Massenpublikum richtete, sondern den einzelnen Menschen ansprach, als würden wir uns ruhig unterhalten. Die Botschaft umfaßte alltägliche Dinge, die für jeden von uns wichtig sind. Gesendet wurde von der alten New Yorker Radiostation WEAF, die der Sendergruppe Blau angehörte. Sie fusionierte später mit WJZ, einer Station der Sendergruppe Rot, und wurde zur NBC, der National Broadcasting Company.

1962 begannen wir dann ein halbstündiges Programm auf WOR, einem starken lokalen Sender, der ein Umfeld von mehr als hundertfünfzig Meilen um New York herum erreicht. Diese Sendung ist jedoch eine Übertragung meiner Sonntagspredigt in der Kirche und als öffentliche Ansprache an ein großes Publikum wohl eher rhetorisch als persönlich anzusehen. Dabei ruft aber jede humoristische Einlage eine Publikumsreaktion hervor, die dem weit entfernten Radiohörer die Atmosphäre und den Geist, der in der Kirche herrscht, vermittelt. Aber infolge dieser Art von religiöser Sendung habe ich nie das Volumen an Hörerpost erhalten, das mich nach den stilleren, persönlicheren Studiosendungen erreichte.

Lowell Thomas, der unbestritten die dienstälteste Stimme des Rundfunks war, sagte oft zu mir: »Norman, wenn ich einmal nicht mehr da bin, wirst du die am längsten überdauernde ›Stimme im Äther‹ sein.« Zur Zeit dieser Niederschrift spreche ich nun ohne Sendepause seit mehr als fünfzig Jahren im Rundfunk.

Ich erinnere mich an viele dramatische Geschichten von Männern und Frauen, die alleine durch das Anhören der Botschaft Jesu Christi im Radio außergewöhnliche Veränderungen ihres Lebens erfuhren. Da war einmal eine Frau, die sich in der tiefsten Finsternis der Verzweiflung befand und ihrem Leben nun ein Ende setzen wollte. Sie befand sich in einem schäbigen kleinen Zimmer einer heruntergekommenen Pension an der Küste von New Jersey. Sie besaß kein Geld mehr und auch keine Hoffnung. Kein Mensch kümmerte sich um sie, sie war alleine, verlassen und ausgestoßen.

Sie hatte eine geladene Pistole bei sich, die sie sich für den letzten, hoffnungslosen Moment aufgehoben hatte. Sie starrte hinaus in einen wütenden Sturm, einen der Orkane des späten Sommers, die manchmal diese Küste heimsuchen. Die Zeit für ihr Ende nahte. Sie wollte in dem Sturmgetöse, das den fatalen Schuß übertönen sollte, aus dem Leben scheiden.

Ohne hinzuhören oder sich darum zu kümmern, hatte sie das Radio eingeschaltet gelassen. In dem Moment, als sie die Pistole an ihre Schläfe setzte, sprach eine Stimme voller Liebe: »Keine Situation ist hoffnungslos, es gibt nur hoffnungslose Menschen. Es gibt immer einen Ausweg, wie finster die Umstände auch erscheinen mögen. Schreiben Sie mir, und ich werde Ihnen helfen. Gott liebt Sie. Er wird Ihnen Hilfe zukommen lassen. *Es gibt Hoffnung.*«

Vielleicht wirkt all dies geschrieben zu melodramatisch, aber die Radiosendung wirkte ihrer Selbstzerstörung entgegen und nahm ihr die Pistole aus der Hand. Sie schrieb tatsächlich, und wir konnten ihr helfen, ihr Leben neu zu organisieren. Sie sagte später immer, daß es Gott Selbst gewesen sei, der sie rettete. Ich bin sicher, daß das stimmt, denn Er liebt Seine armen, unglücklichen Kinder.

Es gibt dazu auch noch eine weitere Geschichte, und diese spielte sich in North Carolina ab. Ein Mann namens Jack hatte eine Nacht lang getrunken und gespielt, und an diesem Sonntagmorgen war er mit dem Auto unterwegs, von sich selbst völlig angewidert, entmutigt und niedergeschlagen. Als unsere Radiosendung begann, griff er nach dem Knopf, um das Gerät abzuschalten. Aber dann sagte die Stimme etwas, was sein Bewußtsein erreichte. Er ließ die Sendung eingeschaltet und hörte zu. Was gesprochen wurde, war, daß das Leben eine erfolgreiche, sogar eine glückliche Erfahrung sein kann, daß Gott die Antworten auf all unsere Probleme in Sich enthält, auch auf das Problem, das wir selbst verkörpern. Jack hielt den Wagen am Straßenrand an, vertiefte sich in Gedanken und betete. Dann traf er einige Entscheidungen, die sein Leben verändern sollten.

Als ich einige Monate nach diesem Vorfall einen Redetermin in Greensboro, North Carolina, wahrnahm, besuchte mich ein Mann in dem Motel, in dem ich mich aufhielt. Es war Jack, und er erzählte mir die Geschichte, die ich gerade geschildert habe. Achtzehn Jahre später saß ich eines Tages in der Garderobe eines großen Hörsaals in Kansas City und bereitete mich darauf vor, eine Ansprache vor fünfzehntausend Besuchern eines Motivationstreffens zum positiven Denken zu halten. Es klopfte, und ein ansehnlicher Mann stand in der Tür. Er war gut gekleidet, und sein Gesicht strahlte vor Freude. »Ich würde Sie gerne einen Moment sprechen«, sagte er. »Ich bin der Seelsorger, der heute das Eröffnungsgebet sprechen wird. Ich möchte die Gelegenheit wahrnehmen, um Ihnen für das zu danken, was Sie vor Jahren für mich getan haben.«

»Es tut mir leid«, antwortete ich, »aber ich kann mich nicht erinnern, daß wir uns je begegnet wären.«

»Oh doch, das sind wir«, meinte er überzeugt und erzählte die Geschichte von dem Motelbesuch. Da unterbrach ich ihn.

»War das nicht in Greensboro?« fragte ich, worauf er nickte. »Dann sind Sie Jack. Und der Herr persönlich leuchtet aus Ihnen heraus!« rief ich voller Verwunderung.

Wenige Minuten später erhob er mit einem ergreifenden

Gebet fünfzehntausend Menschen hin zu Gott. Jack ist heute Pfarrer einer einflußreichen Kirche in einer Großstadt und beliebt bei unzähligen Menschen, denen er hilft, das Beste aus ihrem Leben zu machen. Die Rundfunksendung hatte die Meilen überbrückt und diesen ungewöhnlichen Mann berührt.

Unsere Stiftung für christliches Leben produziert eine national verbreitete Hörfunkserie mit dem Titel »Positives Denken mit Norman Vincent Peale«, die von einigen der größten Radiostationen des Landes gesendet wird, sieben 50 000-Watt-Sender mit vierundzwanzig Stunden Sendezeit pro Tag, und wir erhalten Sendezeiten, die religiösen Programmen noch nie zuvor zugesprochen wurden. Durch solche Kanäle erreichen wir junge Menschen, solche, die keine Kirchen besuchen, und Geschäftsleute, ein riesiges Publikum, dem wir spirituelle Antworten auf die Probleme des täglichen Lebens geben möchten. Das Programm erhält positive Zuschriften von einem großen Teil seiner Hörerschaft.

Durch Radiosendungen habe ich viele ungewöhnliche Menschen kennengelernt, und einer davon war ein Mann mit einem sehr bewegten Lebenslauf. Er hieß Paul Soupiset und leitete ein Geschäft in Houston, Texas. Aber nach dem, was er mir später erzählte, verlief sein Leben negativ und glücklos.

»Aber eines Tages kniete ich nieder, nachdem ich Ihre Sendung gehört hatte, und wurde neu geboren. Mein gesamtes Leben wurde neu und aufregend«, schrieb er mir.

Später schickte ihn die Firma nach San Antonio, um dort ein Geschäft zu übernehmen. Zu dieser Zeit war er bereits dermaßen inspiriert, daß er jedem helfen wollte. Er entdeckte eine schon lange leerstehende kleine Kirche in La Villita, einem Stadtteil mitten in San Antonio. Auf seinen Antrag hin erhielt er die Genehmigung, die Kirche zu benutzen, um lebenserneuernde Botschaften jedem zu verkünden, der zuhören wollte. Und ob man zuhörte. Die kleine Kirche war ständig gefüllt, mit Schwarzen, Weißen, Mexikanern, Katholiken, Protestanten und Menschen, die sich zu gar keinem Glauben bekannten. Von der Warmherzigkeit Paul Soupisets berührt, wohnten Arme und Reiche seinen Versammlungen bei und suchten eine bessere Art zu leben, und viele fanden sie dort.

Paul schrieb mir eines Tages und bat mich, ein Glockenspiel einzuweihen, das im Kirchturm installiert werden sollte. Er fügte hinzu, daß er das Glockenspiel mir widmen wollte. Niemand hatte mir je eine Glocke gewidmet, und außerdem war ich stark von all dem Guten beeindruckt, das er vollbrachte, also nahm ich die Einladung an.

Bei der Einweihungsfeier war die Kirche überfüllt, so daß es auch keine freien Stehplätze mehr gab und Menschen draußen auf der Straße standen. Der Mann, der die Widmungsansprache hielt, ein früherer Alkoholiker, war im öffentlichen Reden offensichtlich nicht geübt. Er erhob sich feierlich und sagte: »Freunde und Mitbürger, hiermit widmen wir dieses Glockenspiel dem Ruhme Gottes und der Erinnerung an Norman Vincent Peale.«

Die Menschenmenge brüllte vor Lachen, und ich mußte den verlegenen Herrn darauf aufmerksam machen, daß ich noch längst nicht tot sei.

Nach meiner Ansprache forderte Paul diejenigen auf, nach vorne zu kommen, die ein anregendes neues Leben führen wollten. Unter den vielen, die seinem Aufruf folgten und vortraten, waren ein alter Mexikaner, ein kleiner schwarzer Junge und eine gutgekleidete, aristokratisch wirkende Dame mit weißem Haar. Ich gebe zu, daß meine Augen feucht waren, als ich zusah, wie Paul seine Hand auf die Köpfe jedes einzelnen Menschen legte und seinen Segen aussprach.

Einige Jahre später kehrte ich nach San Antonio zurück, um an einer riesigen Freiluftfeier zu Ehren von Paul Soupiset teilzunehmen, dem Mann, dessen früheres Leben so negativ und glücklos gewesen war.

Ich habe nie den Wunsch verspürt, mich des Fernsehens als Medium für meine Predigten zu bedienen. Ich sehe mich selbst nicht gerne auf dem Fernsehschirm und ziehe die relative Anonymität des Hörfunks bei weitem vor, bei dem nur die Stimme der Kommunikation dient. Ich war nie genügend daran interessiert, mögliche psychologische Beweggründe dafür zu suchen, aber ich halte es für möglich, daß die Minderwertigkeitskomplexe meiner Jugend dabei mit im Spiel sind.

Aber der Hauptgrund, warum ich nie im Fernsehen predigen wollte, ist der enorme finanzielle Aufwand, der dafür erforderlich ist. Es berührt mich immer unangenehm, wenn im Fernsehen um finanzielle Unterstützung für eine religiöse Sendung aufgerufen wird. Für mich steht außer Zweifel, daß solche Spendenaufrufe Tausende von Zuschauern verstimmen, denn viele Leute haben mir erzählt, daß sie selbst so reagieren. Dies ist so sehr meine Überzeugung, daß ich einmal unsere Zeitschrift »Wegweiser« dazu verpflichtete, eine Serie von sechsundzwanzig halbstündigen Fernsehbeiträgen zu erstellen, in denen das Thema Geld in keiner Weise angesprochen wurde. Das war ungefähr im Jahre 1973, und Medienkosten waren erheblich niedriger als in späteren Jahren, aber »Wegweiser« gab fast eine Million Dollar dafür aus, was sich die Zeitschrift schlecht leisten konnte. Wir hatten immerhin die Genugtuung, dem Fernsehpublikum einen hoffentlich aussagekräftigen religiösen Beitrag bieten zu können, ohne in dessen Verlauf um finanzielle Unterstützung zu bitten.

Ich erkenne die Probleme der Geistlichen durchaus an, die das Evangelium per Fernsehen weitergeben, und meine Gedanken sollen nicht als Kritik an ihrer Arbeit verstanden werden. Einige von ihnen sind meine persönlichen Freunde, und ich bewundere die Hingabe und das Talent, mit dem sie diese Form der Kommunikation betreiben. Ich sage lediglich, daß ich persönlich andere Wege vorgezogen habe, den Auftrag zu erfüllen, das Evangelium jedem Menschen zugänglich zu machen. Die Werkzeuge meiner Wahl, um Menschen im Namen Christi zu erreichen, sind der Rundfunk, das Rednerpult und das gedruckte Wort, und davon vorzugsweise letzteres.

Eine Frau aus einer Stadt im Süden schrieb mir, um zu erzählen, daß sie und ihre Familie einmal eine Krise durchzustehen hatten, wie sie wohl jeden von uns irgendwann heimsucht. Sie ging auf und ab und betete inbrünstig um Auswege, versuchte, ihren sinkenden Mut aufrechtzuerhalten. Die Familie war kürzlich in ein Haus umgezogen, das für sie eine Verschlechterung darstellte. In ihrer Ruhelosigkeit beschloß sie, im Keller einige Kartons auszusortieren, die sie seit dem Umzug nicht angerührt hatte. Beim Durchsehen von alten Zeitungen, Magazinen und Büchern war sie gerade dabei, ein zerschlissenes Buch ohne Umschlag wegzuwerfen, als ihr ein Satz darin förmlich ins Auge sprang.

Sie nahm das Buch mit nach oben und las wißbegierig darin weiter, denn es schien ihr Dilemma direkt anzusprechen. Der einzige Hinweis auf den Titel war der Kolumnentitel auf einer Seite, und es dauerte Monate, bis sie den Namen des Autors ausfindig gemacht hatte. Es handelte sich um »Die Kraft positiven Denkens«, das dreißig Jahre zuvor geschrieben worden war, aber immer noch Menschenleben beeinflußt.

Predigten, Reden und Rundfunksendungen geraten bald in Vergessenheit. Ein Mann, den ich vor einiger Zeit in einem Flugzeug kennenlernte, ist dafür ein gutes Beispiel.

»Ich habe vor ungefähr dreißig Jahren eine kraftvolle Predigt von Ihnen gehört«, sagte er.

»Können Sie sich an ihre Einzelheiten erinnern?« fragte ich hoffnungsvoll.

»Eigentlich nicht«, meinte er etwas verwirrt, »aber das war bei der Methodisten-Konferenz, und Sie waren der amtierende Bischof.«

»Nun, danke trotzdem«, sagte ich, »das muß ja eine großartige Predigt gewesen sein.« Offensichtlich erinnerte er sich nicht an mich, denn ich bin weder Bischof noch Methodist.

Ich bin aber auch Menschen mit phänomenalem Gedächtnis begegnet, wie zum Beispiel einer Frau, die sagte: »In einer Predigt vor fünf Jahren erwähnten Sie ein Gleichnis«, und mir dann tatsächlich den Titel der Predigt nannte. Ich glaube aber dennoch, daß das gedruckte Wort, besonders in Form eines Buches, das weitreichendste Medium für die Verbreitung des Evangeliums darstellt.

Der schwierigste Abschnitt meines Lebens, der mehrere Jahre während meiner Amtszeit in New York umfaßte, wurde durch die Veröffentlichung meines Buches »Die Kraft positiven Denkens« ausgelöst.

Als ich dabei war, es zu schreiben, wies ein etwas merkwürdiger Vorgang bereits darauf hin, daß dieses Buch eine große Anzahl von Menschen berühren sollte. Ruth, die Kinder und ich fuhren zusammen mit meiner Sekretärin, Alice Murphy, nach Pasadena. Dort hatten wir einen Bungalow auf dem Gelände des Huntington Hotels gemietet, das unser alter Freund Steve Royce besaß und leitete.

Ich begann die Arbeit an dem Buch, indem ich Alice das erste Kapitel diktierte. Während wir so im Wohnzimmer saßen, bemerkte ich das Zimmermädchen, das an Fenstern und Möbelstücken Staub wischte. Mir fiel auf, daß sie sich unnötig viel Zeit bei ihrer Arbeit ließ, und sie hielt sich konsequent in meiner Nähe auf, während ich diktierte.

Später erzählte mir meine Sekretärin, daß, nachdem wir abgeschlossen hatten und ich hinaus gegangen war, das Zimmermädchen gefragt hatte: »Was machte der Herr da?« Als ihr mitgeteilt wurde, daß ich an einem Buch arbeitete, meinte sie: »Miss, er sprach mit mir. Ich brauche, was er da sagte. Würden Sie mir bitte ein Exemplar des Buches schicken, wenn es erscheint? Ich weiß, daß es mir sehr viel helfen wird.« Das hat mich natürlich ermutigt, denn zu diesem Zweck schrieb ich es ja.

Als ich das vollständige Rohmanuskript dem für mich zuständigen Lektor im Verlagshaus vorlegte, erklärte er, daß sich keine zehntausend Exemplare davon verkaufen lassen würden, und schlug vor, zu retten, was zu retten war, indem ich das Manuskript zusammenschnitt und Teile davon neu unter dem Titel »Wie man sieben Tage die Woche erfolgreich lebt« zusammenstellte. Pflichtbewußt bemühte ich mich, diesem Vorschlag Folge zu leisten, da ich die Erfahrung und das verlegerische Wissen des Lektors respektierte. Aber es wollte einfach nichts werden, also steckte ich das Manuskript in eine Schublade und ließ es ein Jahr lang dort liegen.

Als ich mich wieder damit befaßte, konzentrierte ich mich auf meine ursprüngliche Vorstellung von Glauben und richtigem Denken. Nach einem weiteren Jahr war es vollendet, aber immer noch schien es nicht das zu sein, was ich erreichen wollte. Schweren Herzens beschloß ich, es ein zweites Mal wegzulegen, nun aber endgültig. Und genau das tat ich; trotz Ruths Einwänden steckte ich das Manuskript in den Papierkorb und bestand auf ihrem Versprechen, es da nicht herauszunehmen. Sie tat das, hielt sich aber auf ihre ureigene Weise daran. Ich meine, eine Frau kann ihrem Mann gegenüber durchaus ungehorsam sein und umgekehrt, denn sie sind zu Recht selbständige Wesen. Sie brachte das Manuskript zu Myron L. Boardman, dem Präsidenten der Handelsabteilung des Verlagshauses Prentice-Hall, bei dem ich unter Vertrag war. Das nächste, was ich hörte, war, daß der Verlag mein Manuskript angenommen hatte.

Der Arbeitstitel des Manuskripts war ursprünglich »Die Macht des Glaubens«. Myron Boardman kam eines Tages zu mir ins Büro und meinte, wir sollten den Titel besprechen. Ich sagte ihm, daß ich bereits hundert Titelformulierungen durchgespielt und mich dann für den entschieden hatte, der unmißverständlich darauf hinwies, worum es in dem Buch ging. In seiner ruhigen und überzeugenden Art sagte Myron, daß mein Titel durchaus gut sei, besonders, da er gläubige Kirchenmitglieder ansprach. Nur fragte er sich, ob das nicht die Verbreitung des Buches beeinträchtigen könnte, und stellte mir die Frage, ob ich nicht ein größeres Publikum ansprechen möchte, um Menschen zu helfen, die nicht unbedingt einer Kirche angehörten.

»Natürlich will ich, daß das Buch diese Wirkung hat, aber ich will auch meiner Botschaft als christlicher Geistlicher vollkommen treu bleiben.«

»Nun«, erwiderte er, »Wie wäre es, wenn wir uns einen Titel ausdächten, der eine erweiterte Wirkung hat, aber der Botschaft des Originals gleichkommt?«

Sein Gedanke war vernünftig. Dann überraschte er mich, indem er darauf hinwies, daß im Manuskript eine bestimmte Redewendung mehrmals verwendet wurde, und fragte, ob ich mir dessen bewußt sei. Er hielt sie für so passend, so aussagekräftig, daß sie zu einem Buchtitel werden könnte, der jahrelang überdauerte und sich in das Denken und sogar die Sprache unseres Landes prägen würde.

»Wie lautet die Redewendung?« wollten Ruth und ich wissen. Mit einem selbstsicheren Lächeln nahm er ein Blatt Papier und schrieb darauf die Worte »Die Kraft positiven Denkens«.

»Meint ihr nicht auch, daß dies eine gleichwertige Aussage hat, die aber etwas einprägsamer, eigentlich etwas zwingender ist?«

Ich war noch unsicher, nicht aber Ruth. »Das ist es«, erklärte sie aufgeregt. »Das ist ein Meisterwerk von einem Buchtitel.« Und so war ein Titel geboren, der auf fünfzehn Millionen Büchern rund um die Welt stehen sollte, die noch heute, mehr als fünfunddreißig Jahre später, nachgedruckt werden.

Als die erste Auflage des Buches kurz vor der Auslieferung stand, bekam ich einen Anruf von meinem Freund Fulton Oursler, dem Chefredakteur des *Reader's Digest*. »Stimmt es, daß dein neues Buch den Titel ›Die Kraft positiven Denkens‹ haben soll?« fragte er mich.

»Ja, Fulton, so ist es«, antwortete ich.

»Norman«, sagte er, »ich bitte dich, ich flehe dich an, nimm den Begriff ›Kraft‹ aus dem Titel. Ich habe die Erfahrung gemacht, daß das Wort ›Kraft‹ in der Öffentlichkeit überhaupt nicht ankommt.«

Ich sagte ihm, daß der Druck unwiderruflich fortgeschritten sei und wir bei dem Titel bleiben müßten.

»Gut«, meinte er, »vielleicht ist es der Wille Gottes, und ich werde dafür beten, daß Er dein Buch segnet. Es ist eines der hilfreichsten Manuskripte, das ich seit langem gelesen habe.«

»Die Kraft positiven Denkens« erschien am 13. Oktober 1952 und verkaufte sich bereits recht gut, als ich unverhofft in der Sendung »Dies ist Ihr Leben« geehrt wurde. Das Buch wurde von Ralph Edwards im Verlauf dieser landesweit ausgestrahlten Fernsehsendung mit solcher Begeisterung erwähnt, daß der Verkauf buchstäblich über Nacht emporschnellte und viele Menschen es kennenlernten.

Bald darauf brachte eine weitere beliebte Fernsehsendung das Buch noch mehr ins Rampenlicht. Es war Edward R. Murrows berühmte Serie »Mensch zu Mensch«, in der er Leute in ihrem Zuhause besuchte, um sie und ihre Familien zu interviewen. Ed Murrow war ein Freund und unser Nachbar am Quaker Hill in Pawling, und ich bewunderte ihn als einen der hervorragendsten Journalisten seiner Zeit.

Diese beiden bedeutenden Medienerwähnungen und auch der zeitgemäße Inhalt des Buches ließen es die Bestsellerlisten bis hin zur Spitze erklimmen, wo es sich über lange Zeit hinweg hielt. In der Bestsellerliste der *New York Times* hielt es sich ohne Unterbrechung 186 Wochen lang, was damals ein Rekord war.

Als das Buch zu seiner erstaunlichen Beliebtheit gelangt war, fingen meine Schwierigkeiten an. Einige sehr redefreudige Geistliche verurteilten es als ein Buch mit der Botschaft »Habe Erfolg, komme voran, werde Vizepräsident deiner Firma«. Sie erklärten, es sei in keiner Hinsicht ein christliches Buch, sondern ausgesprochen simplizistisch und tauge kurzum überhaupt nichts.

Dann nahmen die Angriffe dieser kleinen Gruppe von

abgeklärten, linkslastigen Klerikern extrem persönliche und in manchen Fällen höchst rachehafte Formen an. Ich wurde als Erzkonservativer gegeißelt und als Werkzeug kapitalistischer Interessen abgestempelt, jemand, der aus dem Christentum ein Mittel zur persönlichen Bereicherung machte. Einer dieser Geistlichen beklagte sogar wehleidig, was ich aus »unserer« Religion machen würde. Ihre Reaktion auf das Buch war keineswegs eine Auseinandersetzung mit seinem Werk, dem sie nicht zustimmten. Vielmehr uferte sie in einer schmählichen, unkontrollierten Fehde aus, was wirklich kaum zu begreifen war. Sie predigten sogar gegen irgendeine furchtbare Sache, die sie »Pealismus« nannten. Im Laufe der Zeit stellte ich fest, daß einige dieser Kritiker mein Buch nicht einmal selber gelesen hatten, sondern einfach Phrasen und Einwände anderer Kritiker verwendeten.

Ein Geistlicher, der mich durch die Heftigkeit seiner Angriffe überraschte, war der damalige Bischof der methodistischen Kirche von New York. Er war ein gelehrter und begabter Mann, normalerweise sachlich und objektiv, aber in seinen Attacken gegen das Buch und mich verlor er jedes Augenmaß. Er verfaßte einen vernichtenden Beitrag für die Zeitschrift *Redbook*, in dem Genauigkeit zu kurz kam, gehässige Polemik jedoch freien Lauf hatte. Aber ich habe immer wieder feststellen können, daß jeder Nachteil von einem entsprechenden Vorteil begleitet ist. Und dieses Prinzip stellte sich auch hier als wahr heraus, denn der Herausgeber von *Redbook* wurde so neugierig durch die zügellose Haßkampagne derer, die er als »religiöse Intellektuelle« bezeichnete, daß er vermutete, daß es eine andere Seite der Geschichte geben könnte. Also schickte er einen seiner besten Interviewer und Journalisten, Arthur Gordon, um festzustellen, was für ein Widerling ich wohl sein möge. Arthur Gordon besuchte uns zu Hause und wurde anschließend ein lieber, lebenslanger Freund.

Je gründlicher er die Sache untersuchte, um so erstaunter war er. Er las mein Buch gewissenhaft, und als treuer und intelligenter Christ fand er es unmöglich, eine Rechtfertigung für die wütenden Angriffe auf mich darin zu entdecken. Eine mögliche Erklärung dafür könnte darin liegen, daß das Buch von einem einfachen Menschen in einfacher Sprache für den einfachen Menschen geschrieben wurde. Seine Einschätzung lautete: »Norman hat einen empfindlichen Nerv der Eifersucht berührt.«

Er verfaßte einen ruhigen, sachlichen Artikel über »Die Wut der Intellektuellen«, der von der überwiegenden Mehrheit der Leser begrüßt wurde. Arthur trug viel dazu bei, die Kampagne gegen mich seitens einer kleinen, aber feindselig wortgewaltigen Gruppe von Geistlichen in die richtige Perspektive zu rücken. Und ich muß hinzufügen, daß seine standfeste Freundschaft ein Segen für mich war und es immer noch ist. Arthur verfaßte später eine Biographie, eine wohlwollende Abhandlung über mein Leben, mit dem Titel: »Norman Vincent Peale: Seelsorger für Millionen von Menschen«. Noch später nahm Arthur meine Einladung an, Redakteur des »Wegweisers« zu werden. Unter seiner gekonnten Führung erlebte die Zeitschrift spektakuläres Wachstum. Auch ist er der Autor von *A Touch of Wonder* (Ein Hauch von Wunder), einem der rührendsten, inspirierendsten Bücher, die ich gelesen habe. Die vor kurzem erschienene Fortsetzung trägt den Titel *Through Many Windows* (Durch viele Fenster).

Wie reagierten Ruth und ich auf dieses Getöse und auf die Schärfe der Angriffe, die nicht nur gegen das Buch gerichtet waren, sondern auch gegen mich als Person? Für Ruth bedeutete es einfach, sich wie die tiefgläubige Christin zu verhalten, die sie ist. Sie nahm an den Sitzungen der Vorstände und Ausschüsse des Nationalrates der Kirchen teil, denen der methodistische Bischof auch angehörte. Sie betete einfach darum, ruhig, gelassen und sachlich bleiben zu können, nach Möglichkeit sogar freundlich. Nachdem der Artikel in *Redbook* uns angegriffen hatte, wußte sie auch, daß sie darum beten mußte, bei dem nächsten Treffen dem Bischof mit Liebe und nicht mit Haß zu begegnen.

Ruth war sich sehr wohl bewußt, daß man ihre Reaktionen zur Kenntnis nahm und daß einige Mitglieder der diversen Gremien die Feindseligkeit des Bischofs teilten. Obwohl sie zutiefst verletzt worden war, bewahrte sie während der gesamten Auseinandersetzung Würde, Stärke und Liebe, konsequent die große Christin, die sie immer gewesen war. Ich war ungemein stolz auf sie, und natürlich war sie eine Säule der Stärke für mich.

Ich muß zugeben, daß Ruth im christlichen Sinne mehr Selbstbeherrschung besitzt als ich. Aber auch ich habe immer daran geglaubt, daß der christliche Weg es gebietet, auf Haß mit Liebe zu antworten, die andere Wange zu bieten, auf keinen Fall zurückzuschlagen oder auch nur im gleichen Ton zu antworten. Ich setzte mich hin und las »Die Kraft positiven Denkens« Wort für Wort. Ich fand darin nichts anderes als einfaches, traditionelles, fundamentales Christentum, wie es mir von Kindesbeinen an beigebracht worden war. Es stimmt, daß es in einfacher, direkter Sprache gehalten war, vielleicht eher im Stil eines Zeitungsberichts. Auch so zu schreiben, hatte man mir beigebracht. Das Buch war geschrieben worden, um zu zeigen, wie unser Heiland Jesus Christus Menschen helfen konnte, besser zu leben. Es schilderte, wie Christus mir geholfen hatte und wie Er jedem bedürftigen Menschen helfen würde.

Der beste Weg, mit Kritik umzugehen, ist, die eigene Verärgerung unter Kontrolle zu halten, sich selbst zu betrachten und dann zu fragen: »Ist die Kritik berechtigt?« Kommt man zu dem Schluß, daß sie es ist, dann muß man Korrekturen an sich selbst vornehmen. Ist sie aber nicht gerechtfertigt, ist es am ratsamsten, sich darüber zu erheben und sich nicht dazu herabzulassen, gleiches mit gleichem zu vergelten.

Wie die Dinge so sind, hatte ich damals noch die Aufgabe, Buchbesprechungen zu verfassen, und ein neues Werk des besagten feindseligen Bischofs kam mir auf den Schreibtisch. Es war ein wertvolles Werk, und dementsprechend erhielt es von mir eine wohlwollende Rezension. Lange danach schilderte er mir das Erstaunen, das er empfunden hatte, als ich trotz allem Komplimente für sein Buch übrig hatte.

Ich antwortete darauf, daß meine Rezension seines Buches nichts mit ihm im persönlichen Sinne zu tun hatte. Das schien sein Empfinden von Fairneß und Zusammenleben anzusprechen. Schließlich wurde er mir gegenüber freundlicher. Meiner Meinung nach war dieser Bischof eine der stärksten christlichen Führungspersönlichkeiten unserer Zeit, und selbstverständlich hatte er das Recht, mit mir nicht übereinzustimmen und seine abweichende Meinung auch öffentlich zu äußern. Mich überraschte nur die Emotionalität und die Heftigkeit seiner Kritik, die so wenig zu seiner Person zu passen schien.

Es gab andere, die in ihren persönlich gehaltenen Angriffen auf mich noch feindseliger waren, aber es bringt nichts, hier die Namen derer aufzuzählen, die sich als meine persönlichen Feinde aufführten. Lieber möchte ich eine sehr gütige

Bemerkung wiedergeben, etwas, was mein Kollege Dr. Arthur Caliandro dem Publikum erzählte, das sich versammelt hatte, um den Beginn meines fünfzigsten Jahres an der Marble Collegiate Church zu würdigen. Er war Cynthia Weddell begegnet, der ehemaligen Präsidentin des Nationalrats der Kirchen, die ihn fragte: »Wie geht es Norman?« Arthur sagte darauf: »Es geht ihm gut. Ich würde sagen, er hat seine Kritiker überlebt.« Darauf antwortete Cynthia mit einer Bemerkung, die für diese wunderbare Dame typisch ist: »Oh nein, er hat sie *überliebt*.«

Es wäre aber weniger als ehrlich von mir, nicht zuzugeben, daß mich die persönlichen Angriffe, sogar die Infragestellung meiner Integrität, seitens führender Persönlichkeiten der Kirche zutiefst verletzten. All das ließ mich daran zweifeln, ob ich wirklich in ein Amt gehörte, in dem meine Beweggründe dermaßen angezweifelt werden konnten. Im Verlauf der gesamten Kontroverse war ich jedoch dankbar für das Verständnis und die Unterstützung, die ich aus den Reihen meiner eigenen Konfession erfuhr, der reformierten Kirche Amerikas. Dort glaubte man an mich, und diese Tatsache war meinem Geist und meinem Mut während der harten Auseinandersetzungen eine unschätzbare Stütze.

Jedenfalls gelangte ich langsam zu der Überzeugung, daß es im Protestantismus anscheinend keinen Platz für irgendeine abweichende Form der Kommunikation oder Methodologie gebe. Es schien, als müßte man mit einer »Parteilinie« konform gehen, die von einigen unnachgiebigen Liberalen etabliert worden war, die sich dann wie Reaktionäre gebärdeten. Ich zog in Erwägung, mich aus der Kirche zurückzuziehen und eine selbständige Gemeinde zu gründen, in der man innovativ denken und handeln konnte, anstatt zu einer Einheitlichkeit gezwungen zu werden, die einem von einigen selbsternannten liberalen Denkern vorgeschrieben wurde, die das Denken in der gesamten Kirche bestimmen wollten. Aber wie ich bereits sagte, die treue Unterstützung der Mitglieder meiner eigenen Kirche machte einen solchen Schritt unnötig. Und natürlich wollte ich auch nicht eine Einzelkirche verlassen, die traditionell eine freie und uneingeschränkte Amtsausübung ermöglichte.

Zehn Jahre nach dem Tod meiner Mutter hatte mein Vater wieder geheiratet, und zwar eine liebevolle Dame namens Mary McDougall. Bis zu ihrem Tod im Jahre 1967 war sie ein hochgeschätztes Mitglied unserer Familie. Während sich die Kontroverse um mich abspielte, lebten Vater und Mary in dem kleinen Dorf Harrison Valley in Pennsylvania. Eines Tages ließ mich Mary wissen, daß mein Vater sehr krank sei, und sie hielt es für ratsam, ihn zu besuchen. Obwohl ich so deprimiert war wie noch nie in meinem Leben, buchte ich sofort ein Schlafwagenabteil bei der alten Erie-Linie. Es war nicht meine Absicht, meinen Vater mit meinen persönlichen Sorgen zu belasten. Während ich im Zug saß, entwarf ich meinen Rücktritt vom Pfarramt und steckte das Blatt in meine Jackentasche. Es war nicht für meinen Vater gedacht.

Aber Vater war zu einsichtig und erfahren, als daß er den Kummer in meinen Gedanken nicht erfaßt hätte. Außerdem waren Berichte über die Vorwürfe gegen mich sogar bis in diese stille und abgelegene Gegend vorgedrungen, und er hatte sie zur Kenntnis genommen. Er kam direkt zur Sache: »Norman, du hast dich immer an Jesus Christus gehalten und bist ihm treu gewesen. Du glaubst an die Wahrheiten der Bibel und predigst sie. Du hast dich immer im traditionellen Hauptstrom des Christentums befunden und hast dich nicht mit vorübergehenden Modeerscheinungen abgegeben. Du hast das Amt des Seelsorgers mit den besten Erkenntnissen aus Wissenschaft und Medizin kombiniert. Du hast neue Bahnen des positiven Denkens geschlagen, um gegen die alten, destruktiven, negativen Denkweisen anzugehen. Du bist mein Sohn, und dein alter Vater, der mehr als achtzig Jahre lang gute und nicht ganz so gute Menschen innerhalb und außerhalb der Kirche gekannt hat, sagt dir, daß du ein guter und treuer Diener des Herrn Jesus Christus bist.« Eine ausgedehnte Minute lang war er still und nachdenklich. »Und dann kommt noch hinzu, daß ein Peale nie aufgibt. Es würde mir das Herz brechen, wenn sich einer meiner Söhne als Drückeberger entpuppen würde, der Angst hat, geradezustehen und es mit jeder Situation aufzunehmen.«

Mein Vater war ein Mann der Sanftheit, und Kraftausdrücke jeglicher Art waren ihm fremd. Ich war also mehr als überrascht, als er hinzufügte: »Und Norman, noch etwas.«

»Ja, Papa, was denn?«

»Sag ihnen allen, sie sollen sich zum Teufel scheren«, sagte er.

Ich ging in ein anderes Zimmer, zerriß meinen Rücktrittsentwurf und übergab ihn dem Mülleimer.

Ich muß wohl nicht näher erläutern, daß ich die Heimreise mit gefestigtem Geist antrat. Dieses war das letzte Mal, daß ich meinen Vater lebend sah. Einige Wochen später standen Mary und ich an seinem Sarg. »Er liebte dich bis zum Ende«, sagte sie. »Er glaubte immer an dich. Er kannte die Art von Menschen, die einen aufrichtigen Amtsbruder im Dienste Gottes so mißhandeln können. Das letzte, was er sagte, war: ›Sag Norman, er dürfe nie aufgeben. Sag ihm, daß unser Herr Jesus Christus ihm beistehen wird.‹« Während sie sprach, erklang durch die vielen Jahre der Vergangenheit die Stimme meines Vaters an dem so lange zurückliegenden Tag, als er mich zur Universität brachte: »Halte dich immer an Jesus.«

Diese einfache Ermahnung eines großartigen Vaters, eines starken Mannes, erhob mein Herz, und ich hoffe, daß er vom Himmel herabschaut und sieht, daß ich mich bemüht habe, dem Glauben treu zu sein. Und damit endete auch die Furore um »Die Kraft positiven Denkens«.

Ein vielseitiger, aufregender Lebensstil kann Spannungen und Streß mit sich bringen, die sich letztendlich zerstörend auswirken, er kann aber auch einen starken Lebensschwung hervorrufen, der zunehmend dynamisch wird, aber immer kontrollierbar bleibt. Wird ein Leben im vollkommenen Glauben an Christus geführt, so herrscht darin ein zentraler Frieden, und die innere Ruhe wird unweigerlich eine Quelle der Kraft sein. Die Strömungen, die die Maschinerie der Welt in Bewegung versetzen, entstehen im stillen. Oder, wie Edwin Markham es ausdrückte: »Im Herzen des Wirbelsturms, der in den Wolken wütet, herrscht ein Zentrum der Ruhe.«

Von Natur aus bin ich leicht von Streß und Anspannung erfaßt. Doch hat mir Jesus Christus inneren Frieden geschenkt und damit die geistige Ruhe, die einen anhaltenden Strom von Energie schafft, sowie auch die Fähigkeit, sie zu steuern. Seit ich Jesus kenne und mein Leben in Seine Hände übergab, besitze ich die Gaben der Vitalität, Energie, Gesundheit und Begeisterungsfähigkeit. Ich hatte das seltene Glück, dieses Geheimnis entdecken zu dürfen. Und seit ich es gefunden habe, spreche und schreibe ich, um andere zu überzeugen, daß auch sie dieses unfaßbare Geheimnis für sich entdecken können.

In New York nahm das Leben eine schnelle Gangart an. Ich nahm weitere Verantwortungen auf mich, war an neuen Aktivitäten beteiligt, nahm mir zusätzliche Buchprojekte vor und begann eine Vortragsreise, die das ganze Land umfaßte.

Es gab damals einen Mann in meiner Kirchgemeinde, Harold Peat, der unter dem Spitznamen »Gefreiter Peat« bekannt war, weil er ein recht berühmter Veteran des Ersten Weltkrieges war und ein Original dazu.

Er war ein begabter Mann mit Phantasie und Redetalent, der die Fähigkeit besaß, das Leben des Soldaten im Weltkrieg anschaulich zu schildern. Von der Front hatte er einiges an erbeutetem Kriegsgerät mitgebracht, wie deutsche Waffen, Gasmasken, Helme und mehr. Mit diesen Gegenständen untermalte er die Vorträge, die er vor zahlreichem Publikum im ganzen Land hielt.

In dieser Zeit nahm ich einmal eine Einladung an, bei einem Festessen zu sprechen, dessen Teilnehmer mir als »aufsteigende junge New Yorker Führungskräfte auf dem Weg an die Spitze« beschrieben wurden. Dreihundert Gäste waren zu dem Essen geladen, das im University Club stattfand. Ich saß zwischen zwei angenehmen jungen Männern, deren Gesellschaft mir auch Spaß machte. Einer von ihnen meinte: »So nahe an einem Geistlichen war ich schon lange nicht mehr.« Worauf der andere beipflichtete: »Du sagst es. Das letzte Mal, als ich mich so dicht bei einem Pastor befand, war bei meiner Trauung.«

»Nun«, erwiderte ich gutgelaunt, »man merkt, daß ihr beide Fortschritte macht.«

Dann wandte ich mich dem Tischnachbarn zur Linken zu. »Welcher Kirche gehören Sie denn an?« Er nannte die Episkopalkirche von Westchester, fügte aber hinzu: »Ich bin kein regelmäßiger Kirchgänger. Tatsächlich sehen die mich dort höchstens zu Ostern. Ich lasse mich da hauptsächlich von meiner Frau vertreten. Sie ist ziemlich oft da, auch weil die Kinder die Sonntagsschule besuchen.«

Ich wandte mich der aufsteigenden jungen Führungskraft zu meiner Rechten zu. »Und wie sieht es mit Ihrem Kirchenbesuch aus?« fragte ich.

»Sehen Sie, das ist so. Meine Eltern waren eingefleischte alte Presbyterianer, und wir mußten jeden Sonntag zur Kirche. Als ich von zu Hause wegging, ließ ich es bleiben. Ich halte es wie Jack hier, zu Ostern oder vielleicht auch zu Weihnachten wärme ich mal eine Kirchenbank an.«

Nicht gerade begeistert von diesen Aussagen fragte ich die beiden: »Wieviele von den etwa dreihundert Männern hier bei diesem Essen, würden Sie sagen, könnten praktizierende, kirchentreue Christen sein und nicht so selten erscheinende Besucher wie Sie beide?« Sie befaßten sich eine Weile lang mit der Frage und schätzten dann, daß es 20 bis 25% sein könnten.

Dieses Erlebnis sollte für mich einige Weichen im Leben stellen. Hier hatten wir hochgebildete, fähige Männer, die größtenteils aus traditionellen christlichen Familien stammten, für die die Kirche aber nur noch ein nebensächlicher Faktor war, der vielleicht noch für Frauen, Kinder und alte Menschen von Bedeutung sein konnte, für sie selbst aber einen minimalen Stellenwert besaß. Die mächtige Kirche Gottes, die über Zeitalter hinweg kraftvoll ganze Zivilisationen verändert hatte, das politische Fundament ihres eigenen Landes bildete und einem Wirtschaftssystem, dessen Segen sie genossen, die nötige Freiheit verschaffte, sie schien diesen Männern nicht einmal interessant genug, um sie zu regelmäßigen Besuchen zu bewegen. Meine Tischnachbarn waren zufälligerweise Protestanten, aber sie sagten mir, daß ihre katholischen und jüdischen Freunde ungefähr die gleiche Einstellung gegenüber Religion hätten wie sie.

Als ich am Abend die Fifth Avenue entlang nach Hause spazierte, verspürte ich einen starken geistigen Drang, fast einen Aufruf. Tatsächlich war es ein Aufruf an mich, ein Erwachen zur Erkenntnis eines aufregenden neuen Ziels in meinem Leben. Ich wußte auf einmal, daß es meine Aufgabe war, durch das gesprochene und geschriebene Wort Christus und das Christentum den Männern unserer Zeit zugänglich zu machen, als den erfüllendsten, wirksamsten und schönsten Lebensweg, den sie haben konnten. Wenn Männer nicht in großer Anzahl in die Kirchen kamen, dann würde ich zu ihnen hingehen, wo immer sie waren. Mit der Hilfe Gottes war ich fest entschlossen, mein Leben der Aufgabe zu widmen, Männern den vitalen christlichen Lebensstil innerhalb der Kirche nahezubringen, und wenn ich fünfzig Jahre dafür brauchte. Bevor ich in unserer Wohnung angekommen war, hatte ich in Gedanken bereits meinen individuellen Kreuzzug begonnen, um die Männer der Geschäftswelt Amerikas begreifen zu lassen, was für eine dynamische, spirituelle und erhebende Erfüllung sie erwartete, wenn sie Jesus Christus folgten, dem aufregendsten Mann, der je gelebt hat und weiterhin lebt.

Am nächsten Morgen besuchte ich Harold Peat. Er hatte eine erfolgreiche Vermittlungsagentur etabliert, die Redner für Geschäftstagungen stellte. Ich erzählte ihm von meinen Erfahrungen des Vorabends, meinen Gesprächen mit den beiden zukunftsorientierten Geschäftsleuten und dem Gelöbnis, das ich abgelegt hatte.

»Ich will solche Leute in außerkirchlichen Situationen ansprechen können. Ich werde auch Bücher verfassen, deren Zweck es sein wird, in diesen Menschen den Wunsch nach einem christlichen Leben zu erwecken«, erklärte ich und schlug dabei auch einige Male auf den Tisch.

»Langsam, mein Sohn«, sagte er mit bremsend erhobener Hand. »Ich stimme mit deinen Gedanken und Beweggründen überein, aber wir müssen das mit Sorgfalt angehen. Ich kann dich bei einigen kleineren Tagungen probeweise einsetzen, aber du darfst dich nicht einfach hinstellen und eine Predigt halten. Du kannst deine Botschaft zum Ausdruck bringen, aber sie muß praktisch und amüsant verpackt sein und darf auf keinen Fall wie eine Predigt klingen. Wenn du das erfolgreich machst, verschaffe ich dir größere Tagungen und bedeutendere Versammlungen jeder Art. Gib ihnen einfach deine Philosophie des erfolgreichen Lebens, und behalte im Gedächtnis, daß dein Publikum aus Menschen sämtlicher Glaubensrichtungen besteht, und aus solchen, die gar keinen Glauben haben. Liebe sie einfach. Und mache ihnen in jedem Fall klar, was für großartige Menschen sie werden können. Ich glaube fest daran, daß du das schaffst.«

Meine Hervorhebung von Männern beruht auf der Begebenheit, daß es in jenen Zeiten sehr wenige Führungspositionen gab, die mit Frauen besetzt waren. Und darüber hinaus hatte mich seit meiner Jugend die arrogante Auffassung von Männern oftmals irritiert, daß die Kirche nichts für sie sei. Die weit verbreitete, unterschwellige Einstellung, daß Christsein und besonders Seelsorge etwas Unmännliches an sich hätten, hatte es mir schwer gemacht, mich für das geistliche Amt zu entscheiden. Aber heute freut es mich feststellen zu können, daß die Meinung, Religion habe etwas mit Weichheit zu tun, was mich damals in den kleinen Orten Ohios so sehr ärgerte, weitgehend verschwunden ist. Jedenfalls kommt mir nichts Derartiges mehr zu Ohren, wofür ich dem Herrn dankbar bin.

Für Harold Peat war es gar nicht so leicht, mich an geschäftliche Tagungen zu vermitteln. Geistliche wurden bei solchen Anlassen eher schief angesehen. Man duldete sie für das Eröffnungsgebet oder die Segnung bei Festessen und Tagungseröffnungen, aber für ein Abend- oder Tagungsprogramm wurde es allgemein als »Todeskuß« angesehen, wenn ein Geistlicher als Hauptredner vorgesehen war. So etwas tat man einfach nicht.

Ich mußte mich daher lange Zeit mit ausbleibender Begeisterung abfinden, weil ich als Geistlicher im Programm stand. Die erste Ansprache, die mir Harold Peat verschaffte, war bei einer Kreistagung in einer Kleinstadt im Norden des Staates New York. Der Mann, der mich am Bahnhof abholte, tat das mit der Bemerkung: »Ich bin schon dreißig Jahre lang Mitglied dieser Handelsvereinigung, aber dies ist das erste Mal, daß wir einen Pastor als Redner haben. Unser Etat hat uns wohl in diesem Jahr keinen der üblichen Redner erlaubt.«

Als er mich anschließend wieder zum Bahnhof brachte, meinte er: »Sie waren gar nicht schlecht. Nein, überhaupt nicht schlecht. Tatsächlich waren Sie recht gut, für einen Geistlichen.« Dann überlegte er und fügte hinzu: »Sie hörten sich überhaupt nicht wie ein Prediger an. Aber aus dem, was Sie uns da vortrugen, könnten Sie eine wirklich gute Predigt machen.« Er wußte natürlich nicht, daß das, was ich vorgetragen hatte, tatsächlich eine umgestaltete Predigt von mir gewesen war. Jedenfalls hatte ich im Zug nach New York das Gefühl, daß ich auf der weltlichen Ebene vielleicht doch erfolgreich sein könnte, wenn ich weiter daran arbeitete, mich bemühte, mehr über die Probleme und den Druck der Geschäftsleute herauszufinden, und mich in der Kommunikation mit Menschen außerhalb der Kirche übte.

Nach einiger Zeit begann ich, Vortragseinladungen zu Tagungen zu erhalten, die nicht nur lokale Bezirke umfaßten, sondern ganze Bundesstaaten. Bei einer solchen Tagung geschah etwas, das ich später vorteilhaft verwenden konnte. Ich war der Hauptredner bei dem jährlichen Festessen des Bankierverbandes eines Staates an der Ostküste. Meine Ankunft in dem Tagungshotel hatte sich durch widrige Umstände um eine Stunde verzögert, also suchte ich sofort mein Zimmer auf, um mich für den Abend umzuziehen. Im Abendanzug machte ich mich dann auf den Weg und stellte fest, daß die Bankdirektoren bereits im Speisesaal waren, mit Ausnahme eines Mannes, dem ich im Lift begegnete.

Dieser Bankier war bereits etwas unsicher auf den Beinen. Er erfaßte mich mit wäßrigen Augen und betrachtete mich fragend. So, wie ich gekleidet war, konnte er nicht erraten, daß es sich bei mir um einen Geistlichen handelte. Etwas zutraulich sagte er: »Hallo, Kumpel.« Das war zwar nicht eine Anrede, die ich unbedingt gewohnt war, aber ich antwortete auf gleiche Art, und es begann ein kurzes Gespräch, das man als spaßig bezeichnen kann. Dann wurde mein Gegenüber neugierig und fragte: »Wo gehst du denn heute Abend hin, Kumpel?«

»Ich nehme an der Tagung des Bankierverbandes teil. Und du?«

»Oh«, meinte er mißmutig, »ich werde da wohl auch hingehen müssen. Aber ich habe keine Lust, weil es doch nichts bringen wird.«

»Warum wird es nichts bringen?«

»Oh, die haben irgendeinen Prediger aus New York geholt, der heute abend reden soll.«

»Das kann nicht dein Ernst sein«, staunte ich. »Wieso sollte ein Prediger vor einem Bankierverband sprechen?«

»Ich weiß auch nicht, Kumpel. Vielleicht geht dem Verband das Geld aus.«

»Nun ja«, sagte ich, »ich glaube, ich werde trotzdem an der Tagung teilnehmen. Es gibt ja nichts anderes, was man hier machen könnte.«

Er meinte auch, er würde wohl dabei sein, aber betonte nochmals: »Es wird doch nichts taugen.«

»Bruder, du dürftest recht haben. Ich bin überzeugt, daß es nichts taugen wird.«

Nachdem wir uns also geeinigt hatten, daß das Ganze nichts taugen würde, und die Frage somit zur beiderseitigen Zufriedenheit aus der Welt geschafft war, ging er seinen Weg und ich den meinen.

Ich nahm am Haupttisch Platz und hatte meinen Freund aus dem Lift schnell vergessen. Als ich mich jedoch erhob, um an das Rednerpult zu treten, war das erste Gesicht, das mir hinten im Saale auffiel, just das dieses Mannes. Er war äußerst verlegen. In einer Geste der Hilflosigkeit hob er die Hände und versank dann aus meinem Blickfeld. Aber er tauchte auch wieder auf und hörte mir zu. Als das Essen beendet war, stand ich am Haupttisch und schüttelte die Hände der Menschen, die mich begrüßen wollten. Da nahm ich aus dem Augenwinkel wahr, daß dieser Mann auf mich zusteuerte. Es war deutlich, daß es ihm äußerst unangenehm war, zu mir zu kommen und mich anzusprechen. Aber ich mochte ihn, denn er hatte eine gute Einstellung. Als er mich endlich erreichte, streckte er mir die Hand entgegen und sagte: »Na, Kumpel? Wir hatten wohl beide recht, nicht?«

Warum Geistliche in den Ruf geraten sind, Männer und Frauen einer anderen Art zu sein, hauptsächlich langweilig und uninteressant, werde ich nie verstehen. Tatsächlich gehören sie zu den großartigsten Menschen, die mir begegnet sind. Es ist mir eine Freude, melden zu können, daß sich diese irrige Vorstellung allmählich in nichts auflöst. Jedenfalls begegne ich ihr nicht annähernd so häufig, wie das einst der Fall war.

Ich fühle mich heute als das, was ich bin, verstanden und akzeptiert. Das wurde mir besonders klar, nachdem ich vor den dreitausend Mitgliedern einer Handelsvereinigung im Großen Ballsaal des Sherman-Hauses in Chicago gesprochen hatte. Ein großer, gutmütiger Mann, der eine gewaltige Zigarre rauchte, kam auf mich zu und sagte: »Hochwürden, das war eine verdammt gute Predigt.«

»Danke«, antwortete ich, »aber es war keine Predigt, sondern eine Ansprache.«

»Ach, Sie können vielleicht einigen der Leute hier etwas vormachen, aber mir machen Sie nichts vor. Ich erkenne eine Predigt, wenn ich eine höre, ob sie nun so genannt wird oder nicht.« Und er boxte mir freundschaftlich mit der Faust auf die Brust. »Sie sind auf der richtigen Schiene. Machen Sie weiter so. Was Sie da von sich geben, ist das, was wir alle nötig haben.« Als er sich mit einem breiten Grinsen von mir entfernte, begriff ich, daß ich dabei war, meine Aufgabe zu erfüllen. Ich fing an, Männer zu erreichen, sogar die offenbar hartgesottenen.

Eine weitere Bestätigung erhielt ich dadurch, daß wesentlich mehr Männer in unsere Kirche in der Fifth Avenue strömten. Und Pastoren im ganzen Land teilten mir mit, daß ich mit dafür verantwortlich sei, daß immer mehr Männer in die Kirchen ihrer Gemeinden zurückkehrten. Auch war ich klug genug, um zu wissen, daß, wenn Männer zur Kirche gehen, die Frauen auch dort sein werden. Bei Handelstagungen, an denen ich als Redner beteiligt war, stellte ich die zunehmende

Zahl anwesender Geschäftsfrauen fest. Sie zu einer Verpflichtung für Christus zu gewinnen wurde ein wichtiger Teil meiner Aufgabe. Weibliche Führungskräfte reagieren meiner Erfahrung nach sehr stark auf ein positives Religionskonzept als motivierende Kraft im Leben, und es ist mir eine große Genugtuung, so viele von ihnen in meiner Kirche sowie in Kirchen überall anzutreffen.

Eines Tages möchte ich ein Buch über die vielen hervorragenden christlichen Geschäftsfrauen schreiben, die ich gekannt habe. Frauen wie zum Beispiel Josephine Bay: Sie war die Sekretärin von Charles Ulrick Bay gewesen, der im Ölförderungsgeschäft war und Transportunternehmen und ein Maklerbüro an der New Yorker Börse sein eigen nannte, um nur einige seiner Unternehmungen zu erwähnen. Einige Jahre lang, während der Truman-Administration, war er sogar amerikanischer Botschafter in Norwegen. Josephine wurde seine Frau und nach seinem Tode seine Nachfolgerin in der Geschäftswelt.

»Rick« Bay war ein außergewöhnlicher Mann, ein Genie, wenn es um knallharte Geschäftsentscheidungen ging. Eines Tages bat er Josephine zu sich in die Bibliothek. »Du hast das Zeug, eine hervorragende Geschäftsfrau zu werden«, sagte er zu ihr. »Ich stehe vor einer schwierigen Entscheidung, die ich dir im einzelnen schildern will, bevor ich sie treffe. Ich will, daß du hart und unnachgiebig gegen jeden Punkt argumentierst, bei dem ich Unrecht haben könnte.«

Josephine strengte ihren brillanten Intellekt wunschgemäß an. Und sie berichtete später, daß damit eine heftige Schlacht begann, denn Rick war klug und zäh. Die Frage war endlich entschieden, und Josephine hatte, wie Rick mir erzählte, im Kern des Problems einen wertvollen Beitrag geleistet. Nach seinem Tod sprach Josephine vor Handelsorganisationen und

Tagungen über das Thema »Lehren Sie Ihre Frau, eine Witwe zu sein.«

Josephine Bay wußte selbst, was das heißen konnte. Nach der Trauerfeier für Rick verließen wir gemeinsam den Friedhof, und sie fragte mich: »Norman, wie soll ich Ricks gesamte Geschäftsinteressen handhaben? Die Männer, mit denen er zusammenarbeitete, wollen alle, daß ich mit ihrem Rat konform gehe. Du kennst sie doch. Auf wen soll ich hören?«

Die richtige Antwort fiel mir plötzlich ein. »Josephine«, sagte ich, »du bist genauso klug und genauso sachkundig wie diese Männer. Ich glaube sogar, daß du fähiger als jeder einzelne von ihnen bist. Übernimm das Ruder. Führ die Geschäfte selbst. Du kannst es.«

Sie sah mich verwundert an und sagte dann in ihrer wunderschönen, einfachen Art: »Wirst du beten, daß Gott mir hilft?«

Sie führte eine bedeutende Schiffahrtslinie, eine Ölgesellschaft und ein Börsenmaklerbüro. In einer großen Zeitschrift las ich einen Bericht über sie, der überschrieben war: »Josephine Bay, die größte Geschäftsfrau der Wall Street.« Eines Sonntags rief ich zu Spenden auf, die wir für einen Anbau der Kirche benötigten, und erläuterte die einzelnen Summen und ihre Zwecke, wobei der teuerste Posten ein Saal war, der 75 000 Dollar kosten sollte. Nach dem Gottesdienst rief mich Josephine an und sagte: »Den Saal übernehme ich.«

»Aber der wird doch fünfundsiebzigtausend Dollar kosten.«

Worauf sie nur sagte: »Ich hatte dich das erste Mal bereits klar verstanden.« Bei uns wird er der Bay-Saal genannt.

Ein anderes Mal nahm es Ruth auf sich, die Summe von 250 000 Dollar für eine Kapelle im Interchurch Center in

New York zu sammeln. Das für 20 Millionen Dollar erstellte Gebäude beherbergt die Nationalverwaltungen vieler protestantischer Konfessionen. Sie suchte Josephine Bay auf, um sich beraten zu lassen, ob sie bei zehn Personen um eine Spende von je 25 000 Dollar nachfragen könnte. Josephine bat um die Liste der in Frage kommenden Personen. Ihr Name stand nicht darauf, und Ruth wollte sie wirklich nur um ihren Rat bitten.

Darauf sagte Josephine: »Ruth, du hast sehr viel zu tun und solltest deine Zeit nicht auch noch damit verbringen, eine Menge Leute aufzusuchen. Ich spende den gesamten Betrag.« Dazu finanzierte sie dann auch noch eine Orgel, so daß es letztlich mehr als 300 000 Dollar wurden. Die Kapelle wurde dem Gedächtnis ihres Mannes Rick gewidmet. Auf der Widmungstafel steht zu lesen: »ZUM RUHME GOTTES UND DEM DIENST AN DER MENSCHHEIT IST DIESE KAPELLE IN LIEBEVOLLER ERINNERUNG CHARLES ULRICK BAY GEWIDMET, DEM AMERIKANISCHEN BOTSCHAFTER IN NORWEGEN 1946–1953, UND ZU EHREN VON DR. & MRS. NORMAN VINCENT PEALE – GESPENDET VON DER CHARLES-ULRICK- UND JOSEPHINE-BAY-STIFTUNG.«

Josephine suchte ein Haus auf dem Lande, besonders für ihre drei Kinder. Also half ich ihr, die Hill-Farm zu finden, ein wunderbares Haus aus der Kolonialzeit mit weißen Säulen, auf der Kuppe eines Hügels gelegen, so daß man eine herrliche Aussicht in drei Richtungen hatte, nach Westen hin bis zu den Catskill-Bergen. Sie hatte sehr viel Freude daran, am Haus zu arbeiten. Als ich sie eines Tages dort besuchte, pflanzte sie gerade eine Hecke aus Nadelbäumen, und diese Hecke ist heute hoch und breit. Dann holte Gott sie unerwartet zu Sich.

Einige Jahre später wollten unsere Tochter Elisabeth und ihr Mann, John Allen, am Quaker Hill in Pawling wohnen. John war Direktor bei *Reader's Digest*, und der Verlag war nur dreißig Meilen entfernt. Sie kauften unser Haus, die Sugar-Tree-Farm, auf der unsere Kinder herangewachsen waren, und wir erwarben die Hill-Farm von der Bay-Stiftung. Nachdem alles geregelt war, sagte Michael Paul, Josephines Mann in zweiter Ehe: »Josephine würde es glücklich machen zu wissen, daß ihr in ihrem Haus wohnen werdet.« Tatsächlich scheint der Geist dieser brillanten, sanften Christin über dem Ort zu weilen, ihn ewig zu segnen. Wir wohnen dort bereits seit vielen Jahren, wenn wir uns nicht in unserer Stadtwohnung aufhalten, die wir auch schon seit 1950 haben.

Wenn wir nicht in New York City oder Pawling sind, dann unterwegs, auf Vortragsreisen im ganzen Lande. In einem typischen Zeitraum von zehn Tagen sprach ich in Portland, Oregon; Las Vegas, Nevada; Findlay, Ohio; Minneapolis, Minnesota; Ocean Grove, New Jersey; Austin, Texas; Memphis, Tennessee, und in San Francisco, Kalifornien.

Es würde mich nicht überraschen, wenn sich herausstellen sollte, daß ich zu den meistbeschäftigten Rednern gehöre, die solche Reisen unternehmen. Ich habe vor allen Arten von Versammlungen Ansprachen und Reden gehalten, und seit vielen Jahren fliege ich mindestens 200 000 Meilen im Jahr. In manchen Wochen halte ich bis zu vier Reden in einer Woche, manchmal nur eine, und ab und zu gar keine. Meine Vortragsreisen haben mich in jeden Bundesstaat Amerikas und sämtliche Provinzen Kanadas geführt. Bei drei verschiedenen Gelegenheiten habe ich in Australien Reden gehalten, davon zweimal im Rahmen von ausgedehnten Vortragsreisen durch die großen Städte. Weitere Reisen führten mich nach

England, Irland, Japan, Hongkong, Taiwan, die Karibischen Inseln, die Schweiz, die Niederlande, Malaysia, Brasilien, Mexiko, die Philippinen, Südafrika und auf das größte Schiff, das je die Meere kreuzte, die *Queen Elisabeth II*, auf der ich Vorträge und Predigten gehalten habe.

Meine Vortragstermine umfaßten bislang jede Art von Handels- und Industrietagung, von der Nationalen Vereinigung der Sportartikelhändler bis zur Bankiervereinigung Amerikas, vom Bundesverband der Immobilienmakler bis hin zum Dachverband der Bestattungsunternehmen sowie Hunderten von weiteren Wirtschaftszweigen im In- und Ausland.

In Wisconsin sprach ich einmal auf der Tagung der Vereinigung der Landmaschinenhändler in einem riesigen Zelt. Landwirtschaftliches Gerät war rundherum im Zelt ausgestellt, wie auch Käfige mit Hühnern. Angesichts dieser Kulisse begann ich meine Ansprache, indem ich die Hoffnung äußerte, mein Auftritt möge kein »Windei« werden. Just in dem Moment hoben die Hennen laut zu gackern an, und das Gelächter des Publikums machte den Rest meines Auftritts fast zunichte.

Als ich in Chicago einer Tagung von Bestattungsunternehmen vorgestellt wurde, las der Vorsitzende das Thema meines Vortrages laut vor, den Titel eines Buches von mir, das gerade erschienen war, »Lebe Dein Leben lang«. Auch das trug einiges zur Erheiterung des Publikums bei.

In der Einladung, bei dem Bankett eines weiteren regionalen Verbandes des Bestattungsgewerbes zu sprechen, wurde ausdrücklich auf Abendanzug mit schwarzer Fliege hingewiesen. Als ich mich vor Beginn in einem Raum abseits des Festsaals mit den Organisatoren traf, wurde mir erstmals bewußt, daß es zu den Gepflogenheiten dieser Vereinigung gehörte, bei festlichen Anlässen eine weiße Nelke am Revers zu tragen, was ich natürlich nicht hatte. Man bat eine Dame, mich rasch mit einer entsprechenden Nelke zu versorgen.

Diese Dame war sehr nett und von der Statur her klein und zierlich, was ihr einige Schwierigkeiten bereitete, als ich vor ihr stand und sie sich bemühte, die Nelke mit einer Nadel an meinem Anzug zu befestigen. In ihrer wachsenden Verzweiflung stach sie sich nicht nur in den Daumen, sondern mich auch noch in die Schulter. Völlig frustriert meinte sie schließlich: »Es wäre alles so viel leichter für mich, wenn Sie da lang ausgestreckt liegen würden.«

Viele Menschen erfahren Lebensveränderungen bei Versammlungen auch rein weltlicher Art, besonders wenn diese den Zweck der Motivationssteigerung haben. Im Laufe der Jahre sprach ich bei vielen solcher Veranstaltungen, und besonders bei Verkäufertagungen, wo die Teilnehmerschaft manchmal in die Tausende geht. Mir liegt diese Art von Tagung besonders, denn die anwesenden Männer und Frauen nehmen bewußt daran teil, um zu lernen, wie sie sich verbessern können. Dahinter steht natürlich der Wunsch, ihre Aufgaben noch wirksamer zu erfüllen, die eigene Leistung zu steigern und beruflich Fortschritte zu machen. Aber durch die Vortragenden erfahren sie bald, daß man sich, um irgend etwas besser zu vollbringen, geistig, spirituell und lebensanschaulich als ganzer Mensch verbessern muß. Bei vielen dieser Veranstaltungen glaube ich, daß es nur ein kleiner Schritt von einer Verkäufertagung zu einer spirituellen Versammlung ist. Der religiöse Aspekt durchzieht den gesamten Ablauf, nicht ausdrücklich artikuliert, aber durchaus spürbar.

Ich erinnere mich an eine solche Tagung in einer großen Stadt im Mittleren Westen. Es war ein bitterkalter Abend, und ein scharfer Wind fegte Schnee die Straße entlang, auf der mich ein Taxi zum Festsaal brachte. Als wir an einer Ampel hielten, sah ich eine Tankstelle auf der anderen Seite der Kreuzung. Darüber wehte ein großes Banner mit der Werbeaufschrift »Ein sauberer Motor schafft immer Kraft«. Darunter stand noch der Name einer Ölmarke. Die Aussage beeindruckte mich stark.

Der Saal war mit Tausenden jüngerer Männer und Frauen gefüllt, die fast alle im Verkauf tätig waren. Während der Vorsitzende, Paul Harvey, die Eröffnungsansprache hielt, konnte ich feststellen, daß kaum jemand im Saal über vierzig Jahre alt zu sein schien.

Das Motto des Banners, das ich während der Fahrt hierher gesehen hatte, »Ein sauberer Motor schafft immer Kraft«, war mir in Gedanken immer noch gegenwärtig, als ich am Rednerpult stand. Ich sah mir die Gesichter der zahlreichen jungen Leute an und ahnte die Kraft, die sich dahinter verbarg. Dann sprach ich über den Werbeslogan, der mich auf Gedanken gebracht hätte, und auch von den mehreren tausend Köpfen hier, die alle einen »geistigen Motor« enthielten. Ich hob hervor, daß keine Kraftübertragung für ein großes Leben stattfinden würde, wenn diese Motoren nicht sauber funktionierten.

Den unsauberen geistigen Motor definierte ich als ein Gehirn, verstopft mit negativen Gedanken, Selbstzweifeln, Haßgefühlen, Neid und Rachsucht, Gier und Unehrlichkeit. »Ich weiß«, sagte ich, »daß ich hier nicht in einer Kirche spreche und auch keine Predigt halte, aber es gibt nur einen sicheren Weg, den Geist von der korrosiven Denkensart zu säubern, die das Strömen der Kraft blockiert. Jeder muß den

Herrn auf seine eigene Weise bitten, den Geist zu reinigen, das krafthemmende Zeug wegzufegen und den Geist, den Verstand, mit positiven Gedanken der Gottesgläubigkeit, Hoffnung, Liebe und Begeisterung aufzufüllen.«

In meiner Rede führte ich weiter aus, wie positives Denken die eigene Persönlichkeit verändern und das Leben verbessern kann. Ich war gerade fertig und hatte mich hinter die Bühne begeben, als ein großer, gutaussehender Mann auf mich zueilte. Ohne innezuhalten, warf er seine Arme um mich und drückte mich kräftig an sich. »Mensch«, rief er, »wie ich Sie mag!«

»Ich mag Sie auch«, antwortete ich überrascht, »aber warum so laut?«

»Weil mein Leben in der letzten halben Stunde verändert wurde«, sagte er, »und ich kann Ihnen gar nicht schildern, wie sehr. Bis jetzt war ich ein Versager, eine Niete, ein Mißerfolg. Ich bin das Schlußlicht unseres Außendienstes. Ich verstehe überhaupt nicht, warum man mich nicht längst gefeuert hat. Und das ist keineswegs alles. Auch als Ehemann und Vater habe ich versagt, also rundum.

Ich hing da auf meinem Stuhl, als Sie anfingen, von dem verschmutzten Motor zu sprechen, und davon, daß er keine Kraft schafft. Ich wußte, daß Sie von mir sprachen. Mein geistiger Motor, mein Verstand, konnte gar nicht verschmutzter sein, da er randvoll war mit Negativismus, Ressentiment, Neid, Ausreden, Unehrlichkeit und verkommener Moral. Alles Schlechte war schon in meinen Gedanken. Als sie sagten, man solle das alles dem Herrn übergeben, Bruder, da hatten Sie mich gepackt. Ich redete mit dem Herrn Jesus Christus, und ich meinte es ernst, tief in mir, jedes einzelne Wort. Ich bat Ihn, mich zu verändern, und das hat Er. Ich spürte es in meinem Geist, in meinem Herzen, in meinem ganzen

Wesen. Ich bin ein neuer Mann.« Und wie ich so in sein Gesicht sah, besonders in seine Augen, da wußte ich, daß er die Wahrheit sprach. Die großen, alten Worte fielen mir ein: »Wenn also jemand in Christus ist, dann ist er eine neue Schöpfung: das Alte ist vergangen, Neues ist geworden« (2. Korinther 5, 17). Als ich nach der Tagung wieder in meinem Hotelzimmer war, dankte ich dem Herrn, daß der Ein-Mann-Kreuzzug, den ich nach dem Abend im University Club in New York begonnen hatte, noch immer Ergebnisse einbrachte, noch immer Männer und Frauen an das spirituelle Leben heranführte.

Ich erinnerte mich noch an die Geschäftsfrau Mitte Dreißig bei einer großen Verkäufertagung in Kansas City. Das Rednerpodium war sehr hoch aufgebaut, eine Treppe von zehn Stufen führte da hinauf. Fünfzehntausend Menschen füllten die große Halle, um an einer Veranstaltung für positive Geisteshaltung teilzunehmen, die W. Clement Stone aus Chicago ins Leben gerufen hatte. Als ich diese Treppe nach meiner Rede herunterkam, wartete diese junge Frau auf mich und weinte, obwohl ihr Gesicht erleuchtet war. »Gerade eben bin ich Ihm begegnet«, sagte sie. »Ja, ich bin Ihm begegnet, und Er hat mich verändert. Ich spüre, daß eine schwere Last von mir genommen wurde. Ich bin so glücklich.« Ich führte sie an einen ruhigen Ort, so daß wir reden konnten, und sie erzählte mir, daß sie in einer »heidnischen, völlig religionslosen Familie« aufgewachsen war und von spirituellen Dingen überhaupt nichts wußte. Das hat sie offenbar nicht daran gehindert, ein tiefwirkendes, echtes spirituelles Erlebnis der Lebensveränderung zu erfahren.

Bei großen Versammlungen dieser Art entsteht ein Geist der Verbundenheit, eine Gemeinschaft, die zumindest zu einem gewissen Grad der eines religiösen Treffens ähnelt. Ich denke dabei an eine Definition von Gottesdienst durch eine angesehene Mitarbeiterin von mir, die vier Jahre lang an meiner Kirche in New York tätig war, Mary Brining. Sie sagte: »Ein Gottesdienst ist die Schaffung einer Atmosphäre, in der ein spirituelles Wunder stattfinden kann.«

13. Kapitel
Die Botschaft wird verbreitet

Es ist wirklich erbauend, einem Ziel im Leben spürbar näherzukommen. Das Hauptziel, das Ruth und ich uns gesetzt haben, ist, das praktikable Evangelium Jesu Christi so vielen Menschen nahezubringen, wie wir in unserem Leben ansprechen können. Gegenwärtig erreichen wir ungefähr zwanzig Millionen pro Monat durch nur zwei unserer Projekte, die Zeitschrift »Wegweiser« und die Stiftung für christliches Leben. Diese Schätzung beinhaltet nicht die große Anzahl von Menschen, die unsere Botschaft durch Bücher, Rundfunk und Fernsehen, Predigten und Vorträge wahrnehmen. Unser Ziel ist einfach, und jeder Schritt auf dem Wege seiner Verwirklichung ist uns ein faszinierendes Erlebnis.

Etwas klein anzufangen und dann sein Wachstum zu fördern ist sicherlich eine wichtige Komponente eines dynamischen Lebens. Die meisten von uns sind beeindruckt, wenn wir über Geschäftsideen lesen, die klein anfingen und dann zu riesigen Unternehmen heranwuchsen. Das ist der Stoff, der Erfolgsgeschichten den Hauch von Abenteuer verleiht.

Im Jahre 1940, nachdem ich bereits acht Jahre in New York tätig war, begann unsere Kirche zunehmend zum Zielort für Besucher der Stadt zu werden, und viele von ihnen fragten, ob sie die Sonntagspredigten nicht in gedruckter Form haben könnten. Letztlich erhielten wir so viele Nachfragen dieser

Art, daß wir beschlossen, ihnen zu entsprechen. Die Wortverkündungen entstanden immer spontan, ohne Manuskripte oder Notizen, und wurden oft sogar ohne Rednerpult gegeben. Also wurde es notwendig, Ansprachen und Predigten aufzuzeichnen, am Anfang stenographisch und später auf Tonband. Einige hundert Exemplare der Predigt wurden dann vervielfältigt und waren umgehend vergriffen. Oft baten uns Besucher, sie in unseren Postverteiler aufzunehmen und ihnen die Predigten regelmäßig zuzuschicken.

Mercé E. Boyer, die Direktorin unserer Kirchenaktivitäten, erkannte sofort, daß die Entwicklung des Postversands von Predigten Möglichkeiten des Dienens und des Wachstums bot. Sie gewann William »Bill« Groll und Russell G. Sheperd, zwei tüchtige Laienmitglieder, für die Bildung eines Publikationskomitees. Daraus entstand *Sermon Publications*, ursprünglich ein Vorhaben unserer Jugendorganisation. Das Adressieren und Verpacken der Postsendungen wurde von freiwilligen Helfern im Keller der Kirche besorgt.

Der Verteiler war bald so umfangreich geworden, daß die Arbeit in weitere Räume der Kirche ausgeweitet werden mußte. Unterdessen nahmen auch die Aktivitäten der Kirchgemeinde zu und benötigten Raum, und so mußte *Sermon Publications* in ein Bürogebäude in der Fourth Avenue umziehen. Als Ruth und ich uns 1943 eine Farm am Quaker Hill in Pawling, New York, kauften, etablierten wir *Sermon Publications* in einem großen Raum über dem Garagentrakt der Farm, und Ruth übernahm die Leitung. Der Verteiler umfaßte zu der Zeit ungefähr 1200 Empfänger. Aber es dauerte nicht lange, bis auch diese Räumlichkeiten nicht mehr ausreichten, und es wurde ein altes Haus in der Nähe von Quaker Hill angemietet. Bald enthielt unsere Adressenkartei 20 000 Anschriften in allen Gegenden der Vereinigten Staaten und Kanada wie auch im Ausland. Das erforderte mehr Platz und eine effiziente, moderne »Poststraße«. Diesem Bedarf entsprechend und im festen Vertrauen, daß der Herr uns helfen würde, die nötigen Mittel aufzubringen, wurde ein Baugrundstück im Dorf Pawling an der Fernstraße 22 gekauft und ein kleines Gebäude darauf gebaut.

Bevor *Sermon Publications* nach Pawling umzog, wurde offensichtlich, daß es bestimmt war, ein selbständiges Unternehmen zu sein. Ein Ältester der Kirche, McClelland F. Stunkard, schlug bei einer Versammlung der Diakone und Ältesten vor, *Sermon Publications* in den Besitz und die Verwaltung der Eheleute Peale übergehen zu lassen, und der Vorschlag wurde einstimmig angenommen. Wir baten unseren Anwalt und langjährigen Freund und Berater in allen Fragen, Gerald Dickler, die notwendigen Schritte einzuleiten, um *Sermon Publications* als gemeinnützigen christlichen Verlag eintragen zu lassen, und es wurde als kirchliches Unternehmen nach den Gesetzen des Staates New York etabliert.

Als solches hatte es einen eigenen Vorstand, dem John M. Allen aus Pawling, ein Vizepräsident von *Reader's Digest*, vorsaß. Der Name wurde zur »Stiftung für christliches Leben« umgeändert, und das primäre Erzeugnis erscheint im Taschenformat und heißt »PLUS – Das Magazin für positives Denken«.

Der heutige Verteiler umfaßt nahezu eine Million Anschriften in den gesamten Vereinigten Staaten und Kanada sowie hundertzwanzig weiteren Ländern der Erde. Das ursprüngliche Gebäude wurde bereits fünfmal erweitert und verfügt jetzt über mehr als 5600 Quadratmeter Arbeits- und Lagerraum. Der Verlag ist mit modernster Datentechnik ausgerüstet, mit deren Steuerung fast vierzig Millionen Poststücke jährlich verschickt werden und das riesige Volumen an eingehender Leserpost sortiert wird. Die Stiftung für christliches Leben ist das größte Versandunternehmen der Welt, das die Verbreitung des Evangeliums zum Zweck hat. Im Verlauf ihres erstaunlichen Wachstums wurde nie von der ursprünglichen Absicht abgewichen, Männer und Frauen zum Christentum zu bewegen und den Lesern praktische Botschaften zur Führung des christlichen Lebens zu geben. Die Stiftung hat 130 Mitarbeiter, die persönlich den Zielen verpflichtet sind, die im Verlauf ihrer täglichen Arbeit angestrebt werden.

Wachstum und Wirkung der Stiftung wurden durch das spirituelle Prinzip des freiwilligen Gebens finanziert. Das veröffentlichte Material wird kostenlos verteilt, nur wird gelegentlich eine Darstellung der Kosten mitverschickt, die durch Herstellung und Versand entstehen, was für Spenden einen Richtwert aufstellt. Dieses christliche Verlagsprojekt lebt, wie jede Kirche hier, von den freiwilligen Gaben derer, denen es dient und die Anteil an der Verbreitung des Evangeliums haben wollen. Es wurde noch nie in roten Zahlen gearbeitet, und ich habe persönlich nie ein Honorar für die Schriften erhalten, die ich für die Stiftung verfaßt habe, wie auch nicht für die Zeit, die ich mit ihrer Organisation und Leitung verbrachte.

Als Anhänger des Prinzips der freiwilligen christlichen Leistung bin ich überzeugt, daß wir um so mehr Freude und Segen erfahren werden, je mehr wir aus freien Stücken für den Herrn zuwege bringen. Ein besonders befriedigender Aspekt meiner Mitwirkung an der Stiftung für christliches Leben liegt für mich in der Erfüllung vieler Bitten um Gebete. Bitten dieser Art gehen zu Hunderten ein, und jedes individuelle Problem wird in einem persönlichen Gebet behandelt. Ein Zettel mit dem Namen des Bittstellers und einer kurzen Beschreibung seines Problems wird auf den Altar der Kapelle gelegt, und Mitarbeiter gehen dort jeden Morgen um 9.50 Uhr hin und beten für jeden, der spirituelle Hilfe ersucht. Am Karfreitag, einem speziellen Gebetstag, kommen Menschen sogar aus weiter Entfernung, um mit den Mitarbeitern zu beten, da bis zu sechzigtausend Bitten alleine für diesen Tag eingehen.

In jeder Woche erhalte ich fünf- bis sechshundert Bitten um spezielle Gebete, und ich nehme mir die Zeit, auf jeden Bittsteller und sein Problem individuell einzugehen. Im Laufe der Jahre habe ich festgestellt, daß sich die meisten Probleme so einordnen lassen: 1. Gesundheit, 2. Arbeit, 3. Geld, 4. Jugend und 5. Ehe. Diese Bitten umfassen darüber hinaus jedoch jede denkbare menschliche Schwierigkeit. Diesen Sektor der Arbeit der Stiftung für christliches Leben aufmerksam zu verfolgen bedeutet, tiefgreifendes, mitfühlendes Bewußtsein für die Dinge zu entwickeln, an denen Menschen leiden.

Viele Ferngespräche gehen bei der Stiftung ein, irgendwo aus den Vereinigten Staaten oder Kanada oder sogar aus Übersee. Da sie unsere Schriften kennen, glauben viele Anrufer, daß ihnen bei uns jemand helfen kann. In jedem Fall wissen sie, daß wir ihre Freunde sind, obwohl wir uns nie persönlich kennengelernt haben. Ein Mann rief mich aus dem Nordwesten an und weinte am Telefon wegen seiner kleinen Tochter, die im Koma lag. Er sagte: »Ich wußte nicht, an wen ich mich wenden sollte. Und dann fielen Sie mir ein, Doktor Peale, denn ich lese Ihre Schriften regelmäßig.«

Ich sagte ihm: »Legen Sie Ihre Tochter in Gottes liebende Hände. Sehen Sie sie als wiederhergestellt und gesund. Stellen Sie sich bildlich vor, wie sie aus dem Koma erwacht. Sehen Sie, wie Jesus die Hände auf sie legt und ihr vollständige Gesundheit zurückgibt.«

Dann betete ich mit ihm über die Entfernung von dreitausend Meilen nach dem biblischen Prinzip der »zwei oder drei«: »Wo zwei oder drei in meinem Namen versammelt sind, da bin ich mitten unter ihnen.« Ich betonte, daß wir beide durch das Telefon zusammen seien, und der liebevolle, heilende Jesus dabei sei. Der Vater konnte vor Rührung kaum sprechen, als er sich bedankte. Vierundzwanzig Stunden später rief er voller Freude erneut an, um mir die gute Nachricht mitzuteilen, daß das kleine Mädchen die Augen geöffnet und »Papa« gesagt hatte. Und der Arzt hatte ihm versichert, daß sie genesen würde. »Ich danke Ihnen für Ihre wunderbare, fürsorgliche Stiftung für christliches Leben«, sagte er gefühlvoll.

Es gab auch einen Mann, der zusammen mit anderen von seiner Firma aufgrund der wirtschaftlichen Lage entlassen worden war. »Was kann ich bloß in meinem Alter noch machen?« fragte er mich nervös. Seine Frau nahm über einen Nebenapparat an dem Gespräch teil, und zusammen beteten wir nach dem gleichen »zwei oder drei«-Prinzip. Ich legte ihnen nahe, sich zuerst geistig und spirituell zu beruhigen, denn besonders in einer Krise muß klar und sachlich gedacht werden. Kreatives Denken ist nicht möglich, wenn der Geist angespannt und verängstigt ist.

Wir baten um Führung, um einen Einfall. Ich sicherte den beiden zu, daß ich auch weiterhin für sie beten würde, und forderte sie auf, es auch zu tun. Die Antwort kam nicht sofort, aber sie kam, und das Ehepaar gründete eine eigenständige Existenz, an der sie beide mitwirkten. Obwohl nicht einmal andeutungsweise erwähnt, schickten sie der Stiftung für christliches Leben ein Zehntel ihres Einkommens des ersten Jahres und sind heute überzeugt, daß sie durch die Gabe eines Zehntels noch größeren Wohlstand erlangen. Natürlich tun sie das, denn die Bibel sagt: »Bringt den ganzen Zehnten ins Vorratshaus, damit in meinem Haus Nahrung vorhanden ist! Ja, stellt mich auf die Probe damit, spricht der Herr der Heere, und wartet, ob ich euch dann nicht die Schleusen des Himmels öffne und Segen im Übermaß auf euch herabschütte« (Maleachi 3, 10).

Ruth ist die tatsächliche Gründerin und Leiterin der Stiftung für christliches Leben. Mit ihrem Glauben, ihren betriebswirtschaftlichen Fähigkeiten, ihrem Führungstalent und auch ihrer Fürsorge und Menschenliebe hat sie dieses große christliche Vorhaben zum hervorragendsten Unternehmen seiner Art in der Geschichte des Christentums in Amerika gemacht. Es war ein aufregender Werdegang für uns beide. Ruth hat im Laufe der Zeit ein außerordentliches Team von Führungskräften und sachkundigen, gewissenhaften Mitarbeitern zusammengestellt. Die Stiftung ist eine wichtige Unternehmung in unserem Leben, und sie hat mir geholfen, über Jahre hinweg Millionen von Menschen zu erreichen. Wir hoffen, daß wir damit einen Beitrag zur Verbreitung des Christentums in unserer Zeit geleistet haben. Die Botschaft wurde wirklich verbreitet, nicht nur landesweit, sondern weltweit.

Im Herbst 1944 besuchte uns eines Tages unser Nachbar am Quaker Hill und mein alter Freund aus Studentenzeiten, Raymond Thornburg, und schlug vor, daß Ruth und ich uns seiner Frau Pherbia und ihm anschließen sollten, um nach Connecticut zu fahren und in einem alten Landgasthof zu Abend zu essen. Auf dem Wege könnten wir noch einige Antiquitätenläden besuchen. Raymond meinte, er habe eine Idee, die er näher mit mir besprechen wollte.

Es war einer der herrlichen Herbsttage mit blauem Himmel und strahlender Sonne, etwas Dunst am Horizont und dem Duft von brennendem Herbstlaub in der Luft. Wir nahmen den Vorschlag gerne an, und »Pinky«, wie Raymond seit dem Knabenalter aufgrund seiner rötlichen Gesichts- und Haarfarbe genannt wurde, umriß seine Idee. Er war der Überzeugung, daß Geschäftsleute etwas anderes als nur Finanzberichte und Produktionszahlen zum Lesen brauchten, etwas Inspirierendes, Spirituelles. Er meinte, es könnte eine gute Idee sein, eine Art von spirituellem Rundbrief zu entwickeln, der dem Geschäftsmann Montag früh am Schreibtisch helfen könnte, die Woche mit einer positiven Einstellung zu beginnen. Ruth und ich fanden Gefallen an der Vorstellung und diskutierten sie ausgiebig im Verlauf des Nachmittags und Abends.

Einige Zeit später nahmen wir an einer Abendgesellschaft teil, bei der unter anderen auch Lowell Thomas, J. C. Penney, Hauptmann Eddie Rickenbacker und Branch Rickey zu Gast waren. Im Verlauf einer angeregten Gesprächsrunde wurde der Vorschlag geäußert, daß das Land eine neue und andere Art von Zeitschrift brauchte, eine, die nicht ewig über das System der freien Marktwirtschaft herzog, sondern die dieses aufbaute, anhand wahrheitsgetreuer Berichte darstellte, wie Glauben imstande ist, Menschen im täglichen Leben zu helfen. Eine solche Zeitschrift sollte zum Zweck haben, junge Menschen zu motivieren, das zu werden, was sie sein könnten, ihnen die grenzenlosen Chancen unseres Systems zu verdeutlichen. Ferner sollte sie betonen, daß sich ein Mensch kreativ weiterentwickeln kann, wenn er positiv denkt, einen guten Charakter bewahrt, hart zu arbeiten bereit ist und seinem Glauben treu bleibt. Die versammelten Gäste waren von der Vorstellung hingerissen, so sehr, daß sie abstimmten und mich zum Herausgeber »wählten«, mit dem Auftrag, aktiv zu werden und eine solche

Zeitschrift ins Leben zu rufen (aus der später »Wegweiser« wurde).

»Nun, Freunde«, sagte ich, »ich bin dankbar dafür, zum Herausgeber dieses nicht existenten Blattes ernannt worden zu sein, aber obwohl ich Seelsorger bin, wurde ich nicht erst gestern geboren und habe genug Grips, um zu wissen, daß ein Vorhaben solcher Art doch etwas Kapital erfordert. Da ich weiß, daß ihr alle mehr als gut versorgt seid, werde ich mich unter euch begeben, um eure Beiträge zur Entstehung der besagten Publikation entgegenzunehmen.« Manchmal können einem menschliche Reaktionen ja schon fast weh tun, wie in dieser Situation, als alle Anwesenden urplötzlich entdeckten, daß es bereits spät sei und sie schleunigst nach Hause müßten. Und mich ließen sie zurück, den Herausgeber einer Zeitschrift, die es nicht gab, ohne Fachwissen, Abonnenten, Gerät, Büro, Mitarbeiter oder Kapital. Man könnte wohl ohne zu übertreiben sagen, daß die Vorzeichen für die Verwirklichung der Idee nicht die ganz glücklichsten waren.

Ich war geneigt, das Thema einfach fallen zu lassen, aber irgendwie hatte sich die Idee doch in meinen Gedanken eingenistet. Die Frage der Finanzierung müßte vorrangig gelöst werden, aber wie? Wen kannte ich, der sehr reich war und zudem noch sehr großzügig? Diese beiden Eigenschaften trifft man nicht immer in der gleichen Person an, aber alsbald fiel mir ein Freund ein, Frank Gannett, Gründer der Gannett-Zeitungskette. Frank wohnte in Rochester, New York, also fuhr ich zu ihm und schilderte meine Vorstellung in leuchtenden Farben. Ich erzählte ihm auch, daß diese Zeitschrift einen spirituellen Leitfaden haben sollte, um den traditionellen, tiefen Glauben an Gott in unserem Lande wiederzubeleben. Frank Gannett leistete Unterstützung, und damit konnte ich den Teil einer Adressenkartei mit der Bezeichnung »Die Liste guter Gebender« kaufen.

Ich bereitete eine Spendenaufforderung vor, in der ich so überzeugend wie möglich darstellte, was wir vorhatten. Durch diese Briefkampagne erhielten wir ungefähr siebentausend Dollar, und mit dieser, geringen Summe hoben wir die Zeitschrift »Wegweiser« als gemeinnützige Publikation aus der Taufe. Wir probierten Pinky Thornburgs Idee eines spirituellen Rundbriefes und produzierten die ersten Ausgaben als kleinformatige, vierseitige Falzblätter in Taschenbuchgröße. Jedoch stellte sich dies als unpraktisch heraus, also begannen wir im August 1948 damit, die gefalzten Blätter zu einem kleinformatigen Magazin von vierundzwanzig Seiten zusammenzuheften. Nach einigen weiteren Änderungen in den folgenden Jahren erhielten die »Wegweiser« das endgültige Format 13 x 18,5 cm, und auch den Umfang, der bis heute beibehalten wurde, achtundvierzig vierfarbige Seiten.

Die Entwicklung der »Wegweiser« lehrte mich wieder einmal die Wichtigkeit von positivem Denken und Vorstellungsvermögen. Eine neue Zeitschrift heute ins Leben zu rufen benötigt wahrscheinlich eine Investition in Millionenhöhe. Unsere begann praktisch aus dem Nichts. Wir standen auch einige Male kurz davor, sie einstellen zu müssen. Ich erinnere mich noch, wie ich eines Abends zu Gast bei J. Howard Pew war, damals Inhaber der *Sun Oil Company*. Ich erzählte ihm davon, daß unser Magazin fast pleite sei, und konnte keine sonderliche Reaktion darauf bei ihm feststellen. Aber ein paar Tage später kam Ruth mit einem Kuvert in der Hand über den Rasen gelaufen. Es war ein 5000-Dollar-Scheck von J. Howard Pew, und er brachte uns aus der Krise heraus, denn diese Summe stand noch an Druckereischulden aus.

Tessie Durlach, unsere weise, treue Freundin und ein großartiger Mensch, leistete der Zeitschrift öfter großzügige
Unterstützung. Auch steuerte sie kreative Ideen bei, die großen Einfluß auf den Werdegang von »Wegweiser« hatten und
auch unzähligen Menschen halfen, wie ich im ganzen Land
feststellen konnte. Einmal, als die Liquidität einen Tiefpunkt
erreicht hatte, schlug Tessie vor, den Abonnenten zu schreiben, ihnen mitzuteilen, daß größerer finanzieller Handlungs-
spielraum vonnöten sei, und sie zu fragen, ob sie gewillt
wären, »Wegweiser« Geld in jeder beliebigen Höhe bei der
zur Zeit gängigen Verzinsung von 6% zu leihen. Die Laufzeit
solcher Darlehen sollte ein Jahr betragen, und es sollte dann
samt Zinsen zurückgezahlt werden. Dieses Vorgehen verschaffte uns Arbeitskapital von mehr als 100 000 Dollar. Nach
Ablauf des Darlehensjahres erhielt jeder Geldleiher seine
Zinsauszahlung mit der Option, uns das Darlehen ein weiteres Jahr zu gleichen Bedingungen zu überlassen. Es war auch
Tessies Idee, die Geldleiher darauf hinzuweisen, daß sie das
uns geliehene Geld auch in eine steuerfreie Spende umwan-
deln könnten. Ungefähr 50 000 Dollar wurden auf diese Weise
gespendet. Viele Geldleiher blieben ein zweites Jahr dabei,
während es andere wiederum vorzogen, ausgezahlt zu werden. Die finanziellen Engpässe waren dadurch spürbar ent-
schärft worden. »Geh immer mit einer positiven Einstellung
an ein Problem heran«, sagte Tessie. »Es gibt immer einen
Weg, oder du kannst einen bahnen. Glaube und denke positiv und vertraue, daß Gott dir helfen wird. Er wird es.«

Im Jahre 1950, dem wohl kritischsten in der ersten Zeit der
»Wegweiser«, brachte Tessie einen weiteren brillanten Vorschlag hervor, der auf einem soliden kreativen Prinzip beruht,
das jeder in jeder Situation anwenden kann. Zur Zeit gab es
bereits vierzigtausend »Wegweiser«-Abonnenten, aber die

Kosten stiegen schneller als die Einnahmen. Schulden häuften sich in einem bedrohlichen Ausmaß, und ohne ein Wunder stand uns die Einstellung der Zeitschrift unausweichlich bevor. Aber das Wunder geschah, und das Vorhaben sollte ein spektakulärer Erfolg werden.

In dieser Krise berief ich eine Vorstandssitzung ein, aber sie erbrachte nichts Konstruktives, das uns hätte weiterhelfen können. Vor mir hatte ich einen beachtlichen Stapel von Rechnungen, von denen die meisten schon etwas betagter und nicht wenige mit recht bissigen Bemerkungen versehen waren. Ich erinnere mich an einen Händler, der uns eine Schreibmaschine verkauft hatte, mit viel Zeit, um in Raten zu bezahlen, der ziemlich gereizt anfragte, warum wir die Schreibmaschine noch nicht abbezahlt hätten. Ich habe ihm nie darauf geantwortet, denn jeder Narr hätte den Grund erraten können: Wir hatten kein Geld. Ich legte den Berg von Rechnungen vor und sagte: »Seht euch diese Rechnungen an.« Ein tiefes Schweigen beherrschte den Raum. Dann sagte ein Vorstandsmitglied kleinlaut: »Menschenskinder, seht mal diese Rechnungen an.« Wirklich eine inspirierte Reaktion!

Ich hatte Tessie zu dieser Sitzung eingeladen, zum Teil wegen ihrer oft bewiesenen Großzügigkeit, aber auch weil ich hoffte, daß ihr Geistesblitz nochmal am gleichen Ort einschlagen würde. Aber Tessie sagte vorweg: »Was mich betrifft, will ich euch gleich von euren Qualen erlösen. Ich spende keinen weiteren Groschen.« Das erlöste uns natürlich nicht von unseren Qualen, sondern vertiefte sie nur noch. »Aber«, fügte sie gleich hinzu, »ich werde euch etwas geben, das viel wertvoller als Geld ist, nämlich eine kreative, dynamische Idee, mit deren Anwendung ihr sämtliche Mittel sichern könnt, die ihr braucht, um die ›Wegweiser‹ zu einem Erfolg zu machen.«

»Wollen wir«, fuhr sie fort, »die Situation analysieren. Euch fehlt alles. Ihr habt kein Geld, ihr habt zuwenige Abonnenten, euch fehlt das nötige Gerät, und euch fehlen Ideen. Und warum fehlt euch all das? Einfach weil ihr dauernd und konsequent im Sinne von Mangelndem denkt und somit einen Zustand der Mängel geschaffen habt.«

Ihre Aussage traf mich wie ein gewaltiger Schlag. Sie bescherte mir eine Einsicht in die Wahrheit, die wie durch einen Blitz erleuchtet gleißend hell war, wie eine Landschaft mit allen Einzelheiten bei Nacht. In dem Moment hatte ich vielleicht zum erstenmal in meinem Leben die Tatsache begriffen, daß wir das schaffen, was wir denken.

»Was sollen wir unternehmen, um diese Situation zu korrigieren?« fragte ich.

»Unternehmen?« fragte Tessie. »Stell dich mit einer Einstellung der Bejahung hin, und befehle diesen vernichtenden Gedanken, zu verschwinden, deinen Geist zu räumen.«

»Nun, Tessie«, warf ich ein, »jeder Student des menschlichen Geistes weiß folgendes: Wenn man sich bemüht, einen Frontalangriff gegen ungesunde Denkgewohnheiten zu starten, treibt man diese nicht aus, sondern, im Gegenteil, treibt man solche Gedanken noch tiefer in das Bewußtsein hinein. Außerdem kontrollieren wir nicht unsere Gedanken, sondern sie kontrollieren uns.«

Nie werde ich den angewiderten Blick vergessen, mit dem mich Tessie musterte. »Weißt du denn nicht, was der große Platon sagte?« fragte sie mich.

Ich hatte ehrlich gesagt keinen blassen Schimmer, was der große Platon gesagt hatte, da ich aber nicht als Ignorant dastehen wollte, fragte ich fröhlich: »Auf welches der vielen bekannten Zitate Platons beziehst du dich jetzt?«

»Ich beziehe mich auf eines«, antwortete sie, »das du in

deinem ganzen Leben noch nie gehört hast!« Das bleibt mir auch unvergeßlich: von Tessie anzuhören, was sie behauptete, sei eine Aussage Platons. Wenn ich mich richtig erinnere, lautete das Zitat: »Übernimm die Kontrolle über deine Gedanken. Du kannst mit ihnen machen, was du willst.«

»Also spült die Mangel-Gedanken aus euren Gehirnen heraus, und zwar jetzt, mit Kraft und Entschlossenheit.« Und genau das taten wir. Wir reinigten unser Denken von dem Mangel-Konzept.

»Nun«, erklärte Tessie anschaulich, »die Vorstellungen von Mängeln sind aus eurem Denken entfernt worden, aber sie lauern noch erwartungsvoll in eurer Nähe, um dorthin zurückzukehren, wo sie so lange willkommen waren. Der einzige Weg, sie daran zu hindern, ist, euren Geist mit stärkerem positivem Denken zu füllen und so keinen Platz mehr für das Mangel-Denken zu lassen, das eure Gedankengänge so lange beherrscht hat. Wie viele weitere Abonnenten braucht ihr, um die Zeitschrift am Leben zu halten?« wollte sie wissen. Ich wußte es nicht genau, aber ich wählte eine Zahl, die mir plausibel erschien, und sagte, daß es insgesamt hunderttausend sein müßten. »Gut«, meinte Tessie. »Nun stellt euch vor, und *seht* auch, wie hunderttausend Menschen da draußen ›Wegweiser‹ lesen, die ihre Abonnements auch bezahlt haben.«

Als sie das sagte, sah ich in ihre dunkelbraunen Augen, in den erhobenen Blick des Glaubenden. Tessie gehörte nicht meiner Konfession an. Sie war Jüdin, eine unnachgiebige Mischung aus Spiritualität und Scharfsinn. In ihren braunen Augen gespiegelt »sah« ich die hunderttausend Abonnenten, die wir brauchten. Völlig aufgebracht sprang ich auf und rief: »Ich sehe sie, ich sehe sie!«

Tessie war auch aufgesprungen und umarmte mich. »Ist

das nicht wunderbar?« rief sie. »Jetzt, wo wir sie sehen, haben wir sie auch.«

»Wie das?« fragte ich verwirrt.

»Doch, doch«, wiederholte sie überzeugt. »Jetzt, wo wir sie sehen, haben wir sie auch.«

Da sie ein spiritueller Mensch war, sprach Tessie ein Gebet. Es ist mir auch nach all den Jahren noch ins Gehirn gebrannt. Sie bat Gott um nichts, sondern dankte Ihm im voraus für alles, auch für die hunderttausend Abonnenten. Sie zitierte einen Satz aus der Bibel: »Und alles, worum ihr im Gebet bittet, werdet ihr erhalten, wenn ihr glaubt« (Matthäus 21, 22).

Was war passiert? Ich sah den Stapel von Rechnungen an, und er war noch da. Vielleicht hatte ich erwartet, daß der Herr vom Himmel gekommen wäre, um sie fortzutragen, aber so arbeitet Er nicht. Wenn Er eine Situation verändern will, dann geht Er nicht mit Zaubermethoden vor. Seine Methode ist viel geschickter und subtiler. Er verändert Menschen, und Menschen verändern Situationen.

Und genau das war es, was hier vorgegangen war. Unser Vorstand erwachte plötzlich zum Leben und begann, eine Idee nach der anderen zu produzieren. Natürlich taugten 90% davon überhaupt nichts, aber die restlichen 10% waren ausgezeichnet, und ein Ergebnis war, daß der Stapel von Rechnungen immer kleiner wurde.

In dieser Anfangszeit der »Wegweiser« war DeWitt Wallace vom *Reader's Digest* von dem Konzept eines ökumenischen Magazins, das wahre persönliche Berichte von spirituellen Erfahrungen wiedergab, so fasziniert, daß er wünschte, die Idee wäre ihm selbst eingefallen. Er war in vieler Weise hilfreich, hauptsächlich, indem er den Chefredakteur, Fulton Oursler, bat, uns beratend zur Seite zu stehen. Das war von uncrmeßlichem Vorteil für die junge Publikation. Das war aber längst nicht alles, denn DeWitt Wallace verschaffte uns auch qualitativ hochwertiges Material, von dem die Redakteure beim *Reader's Digest* keinen Gebrauch gemacht hatten. Und es geschah oft, daß er einen Beitrag aus »Wegweiser« im Digest veröffentlichte. Dies tat er so oft, daß der Name »Wegweiser« anfing, bekannt zu werden. Tatsächlich schickte er mir einmal einen Leserbrief, der die Frage stellte: »Was zum Teufel sind die ›Wegweiser‹?« Aber als die Zeitschrift die Umsatzmarke von drei Millionen Dollar durch Abonnements überschritten hatte und ich wieder einmal DeWitt um eine Hilfestellung bat, sagte er mir: »Ihr seid jetzt stark genug, um das alleine zu bewältigen. Jetzt seid ihr eine große Zeitschrift.«

Nach dem unsicheren Anfang, den das Zeitschriftenteam in den Räumen über einem Lebensmittelladen in Pawling verbracht hatte, versetzten wir es in ein Haus am Quaker Hill, das Lowell Thomas gehörte. Eines Sonntagnachmittags wurde es durch Feuer vernichtet. In einem Foto, das nach dem Brand aufgenommen wurde, ragt der Turm der Christuskirche auf Quaker Hill majestätisch über der Asche empor, ein Vorzeichen des Siegeszuges, der noch bevorstand. Die Redaktion zog dann in ein größeres Haus in der Nähe, aber bald reichte der Platz dort auch nicht mehr aus.

Eines Tages erfuhr ich, daß Land und Gebäude des Drew-Seminars für Frauen in Carmel, New York, zum Verkauf anstünden. Fred Dill, ein prominenter Geschäftsmann von Carmel, war Mitglied des Vorstandes der nun geschlossenen Hochschule, und durch seine Hilfe erwarb »Wegweiser« ein großartiges Grundstück von ungefähr fünfundsiebzig Morgen mit Ausblick über den Gleneida-See. Ein moderner Bau wurde errichtet, um die Verwaltung und den Vertrieb aufzunehmen. Die redaktionellen Büros befinden sich in der Third Avenue von New York.

Während der ganzen Geschichte der »Wegweiser« waren Ruth und ich die Chefredakteure und Herausgeber. Ich habe ihm als Präsident gedient und Ruth als geschäftsführende Vizepräsidentin. Die Zeitschrift hat bislang vier Redaktionsleiter gehabt: Grace Oursler dreieinhalb Jahre, Leonard E, LeSourd fünfundzwanzig Jahre, Arthur Gordon neun Jahre lang und seit 1982 Van Varner. Unter der redaktionellen Leitung dieser brillanten Mitwirkenden hat »Wegweiser« die spektakulärste Entwicklung in der Geschichte der religiösen Literatur in Amerika erlebt.

Da Ruth und ich terminlich sehr gebunden sind, baten wir Wendell Forbes, stellvertretender Herausgeber mit geschäftsführender Vollmacht zu werden. Wendell Forbes war Vertriebsleiter bei der Zeitschrift »Life« gewesen und fünfundzwanzig Jahre im Verlagshaus *Time* tätig. Als Experte für Zeitschriftenherstellung, -vertrieb und -marketing ist seine Meinung in der Zeitschriftenbranche weiterhin viel gefragt. Unter seiner begnadeten Führung erreichte »Wegweiser« zum gegenwärtigen Zeitpunkt eine Abonnentenzahl von über 4,7 Millionen und eine monatliche Leserschaft, die 15 Millionen übersteigt. In den sieben Jahren, die zwischen dem Eintritt von Wendell Forbes und diesem Schreiben liegen (1983), ist die Verbreitung der Zeitschrift um 76% gestiegen. In dieser Hinsicht befindet sie sich zur Zeit an 12. Stelle aller Zeitschriften der Vereinigten Staaten. Sie ist die meistgelesene religiös-inspirative Zeitschrift der Welt. Wendell Forbes meint dazu, daß ein solch erstaunliches Wachstum nur mit einem Verlagserzeugnis von erlesener Qualität erreicht werden kann. Der Vertrieb unter der gekonnten Führung von Bedford F. »Chuck« Lawley trägt in vielerlei Hinsicht dazu bei, das Evangelium zu verbreiten, und ist für die Erfüllung der Zielsetzung der Zeitschrift, den Aufbau des spirituellen Lebens in Amerika, von grundsätzlicher Bedeutung.

An einem unvergeßlichen Tag, Freitag, dem 18. Februar 1983, nahmen Ruth und ich teil an einem Mittagessen zu Ehren der Überschreitung der Vier-Millionen-Marke der »Wegweiser«-Abonnements. Als wir auf der Rednerplattform im Ballsaal des Danbury Hilton Hotels standen und die anwesende Mitarbeiterschaft von mehr als vierhundert Menschen betrachteten, waren wir zutiefst gerührt. Meine Gedanken schweiften zurück über die vielen Jahre, bis hin zu den bescheidenen, sogar winzigen Anfängen. Ich erinnerte mich an die erste (schlecht bezahlte) Arbeitskraft, die uns mit »Wegweiser« half. Ihr Schreibtisch war ein klappriger Kartentisch, ihr Aktenschrank ein Karton, und ihre gebraucht gekaufte Schreibmaschine befand sich in einem Mäuseloch von einem Zimmer. Die Druckereirechnungen machten immer Sorgen, und es schien ein ewiger Krisenzustand zu herrschen. Als Ruth und ich dastanden und uns all das durch den Kopf gehen ließen, waren wir uns einig, daß doch ein sehr großes Wunder geschehen war.

Unser Computer hatte uns den Namen des viermillionsten Abonnenten gegeben, Frau Vauncile Bell aus Branford, Florida, eine gütige Dame, Lehrerin und Kirchenmitarbeiterin in einem Dorf mit sechshundertfünfzig Einwohnern. Sie wurde als unser Ehrengast nach New York geflogen. Im Namen der gesamten Belegschaft von »Wegweiser« präsentierte Mrs. Bell Ruth und mir vier Zylinder in Holzsockeln, die mit Bronzeplaketten versehen waren. Die Zylinder enthielten die Namen unserer vier Millionen Abonnenten. Ich sagte der versammelten Mannschaft und allen dazugehörigen Freunden, daß sechs Worte den Erfolg jedes Unternehmens ausmachen:

»Finde einen Bedarf und erfülle ihn.« »Wegweiser«, sagte ich, tue genau das, »es erfüllt einen Bedarf und wird deshalb so begeistert aufgenommen«. Ruth hob hervor, daß Gottes Segen die »Wegweiser« begleitete und der Zeitschrift einen phänomenalen religiösen Einfluß in unserer Epoche verleiht.

Van Varner, der derzeitige Redaktionsleiter, ist nun seit einigen Jahren dabei. Für uns ist er eigentlich die Personifizierung der »Wegweiser«. Seiner Ansicht nach ist die Zeitschrift etwas sehr Spezielles, weil sie nicht so sehr eine Publikation wie eine Art zu leben darstellt, den lebendigen Glauben in Aktion.

Eine Stunde mit dem Redaktionsteam zu verbringen, das Van leitet, heißt, eine Kameradschaft zu erleben, die einen aufbaut und motiviert. Manche Menschen sind der Meinung, »Wegweiser« sei sogar eine spirituelle Kameradschaft von nationalem Ausmaß. Das könnte das erstaunliche Wachstum der Zeitschrift vielleicht erklären.

Ruth und ich sind der Meinung, daß »Wegweiser« und die Stiftung für christliches Leben die Hauptbeiträge sind, die es uns gegönnt war zu leisten. Dabei lassen wir keineswegs die vielen Buchproduktionen außer acht, die uns die wunderbare Gelegenheit bereitet haben, das Evangelium an weitere Millionen von Menschen weiterzugeben.

14. Kapitel
Eine aufregende Familie

Lebendigkeit, Begeisterung und Energie! Wie goldene Fäden ziehen sich diese drei dynamischen Eigenschaften durch Ruths Familie, die Staffords, und durch meine, die Peales. Auch die Crosbys und die DeLaneys, die Familien unserer Mütter, waren unternehmungslustige Menschen.

Der Vater meiner Mutter, Andrew DeLaney, wurde in dem Dorf Ballynakill in Irland von zwei unverheirateten Tanten großgezogen. Aber das Dorf war wohl zu klein oder auch zu langweilig für den jungen Andy, der von Träumen von fernen Ländern beseelt war. Einmal stand er an der felsigen Küste und stellte sich vor, wie er an Bord eines Schiffes über den Horizont des Meeres hinweg zu den goldenen Stränden Amerikas segelte, wohin ihm unzählige Iren vorausgegangen waren.

Wie sollte dieser Traum aber in Erfüllung gehen? Seine liebenden, aber strengen Tanten würden es ihm nie erlauben, in die kalte, fremde Welt da draußen aufzubrechen. Eines Nachts im Bett kam ihm ein Gedanke, der in seinem Unterbewußtsein vielleicht schon lange gärte. Warum nicht alleine und unangekündigt mit den wenigen Schillingen in seiner Tasche einfach abhauen? Der Gedanke erschreckte ihn zwar, faszinierte ihn aber doch, und immer wieder wälzte er ihn in seinem Kopf herum.

Da ein Gedanke der Same einer Handlung ist, kam dann auch die Nacht, in der Andy auf Socken die alte Holztreppe herabschlich, sein weniges Hab und Gut zu einem Bündel geschnürt bei sich. Auf dem Tisch am Eingang hinterließ er einen Zettel, in dem er seinen Tanten erklärte, daß er einfach weg mußte, daß ihn Stimmen in die Ferne riefen, aber seine Liebe für die beiden Frauen davon unberührt bleibe. Als sie seine Abschiedsworte am nächsten Morgen fanden, sagte die eine: »Der kleine Andy hatte immer etwas Besonderes an sich. Wir konnten ihn nicht hier halten, aber wie sehr wird uns sein fröhliches Wesen fehlen.«

Unterdessen marschierte Andrew die staubige Landstraße nach Dublin entlang, wo er sich auf einem Schiff versteckte und so nach Liverpool gelangte. Dort strich er durch den Hafen, bis er endlich ein Schiff ausgemacht hatte, das nach Amerika fahren sollte. Sich darauf zu verstecken war nicht so einfach wie auf dem ersten Kahn, denn hier herrschte schärfere Aufsicht. Aber Andy war gewieft und pfiffig und hatte eine Art an sich, die ihn sympathisch machte, und einige mütterliche Frauen unter den Passagieren sorgten dafür, daß er nicht entdeckt wurde. Auch versorgten sie ihn heimlich mit Essen, so daß es ihm während der gesamten Atlantiküberquerung nicht schlecht ging. Als das Schiff in New York anlegte, mischte sich Andy unter die Emigranten, die von Bord strömten, und war schnell in den Straßen der großen Stadt verschwunden.

Sein Bündel enthielt einen Nahrungsvorrat, und in der Tasche hatte er einiges an Geld, das ihm die guten Leute an Bord gegeben hatten. Viele hatten versprochen, für ihn zu beten, und einige hatten ihre Hilfe in Amerika angeboten. Jahre später versuchte er, der Schiffahrtslinie den Preis seiner Überfahrt zu bezahlen. In Würdigung seiner Ehrlichkeit schrieb man ihm zurück, daß die Buchhaltung seiner Fahrt schon längst abgeschlossen sei, und man wünsche ihm alles Gute.

Andys Abenteuer in Amerika würden den Rahmen dieser Erzählung sprengen, aber irgendwann kam er nach Lynchburg, Ohio, wo er eine Stellung fand. Einige Zeit danach heiratete er eine schöne, blauäugige junge Frau namens Margaret Potts, die aus einer angesehenen Familie aus Pennsylvania stammte. Einer ihrer Ahnen soll Offizier unter General George Washington gewesen sein. Sie machte einen Methodisten aus Andy, der ein angesehener Bürger des Landkreises wurde, geachtet wegen seiner Aufrichtigkeit und Integrität.

Aus meinen Kinderjahren erinnere ich mich schwach an Andrew DeLaney als einen großen, stattlichen Herrn mit weißem Haar und Bart. Bei seinem Seelenamt in dem überfüllten Haus meines Onkels Hershel Henderson und seiner Frau May hob man mich hoch, damit ich noch einen letzten Blick auf Andrews Gesicht werfen konnte, als er da aufgebahrt lag. Der Geistliche ehrte ihn als einen der edelsten Christen, die dieser Landkreis je gehabt hatte.

Sein Name lebt weiter in unserer Familie, denn am 31. August 1972 brachte meine Tochter, Elizabeth Allen, einen wunderbaren Jungen zur Welt, der Andrew Peale Allen genannt wurde, zum Gedenken Andrew DeLaneys und zu Ehren seines Großvaters.

Meine Mutter, Anna DeLaney Peale, hatte auch ihre Träume, und einer davon war der, eines Tages Irland und den Geburtsort ihres Vaters zu besuchen. Also nahmen Ruth und ich sie und meinen Vater mit auf eine Irlandreise. Mutter hatte mir immer gesagt, daß die DeLaneys von den Königen Irlands abstammten. Als wir in Cork unser Schiff verließen, bemerkte ich als erstes ein Lokal mit der Aufschrift »DeLaneys Kneipe«. Meine Mutter war eine geschworene Gegnerin des Alkohols, also zeigte ich auf die Kneipe und meinte: »Das muß wohl deine Verwandtschaft sein«, worauf sie knapp erwiderte: »Jede Familie hat ihr schwarzes Schaf.«

Mutter befuhr die romantischen Landwege in Pferdewagen, besichtigte Burgen und küßte auch den traditionellen Blarney-Stein, der einem Überzeugungskünste verleihen soll. Wir verbrachten einige Zeit an den Seen von Killarney, besuchten Limerick, Kilkenny und Tipperary. Sie war begeistert von dem satten Grün Irlands und von all den alten Namen, die sie in ihrer Kindheit gelernt hatte. Sie liebte es so sehr.

Dann fuhren wir nach Ballynakill, in das Dorf, in dem ihr Vater geboren wurde. Im Rathaus erkundigte ich mich, ob wir Einblick bekommen könnten in die Geburtsregister des frühen 19. Jahrhunderts und erfuhr, daß sich diese in den Archiven der katholischen Kirche befänden. Wir fanden einen freundlichen, kooperativen Priester, der uns die alten Taufregister herausholte, und darin fanden wir dann den Namen Andrew DeLaney. Meine Mutter weinte, als sie die blasse handschriftliche Eintragung las. Der Priester führte uns dann zu der angegebenen Adresse, und wir konnten die typisch irische Kate ansehen, wo der kleine Junge geboren wurde und gelebt hatte, der im fernen Ohio der Vater meiner Mutter wurde.

Die Familie Stafford hatte ihre Wurzeln in England und später in Kanada. Dr. Frank Stafford, ein hervorragender Arzt in Detroit, war der selbsternannte Ahnenforscher und Historiker der Familie. Als ich ihm vor vielen Jahren sagte, daß wir nach England reisen wollten, bestand er darauf, daß wir den Zug zu dem Dorf Whisendine nähmen, von wo aus die ersten Staffords vor langen Zeiten nach Kanada und nach Michigan ausgewandert waren.

Ruth und ich verbrachten den größten Teil eines Tages damit, alte Grabsteine von ihrem Bewuchs zu befreien, damit wir die Inschriften fotografieren konnten, die das Lebensende der männlichen und weiblichen Staffords markierten, welche in dem schönen Dorf gelebt hatten. Wir waren sicher, daß mit schwerem Herz Abschied genommen worden war, als Angehörige der Familie dem Drang gehorchten, ihr Leben und ihre Traditionen in der Neuen Welt weiterzuführen. An dem Tag tranken wir Tee mit einer alten Dame der Familie in ihrem schmucken Häuschen, das von einem wunderschönen englischen Garten umgeben war.

Die Familie Peale führt ihre Ursprünge auch nach England zurück. Auf Drängen eines Werbefachmannes, der die Information irgendwie einsetzen wollte, beauftragte ich die bekannte Ahnenforscherin Mrs. Dickinson, unserer Familiengeschichte nachzugehen.

Offenbar wurde der Familienname im Laufe der Jahrhunderte nicht nur Peale, sondern auch Peel, Piel oder Peele geschrieben. Es gibt eine entfernte Verbindung zu Sir Robert Peel, dem Organisator der Londoner Polizei, deren Beamte in Anlehnung an Sir Roberts Vornamen »Bobbies« genannt werden. Eine Statue von ihm befindet sich in der Westminster Abbey.

Thomas Peale, vom Englischen her auch »Squire« genannt, war einer der frühen Siedler von Lynchburg, Ohio, und ist mit einem imposanten Denkmal im alten Friedhof dort geehrt. Seine Söhne, mein Großvater Samuel Peale und dessen Bruder Wilson »Wilse« Peale, führten unter dem Namen »Gebrüder Peale« ein Textiliengeschäft. Sie scheinen nicht sonderlich ambitioniert gewesen zu sein, denn Vater erzählte mir, daß sie die Tage gerne mit Damespielen verbrachten. Im Verlauf eines Geschäftstages saßen sie einmal in einem angrenzenden Raum, vertieft in eine Partie Dame, als eine Kundin den Laden betrat und auf Bedienung wartete. »Ganz still«, flüsterte daraufhin Wilse. »Vielleicht verschwindet sie wieder.«

Samuel Peale war vier Jahre lang Soldat im Sezessionskrieg gewesen. Er diente in einem Regiment aus Ohio und nahm an mehreren berühmten Schlachten teil, wie Antietam, Chancellorsville und Gettysburg.

Ruths Eltern waren Kanadier. Ihre Mutter, Loretta Crosby, wurde in Markham, Ontario, geboren und ihr Vater, Frank Burton Stafford, in Elora, Ontario. Eine Zeitlang lebten sie in Iowa, später in Detroit. Ruth wurde in Fonda, Iowa, geboren und hat zwei Brüder, Charles und William Stafford. Charles bekleidete früher eine führende Position bei der Handelskammer, und William war Professor an der Penn State University. Ihr Vater, der im Alter von einundachtzig starb, lebt in meiner Erinnerung als einer der vorbildlichsten Männer, die ich je gekannt habe. Er war ein weißhaariger, würdevoller Herr, dessen innerer Geist der Liebe und der Charakterfestigkeit in seinem markanten Gesicht Ausdruck fand. Er übte das Pfarramt in Iowa aus und ging in Detroit in den Ruhestand; Ruths Mutter wurde achtundachtzig Jahre alt und war eine überaus gütige Frau, die jedoch beachtliche Kraft und Festigkeit aufbrachte, wenn es von ihr verlangt wurde. Ihr liebevolles Wesen war mir und allen anderen Mitgliedern der Familie eine Quelle der Freude. Ruths Eltern hinterließen ihren Kindern und Enkelkindern ein würdevolles Erbe.

Durch die Familie meines Vaters zieht sich eine lange Linie von Fultons, und der Name Fulton erscheint in jeder unserer Generationen. Meine Großmutter war Laura Fulton, und ihr Vater war Dr. Robert Fulton, seinerzeit einer der prominentesten Ärzte im südlichen Ohio und aktives Mitglied der Methodistenkirche, der er auch als Laienprediger diente. Meine Eltern bekamen zuerst Zwillinge, die jedoch im Säuglingsalter starben, ein Mädchen namens Anna Grace und einen Jungen, Charles Fulton Peale. Laut Ahnenforschung haben wir auch Robert Fulton im Familienstammbaum, den Erfinder des Dampfschiffs, der auf dem Friedhof der Trinity Church in New York beigesetzt ist. Irgendein Witzbold meinte einmal, daß Robert Fulton am oberen Hudson-Fluß mit seinem Dampfschiff eine Menge Lärm veranstaltet habe, während sein Nachkomme Norman Vincent Peale am unteren Hudson eine Menge Lärm auf seiner Kanzel machte.

Unsere eigene Familie begann für Ruth und mich in einer regnerischen Nacht, dem 17. November 1933, um 23.20 Uhr, als unsere älteste Tochter, Margaret, das Licht der Welt erblickte. Oder besser gesagt, die elektrische Beleuchtung des Kreißsaals des Ärztekrankenhauses in New York City. Die Natur behandelt werdende Väter etwas rauh, indem sie sie gespannt im Wartesaal sitzen oder die Korridore auf und ab gehen läßt, während sie auf Nachrichten von der Front warten. Als Ruth auf der Rollbahre in den Kreißsaal gebracht wurde, sagte sie mit ihrer üblichen Gelassenheit. »Setz dich einfach hin, Norman, und überlege dir die Predigt für nächsten Sonntag. Alles wird in Ordnung gehen.« Als sie durch einige ominös wirkende Türen verschwand, fragte ich mich, ob ich sie je wiedersehen würde.

Im Wartesaal saßen einige Männer in verschiedenen Stadien der Nervosität. Jedoch erhielt einer nach dem anderen seine gute Nachricht, und dann waren sie plötzlich fröhlich. Nachdem sie Frau und Kind gesehen hatten, gingen sie gelassen davon, mit nervtötenden Sprüchen wie: »Mach dir keine Gedanken, alter Junge. Ist doch nichts dabei. Alles in Ordnung. Viel Glück. Bis zum nächsten Mal.« Gegen 20.30 Uhr saßen nur noch ein Mann und ich da. Es wurde 21 Uhr, dann 22. Seine Lippen bewegten sich. »Ich habe nur eben meine jüdischen Gebete gesagt«, erklärte er.

»Mein protestantisches Gebet habe ich auch schon gesagt«, antwortete ich.

Wir setzten uns zusammen und unterhielten uns, gingen dann die Korridore gemeinsam auf und ab. Um 22.30 Uhr waren wir bereits Freunde, um 23 Uhr Brüder. Dann kam eine Krankenschwester und lächelte uns freudig an. Beide sprangen wir erwartungsvoll auf, und dann schüttelte sie ihm die Hände. »Herzlichen Glückwunsch, Sie haben eine wunderbare Tochter bekommen.«

Mein Freund war außer sich vor Freude. »Darf ich sie sehen?« fragte er, und die Schwester führte ihn fort. Ich ließ mich auf einen Stuhl sinken, nun, da mein Freund gegangen war. Dann kehrte er wieder, fröhlich wie alle anderen. »Ich gehe jetzt feiern. Noch viel Glück.« Dann war er im Aufzug verschwunden. Nun völlig allein gelassen, ging ich wieder auf und ab durch die Korridore. Dann kam die Schwester auf einmal wieder, und ihr Gesicht strahlte bereits die gute Nachricht aus. »Sie haben ein herrliches Mädchen bekommen. Herzlichen Glückwunsch.«

»Kann ich sie mal sehen?« stammelte ich überglücklich, aber mit den Nerven am Ende.

»Kommen Sie einfach mit, Papa«, sagte sie, und stolz richtete ich mich auf. Und dann sah ich unsere Tochter, die lauthals brüllte.

»Gute Lungen«, meinte ich, »wie ihr Vater.«

Dann fragte ich: »Hat sie alle zehn Finger und Zehen, zwei Ohren, und was sie sonst noch haben sollte?« Nachdem man mir versichert hatte, daß alles in bester Ordnung sei, begab ich mich zu Ruth, und wir teilten den wunderbaren Moment des Glücks, der jungen Eltern zu eigen ist, wenn ein Baby kommt.

Ich ging in die feuchte Nacht hinaus und machte mich auf die Heimfahrt. In der Lexington Avenue aß ich noch etwas in einem 24-Stunden-Imbiß. Ich hätte vor Freude platzen können. Ruth ging es großartig, das Baby war wunderbar, und ich? Ich war Vater.

Fast drei Jahre lang hatte die kleine Margaret die Alleinherrschaft über unser Zuhause. Doch dann zur Mittagszeit am 2. September 1936, als Ruth das Geschirr spülte und ich einen Stuhl anstrich, entwickelte Ruth auf einmal beunruhigende Symptome und sagte nur: »Hol den Arzt ans Telefon.« Ich beeilte mich, dem nachzukommen, verwählte mich dabei, hatte den Arzt dann aber doch erreicht. Daraufhin nahm Ruth den Hörer aus meiner zitternden Hand und erzählte dem Arzt seelenruhig von einer Fruchtblase, die geplatzt sei. Sie hatte keine Eile, als man sie erneut in eine Entbindungsstation brachte, diesmal im French Hospital in der 29. Straße West, nicht weit entfernt von unserer Kirche. Dort saß Ruth dann völlig munter im Bett, nur daß sie gelegentlich Schmerzkrämpfe erlitt, die mich jedesmal laufen ließen, um eine Krankenschwester zu finden. Als ein solcher Krampf vorbei war, sagte Ruth: »Du scheinst nie zu lernen. Vom Kinderkriegen verstehst du wirklich überhaupt nichts.« Etwas einfältig mußte ich dann zugeben, daß ich noch nie eins bekommen hätte.

Als der Arzt dazukam, unterstrich er meine Nutzlosigkeit mit den Worten: »Hier können Sie gar nichts ausrichten. Gehen Sie zur Kirche, und arbeiten Sie an Ihrer Sonntagspredigt. Falls etwas geschieht, holen wir Sie.« Mißmutig ging ich die 29. Straße entlang und murmelte: »Das ist schon das zweitemal, daß mir jemand sagt, ich sollte mich verziehen und an einer Predigt arbeiten.« Gegen 16 Uhr rief man mich zurück ins Krankenhaus. Ich eilte zu Ruths Zimmer, aber sie war fort, das Bett stand leer. »Wo ist sie?« fragte ich die Schwester, die zum Aufräumen gekommen war.

»Ihre Frau?« fragte sie. »Oh, die ist im Kreißsaal und bekommt ein Kind.«

»Und was ist mit mir?«

»Ach, Sie. Was könnten Sie tun? Setzen Sie sich hin, und seien Sie entspannt.« Und in der Tür meinte sie: »Und vielleicht sprechen Sie ein Gebet.« Dann lächelte sie und war verschwunden. Also, gebetet habe ich, aber von wegen entspannen, das war etwas anderes.

Nach einer unendlich erscheinenden Wartezeit, die eigentlich nur eine Dreiviertelstunde dauerte, kam eine Krankenschwester herein. »Nun, Sir, herzlichen Glückwunsch. Es ist ein wunderbarer Junge.« Bei ihr war eine Ordensfrau, da dies ein katholisches Krankenhaus war, und sie sagte. »Sie haben eine wunderschöne Frau. Als sie die Wehen hatte, rollte ihr eine große Träne auf die Wange und lag da wie ein Edelstein. Was für eine großartige Mutter der kleine Junge hat.« Das war eine einmalig rührende Bemerkung unter den Umständen.

Der kleine Kerl wurde John Stafford Peale benannt. Als er einige Zeit später von meinem Vater getauft wurde, erschien er in der zweiten Ausgabe des damaligen *Life*-Magazins. Das Bild zeigte ihn, wie er von seinem Vater gehalten und von seinem Großvater getauft wurde, und die Überschrift lautete: »Drei Generationen«.

So hatte ich zwei Geburten durchgestanden, aber das sollte noch nicht alles gewesen sein. Sechs Jahre später gab mir eine Dame nach dem Sonntagsgottesdienst die Hand und beglückwünschte mich. Als sie meinen leeren Gesichtsausdruck wahrnahm, wurde ihr klar, daß ihr ein Fauxpas unterlaufen war. Erschreckt hielt sie die Hand vor den Mund und sagte dann: »Oh nein. Wissen Sie es noch nicht?«

Ich war zwar völlig perplex, vergaß den Zwischenfall aber bis nach dem Mittagessen, als wir wieder in der Wohnung waren. Ich nannte Ruth den Namen der Dame und sagte: »Sie hat mir zu etwas gratuliert, und ich weiß nicht, wozu.« Dann sah ich Ruth genau an, denn sie hatte einen merkwürdigen Gesichtsausdruck.

»Ich habe es dir nicht gesagt, weil du so eingespannt bist und dann so nervös und hektisch wirst. Wir bekommen noch ein Baby.«

Wie benommen ließ ich mich in einen Sessel fallen. »Es darf nicht wahr sein. Ein weiteres Mal halte ich das nicht durch.«

Ruth tätschelte meine Wange. »Mach dir keine Sorgen, ich werde bei dir sein. Wir werden das zusammen durchstehen.«

Als die Zeit nahte, fuhren wir nach Canisteo, New York, wo mein Vater wohnte. Er war damals Superintendent des Bezirks Hornell der Methodistenkirche. Canisteo liegt nahe der Grenze zu Pennsylvania, siebzig Meilen südlich von Rochester. Meine Mutter war drei Jahre zuvor gestorben, und wir hatten seitdem die Sommer dort verbracht, weil Ruth sich um den Haushalt und meinen Vater kümmern wollte. Mein Bruder, Dr. Robert Clifford Peale, lebte im nahegelegenen Olean, New York, und sollte die Entbindung durchführen. Als es soweit war, zogen wir in das Haus meines anderen Bruders, Hochwürden Leonard DeLaney Peale, und seiner Frau Josephine in Olean ein. Damals wurde Olean von einer plötzlichen Überflutung heimgesucht, so daß die Straßen unter Wasser standen. Ruth hatte sich schon bereit erklärt, zum Stadtkrankenhaus in einem Ruderboot zu fahren, aber das

Wasser ging so weit zurück, daß die Brücke wieder passierbar wurde. Sie nahm alles mit ihrer üblichen Gelassenheit hin. Am frühen Morgen war ihr klar, daß dies »der Tag« sein würde. Sie stand auf, ohne mich zu wecken, bügelte noch einige Sachen, machte Frühstück und rief mich dann. Am frühen Nachmittag besuchte sie einen Friseursalon, und nachdem sie sich mit meinem Bruder Bob abgesprochen hatte, begab sie sich gegen 16 Uhr ins Krankenhaus.

Wir nahmen bei Bob zu Hause ein frühes Abendbrot zu uns, als ein Anruf kam, daß die Geburt kurz bevorstünde. Bob machte sich auf den Weg ins Krankenhaus und nahm mich mit, befahl mir dann aber, mich im Wartezimmer hinzusetzen. »Du kannst sowieso nichts ausrichten, also setz dich einfach hin, und sei still.« Wenigstens hatte man mir nicht gesagt, ich sollte an meiner Sonntagspredigt arbeiten, denn es war Sommer, der 22. Juni 1942, und ich hatte Urlaub.

Das Baby kam gegen 19.30 Uhr, ein liebliches Mädchen, das wir Elizabeth Ruth nannten. Wie bei den beiden vorhergegangenen Entbindungen blieb Ruth ruhig und gefaßt, eine gesunde, normale Mutter. Bob, Arzt und Onkel der Kleinen, war auch ein begeisterter Fotograf, und als Elizabeth einen Tag alt war, machte er eine Aufnahme von ihr. Auf dem Bild hält sie die winzige rechte Hand hoch und spreizt die ersten beiden Finger, als zeige sie ein »V«, die berühmte Siegesgeste, die das Wort »Victory« ausdrückt und damals durch Winston Churchill populär gemacht wurde. Elizabeth kam mit einer positiven Einstellung auf die Welt und hat sie nie verloren.

Von Anfang an waren wir eine sehr eng verbundene Familie. Wir haben uns lieb, sind gerne zusammen, und wir haben unseren Spaß. In unserem Haus war immer irgend etwas los. Jeder war beschäftigt und befaßte sich mit Dingen, die auch für die anderen interessant waren. Der Eßtisch war ein Kommunikationszentrum. Mahlzeiten eine Gelegenheit, sich zu unterhalten, zu diskutieren, auch Streitgespräche auszutragen. Sehr wenig Anteil an unseren Tischgesprächen hatten personenbezogenes Gerede, Trivialitäten oder Diskussionen über das Essen vor uns auf dem Tisch. Es war immer hervorragend, denn gekocht wurde es von Alice Brown, einer Jamaikanerin mit britischem Akzent, einer der liebsten, fürsorglichsten Menschen, die der Herr je schuf. Sie wurde von uns allen geliebt und verbrachte mehr als fünfundzwanzig Jahre bei uns. Die Gespräche gingen lebhaft weiter, wir genossen das gute Essen und lebten sehr glücklich.

Manchmal teilte ich Probleme mit den anderen, auf die ich bei einer Beratung gestoßen war. Natürlich wurde nie ein Name erwähnt, aber ich umriß die Situation und fragte die Familie um Meinungen und Rat, und mit viel Mitgefühl und ganzem Herzen befaßten sie sich dann damit. Oft erstaunte mich die Einsicht der Kinder, und häufig gelangte ich durch diese Tischgespräche zu neuen Antworten und Lösungsansätzen.

Als die Kinder noch klein waren und auch noch später als Teenager, drängten sie mich immer, ihnen originelle Geschichten zu erzählen. Ich erfand sie beim Erzählen, und nie hatte ich ein so dankbares Publikum. Die Kinder hingen an jedem Wort, und wenn ich etwas wiederholte und es nicht getreu dem ersten Mal tat, machten sie mich lautstark auf die Ungenauigkeit aufmerksam und verlangten, daß ich sie korrigiere. Hatte ich eine Einzelheit vergessen, half mir sofort jemand auf die Sprünge.

Eine meiner spontan erfundenen Geschichten war eine Serie mit dem Namen »Larry, Hatty, Perry und ihr magisches Flugzeug«. Drei Jungen hatten ein Flugzeug, das man in die

Tasche stecken konnte. Nach dem Aussprechen einer Zauber-formel nahm es sofort die gewünschte Größe an. Dann stie-gen die Jungen ein und flogen zu jedem Fleck der Erde.

Um Abwechslung in meine Geschichten zu bekommen, erfand ich eine weitere Serie, die ich, aus Gründen, die ich für nichts in der Welt erklären könnte, »Jake die Schlange« und seinen Bruder »Hake die Schlange« betitelt hatte. Ich mochte die Reptilienserie nicht ganz so sehr wie die über Larry, Harry und Perry, aber den drei Kindern gefielen offenbar beide gut. Heute bedrängen mich meine Enkel, ihnen die gleichen Geschichten zu erzählen. Es müssen Hunderte von Einzelgeschichten in jeder Serie gewesen sein.

Wir sprechen grundsätzlich ein Tischgebet, und es war üblich, daß die Kinder immer darauf vorbereitet waren, das Gebet zu sprechen, wenn sie dazu aufgerufen wurden. Jetzt haben sie ihre eigenen Familien, aber dieser Brauch lebt in ihnen weiter. Unsere Kinder gingen nicht nur in die Sonn-tagsschule, sondern auch zur Kirche, wo sie mit ihrer Mutter auf einer Bank saßen, die mit einem silbernen Schildchen mit dem Wort »Pastoren« gekennzeichnet war. In einer gewissen Phase hatten sie gegen diese Bank rebelliert, da sie behaup-teten, daß sie mehr Aufmerksamkeit auf sie lenke, als ihnen lieb war. Also sagte Ruth ihnen, daß sie sitzen konnten, wo es ihnen beliebte. John setzte sich in die östliche Empore, Mar-garet in die südliche Empore und Elizabeth fast über mich in die vorderste Ecke der nördlichen Empore. All diese Plätze gehörten zu den meistbeachteten in der Kirche.

Ich hatte mir angewöhnt, möglichst würdevoll zu wirken, wenn ich die Kanzel bestieg, mich dann zu setzen und zu Eli-zabeth in der Empore hochzusehen. Sie schenkte mir dann ein riesiges Lächeln, das ich in vollem Maße erwiderte. Wie ich später erfuhr, hatte die Kirchgemeinde diesen Ablauf immer mit großer Freude zur Kenntnis genommen. Einmal merkte ich, daß ich dabei war, die Aufmerksamkeit meiner Zuhörer zu verlieren. Ihren abgelenkten Blicken folgend sah ich, daß Margaret in der südlichen Empore konzentriert damit beschäftigt war, mich in jedem Detail nachzumachen. Sie hob die Arme, zeigte mit dem Finger, gab jede meiner Gesten wieder. John erzählte mir später, daß das ganze Schauspiel zum Brüllen komisch gewesen war. Letztendlich kehrten die Kinder wieder auf die Pastorenbank zurück.

Auf der für die Familie vorgesehenen Bank nahm Ruth den Platz am Gang ein, und die Kinder sortierten sich links von ihr. Dann kam John auf die Deerfield Academy, ein Internat. Als er das erstemal an einem Sonntag wieder bei uns war, hatte Ruth bereits ihren gewohnten Platz am Anfang der Bank eingenommen, als John sehr erwachsen den Kirchengang entlangging und seiner Mutter zu verstehen gab, daß sie rücken möge. Wenn er danach zu Hause war, hatte er immer den ersten Platz der Bank. Feministinnen mögen daran vielleicht nichts Erheiterndes entdecken können, aber Ruth gefiel das.

John absolvierte Deerfield und anschließend das Studium an der Washington and Lee University. Danach studierte er Philosophie an der Boston University und der University of Chicago. Seine Doktorwürde erhielt er an der University of North Carolina bei Chapel Hill. Dazwischen verbrachte er drei Jahre an dem Union Theological Seminary in New York City, wo er zum Bachelor der Theologie wurde. Es war in diesem Zeitraum, daß »Die Kraft positiven Denkens« Verkaufsrekorde brach und einige sogenannt liberale Geistliche ihre Angriffe auf mich starteten. Als Student am Seminar mußte John oft zuhören, wie Professoren und Studenten über mich herfielen und mich verächtlich als Apostel eines Übels mit der Bezeichnung »Realismus« beschimpften. Johns Selbstbeherrschung hielt dem Druck stand, der ihm zeitweise sicherlich enorme Peinlichkeit bereitete. All das löste bei ihm jedoch kein Trauma aus und beeinflußte auch nicht unsere Beziehung, die immer von Liebe, Vertrauen und gegenseitiger Achtung gekennzeichnet war. Ich habe Johns Stärke und inneren Frieden immer bewundert, denn damit war es ihm möglich, feindselige Kritik an seinem Vater anzuhören und gleichzeitig eine angenehme Beziehung zu Professoren und Studenten und auch zu mir aufrechtzuerhalten.

Wir haben uns immer bemüht, einen Reisefonds bereitzuhalten, um interessante, lehrreiche und inspirierende Orte rund um den Globus besuchen zu können. Wir vertraten die Meinung, daß zielbewußtes Reisen unseren Kindern helfen würde, nicht nur bessere Bürger ihres Landes, sondern der ganzen Welt zu werden. Bevor wir jedoch mit ihnen das Ausland besuchten, wollten wir, daß sie die Vereinigten Staaten kennenlernten. Deshalb waren das Ziel einer unserer ersten großen Reisen die Nationalparks des Westens: Yellowstone, Yosemite, der Grand Canyon und weitere. Natürlich reiste man damals mit der Bahn.

Da wir zu fünft waren, reservierten wir ein Pullman-Schlafabteil für zwei und ein weiteres Schlafabteil für drei, die einen gemeinsamen Raum ergaben. Bevor die Schlafenszeit nahte, hatte der Bahnbedienstete die fünf Betten perfekt hergerichtet, ohne eine Falte in Decken oder Laken. Nur mußten unsere Kinder vor dem Schlafengehen ihre sogenannten Abendübungen haben. Die bestanden darin, daß sie am oberen Bettgestänge turnten, quer über die Betten sprangen, sich Kissenschlachten lieferten und dabei lauthals kreischten. Wenn sie außer Atem zur Ruhe kamen, waren sämtliche Betten ein Chaos. Es war dann ihre Aufgabe, ihre Betten neu zu machen und unsere auch. Ich spürte nachts so manche Falte, aber es machte mir nichts aus. Wir erlebten ein Familienabenteuer und hatten sehr viel Spaß dabei. Die Nächte im Zug von einer Küste zur anderen sind mir in glücklicher Erinnerung.

Auch erlebten wir eine unvergeßliche Reise mit der Canadian-Pacific-Linie, in deren Verlauf der Zug uns den ganzen Tag lang durch die Rocky Mountains führte, über lange Steigungen und schmale Brücken und durch viele Kurven. Am Ende des Zuges befand sich ein offener Aussichtswagen, wo man sich wie im Freien fühlte, inmitten einer der imposantesten Berglandschaften der Erde. Elizabeth hatte die Angewohnheit, bei jeder Gelegenheit ihre flachen Schuhe auszuziehen und ihre Zehen zu bewegen. Als der Zug einmal eine Kurve ziemlich schnell befuhr, rutschte ein Schuh durch den Spalt über dem Fußboden und hüpfte einen steilen Hang hinab ins Tal. Elizabeth war untröstlich, nicht weil sie ihren Schuh verloren hatte, sondern weil der Schuh »einsam und verängstigt da draußen in den dunklen Bergen nachts ganz allein« sein würde. Als sie sich an dem Abend in Vancouver schlafen legte, weinte sie um ihren Schuh. So sprach ich ein Gebet, in dem ich den Herrn bat, nicht nur uns, sondern auch den Schuh zu behüten. Danach schlief sie ein. Aber der Schuh, der mitten in den kanadischen Rocky Mountains verlorenging, ist uns in der Erinnerung ans Herz gewachsen.

Später kamen die Fragen der Ehepartner auf. Daß die Kinder die richtigen Menschen finden und heiraten, mit denen sie immer in glücklicher Partnerschaft leben können, ist ein Anliegen aller Eltern. Eine gute Bekannte von uns, deren zwölf Kinder alle sehr gute Ehen eingingen, hatte einen kreativen Einfall. Wenn eines ihrer Kinder sich in jemanden verliebt glaubte, der nicht ganz passend auf sie wirkte, überzeugte sie das Kind, den Freund oder die Freundin für eine Woche als Gast ins Haus der Familie einzuladen. Bevor die Woche verstrichen war, wurden Unzulänglichkeiten und Unvereinbarkeiten, falls es welche gab, dem Kind selbst deutlich, und die aufblühende Liebe verwelkte rasch von alleine. War die fremde Person jedoch in Ordnung, so machte sich auch das bemerkbar.

Unser Sohn John hatte andauernd neue Freundinnen, und jede von ihnen war »die Größte«. Wenn er nicht mit dieser oder jener zusammen war, konnte er nicht leben, wie er uns inbrünstig erklärte. Als wir einmal eine Familienreise nach Europa planten, weigerte sich John mitzukommen, wenn nicht ein Mädchen aus dem Westen auch mitkäme. Sie konnte ihren Anteil bezahlen und war jeden Tag mit uns zusammen, von morgens bis abends. Diese dauernde Nähe und ihr Dabeisein in der Familie brachte die Mängel in der Beziehung wirksam an den Tag.

Eines Tages war ich wegen eines Vortragstermins in Boston und aß zu Abend mit John und seiner jüngsten »Größten«. Dieses Mal war ich jedoch stark beeindruckt. »Lade sie doch zu uns ein«, schlug ich vor. Er brachte sie dann über das Erntedankfest zu uns nach Hause, und es war ein richtiges Familienfest. Ich wußte, daß wir sie alle lieben würden. Je mehr Zeit John mit ihr in unserer Familie verbrachte, um so überzeugter war er, daß dies die richtige Frau für ihn war. »Laß sie dir nicht entwischen«, riet ich ihm, und er ließ sie auch nicht. Lydia ist die Tochter des verstorbenen Hochwürden Dr. Edgar Woods und seiner Frau Lydia. Johns Lydia wurde geboren, als ihre Eltern Missionare in China waren. Edgar und ich leiteten die Hochzeitszeremonie für John und Lydia in der wunderschönen Rivermont-Presbyterianerkirche in Lynchburg, Virginia. John ist Philosophieprofessor am Longwood College in Farmville, Virginia, und Lydia ist Englischlehrerin an der Prince Edward County High School, wo sie auch ein Förderungsprogramm für besonders begabte Schüler koordiniert. John und Lydia haben drei Kinder, Laura, Clifford und Lacy.

Margaret absolvierte das Friends Seminary, eine private Quakerschule in New York, und trat der Verbindung Phi Beta Kappa an der Ohio Wesleyan University bei. Als ich sie einmal im Laufe einer Vortragsreise besuchte, fragte sie mich, wie sie es erkennen würde, wenn sie sich verliebt hätte. »Nun«, antwortete ich, »wie du weißt, schreibe ich keine Herz-Schmerz-Kolumne, aber ich meine, wenn eine Beziehung harmonisch und aufregend ist und man es kaum erwarten kann, daß der Partner wieder da ist, genau, wie ich es kaum erwarten kann, die Schritte deiner Mutter zu hören, wenn sie weg ist, dann könnte es durchaus das Echte sein. Aber es ist immer ratsam, im Gebet eine Beziehung zu hinterfragen, um sicher zu sein, daß es die richtige ist. Denn wenn sie nicht richtig ist, ist sie falsch, und etwas Falsches wird nie richtig.«

Sie fand den richtigen Mann, und zwar bei uns in der Marble Collegiate Church. Er ist sympathisch und sehr fähig und war für das große Warenhaus Macy's in New York ein hochgestellter Einkäufer gewesen. Er hatte sich einer unserer Aktivitätsgruppen angeschlossen und eine spirituelle Lebensveränderung erfahren, wonach er seine hochdotierte Position aufgab, das Princeton Theological Seminary absolvierte und geweihter Geistlicher der Presbyterianerkirche wurde. Margaret und Paul F. Everett heirateten in unserer Kirche, und es spricht für die Beliebtheit dieser beiden jungen Menschen, daß es bei der Trauung nur noch Stehplätze gab. Paul leitet das Pittsburgh-Experiment, einen religiösen Zusammenschluß von Geschäftsleuten, der sich bereits in vielen Städten etabliert hat. Sie haben zwei Kinder, Jennifer und Christopher.

Einen Sonntag war Ruth außer Haus, und ich hatte eine Verabredung mit einem Redakteur von *Reader's Digest* nach dem Gottesdienst in meinem Büro. Daher bat ich Elizabeth auszuhelfen. »Dieser junge Mann kommt mich in einer geschäftlichen Sache besuchen«, sagte ich. »Normalerweise würde sich deine Mutter um ihn kümmern. Würdest du für sie einspringen? Er will bereits beim Gottesdienst hier sein. Kümmerst du dich um ihn, bis ich anschließend frei bin?« Elizabeth war immer schon sehr effizient. Sie umsorgte ihn so wirksam, daß die beiden ein Jahr später heirateten. Sie haben drei Kinder, Rebecca, Katheryn und Andrew. Ruth und ich schätzen uns glücklich, daß Elizabeth und John Allen nur ungefähr eine halbe Meile von uns entfernt am Quaker Hill wohnen. John stammt aus Scarsdale, New York, und ist bei *Reader's Digest* Vizepräsident im Ressort Firmen- und Öffentlichkeitsangelegenheiten USA. John und Elizabeth erfüllen führende Funktionen in der Kirche und der Gemeinde.

An einem schaurigen Winterabend, der Jahre zurückliegt, war ich in einem alten Zug der Erie-Linie in den Norden des Staates New York unterwegs, um meine Eltern zu besuchen. Ein Gespräch mit einem Mitreisenden begann, als dieser mich irgendwann fragte: »Wo wollen Sie denn heute abend hin?«

»Ich steige in Hornell aus«, antwortete ich. »Ich will den Abend mit meinen Eltern verbringen, die in Canisteo wohnen. Das liegt nahebei.«

Mein Gegenüber schwieg eine Weile. Dann sagte er: »Ich hoffe, daß Sie dankbar sind, daß Sie einen Abend mit Ihrer

Mutter und Ihrem Vater verbringen können. Sehen Sie, ich kann das nicht mehr. Meine Eltern haben diese Welt verlassen. Also, mein Freund, freuen Sie sich, daß Ihnen dieser Besuch noch gegönnt ist, besonders an einem traditionellen Winterabend, wie dieser einer ist.«

Der Schnee lag hoch auf den Feldern, aber die Straßen waren frei, denn da oben weiß man mit Schnee umzugehen. Ich erreichte das Haus meiner Eltern, das mit seinen weißen Säulen vor der Haustür auf einem Hügel lag. Aus jedem Fenster strahlte Licht, denn sie erwarteten an diesem Abend einen ihrer Söhne.

Ich saß mit meinen Eltern zusammen vor dem großen, offenen Kamin. Wir tranken Apfelmost und aßen Krapfen und redeten über alles mögliche bis ein Uhr nachts. Der Sturm hatte sich unterdessen verzogen, und das Mondlicht glänzte auf dem frischen, tiefen Schnee. Mutter und Vater kamen in mein Zimmer. Sie küßte mich vor dem Einschlafen wie damals, als ich klein war. Vater boxte mich freundschaftlich und sagte, daß sie sich freuten, daß ich da sei. Beide hatten Tränen in den Augen, wie ich auch.

Ein solcher Besuch ist mir nicht mehr möglich, denn sie beide sind übergegangen in das Jenseits Gottes. Doch bin ich dankbar dafür, daß ich diesen langen Abend mit ihnen vor so langer Zeit noch in Erinnerung habe, an dem ich die tiefgreifenden, wunderbaren, fundamentalen Werte der Liebe durch sie wieder erfuhr. Eine glückliche, liebende und anregende Familie ist sicherlich der kostbarste Verbund, der einem Menschen zuteil werden kann.

15. Kapitel
Freunde und Bekannte

An einem Frühlingsmorgen Ende April sprach ich bei einer Tagung der pharmazeutischen Industrie im Greenbrier-Hotel in White Sulphur Springs, West Virginia. Anschließend unternahmen Ruth und ich eine Fahrt durch die hügelige Landschaft, und an einer Wegkreuzung interessierte uns eine kleinere, sich dahinschlängelnde Straße, die ins Land führte und von einem Wegweiser gekennzeichnet war, auf dem »Sunshine Valley« stand.

»Wollen wir in das ›Tal des Sonnenscheins‹ fahren?« fragte ich Ruth.

»Ja, laß uns«, meinte sie, und ich bin froh, daß wir es taten, denn da stießen wir auf Tommy Martin.

Wir kamen zu einer schmalen Brücke, unter der ein Gebirgsbach über Felsen spülte, um dann sanft durch eine Aue zu gluckern. Wir ließen den Wagen stehen und gingen den Bach hoch durch den Wald. Dort trafen wir einen Jungen an, der zerschlissene Jeans trug, die über seinen Stiefeln hochgerollt waren. Auf dem Kopf trug er einen sehr alten, löchrigen Schlapphut. Das karierte Hemd war am Hals offen, und er kaute begeistert Kaugummi, aus dem er riesige Blasen machte.

Er sah uns mit braunen Augen ruhig an und fragte fast beiläufig: »Hallo, wo hast du denn die Angelrute?« Ich mußte zugeben, daß ich keine mitgebracht hatte. »O. K.«, meinte er, »dann angle ich eben für uns alle.«

»Benutzt du Blinker?« fragte ich.

»Nee. Nur gute alte Würmer.« Mit diesen Worten landete er eine wunderbare Forelle, die er hochhielt, damit wir sie bestaunen konnten. »Steck sie auf eine Rute«, sagte er und warf mir den Fisch zu. Ich war einigermaßen überrascht, tat aber mein Bestes, der Aufforderung nachzukommen.

»Wie heißt du?« fragte ich.

»Tommy Martin«, antwortete er und fügte hinzu: »Mein Vater hat in diesem Gebiet im letzten Herbst ein Reh erlegt.« Dieser Aussage entnahm ich eine rührende Verbundenheit der Kameradschaft zwischen einem Sohn und seinem Vater.

»Solltest du nicht in der Schule sein, Tommy?« fragte ich aus erwachsener Dummheit heraus. Ich erhielt eine vage, nichtssagende Antwort, und es tat mir leid, das gefragt zu haben. Aber immerhin war es Donnerstag.

Also angelten wir drei zusammen, und Ruth und ich waren von diesem unbedarften Landjungen als Freunde angenommen. Zur Zeit bereitete ich einen Vortrag mit dem Titel »Aufhören, sich Sorgen zu machen« vor. Also fragte ich: »Tommy, machst du dir je Sorgen?« Während er weiter seinen Kaugummi kaute und einen frischen Wurm aufspießte, richtete er seinen klaren, ehrlichen Blick auf mich und meinte im Dialekt der dortigen Bergbewohner: »Nee. Gibt nichts, worüber man sich Sorgen machen sollte.«

Tommy Martin müßte heute Mitte Vierzig sein. Ich habe ihn nie wieder gesehen. Aber seit dem Apriltag habe ich oft an den sauberen, natürlichen und sympathischen Jungen gedacht und mich gefragt, ob er immer noch der gleiche sein mag. Auch habe ich mich gefragt, ob er eine Ahnung davon hat, was er für die beiden Stadtmenschen getan hat, die ihm eines Tages vor langer Zeit im Sunshine Valley begegneten.

Die vielen Menschen, die ich über die Jahre kennengelernt habe, waren für mein Leben eine Bereicherung. Manche waren prominent, andere wiederum nicht sehr bekannt. Manche leben noch, während andere diese Welt bereits verlassen haben. Aber alle haben sie unermeßlich zu meiner Gesamterfahrung beigetragen und waren eine Quelle der Inspiration in meinem Leben.

Manchmal wird die Bitte an mich herangetragen, bei Tagungen zu sprechen, von deren Geschäftszweig ich nicht viel verstehe. Alle Unternehmensrichtungen werden von Menschen betrieben, und Menschen sind mein Hauptanliegen, da ich mein Leben ihrer Kenntnis und dem Bemühen gewidmet habe, ihnen als Einzelpersonen zu helfen. Wenn ich also bei einer Tagung rede, spreche ich jeden anwesenden Mann und jede Frau individuell an.

In den vergangenen Jahren ist eine Art von Versammlungen populär geworden, die »Motivations-« oder »Erfolgstreffen« genannt und meistens von riesigen Menschenmengen besucht werden. Eines der größten solcher Treffen fand in Minneapolis statt, wo sich mehr als siebzehntausend Menschen in einem Stadion versammelten. Bei solchen Gelegenheiten hatte ich die Ehre, mit einigen der hervorragendsten Motivationsredner unseres Landes gemeinsam aufzutreten. Besonders erwähnenswert unter ihnen sind Art Linkletter, Paul Harvey, Zig Ziglar, Earl Nightingale, Cavett Robert, Ira Hayes und einige weitere, die alle zu den überzeugendsten Rednern unserer Zeit gehören. Auch sprach ich gemeinsam mit dem bekannten Millard Bennett, Jennings Randolph, Senator aus West Virginia, Kenneth McFarland und vielen anderen. Im Verlauf meiner Reisen bin ich natürlich Tausenden von Menschen begegnet, und alle waren sie faszinierend und wunderbar.

Manchmal findet nur eine flüchtige Begegnung statt, wie die mit einer Mutter und ihrem Kind in einer Flughafenwartehalle. Das Kind, ein kleiner schwarzer Junge, war außergewöhnlich schön anzusehen. Die Mutter war eine hübsche junge Frau, aber ihr Gesichtsausdruck gab ihr ein eher böses Aussehen, und ich fand, daß sie etwas gemein mit dem Jungen umging. Sie ohrfeigte ihn einige Male, obwohl er nichts Besonderes anstellte, was ich in dem Alter nicht auch getan hätte (was vielleicht nichts sagen will). Ich zögerte, weil ich nicht wußte, ob ich handeln sollte oder nicht, aber der kleine Junge hatte mich irgendwie berührt, also wandte ich mich an die Mutter und sagte: »Entschuldigen Sie, Madam. Darf ich Ihnen etwas sagen?«

»Aber natürlich«, sagte sie überrascht.

»Ich habe schon Tausende von Kindern gesehen, aber Ihr kleiner Junge ist etwas Besonderes. Er ist eines der schönsten Kinder, die mir je begegnet sind. Da muß ich Sie beglückwünschen.«

»Ja, er ist wirklich süß«, meinte sie. »Er ähnelt seinem Vater. Der ist auch ein sehr gutaussehender Mann.« Und dann lächelte sie, und ihr Gesicht strahlte richtig.

»Aber das Lachen hat er von Ihnen«, sagte ich. »Stellen Sie sich mal vor, was der Kleine werden kann, mit dem Aussehen seines Vaters und Ihrem Lächeln.«

»Nun«, meinte sie dazu, »ich schätze schon, was Sie da sagen, aber Sie wissen doch, daß es nicht die Wahrheit ist, denn Sie sehen ja, daß ich eine böse aussehende Frau bin.«

»Aber Ihr Lächeln ...« wandte ich ein.

Sie nahm den kleinen Jungen, machte sich auf, ihre Maschine zu besteigen und sagte noch: »Sie sind ein guther-

ziger Mann. Ich habe schon verstanden, was Sie sagen wollten.« Und dann waren Mutter und Sohn verschwunden.

Ich vollzog die Trauung von Gouverneur John Y. Brown
aus Kentucky und seiner schönen Frau Phyllis, einer ehemaligen Miss America, die charmant und begabt war. Als ihr
kleiner Junge, Lincoln, nur wenige Wochen alt war, riefen sie
mich an, um mir mitzuteilen, daß er an einem Darmverschluß
litt und operiert werden müßte. Sie waren kurz davor, Lincoln
ins Krankenhaus einzuweisen, wollten ihn aber vorher mit
einem Gebet in Gottes liebende, heilende Hände geben. Also
beteten wir gemeinsam am Telefon nach dem Prinzip der
»zwei oder drei« und baten um Heilung für den kleinen Jungen.

Dabei fiel mir wieder ein, daß in einer solchen Krise Reich-
tum, Macht, Ansehen und Prestige bedeutungslos waren. Nur
auf die Gnade und Liebe Gottes war in dieser Stunde der Angst
für die Eltern Verlaß. Als ich bei einem Besuch bei ihnen in
Kentucky einige Monate später den kräftigen, lebhaften kleinen Jungen auf meinen Knien schaukeln ließ, war ich gerührt
vom Segen, den Gott denen gewährt, die in Ihn vertrauen.
Nicht lange danach war Lincoln in meiner Kirche, um getauft
zu werden.

Gouverneur Brown erzählte mir von der letzten Ehre, die
einer bemerkenswerten Persönlichkeit erwiesen wurde, Colonel Harland Sanders, Gründer der weltweiten Kette von
Kentucky-Fried-Chicken-Restaurants. Auf Anregung von
Gouverneur Brown fand das Seelenamt im Kapitol von Kentucky in Frankfort statt. Die in dem Rundbau aufgebahrten
sterblichen Überreste des großen alten Christen und Bürgers
Kentuckys waren in seinen traditionellen weißen Anzug gekleidet. Unzählige Trauergäste füllten das Gebäude bis hoch
in die Galerien der Kuppel. Der Gouverneur und Phyllis hiel-

ten Ansprachen, dann sprach ein Geistlicher den Nachruf, las aus der Bibel und betete für den Verstorbenen. Zum Schluß erhoben sich alle Stimmen zu dem geliebten Heimatlied *My Old Kentucky Home*. »John«, sagte ich zum Gouverneur, »der Colonel hätte das geliebt.«

»Das dachte ich mir auch. Wir alle liebten ihn sehr«, antwortete er.

In früheren Jahren hatte Colonel Sanders ein Restaurant in einer kleinen Stadt betrieben. Der Erfolg war mäßig, und dann wurde eine neue Umfahrungsstraße gebaut. Somit befand sich das Restaurant nun an einer kaum befahrenen Nebenstrecke, und es dauerte nicht lange, bis es schließen mußte. Harland Sanders war zudem bereits fünfundsechzig; wie sollte er in dem Alter neu beginnen, in dem die meisten Menschen in den Ruhestand gehen? Allem Anschein nach schien sein aktives Leben zum Ende zu kommen, aber die Umstände bereiteten diesen Mann lediglich auf eine der erfolgreichsten Karrieren in der amerikanischen Geschäftswelt vor.

Er saß in seinem Schaukelstuhl auf der Veranda, als der Postbote zu dem Haus kam und ihm einen Behördenbrief überreichte. Darin war ein Scheck über 157 Dollar, die erste Zahlung seines Ruhegeldes. Er war von nun an auf die Zahlungen der Altersversorgung angewiesen.

Er schaukelte noch eine Weile vor sich hin und sagte dann zu sich selbst: »Das gefällt mir nicht. Hier sitze ich nun, völlig abhängig von meinen Rentenzahlungen.« Er wandte sich zu Gott um Rat und dachte nach, übrigens eine ausgezeichnete Kombination. Dann erinnerte er sich an die köstlichen Brathähnchen, die seine Mutter immer zubereitet hatte. Colonel Sanders war das älteste Kind einer großen Familie gewesen, und da der Vater verstorben war, mußte die Mutter in einer Garnkämmerei arbeiten. Sie machte das Frühstück für die Kinder und überließ es ihm, die restlichen Mahlzeiten zustande zu bringen. Und dabei lernte er die Formel, nach der seine Mutter Hähnchen zubereitete. Also dachte er nun: »Vielleicht läßt sich mit Mutters Brathähnchenrezept etwas machen.«

In seinem verbeulten alten Auto machte er sich auf den Weg und besuchte Restaurants, um Konzessionen von seinem Spezialrezept zu verkaufen. Nach vielen Ablehnungen kam er endlich mit einem Gastwirt in Salt Lake City ins Geschäft. Anschließend machte er seine Idee zu einem riesigen Erfolg, an dem Hunderte von weiteren Menschen teilhatten.

Der Colonel trug immer einen weißen Anzug und eine schmale schwarze Schleife nach Art der Südstaatler. Wir waren eines Tages zusammen in Montreal, als ein Mädchen stehenblieb und sagte: »Der Mann sieht ja aus wie Colonel Sanders.«

»Das ist tatsächlich der Colonel«, sagte ich ihr.

»Sie meinen, daß es ihn wirklich gibt?«

»Ja, hier steht er leibhaftig.«

»Und ich dachte immer«, meinte sie, »das wäre nur eine Figur, die in den Kentucky-Fried-Chicken-Läden herumsteht.«

»Keineswegs nur eine Figur, sondern einer der kreativsten Geschäftsleute überhaupt«, versicherte ich ihr.

Harland Sanders nahm oft an den Gottesdiensten in meiner Kirche teil, und ich hatte die Ehre, ihm die Horatio-Alger-Medaille für besondere Leistungen zu überreichen.

Vor Jahren vollzog ich die Trauung von Lucille Ball und Gary Morton in der Marble Collegiate Church. Als ich mit den beiden vor der Zeremonie sprach, erwähnte ich auch Lucys Vitalität und Lebendigkeit und fragte: »Wenn Lucy abhebt und an die Decke geht, wie wirst du dann damit fertig?«

Worauf Gary ruhig antwortete: »Dann warte ich eben, bis sie wieder zur Erde kommt.«

»Humph«, war Lucys Kommentar dazu.

Lucille Ball stammt aus Jamestown, New York. An einem Tag im Mai in Los Angeles sprachen wir miteinander, und sie sagte voller Sehnsucht: »Zu Hause in New York blüht jetzt der Flieder. Riech einmal für mich daran, ja?« Diese außergewöhnliche, begabte Frau besitzt einen tiefgreifenden Glauben an Gott, der ihr über viele Prüfungen des Lebens hinweggeholfen hat. Ihr Humor ist natürlich schon sprichwörtlich. Eines Abends, als Ruth und ich bei Lucy zum Essen eingeladen waren, kam ein Dienstmädchen herein, um zu melden, daß der berühmte katholische Geistliche und Prediger Pater Flanagan am Telefon sei und sie sprechen wolle. Lucys Antwort kam wie aus der Pistole geschossen.

»Sag ihm, er möge morgen zurückrufen. Heute haben wir Protestantenabend.«

Lucy hat eine betont positive Lebenseinstellung, ist aber auch äußerst sensibel. Als wir eines Tages in meinem Büro waren begann sie zu weinen, als ich über ihren Aufstieg vom Kind armer Eltern in Jamestown sprach.

»Warum um alles in der Welt weinst du?« fragte ich sie.

»Ich habe Angst, daß mein Erfolg nicht von Dauer sein wird.«

»Doch, er wird es«, antwortete ich ihr, »und der Grund dafür ist, daß deine Bescheidenheit dich immer motivieren wird, dein Bestes zu geben, und das Beste von Lucille Ball ist immer super.«

Der berühmte Leichtathlet und olympische Meister Jesse Owens erzählte mir einmal eine Geschichte, die ich nie vergessen habe. Wir saßen zusammen am Haupttisch eines Banketts in Columbus, Ohio, bei dem wir beide, Lowell Thomas, Kardinal Kroll und einige mehr von Gouverneur Rhodes Auszeichnungen als hervorragende Söhne Ohios oder so ähnlich erhalten sollten. Dies fand im Rahmen der Zweihundertjahrfeiern Amerikas im Jahre 1976 statt. Ich hatte einen Bericht gelesen, in dem Jesse Owens einer der wenigen wirklich großen Athleten Amerikas genannt wurde, eine Bezeichnung, die er in unserem Gespräch bescheiden von sich wies. Ich fragte ihn daraufhin, wie er der große Jesse Owens geworden sei. Er war in Stimmung, darüber zu sprechen, denn immerhin sollte er, der seine Kindheit in ärmlichsten Verhältnissen verbracht hatte, hier als eine der bedeutendsten Persönlichkeiten in der Geschichte Ohios geehrt werden.

Nicht nur war seine Familie verarmt, sondern Jesse selbst war als Kind schwach und mager, ganz und gar nicht leistungsstark. Seine Mutter war eine gläubige Christin und ein positiver Mensch, und sie sagte ihrem Sohn, daß er es zu etwas im Leben bringen sollte.

»Aber wie, Mama? Ich bin ein kleiner Kerl, und zudem noch arm und schwarz.«

»So darfst du nie reden, Junge, Gott schuf dich, und Er liebt dich, und wenn du an unseren lieben Herrn Jesus Christus glaubst und Ihm folgst, wirst du das Herz deiner Mutter sehr froh machen.«

In der Schule fand eines Tages eine Versammlung statt, um eine Ansprache des großen Athleten Charlie Paddock zu hören, der von Sportjournalisten »der schnellste Mann der Welt« genannt wurde. Paddock sprach an Schulen, weil er junge Menschen motivieren wollte. Jesse erzählte mir, daß er in der ersten Reihe saß, als Paddock die Bühne betrat, die Hände tief in die Hosentaschen steckte und das Publikum musterte, während sich Stille ausbreitete. Dann fragte er: »Wißt ihr, wer ihr seid? Nun, ich bin hergekommen, um euch das zu sagen. Ihr seid Kinder Gottes. Ihr seid Amerikaner und ihr habt das Zeug, das zu werden, was ihr wollt, wenn ihr wißt, was das ist, wenn ihr euch ein Ziel setzt, wenn ihr an das Ziel glaubt und an euch selbst, wenn ihr bereit seid, zu arbeiten und niemals aufzugeben. Wenn ihr Gott vollkommen vertraut, könnt ihr werden, was ihr wollt. Und das ist die Wahrheit, die für jeden einzelnen von euch zutrifft.«

Diese Worte brannten sich in Jesses Verstand ein, und in dem gleichen Moment wußte er, was er werden wollte. Er sah seine Vorstellung bildlich vor Augen. Er konnte das Ende von Paddocks Ansprache kaum erwarten, rannte dann auf die Bühne und schüttelte Paddocks Hand. Er erzählte es so. »Ein elektrischer Schock oder irgendein anderer Impuls ging von ihm auf mich über. Ich spürte es vom Kopf bis in die Füße.« Jesse lief dann in die Sporthalle, suchte den Trainer auf und sagte zu ihm: »Ich habe einen Traum. Ich werde der nächste Charlie Paddock sein. Ich werde der schnellste Mann der Welt werden.«

Der Trainer, ein guter und weiser Mann, legte den Arm um die Schultern des hageren Jungen. »Richtig, Jesse, glaube an deinen Traum. Du kannst nie weiter kommen, als du träumen kannst, aber so weit, wie du träumst, kannst du auch kommen.« Dann fügte er hinzu: »Aber deine Traumleiter mußt du erklettern, und sie kann steil und schwierig sein. Und deine Traumleiter hat vier Sprossen: Die erste ist Entschlossenheit, die zweite Hingabe, die dritte Disziplin und die vierte deine Einstellung.«

Der Trainer ging auf die Wichtigkeit jeder Sprosse ein,

betonte aber die überragende Bedeutung der Einstellung. »Deine Einstellung zu deinem Ziel, zu dir selbst, zum Leben, zum Allmächtigen Herrn wird dafür entscheidend sein, ob dein Traum wahr wird oder nicht.«

Der kleine Junge setzte sich kompromißlos ein, und so kam es zu dem Tag der Berliner Olympiade, als er vier Goldmedaillen gewann, wobei er die 100 und 200 Meter in Weltbestleistung lief. Sein an diesem Tag aufgestellter Weitsprungrekord wurde erst vierundzwanzig Jahre später übertroffen.

Später an dem Abend in Columbus, als sich Owens vor dem großen Publikum für die Ehrung bedankte, sagte er eindrucksvoll: »Als ich aus Berlin nach Hause zurückkehrte, legte ich die Goldmedaillen in die Hände meiner Mutter, und gemeinsam dankten wir unserem Herrn Jesus Christus für alles, was er für uns getan hatte.« Einige Jahre später starb Jesse Owens, und die Nationalflagge wurde auf Halbmast gehißt, in Würdigung dieses großen Christen und Amerikaners.

Ich habe diese Geschichte oft wiedergegeben, da sie anschaulich darstellt, was ein Mensch im Leben unternehmen kann, um gegen eine schädliche Geisteshaltung anzukämpfen, die einen an Mängel, Verlust und Einschränkung glauben läßt. Eine positive Einstellung mag nicht jedem von uns den Erfolg bescheren, den Jesse Owens erlebte, aber sie kann uns auf eine Ebene bringen, die wir sonst nicht erreichen würden.

Eine sensible, intelligente junge Schweizerin namens Ursula von Aesch (später Stingelin) war drei Jahre lang Mitglied unseres Haushalts und eine Bereicherung unseres Familienlebens, bevor sie dann in ihre Heimat zurückkehrte. Als wir Ursula zum erstenmal in der Schweiz trafen, wollte sie die

Vereinigten Staaten besuchen, um Englisch zu lernen. Wir mochten sie auf Anhieb, aber ich wollte wissen, ob sie kochen konnte. Also fragte ich sie in einem bruchstückhaften Deutsch nach einigen Gerichten, die ich in der Schweiz kennen und lieben gelernt hatte. Obwohl ich wahrscheinlich wie eine auf Amerikanisch vorgelesene Schweizer Speisekarte klang, verstand sie meine Nachfrage.

»Oh«, erwiderte sie lachend, »ja, ja.«

Ich sagte auch »ja, ja«, und wir waren uns einig.

Also zog Ursula zu uns und versorgte uns mit köstlichen Mahlzeiten. Zusätzlich verwaltete sie den Haushalt, so daß sich Ruth ihren vielen Aktivitäten widmen konnte. Wir waren froh über Ursulas Dabeisein in unserem Haus.

Zur Weihnachtszeit schicken uns viele Menschen Geschenke, und oft sind es Menschen, die wir gar nicht kennen. Die Geschenke sind auch meistens nicht teuer, sondern eher der Ausdruck liebevoller Gedanken, und wir sind sehr dankbar dafür. Ursula bekam die Aufgabe, all diese Geschenksendungen zu öffnen und eine Liste der Absender und des Inhalts zu erstellen. Sie war von der Vielfalt dieser Sendungen beeindruckt und wußte nun überhaupt nicht mehr, was sie uns zu Weihnachten schenken sollte. Also ging sie Heiligabend in einen Laden in der Lexington Avenue und kaufte ein wunderschönes Kinderkleidchen. Sie hatte nicht sehr viel Geld, aber es sollte schön und in Geschenkpapier eingeschlagen sein. Dann ging sie wieder auf die Straße hinaus und begann nach einer armen Familie mit einem kleinen Mädchen zu suchen, der sie das Kleid schenken konnte. Sie trat an einen prächtig herausgekehrten Majordomus – auch Portier genannt – vor einem Hotel heran und sagte: »Bitte, Herr Portier, wo kann ich eine arme Straße finden?«

»Was möchten Sie, Fräulein?«

»Ich möchte eine arme Straße finden, in der arme Menschen wohnen.«

»Dann sollten Sie vielleicht den unteren Ostteil der Stadt aufsuchen«, riet er ihr und nannte diverse Straßen. Aber sie kannte keine davon und hätte auch nicht gewußt, wie sie dort hinkommen sollte.

Sie ging die Straße weiter entlang. Es war bitterkalt, und sie hatte gegen heftigen Wind und Schnee anzukämpfen. Mitten im Gedränge und Verkehrslärm hörte sie ein Glöckchen klingeln: ein Spendensammler der Heilsarmee. Das war ihr bekannt, denn bei ihr daheim gab es die Heilsarmee auch. Sie sprach den Mann an und schilderte ihr Anliegen. Sie hatte gehört, daß es Armenviertel in New York gebe, aber dieses war die Park Avenue, die überhaupt nicht bedürftig wirkte. Schließlich fragte sie: »Wo gibt es eine solche Gegend?« Der Mann fragte sie, warum sie eine arme Familie mit einem Kleinkind suche, und Ursula erklärte ihre Absicht.

»Mein Dienst hier ist in wenigen Minuten beendet«, sagte der Mann, der von ihrer Absicht und ihrer Art beeindruckt war. »Sobald meine Ablösung kommt, gehen wir beide los. Ich kenne eine Menge armer Familien mit Kindern, die keine hübschen Kleider haben.«

Sie nahmen ein Taxi, und während Ursula erläuterte, was sie vorhatte und bezwecken wollte, hörte ihr nicht nur der Mann von der Heilsarmee, sondern auch der Taxifahrer aufmerksam zu. Sie erreichten eine arme Gegend, und Ursula betrachtete die heruntergekommenen Häuser, als der Taxifahrer sagte: »Lassen Sie sich Zeit, Fräulein. Machen Sie sich keine Sorgen, ich warte hier auf Sie.« Zu zweit suchten sie eine junge Mutter auf und schenkten ihr das Kleid. Die Frau weinte vor Freude und fragte: »Warum tun Sie das?«

»Es ist ein Geschenk an Sie und an die Familie, bei der ich

wohne.« (Am Weihnachtsmorgen erzählte sie uns diese Geschichte und fügte hinzu: »Das ist mein Weihnachtsgeschenk an Sie.«)

Ursula stieg dann wieder ins Taxi und wurde zu unserer Wohnung zurückgebracht. Als das Taxi hielt, suchte sie in ihrer Handtasche nach Geld, aber der Fahrer sagte: »Keine Gebühr, Fräulein. Sie haben mich bereits so belohnt, wie ich noch nie bezahlt wurde. Sie sind ein liebes Mädchen. Fröhliche Weihnachten.« Mit diesen Worten fuhr er davon.

Lowell Thomas hatte eine Persönlichkeit, deren Charme zumindest zum Teil auf der ausgefallenen Art und Weise beruhte, mit der er Dinge zuwege brachte, seiner innovativen Unberechenbarkeit.

Als ich eines Tages wegen eines Redetermins in Los Angeles war, rief mich Lowell unerwartet im Hotel an und meinte, er habe gerade erfahren, daß ich in der Stadt sei. Er war an dem gleichen Abend als Conférencier bei einem Festessen des Verbandes der Filmhersteller vorgesehen, an dem die meisten Berühmtheiten der Branche teilnehmen würden. Dann sagte er: »Ich weiß nicht, was du heute abend vorhattest, aber du mußt gegen 22 Uhr im Festsaal sein. Ich lasse dir einen Platz reservieren. Das brauchst du nur am Eingang zu erwähnen.«

Ich war von der Vorstellung nicht sonderlich begeistert, aber er ließ sich nicht abwimmeln und so kam es, daß ich am späten Abend in dem Festsaal an meinen Platz geführt wurde, mitten im Publikum neben der berühmten Gesellschaftskolumnistin Louella Parsons. Niemand dort kannte mich. Dann sagte Lowell am Rednerpult: »Ich bin schon immer der Meinung gewesen, daß ein Bankett dieser Art eine interessante Gelegenheit bietet, ein Experiment durchzuführen. Ich habe eine Theorie, die besagt, daß sich die ausdrucksstärksten und interessantesten Redner nicht am Haupttisch, sondern irgendwo im Publikum befinden.« Lowell amüsierte sich immer bestens, wenn er auf diese Episode zu sprechen kam. »Du hättest die Gesichter des Organisationskomitees sehen sollen. Die kriegten die Münder nicht mehr zu.«

Dann tat er so, als suche er jemanden im großen Saalpublikum und zeigte mit dem Finger auf mich. »Sie da bei Louella Parsons, der Herr mit dem Mondgesicht und der Halbglatze, der aussieht, als käme er von der Handelskammer. Kommen Sie mal hier hoch, und halten Sie eine Rede, die meine Theorie beweist.« Dermaßen bloßgestellt und unsagbar verlegen, fand ich meinen Weg zwischen den Tischen hindurch zur Rednerplattform. »Gib ihnen zwei oder drei deiner Hammergeschichten«, flüsterte mir Lowell zu.

Ich konnte meinen alten Freund nicht im Stich lassen, also tat ich mein Bestes, seinem Wunsch gerecht zu werden. Später erzählte er das so: »Norman tat etwas sehr Kluges, um das Publikum zu gewinnen. Er stotterte zu Anfang. Und wenn ein Redner das tut, erntet er sofort Sympathien – ach, der arme Kerl. Nach etwas Gestottere legte Norman los und haute das Publikum einfach um. Die Leute applaudierten und applaudierten.« Er hatte etwas übertrieben, aber aus seinem großen Herzen heraus übertrieb Lowell oft, wenn es um seine Freunde ging. Er hatte noch andere Conférenciertricks, die er gelegentlich anwendete, aber an diesem schien er die größte Freude zu haben.

Lowell war fünfzig Jahre lang mein Freund und Nachbar am Quaker Hill. Er war ein großartiger Mensch, einer der außergewöhnlichsten unserer Zeit. Bei einer Abendgesellschaft fragte er mich einmal über den Tisch weg: »Norman, wo findet eigentlich dein nächster Redetermin statt?« So, wie ich ihn kannte wußte ich, daß es ihm überhaupt nicht um meinen Redetermin ging, sondern daß er wollte, daß ich ihn fragte, wo er demnächst auftreten würde, was ich dann auch tat. Das gab ihm die Gelegenheit, ausführlich über seine Erfahrungen auf der Rednerplattform zu erzählen und die Gäste mit einer Geschichte nach der anderen aus seinen abenteuerlichen Arbeiten auf der ganzen Welt zu begeistern.

Als sich die Gesellschaft aufzulösen begann, sagte ein Mann zu mir: »Die Geschichten habe ich alle schon von ihm gehört.«

»Ich auch«, antwortete ich, »aber Sie und ich genießen das Privileg, sie von einem der größten Amerikaner unserer Zeit hören zu dürfen.« Dann kam der Tag, als ich den Nachruf bei seiner Beerdigung in New York sprechen mußte, entsprechend seiner hinterlassenen Bitte an mich. Ich endete mit den Worten: »Und so, Lowell, werden wir dich hier vermissen, bis wir uns auf der anderen Seite wiedersehen. Kein Abschied also, sondern eher dein eigener Gruß: ›Adieu, bis morgen‹.«

Wenn ich darüber nachdenke, schätze ich mich sehr glücklich, in meinem Leben so viele Menschen kennengelernt zu haben und zu meinen Freunden zählen zu dürfen. Einige davon gehören zu den Bekannten und Berühmten, während andere ruhigere Wege gingen. John Imre verwaltet unsere Hill Farm auf dem Quaker Hill bei Pawling. Zusammen mit seiner Frau Maria flüchtete er aus Ungarn, als die Ostblockstreitkräfte in das Land einfielen. John und Maria gingen zu Fuß von Budapest bis Wien und übernachteten unterwegs in Heuschobern. Sie waren entschlossen, die Freiheit zu erreichen. Eine katholische Organisation half ihnen, nach Amerika zu kommen, und John ist schon lange bei uns, mehr ein Sohn als ein Angestellter. Er besitzt die vornehmen Manieren des alten Europas und begrüßt Ruth mit Handkuß, wenn wir von einer langen Reise zurückkehren. Er pflegt jede Pflanze und jeden Baum, solange noch ein Funke Leben erkennbar ist. Seine Güte verbirgt er lieber, aber das gelingt ihm nicht. Er ist ein loyaler Amerikaner und schüttelt den Kopf, wenn er über manche Dinge in unserem Lande spricht, die ihn an die Zustände in Ungarn erinnern, vor denen er und seine Frau vor Jahren flohen. Und Marias ungarische Kochkünste sind beispiellos.

Menschen kennen, sie bewundern und lieben, zu entdecken, warum sie so sind, wie sie sind, all das macht einen großen Teil meines Lernens und meiner Motivation aus. Tennyson sagt in seinem Gedicht »Odysseus«: »Ich bin ein Teil von allen, die mir begegneten.« Ich kann mich dem anschließen, nur würde ich, was mich betrifft, hinzufügen, daß alle, denen ich begegnete, auch ein Teil von mir sind. Die Berge und das Meer, der Himmel und die Jahreszeiten, Tagesanbruch und Sonnenuntergang, sie alle bewegen uns und bereichern unser Leben, aber es sind die Menschen, die uns formen, angefangen mit unseren Familien bis hin zu den Freunden und Bekannten. Sie können uns inspirieren, uns aufleben oder abkehren lassen, uns anregen oder entmutigen. Wenn man in jedem Menschen das Beste sucht, zeigt es sich auch. Der Werdegang jedes Menschen ist reichhaltig an Drama, Pathos, Größe und vielleicht auch Tragödie. Vielleicht mache ich eines Tages eine Auflistung all der faszinierenden Menschen, denen ich im Laufe der Zeit begegnet bin. Wie aber könnte ein solches Register je fertiggestellt werden, wo ich doch weiterhin täglich neuen, interessanten Menschen begegne?

Einen lernte ich kürzlich nach einer Rede kennen. Vor solchen Auftritten esse ich nie groß, also setzte ich mich anschließend auf den Hocker an einem Imbißtresen, hinter dem der Besitzer stand, seine Leibesfülle in eine saubere, weiße Schürze gehüllt. Auf dem Kopf trug er im kecken Winkel eine hohe Kochmütze. »Was darf es sein, Kollege?« fragte er mit einem freundlichen Grinsen.

»Geben Sie mir bitte eine Portion Wackelpudding ohne Schlagsahne und einen Kaffee schwarz.«

Er stemmte die Arme auf den Tresen, sah mich an und fragte: »Warum?«

»Nun, um ehrlich zu sein, weiß ich auch nicht so ganz, warum«, antwortete ich, »nur würde ich gerne einige Pfunde loswerden.« Daraufhin nahm er eine Form mit einer sehr schönen Apfeltorte in die Hand.

»Sehen Sie sich diese Torte an«, sagte er voller Bewunderung. »Sie ist ein Kunstwerk.« Geschickt drehte er sie herum. »Haben Sie je etwas Vergleichbares gesehen? Und da drin sind die guten, bewährten Äpfel des Staates New York, die besten der Welt.« Und um das Ganze abzurunden, fügte er hinzu: »Sie sind mit Zimt bestreut.« Damit schnitt er mir eine kräftige Portion ab und legte noch eine Scheibe »köstlichen New Yorker Käse« darauf. Dann schob er mir gekonnt einen großen Becher mit duftendem Kaffee so zu, daß er direkt bei mir zum Stehen kam und sagte: »Und nun erfrischen Sie ihren Geist damit.«

Ich sah ihn bewundernd an. »Sie«, erklärte ich, »sind ein Philosoph, ein Feinschmecker und ein Poet.« Der Wackelpudding war längst vergessen.

Es gibt einen weiteren Mann, von dem ich manchmal glaube, daß er einer der letzten einer wunderbaren Art von Amerikanern ist, obwohl sich gerade diese Art zu unserem Glück immer wieder fortsetzt.

Der Mann, den ich hier meine, war Justin Dart, der mittlerweile verstorbene Inhaber der Dart Industries. In einer Washingtoner Zeitung nannte man ihn einen »bärbeißigen Wirtschaftskapitän«, und das war wohlwollend gemeint. Justin hatte gelegentlich einen rauhen Ton, und der war meistens gerechtfertigt. Aber sein Herz war riesengroß. Er war eine Kämpfernatur, ein bewundernswerter Mensch mit Überzeugungen, die er, komme, was da wolle, verteidigte. Seiner Meinung über Gott und das Land konnte ich meistens nur beipflichten. Er suchte nie ein politisches Amt, auch nicht, als ihn sein Freund Ronald Reagan zu einem ernennen wollte. Eines Sommers verwüstete ein rasanter Waldbrand die Täler und Hügel um Los Angeles und vernichtete auch Justins Haus. Als ich davon hörte, rief ich ihn sofort an. Er reagierte gelassen: »Mach dir keine Sorgen. Jane und die Kinder sind in Sicherheit. Nur das Haus und die Einrichtung sind in Flammen aufgegangen. Es war nur ein Haus, wir können ein neues bauen.« Lange danach erzählte er mir, daß eines der wenigen Dinge, die den Flammen entronnen waren, sein Exemplar von »Die Kraft positiven Denkens« gewesen sei, das er zur Zeit einem Freund geborgt hatte. Aber er brauchte das Buch nicht, denn kein Mann, den ich je kannte, besaß einen festeren Glauben an Gott oder eine positivere Lebenseinstellung als Justin Dart.

16. Kapitel
Gebete wirken

Im Verlauf meines Lebens des positiven Denkens und des positiven Handelns war eine meiner wichtigsten Erkenntnisse die, daß Beten keine phantasievolle Wunschträumerei ist. Gebete wirken, tatsächlich und definitiv. Sie sind Realität, eine unbeschreibliche Kraft, die jedem Menschen zur Verfügung steht. In meinem Leben war das Gebet immer ein wichtiger Faktor, der mich über die Jahre hinweg bei Entscheidungen und auch in Krisen führte und unterstützte.

Eine bedeutende Einsicht über Beten erhielt ich durch meine Frau Ruth. Sie sagte: »Auf ein Gebet gibt es drei Antworten, ›ja‹, ›nein‹ oder ›warte noch eine Weile‹.« Ich habe positive Antworten, negative Antworten und verzögerte Antworten auf Gebete erhalten, aber immer hat es eine Antwort gegeben, wie sie auch ausfiel.

An anderer Stelle in diesem Buch habe ich bereits dargestellt, wie befangen ich war, wenn ich öffentlich sprechen mußte. Und immerhin ist es meine Aufgabe, vor Menschen zu reden. Um es wirksam zu vollbringen, stellte ich fest, brauche ich Hilfe, die Art von Hilfe, die nur Gott geben kann. Nie habe ich eine öffentliche Ansprache oder eine Predigt gehalten, ohne vorher um göttlichen Beistand zu bitten. Ich bitte um geistige Klarheit, um das Richtige in so einer Weise vorzutragen, daß es den Menschen helfen wird. Ich bitte nie darum, daß ich einen guten Eindruck hinterlassen möge. Ich bin nicht allzu klug, aber klug genug, um eine solche Bitte nicht zu äußern. Das wäre nicht der Sinn und Zweck eines öffentlichen Vortrages, und ich bin mir im voraus bewußt, daß ein Gebet mit einem solchen Inhalt keine Antwort verdient hätte.

Im Jahre 1940 verbrachte ich drei Monate in Hollywood als Berater bei den Dreharbeiten für den Spielfilm *One Foot in Heaven* (Einen Fuß im Himmel). Er schilderte die Geschichte eines Landpredigers im Mittleren Westen. Frederic March und Martha Scott spielten die Hauptrollen des Seelsorgers und seiner Frau, und ich schätzte beide sehr.

Einer der mitwirkenden Schauspieler war ein berühmter Charakterdarsteller, ein weiser und philosophischer Mann. Er erzählte mir, daß er früh in seiner Schauspielerkarriere durch außergewöhnlichen Erfolg von sich selbst recht eingenommen geworden war. Das Ergebnis seiner Selbstherrlichkeit war, daß sich die Menschen von ihm abwendeten, und bald wurden seine Rollen weniger bedeutend, bis er so gut wie keine Arbeit mehr fand. Er hatte Gott praktisch vergessen, sagte er, aber in seiner Not wandte er sich wieder an den Herrn.

In ihm erwuchs aufrichtige Demut, und seine Rückkehr zum Film begann mit einer unbedeutenden Nebenrolle in einem Bühnenstück. Als er durch das Loch im Vorhang das Publikum musterte, bemerkte er einen Mann in der vordersten Reihe, der niedergeschlagen und sogar sehr traurig wirkte. Der Schauspieler betete für diesen Mann, bat darum, daß etwas aus seinem spärlichen Dialog dazu beitragen möge, diesen Menschen zu erheitern. Spontan, sagte er, schickte er Gedanken der Liebe hinaus an diesen Mann und die anderen Menschen, die er dort sah. Von da an veränder-

301

ten sich sein Leben und seine Laufbahn, und er wurde ein beliebter Darsteller auf der Bühne sowie im Film. Dieses Gespräch machte tiefen und bleibenden Eindruck auf mich.

Von jenem Tag bis heute habe ich nie in den Kulissen einer Rednerbühne oder auf einer Kanzel gestanden, ohne ein Gebet zu sprechen, mit dem ich »Gedanken der Liebe« an die Menschen in der versammelten Gemeinde sende. Ich bete, daß mein Vortrag oder meine Predigt den Menschen helfen möge, Glauben und Mut zu finden, um ihre Schwierigkeiten zu überwinden. Das ist ein Gebet, das ausnahmslos mit einem Ja beantwortet wird, denn wenn man sich selbst vergessen und andere lieben kann, befindet man sich auf der »Wellenlänge« des Herrn und bewirkt etwas für Ihn und Seine Kinder. Ich jedenfalls glaube, daß es so ist.

Oft habe ich erstaunliche Rückkopplungen dieser Gebete erhalten. Das geschah einmal, als ich Redner bei dem jährlichen Festessen der Handelskammer einer Stadt in Texas war. Während ich am Haupttisch saß, fiel mir ein Gesicht im Publikum auf, das von Haß gekennzeichnet zu sein schien. Obwohl der Mann ziemlich weit von mir entfernt saß, hatte ich den Eindruck, daß er mich anstarrte. Ich schrieb diesen Eindruck meiner Phantasie zu und legte den Gedanken beiseite, aber dennoch wanderte mein Blick zurück zu diesem Gesicht. Ich kannte es nicht und konnte mir nicht erklären, warum es so auf mich wirkte. Ich machte den Mann zum Mittelpunkt meines Betens, sandte ihm besonders liebende Gedanken zu und bat den Herrn, besonders nahe bei ihm zu sein. Ich sandte Liebe, um gegen Haß anzuwirken. Während ich sprach, sah ich gelegentlich immer noch in die Richtung dieses Gesichts und formulierte in Gedanken weiterhin Liebe. Nach Beendigung meines Vortrags begrüßte ich eine Anzahl von Menschen, als dieser Mann mir plötzlich gegenüberstand. »Ich muß Ihnen etwas beichten«, sagte er. »Als ich hörte, daß der Redner bei unserem Festessen ein Prediger sein würde, war ich wütend, denn ich hasse Prediger. Das bezieht sich nicht auf Sie persönlich, sondern auf alle Prediger. Dahinter steckt eine lange Geschichte, mit der ich jetzt nicht Ihre Zeit stehlen will, aber seit meiner Kindheit bin ich überzeugt, daß ein Prediger meinem Vater Unrecht angetan hat. Als ich aber da draußen im Publikum saß, veränderte irgend etwas meine Meinung. Dieser irrationale Haß war auf einmal von mir gegangen. Ich stellte sogar fest, daß ich Sie mochte. Was, glauben Sie, ist mit mir geschehen?« Ich war überwältigt, als er sprach, und sagte: »Ich glaube, Sie haben eine spirituelle Erfahrung gemacht.« Zu meiner Überraschung streckte er mir seine Hand entgegen. »Genau das war es, genau das«, sagte er. Nach einem festen Händedruck war er verschwunden. Gebete haben die Kraft, Wunder zu bewirken, besonders dann, wenn sie mit Liebe verbunden sind.

Eines meiner schwierigsten Redeerlebnisse überhaupt spielte sich auf einer Tagung eines landesweiten Verbandes in einem großen Ballsaal in Boston ab. Vor dem Mittagessen hatte es einen Empfang gegeben, bei dem auch Cocktails gereicht wurden, aber an den Tischen wurde kein Alkohol serviert. Dennoch waren zwei Tische inmitten des großen Publikums deutlich mit Whiskyflaschen bestückt. Die Männer an diesen Tischen wurden langsam unangenehm auffällig, und die Gäste um sie herum machten ihren Unmut darüber bemerkbar.

Ich bin in solchen Sachen empfindlich und sagte dem Vorsitzenden neben mir, daß es ein Problem für mich sein würde, gegen die lautstarken Säufer in der Saalmitte anzureden. Er sagte, er würde diese Gruppe beruhigen, aber es war bald offensichtlich, daß er überhaupt keine Kontrolle über die

Situation mehr hatte. Da ich mich nicht auf einen Brüllwettbewerb mit einer Gruppe von Betrunkenen einlassen wollte, schlug ich dem Conférencier schließlich vor, die Ansprache zu überspringen und mich nach New York zurückkehren zu lassen. Dieser Gedanke bereitete ihm große Sorge, und er erinnerte mich daran, daß ich einen Vortrag versprochen hatte, der auch in einem großen Umfeld angekündigt worden war, und letztlich sei das Publikum so zahlreich erschienen, um mich zu hören.

Also lenkte ich ein, wenn auch mißbilligend. Ich begann meine Ansprache mit einigen erprobten Witzen, die allgemeines Gelächter hervorriefen, das sogar das laute Gerede der Betrunkenen übertönte. Dann ging ich in den nachdenklichen Teil meiner Ansprache über, kam aber nur schleppend mit dem voran, was ich sagen wollte, weil die Männer an den beiden Tischen so sehr lärmten. Dann kam eine der von tiefem Schweigen begleiteten Sprechpausen, die manchmal Teil einer Ansprache sind. Genau in dem Moment rief einer der Betrunkenen wie ein Fluch: »Jesus!« Sofort herrschte absolute Stille, sogar die lauten Säufer schwiegen schockiert. Ich erdachte ein schnelles Gebet, das auch einen liebenden Gedanken für den Mann enthielt, der gerade den heiligen Namen ausgerufen hatte.

Während die Stille anhielt, sagte ich: »Sie haben recht. Sie haben den Namen Ihres besten Freundes genannt. Dessen, der Sie nie im Stich lassen wird.« Dann fuhr ich mit meinem Text fort. Offenbar hatte dieser Zwischenfall die Betroffenen ernüchtert, denn sie waren von da an mäuschenstill.

Nach der Veranstaltung schüttelte ich eine Menge Hände und sprach mit vielen Leuten. Da bemerkte ich einen Mann, der abseits von mir stand. Ich war mir bewußt, daß er darauf wartete, mir etwas zu sagen. Endlich trat er an mich heran und sagte: »Ich bin derjenige, der vorhin den Namen des Herrn mißbrauchte, und ich schäme mich sehr. Ich bin Mitglied der Gesellschaft des Heiligen Namens. Dies hat mich dermaßen schockiert, daß ich mich selber neu betrachte. Ich wollte nur, daß Sie wissen, Dr. Peale, daß ich aus der Sache gelernt habe. So etwas tue ich nie wieder. Ich bin ein ziemlich erbärmlicher Christ.«

»Das bin ich auch. Ich schätze, daß viele von uns ziemlich erbärmliche Christen sind. Aber wenn wir uns an Jesus halten, können wir es besser machen, nicht wahr?«

Er ergriff meine Hand. »Sie verzeihen mir doch, oder?«

»Natürlich«, sagte ich. »Und ich mag Sie auch, denn Sie sind ein ehrlicher Mann.«

Mein schnelles Gebet und meine liebevollen Gedanken hatten ihn offenbar wirklich erreicht. Ein Gebet hat tatsächlich Kraft in sich, besonders dann, wenn es mit fürsorglicher Liebe für Menschen entsteht.

Ein Gebet bewirkt auch einiges, wenn es darum geht, Probleme zu bewältigen. Nach einem Arbeitsessen des Rotary Club von New York, dem ich angehöre, sagte einer der Rotarier zu mir: »Ich habe ein Problem, und es ist schwierig und für mich lebenswichtig, denn meine Zukunft könnte von der richtigen Lösung abhängen. Ich sehe noch keinen Weg da durch. Würdest du für mich beten?« Ich sagte selbstverständlich, daß ich es würde, und ich tat es auch.

»Aber Lou«, sagte ich, »ich habe da einen Vorschlag. Wenn du wieder in deinem Büro bist, schließe die Tür und erzähle dem Herrn alles. Glaube daran, daß Er dir zuhört und daß Er dir die Antwort zukommen lassen wird, die du noch nicht siehst. Dann danke Ihm im voraus für Seinen Beistand. Gehe deinem Geschäft mit Selbstvertrauen nach. Die Antwort, die du brauchst, kommt auf dich zu.«

Am nächsten Tag nahm Lou seinen Mittagstisch wie gewohnt in dem üblichen Restaurant in der Madison Avenue zu sich, und da es ein so schöner Tag war, entschloß er sich, zu Fuß ins Büro zurückzugehen. Während er an einer Kreuzung stand und auf grünes Licht wartete, ging ihm plötzlich ein Licht zu der Antwort auf sein Problem auf. Es war deutlich und unmißverständlich. So hatte er eine Antwort zwar nicht erwartet, aber er war absolut überzeugt, daß sie die richtige war. Die nachfolgenden Ereignisse gaben ihm und dieser Antwort recht.

J. L. Kraft, Gründer der Käsefirma, erzählte mir einmal, daß er sein Geschäft in den Anfangszeiten durch Beten und harte Arbeit aufgebaut hatte. Es war damals weitgehend ein Ein-Mann-Unternehmen, oder, wie er es schilderte, ein »Ein-Pferd-Unternehmen«. Das Pferd hieß Paddy, und es zog den Wagen, auf dessen Kutscherbock der junge Kraft saß. Mit dem Gespann machte er seine Lieferungen und holte seine Materialien ab, und oben auf dem Bock dachte er darüber nach, wie er auskommen würde.

Während Paddy seines Weges schritt, besprach Kraft oft seine Probleme mit dem Pferd. Paddy wackelte mit den Ohren und blickte dann über die Schulter zu seinem Herrn hin. Kraft sagte dazu lachend: »Ich war mir nicht sicher, ob ich mit dem Herrn sprach oder mit Paddy oder vielleicht mit beiden. Jedenfalls gab es irgendwie Antworten, und ich wurde jeden Schritt des Weges geleitet.« Dann sah er mich eindringlich an und sagte resolut: »Wenn du wirklich eine Antwort haben mußt und du an die Kraft des Gebets glaubst, wird es eine Antwort für dich geben. Wenn ich zum Beispiel eine Lösung am kommenden Donnerstag um 9 Uhr haben mußte, sagte ich das dem Herrn. Ich habe Ihm nichts vorgeschrieben, sondern Ihm nur gesagt, daß ich bis dann Führung brauchte, weil ich zu der Stunde eine Entscheidung bekanntgeben müßte.«

»Erhielten Sie Ihre Antworten auf diese Weise zur vorgegebenen Stunde?« fragte ich ihn.

»Das habe ich«, antwortete er. »Um 9 Uhr am Donnerstag ging ich davon aus, daß der Gedanke in meinem Kopf die Antwort war, um die ich gebeten hatte. Und es ist erstaunlich, wie oft sie doch die genau richtige Antwort war.« Durch J. L. Kraft lernte ich vieles über die Art und Weise, wie der Herr mit denjenigen arbeitet, die sich völlig auf Ihn verlassen.

Viele außergewöhnliche, belegbare Geschehnisse haben meine persönliche Überzeugung gefestigt, daß durch Gebet mächtige Kräfte freigesetzt werden. Kraft dieser Art hat nachweislich Veränderungen in Menschen bewirkt, hat sie emporgehoben aus vollständigem persönlichem Versagen, so daß sie vorbildliche Individuen wurden, und hat physische, geistige und spirituelle Heilungen herbeigeführt. Ein besonderer Fall soll dafür als Beispiel dienen.

Harry DeCamp ist ein erfolgreicher Geschäftsmann aus West Long Branch, New Jersey. Im Alter von sechsundsechzig erfreute er sich bester Gesundheit. Er war kein Kirchgänger, aber er glaubte an Gott, an Jesus Christus, an das Gebet und an die Bibel. Harry DeCamp war, was man einen typischen Mitbürger seiner Generation nennen würde, kontaktfreudig, gesellig und beliebt. Auch war er ein begeisterter Fahrradfahrer und ein ausgezeichneter Golfspieler.

Plötzlich fühlte er sich zum erstenmal in seinem Leben kränklich. Eingehende Untersuchungen stellten eine bösartige Wucherung im Bereich der Galle fest. Weitere Untersuchungen an einer bekannten Krebsklinik in New York bestätigten den Befund, und DeCamp wurde als unheilbar nach

Hause entlassen. Er hatte keinen Appetit mehr, und sein Körpergewicht sank rapide. Die ärztliche Behandlung bestätigte, daß sein Kampf ums Überleben aussichtslos war. Tag für Tag saß der früher aktive Mann vor dem Fernseher und starrte, ohne etwas wahrzunehmen, auf die Mattscheibe. Dann erhielt er eine Karte mit einem Genesungswunsch und darauf stand: »Mit Gott sind alle Dinge möglich.« »Ich habe noch nie etwas für Gott getan«, sagte sich Harry DeCamp, »warum sollte Er also etwas für mich tun?« Aber dennoch stellte er die Karte so auf, daß er sie ständig sehen konnte, und in seiner direkten, demütigen Art begann er endlich, zu Gott zu beten.

Ein Freund schickte ihm ein Exemplar der »Wegweiser«, das den Bericht eines früheren prominenten Basketballspielers enthielt, der im Krieg schwer verwundet worden war. Man hatte ihm erklärt, daß er den Rest seines Lebens als Invalide verbringen müßte. Aber dieser Mann begann, sich selbst seine Person bildlich so vorzustellen, wie er gewesen war, als er über seine volle Kraft verfügte, und im Geiste sah er sich wieder erfolgreich Basketball spielen. Zusammen mit seinen Gebeten brachte ihm dieses Visualisieren im Laufe der Zeit Heilung. Er wurde so, wie er sich sich selbst vorgestellt hatte.

Dieser Artikel brachte Harry DeCamp auf eine Idee. Er fing an, sich bildlich Abertausende von gesunden weißen Blutkörperchen vorzustellen, die von seinen Schultern herabströmten, um die gesunden Zellen im Kampf um Leben und Tod zu besiegen. Letztendlich sah er eine winzige Christusfigur, die den Angriff der Heerschar weißer Zellen anführte. Bis zu hundertmal am Tage sah er diese Schlacht im Geist und sprach weiterhin ohne Unterlaß mit Gott, bis er sich in tiefer Freundschaft mit seinem Schöpfer verbunden fühlte.

Eines Tages verspürte Harry DeCamp zum erstenmal seit Monaten nicht nur Appetit, sondern gewaltigen Hunger. Als er seine Frau um ein großes Essen bat, fürchtete sie, daß sein Denkvermögen beeinträchtigt sein könne, und rief den Arzt. Neue Untersuchungen erbrachten den kaum zu fassenden Befund, daß die Krankheit nicht mehr in ihm festzustellen war. Die Krebsklinik bestätigte dies, und zur Zeit dieses Schreibens lebt Harry DeCamp bereits sechs Jahre lang vollständig geheilt, wieder ein normaler, kräftiger Mann.

In zwei Artikeln für »Wegweiser« beschrieb Harry De-Camp seine Heilung und sagte, der Schlüssel dieses Geschehens liege in den Worten »nur glauben«. Ich bin mir durchaus bewußt, daß sein Fall außergewöhnlich und bedeutend ist, sogar ein Meilenstein auf dem Gebiet des Heilens sein kann. Wenn so etwas bei einem Menschen geschehen kann, sollte dieselbe Kombination von Gebet und Visualisierung bei anderen Menschen ähnliche Ergebnisse herbeiführen. Harry DeCamp beschrieb seine Heilung in dem Buch *One Man's Healing from Cancer* ausführlicher. Seit dieser Veröffentlichung und den beiden Berichten in »Wegweiser« haben sich Hunderte von Leidenden an ihn gewendet. Vielen konnte er Unterstützung leisten, und in jedem Fall hebt er die Kraft des Gebets hervor. »Ich bin ein Mann, der in einem Zustand des Staunens lebt. Sechsundsechzig Jahre lang verband mich nur eine oberflächliche Bekanntschaft mit Gott. Wie unfaßlich also, daß Er, als ich im Begriff zu sterben war, die Hand ausstreckte, um mich zu heilen. Und doch tat Er genau das!«

Wer sich von der Wahrheit dieser Geschichte überzeugen will, kann Harry DeCamp dazu fragen. Gebet und Glaube stellen die höchste Form von Kraft dar.

17. Kapitel
Freude durch Freunde, Pech durch Politik

Mein Wirken als Pastor und Seelsorger wurde durch die Unterstützung erleichtert, die ich von den Funktionären unserer Kirche erhielt, den Ältesten und Diakonen. Im Laufe der Zeit habe ich mit ungefähr hundert von ihnen zusammengearbeitet. Alle waren sie fähige Geschäftsleute oder Akademiker und engagierte Christen. Es wäre mein Wunsch, jeden einzelnen von ihnen freundschaftlich hervorzuheben, aber ich muß mich mit einem begnügen.

Als ich 1932 zur Marble Collegiate Church kam, war Milton D. Ketchum das jüngste Mitglied des Kirchenvorstandes, dem er nun als Vorsitzender Ältester dient. Er ist ein ruhiger und freundlicher Mann von Intelligenz und Glauben, von Natur aus konservativ, man könnte fast sagen traditionell, was ihn nie daran hinderte, mich loyal und rückhaltlos zu unterstützen, auch dann, wenn mein eher innovatives Vorgehen für ihn nicht immer leicht zu akzeptieren war. Männer wie Milton Ketchum sind in der Lage, Probleme objektiv, sachlich und spirituell im festen Glauben an Christus und die Kirche durchzudenken. Er ist einer der fähigsten Kirchenadministratoren, die ich je kennenlernte.

Als Einladungen an mich, bei Wirtschaftstagungen und anderen Versammlungen zu sprechen, häufiger wurden und mich in alle Teile Amerikas und Kanadas führten und das

Wachstum der »Wegweiser« mehr Verantwortung für mich bedeutete, wurde unübersehbar, daß wir einen geschäftsführenden Geistlichen brauchten, um die Kirchenverwaltung in meiner Abwesenheit zu handhaben. Ich entschied mich für einen jungen Mann, den ich seit seinem Studium kannte, als er ein Kommilitone unserer Tochter Margaret an der Ohio Wesleyan University war. Ich hatte seinen Werdegang verfolgt und kannte seine Eltern; sein Vater war auch ein angesehener Geistlicher. Dieser Arthur Caliandro war damals Pastor einer Kirche in Brooklyn. Ich bat unseren Vorstand, ihn an die Marble Collegiate Church zu berufen, und er erfüllte seine Aufgaben so, wie wir es uns gewünscht hatten. Später beschloß ich, meine Aktivität als Prediger auf den Sonntagsgottesdienst um 11.15 Uhr zu beschränken, und ich bat Arthur, die Predigt des Frühamtes sonntags zu übernehmen. Ich bemerkte, wie er sich entwickelte, und wurde mir seiner Begabung und Hingabe zur Wortverkündung zunehmend bewußt. Letztendlich traf ich den Schluß, daß er ein passender Nachfolger sein würde, wenn ich mein Amt niederlegte, und ich bat den Kirchenrat, ihn als solchen zu bestätigen, was auch geschah. Als hervorragender Prediger wird er weiterhin auf seine Art die positive, lebensverändernde Botschaft verkünden, die für unsere Kirche im Verlauf von drei Amtsführungen charakteristisch geworden ist, denen von Dr. David James Burrell, Dr. Daniel A. Poling und meiner, einer Zeitspanne also von fast einem Jahrhundert.

Nachdem Arthur Caliandro und ich einige Jahre zusammengearbeitet hatten, teilte ich dem Kirchenrat mit, daß die Gemeinde nun ein Recht auf einen Pastor und Prediger in der Führungsposition habe, der jünger war als ich. Dann hätte ich auch mehr Zeit, um mich meinen weiteren Verantwortungen zu widmen. Dieser Wunsch, mein Amt niederzulegen, stieß bei den Ratsmitgliedern auf starken Widerstand, und ich wurde gebeten, weiterzumachen. Ich akzeptierte ihre Reaktion als Ausdruck des Willens Gottes und sagte zu, das Amt noch eine Zeitlang zu führen.

Im Verlauf von mehr als fünfzig Jahren als Pastor einer Kirche berührt man Tausende von Leben. Es würde den Rahmen dieses Buches sprengen, all die wunderbaren Geschichten von Männern und Frauen erzählen zu wollen, die durch Christus ein neues Leben in der Marble Collegiate Church in den Jahren unserer Arbeit dort fanden. Möge es genügen, nur eine von ihnen wiederzugeben. Ich wählte zu diesem Zweck eine große menschliche Geschichte, von der ich glaube, daß sie die Kraft des Evangeliums, das ich schon so lange predige, anschaulich darstellt.

Als ich einmal in Roanoke, Virginia, sprach, lernte ich Charles und Hazel Kennard kennen. Sie wohnten in Staunton, Virginia, wo Charles mit Autoersatzteilen handelte. Nachdem meine Ansprache an jenem Abend beendet war, erzählte er mir die folgende Geschichte.

Er war zum Alkoholiker geworden, und sein Arbeitgeber hatte ihn wiederholt gewarnt, daß seine Stelle gefährdet sei, wenn er sein übermäßiges Trinken nicht unter Kontrolle bringe, obwohl er der wertvollste Angestellte der Firma war.

Letztlich vereinbarte Charles einen Termin mit dem unterdessen verstorbenen Dr. Edward Silkworth aus New York City, der ein Experte in der Heilung von Trunksucht war. Nach seiner Ankunft in New York betrank sich Charles vollständig und wurde von einem Hotelpagen bis auf die letzte Münze ausgeraubt. Völlig mittellos ging er am nächsten Tag in die Klinik von Dr. Silkworth und wurde dort zur Behandlung aufgenommen. Als die Behandlung beendet war, rief ihn Dr. Silkworth zu sich in sein Büro.

»Charles«, sagte er, »wir haben Ihr System gänzlich vom Alkohol gereinigt und haben uns bemüht, Ihren Verstand umzuerziehen. In diesem Moment sind Sie geheilt. Aber es gibt einen Winkel Ihres Geistes, der uns verschlossen bleibt und den wir nicht erreichen. Wie schön wäre es, wenn wir Ihr Gehirn mit dem Skalpell öffnen und diesen letzten Winkel entriegeln könnten. Denn wenn er so bleibt wie jetzt, werden Sie uns früher oder später wieder aufsuchen, wieder als hilfloser Säufer.«

»Aber Doktor Silkworth«, sagte Charles, »Sie gelten als der größte Facharzt auf diesem Gebiet. Wenn Sie mich nicht heilen können, wer dann? Gibt es denn keinen Arzt, der mich vollkommen davon abbringen kann?«

Dr. Silkworth zögerte, bevor er darauf antwortete. »Doch, es gibt einen solchen Arzt, aber er ist sehr teuer.«

»Das soll nicht das Problem sein, Sir. Ich kann aufbringen, was immer er verlangt«, erklärte Charles.

»An Geld vielleicht, aber dieser Arzt verlangt alles, was Sie haben und sind. Er gibt sich mit nicht weniger als Ihrer ganzen Person zufrieden. Er heißt« – und hier legte er eine Spannungspause ein – »Jesus Christus und hat Seine Praxis im Neuen Testament! Und was für ein Arzt Er ist, mit den schlanken, prüfenden, sensiblen Händen des begnadeten Chirurgen. Er alleine kann das Kontrollzentrum in Ihrem Kopf erreichen und den letzten Riegel öffnen. Ohne diesen Eingriff finden Sie nie vollkommene Heilung. Aber Er kann Sie garantiert heilen, wenn Sie sich ganz und ohne Rückhalt in Seine Hände begeben.«

Die bemerkenswerte Weise, in der dieser moderne Arzt ihn an den Großen Heiler überwies, berührte Charles Kennard zutiefst. Er durchstreifte die Straßen im Kampf mit sich selbst. Er war immer gläubig und kirchentreu gewesen, und dennoch war die Vorstellung der völligen Aufgabe an Christus für ihn ein Problem. Und da er ein von Grund auf ehrlicher Mann war, mußte er sich selbst gegenüber sicher sein, daß er eine für das ganze Leben eingegangene Verpflichtung auch erfüllen könnte. Ich fiel ihm als einziger Geistlicher in New York ein, denn er hatte »Die Kraft positiven Denkens« gelesen.

Als es Abend wurde, setzte eine Mischung von Regen und Schnee ein, die von einem beißenden Wind getrieben wurde, der durch Mark und Bein ging. Den Kragen seines Mantels hochgeschlagen, kam er endlich an unserer Kirche an und hoffte, mich trotz später Stunde vielleicht noch anzutreffen. Nachdem er den Haupteingang geschlossen fand, probierte er die anderen Türen, aber auch da ging keine auf. So stand er in dem nassen, kalten Wetter vor der Haustür Nummer 1, 29. Straße West. Er nahm eine Visitenkarte aus der Tasche und schrieb darauf: »Lieber Dr. Jesus: Dies ist Dein unwürdiger Diener Charles Kennard. Dr. Silkworth sagt, Du kannst mich heilen. Hier und jetzt und für immer übergebe ich mich Dir, mit Körper, Geist und Seele. Bitte heile mich, lieber Jesus. Danke.« Und dann setzte er seine Unterschrift darunter.

Er steckte die Karte in den Briefschlitz der verschlossenen Tür und stand da, als erwarte er eine Antwort. Und es kam eine Antwort, denn auf einmal durchflutete ihn ein Gefühl der Wärme. Sie war wie ein Glühen, das an seiner Kopfhaut begann und seinen gesamten Körper bis zu den Füßen durchzog. Er fing an, gleichzeitig zu lachen und zu weinen. Ein herrliches Gefühl der Erlösung erfüllte ihn, und er wußte in dem Augenblick, daß der Große Heiler Seine Hand auf ihn gelegt hatte und er nun gesund war.

Als er mir diese Geschichte in Roanoke erzählte, kam es mir vor, als ob ich sie bereits kannte, als wäre sie mir bereits in irgendeiner Weise eingegeben worden. Also fragte ich: »Haben Sie mir diese Geschichte schon einmal erzählt?«

»Dies war das erste Mal«, antwortete er. Die Karte, die er in den Briefschlitz gesteckt hatte, ist übrigens meines Wissens nie gefunden worden. Aber der Herr Jesus Christus kannte den Inhalt, denn Charles Kennard war vollkommen geheilt. Er wurde im Außendienst für »Wegweiser« tätig und wurde in seinem Gebiet im Süden ein Segen für eine große Anzahl von Menschen mit den verschiedensten Problemen. Er war überall beliebt. Eines Sonntags, Jahre später, betrachtete ich von der Kanzel aus die Gemeinde, während der alte Choral »Jesus meine Zuversicht« erklang, und sah Charles. Er sang ohne Gesangbuch und aus vollem Hals, und durch das bunte Glas der Fenster erleuchtete ein Sonnenstrahl sein Gesicht, das bereits vor innerem Frieden strahlte. Ich sah ihm zu und war tief gerührt, denn ich wußte, was der Titel dieses Liedes für Charles bedeutete. Nun ist er bereits im Himmel, aber in meiner Erinnerung lebt er ewig und liebevoll weiter, ein repräsentatives Beispiel der Erlösung, wie sie in der alten Kirche in New York verkündet wurde.

Es heißt, daß es nichts Schlechtes gibt, was nicht auch zum Guten führt. Als wir nach New York kamen, hatte die große Depression ihren Tiefpunkt erreicht. Das war 1932, und die Lage war extrem schlimm. Es war schwierig, darin noch etwas Gutes zu erkennen. Aber dennoch erwachte damals eine Bereitschaft zur gegenseitigen Hilfe, die vielleicht nicht aufgekommen wäre, hätte die Depression nicht außergewöhnliche Not verursacht.

Arbeitende Menschen mußten Kürzungen über Kürzungen an Gehältern und Löhnen hinnehmen. Tausende verloren ihre Arbeit und landeten auf der Straße, wo sie der aussichtslosen Suche nach neuer Beschäftigung nachgingen. Täglich wurden neue Firmenpleiten gemeldet. In der Stadt schloß ein Geschäft nach dem anderen, Hunderte von Banken brachen zusammen und rissen die Konten ihrer Sparer mit ins Unglück. Es war eine befremdende, traurige Zeit. Manche Menschen erschossen sich, andere erlitten Zusammenbrüche, und viele kamen niedergeschlagen durch die Kirchentüren, auf der Suche nach etwas Trost und Verständnis. Sie alle benötigten eine Heilung ihres Denkens und vor allem Hoffnung.

Während ich mich bemühte, dem großen Bedarf an persönlicher Beratung gerecht zu werden, wurde mir bewußt, wie wenig Fachwissen ich besaß, um Menschen mit Sorgen helfen zu können. Im Verlauf meines Studiums hatte ich einen Einstiegskurs in Psychologie belegt sowie einen nicht viel weiterführenden an der theologischen Fakultät, und darüber hinaus war ich im Bereich Beratung nicht geschult. Ich besaß jedoch zwei Eigenschaften, die hilfreich waren: eine fürsorgliche Einstellung Menschen gegenüber und die Bereitschaft, sorgenbeladene, verzweifelte Menschen ihr Herz bei mir ausschütten zu lassen.

1935 wurde ich dann auf Dr. Iago Galdston hingewiesen, der damals Generalsekretär der Ärztevereinigung von New York war. Ich besuchte ihn und fragte, ob er mir einen Psychiater mit einer christlichen Lebenseinstellung nennen könnte, von dem ich Fachwissen und vielleicht sogar Unterstützung in meiner mißlichen Lage erhoffen könnte.

Einige Tage danach trafen wir uns zum Mittagessen im Harvard Club, und er stellte mich einem Mann vor, der auf diesem Gebiet mein langjähriger Partner werden sollte. Es war Dr. Smiley Blanton, Absolvent der Vanderbilt University, der weiterführende Fachstudien an dem Royal College of Physicians and Surgeons in London betrieben hatte, dann Professor für Sprache und Geistesgesundheit an der University of Wisconsin war sowie Dozent für klinische Psychiatrie an der Cornell University und der Vanberbilt School of Medicine. Dr. Blanton hörte sich schweigend meine Geschichte und meinen Hilferuf an, und als ich endlich etwas weniger heftig wurde, fragte er: »Glauben Sie an das Gebet?«

Überrascht von dieser überflüssig erscheinenden Frage antwortete ich: »Natürlich tue ich das.«

»Und ich glaube auch daran«, sagte er. »Seit Jahren bete ich darum, daß ich eines Tages einen Pastor treffen möge, mit dem ich als Psychiater zusammenarbeiten kann, um somit eine Partnerschaft zwischen der Wissenschaft der Psychologie und der Methodologie der Seelsorge zu verwirklichen. Eine solche Partnerschaft könnte den größten Fortschritt in der seelsorgerischen Beratung seit hundert Jahren ermöglichen.« Mir gefiel dieser Mann sofort, der jeden höheren akademischen Grad seiner medizinischen Fachrichtung besaß, sich selbst aber als »hinterwäldlerischen Methodisten aus Tennessee« charakterisierte.

Am Anfang traf ich mich mit Dr. Blanton einmal in der Woche und ging Fälle mit ihm durch. Mich beeindruckte seine Fähigkeit, den Kern eines persönlichen Problems alleine durch meine Beschreibungen in Abwesenheit des Betroffenen zu erfassen. Sein treffsicherer Rat wurde mir eine unentbehrliche Hilfe. Im Verlauf der Wochen begann ich, die Strukturen seiner Methodologie zu erkennen. Letztlich interessierten ihn die Fälle so sehr, daß er die Ratsuchenden an zwei Nachmittagen der Woche selber sprach. In dem Bewußtsein, daß wir ein Team bildeten, Psychiater und Pastor, würde

Dr. Blanton einem Patienten sagen: »Als Arzt rate ich Ihnen, Dr. Peale, den Seelsorger, aufzusuchen, und er wird Ihnen die Linderung verschaffen, die der Große Heiler für Sie hat.« Und mir würde er dann sagen: »Da liegt das Problem, und so funktionierten die Mechanismen. Was der Patient braucht, ist das gute, alte Evangelium.«

Als im Laufe der Zeit Beratungen immer mehr Zeit in Anspruch nahmen, begann Dr. Blanton, Psychiatriestudenten mit ihm arbeiten zu lassen. Anfangs war dies eine Kirchenaktivität, aber später leitete Gerald Dickler, unser Rechtsbeistand und von Anfang an Mitglied unseres Vorstandes, die Firmierung unter der Bezeichnung »Amerikanische Stiftung der Religion und Psychiatrie« ein. Jahre danach wurde der Name in »Institut der Religion und Gesundheit« umgeändert.

Anfangs wurden nur Beratungen vorgenommen, aber als wir uns zunehmend bewußter wurden, daß Geistliche eine Schulung in religiöspsychiatrischen Beratungstechniken haben sollten, wurde ein entsprechendes Trainingsprogramm aufgebaut. Unter den Auspizien der Blanton-Peale-Klinik können Teilnehmer an mehreren angesehenen Institutionen staatlich anerkannte Fachweiterbildung betreiben. Von den Instituten der Religion und Gesundheit ausgehend, haben sich über hundert pastorale Beratungszentren im ganzen Land etabliert. Ich bin überzeugt, daß Dr. Smiley Blanton noch in weiter Zukunft verdienterweise als Pionier auf dem Gebiet der Psychohygiene dafür geehrt werden wird, daß er Pfarramt und Seelsorge in eine wirksame Beziehung zur psychiatrischen Medizin brachte. Daraus entstanden sind wesentlich verbesserte Methoden der Handhabung von menschlichen Problemen.

Vor nicht zu langer Zeit wartete ich mit den anderen Passagieren in einem Flughafen darauf, die Sicherheitskontrollen zu passieren, als ich vor mir in der Schlange eine mir bekannte Figur entdeckte, Dr. Iago Galdston. »Eines der besten Dinge, die ich je zustande gebracht habe«, sagte er, »war, Sie und Dr. Blanton vor fünfundvierzig Jahren zusammenzubringen.«

»Ich werde Ihnen ewig dafür dankbar sein, daß Sie es möglich machten, daß ich Dr. Blanton kennenlernte und mit ihm zusammen arbeiten konnte«, antwortete ich. »Er gehörte zu den weisesten, gütigsten Menschen, die mir im Leben begegnet sind. Sein Name lebt weiter auf dem Gebiet der religiöspsychiatrischen Heilung.«

Die Institute der Religion und Gesundheit wurden von zwei Vorsitzenden geleitet, die beide von profundem Engagement für das menschliche Wohl beseelt waren, W. Clement Stone und Neal Gilliatt.

Positivdenker sind auch zwangsläufig Menschen, die positiv handeln. Sie erbringen Leistungen und erreichen Ziele, und mir ist aufgefallen, daß sie sich durchsetzen, ohne ihre Mitmenschen zu irritieren.

Die rücksichtsvolle Art, die ich einmal dem New Yorker Bauunternehmer Donald Trump zuschrieb, überraschte einen Journalisten, der mich über ihn befragte. Es wird anscheinend vorausgesetzt, daß ein überaus erfolgreicher Geschäftsmann ein »harter Brocken« sein muß, unnachgiebig und rücksichtslos, vorlaut und konsequent gemein. Ich hatte jedoch Gelegenheit, bei einigen Verhandlungen dabeizusein, die Donald im Interesse der Kirche führte, und er war zwar zielstrebig, aber dennoch höflich und entgegenkommend. Auf seine stille, eher zurückhaltende, aber hartnäckige Art verschaffte er der Kirche die sichersten Garantien für langfristige finanzielle Stabilität in ihrer Geschichte. Diesen Beitrag zum Wohlergehen der Kirche faßte sein Vater, Fred Trump, mit den für ihn charakteristischen Worten zusammen: »Donald weiß, wie man das macht.« Und Donald sagte: »Alles, was ich weiß, hat mir mein Vater beigebracht«, und fügte seinen üblichen Ausdruck der Bewunderung hinzu: »Mein Vater ist ein großer Gentleman.«

Zur Zeit verbindet man den Namen Trump in der Öffentlichkeit mit dem Trump Plaza, dem Grand Hyatt Hotel und dem überwältigenden Trump Tower, einem Wolkenkratzer an der Fifth Avenue, wie auch mit dem Trump Plaza an der berühmten Promenade von Atlantic City und anderen Bauten. Donald Trumps Karriere hat gerade erst begonnen, aber wie! Er ist sicherlich einer der hervorragenden Positivdenker Amerikas.

Während meiner Jahre in New York lernte ich einige führende Persönlichkeiten der kirchlichen Welt kennen. Mit einigen war ich eng verbunden, und dazu zählte besonders Dr. Daniel A. Poling, mein Vorgänger an der Marmorkirche und früherer Redakteur der Zeitschrift *Christian Herald*. Ich lernte ihn erstmals kennen, als ich zwölf Jahre war und er meinen Vater in Greenville, Ohio, vertrat. Seine Begabung war in meinen Augen einmalig.

Billy Graham ist zweifelsohne der bekannteste Prediger der heutigen Zeit. Wir kennen uns bereits seit seinem Beginn. Es kann sein, daß kein anderer Mann das Evangelium so vielen Menschen verkündet hat wie er, ein Junge aus dem ländlichen North Carolina, der zu Königen und Präsidenten von Christus gesprochen hat und natürlich zu Millionen von uns einfachen Menschen. Der Bibel und dem Herrn blieb er konsequent treu, und sein Einfluß zugunsten des Christentums ist unschätzbar.

Bei einer Versammlung im Madison Square Garden saß ich einmal mit Billy Graham auf der Rednerplattform und blickte über das restlos mit Menschen gefüllte Stadion. Bewundernd wandte ich mich ihm zu und fragte: »Billy, wie schaffst du das?« Mit seinem sympathischen Lächeln antwortete er: »Indem ich die Kraft positiven Denkens anwende.« Wir lachten beide, aber wir waren uns bewußt, daß die wirkliche Kraft die Jesu Christi war, die in ihm wirkte.

Viele Jahre hindurch hatte ich eine sehr angenehme Verbindung mit dem katholischen Bischof Fulton J. Sheen. Er war meiner Meinung nach einer der geschicktesten Redner, die unser Land je hervorgebracht hat, und er bediente sich des Fernsehens mit außerordentlicher Brillanz. Er war bei allen Bürgern Amerikas beliebt, welcher Konfession sie auch angehören mochten. Ich bat ihn einmal, in meiner Kirche eine Predigt zu halten, und es schien, als wollte die gesamte Bevölkerung New Yorks dabeisein, um ihn zu hören. Seine Botschaft war rein evangelistisch, und er war engagiert und überzeugend. Ich sagte ihm anschließend, daß er wie ein Protestant gesprochen hätte. »Ich hoffe, nur einfach wie ein Christ«, sagte er darauf.

Es gab nichts Künstliches an Fulton Sheen. Er war ausschließlich er selbst, und das war bereits sehr viel. Die natürliche Größe seines Charakters verlieh ihm ein Auftreten von einer Würde, die keine Schminke brauchte. Als wir bei einem bedeutenden Anlaß gemeinsam in der Radio City Music Hall auftraten, hatte ich mich in meinen einfachen schwarzen Talar gekleidet und sah zu, wie er seine kostbar wirkenden, farbenprächtigen Gewänder anlegte. »Meine Güte«, sagte ich, »ich wünschte, ich könnte mich auch so wie Sie kleiden.«

»Aber Sie sind es doch«, erwiderte er lachend. »Ihre angeboren Talente sind dermaßen groß, daß Sie sich nicht schmücken müssen wie wir restlichen Sterblichen.«

»Nicht einmal Sie werden je den Himmel erreichen, wenn Sie weiterhin so fahrlässig mit der Wahrheit umgehen«, antwortete ich darauf.

Wir waren oft auf Vortragsreisen in gegenseitiger Nähe, so sehr sogar, daß er behauptete, einmal ganz unbewußt einem Publikum als Norman Vincent Sheen vorgestellt worden zu sein. Worauf ich ihn an den Abend bei der Tagung eines Industrieverbandes erinnerte, an dem wir dem Publikum als Dr. Sheen und Bischof Peale angekündigt wurden. Ich merkte dazu an, daß diese Verwechslung meinem Ego gut getan habe, war ich doch nie so nah an den Titel Bischof herangekommen.

Ein weiterer großer katholischer Würdenträger, den ich in New York recht gut kennenlernte, war der unterdessen verstorbene unnachahmliche Kardinal Francis Spellman. Er war nicht nur ein hochangesehener Kirchenführer, sondern unter den Geschäftsmännern der Stadt auch als Mann von enormen wirtschaftlichen Kenntnissen und Fähigkeiten eine lebende Legende. Als damaliger Präsident des Kirchenkonzils der Stadt New York, eines protestantischen Kirchenverbunds, der ewig mit Geldnöten zu kämpfen hatte, richtete ich einmal die nicht ernst gemeinte Frage an Kardinal Spellman, ob er sich für Sanierungszwecke von uns einspannen lassen würde. Seine ebenso witzige Antwort lautete, daß er das Angebot überlegen würde, wenn wir alle zum »wahren Glauben« überträten. Da er jedoch sicher sei, daß wir »im Irrglauben beharren« würden, fühle er sich von jeder Verantwortung entbunden, unser »Finanzierungsloch zu flicken«.

Kardinal Spellman war ein gutmütiger Mann, und sein Sinn für Humor war sprichwörtlich. Seine Bemerkungen wurden weitergegeben, und Leute schüttelten dabei die Köpfe, als wollten sie bewundernd sagen: »Was für ein Mann.« Als ich ihn einmal in seiner Wohnung an der Madison Avenue besuchte und im Begriff war zu gehen, half er mir freundlich in den Mantel. »Sieh mal einer an«, meinte ich. »Ich bin ja wohl arriviert, wenn mir ein Kardinal der römisch-katholischen Kirche in den Mantel hilft.«

»Gönnen Sie sich ruhig das Beste«, erwiderte er spontan.

Bei einer Versammlung in Washington stellte ich Kardinal Spellman dem großen Publikum als Hauptredner des Abends vor, und dank meiner Bewunderung für ihn holte ich in der Hervorhebung seiner Qualitäten und Leistungen ziemlich weit aus. Anschließend sagte er mir, daß es so eine gute Vorstellung gewesen sei, daß er gerne eine Abschrift meines Textes hätte. Mit Bedauern sagte ich ihm, daß ich aus dem Stegreif gesprochen hätte und es auch keine Aufzeichnung gebe. Würde ich dann versuchen, meine Bemerkungen für ihn nachzuvollziehen und sie zu Papier zu bringen? Das tat ich und schickte ihm das Ergebnis, aber er rief mich an und meinte, es komme meinen ursprünglichen Äußerungen doch nicht nahe genug. Würde ich mein Erinnerungsvermögen noch einmal bemühen? Beim zweiten Durchgang konzentrierte ich mich darauf so wie vor dem Publikum an dem Abend, und das Ergebnis schien den gewünschten Zweck zu erfüllen. Er war ein aufrichtiger Mensch und sehr liebenswürdig.

Einmal lud mich Kardinal Spellman in meiner Funktion als Präsident des Kirchenkonzils von New York City ein, an einem ökumenischen Gottesdienst in der St.-Patrick-Kathedrale teilzunehmen. Wir trafen uns im Ankleideraum der Kathedrale. Ich sollte in der Prozession vor ihm gehen, und zwei kräftige, junge Priester flankierten mich. »Eure Eminenz«, sagte ich, »sagen Sie mir, sind diese beiden durchtrainierten Priester als Leibwächter gedacht?«

»Das nicht«, antwortete er. »Aber auf dem Wege zum Hochaltar müssen wir zweimal auf dem harten Steinfußboden knien, und ich glaube kaum, daß Ihre protestantischen Knie das aus eigener Kraft schaffen. Diese beiden Herren werden Sie anheben.« Zu meiner Schande muß ich gestehen, daß ich diese Hilfeleistung tatsächlich nötig hatte. Die Bescheidenheit dieses großen Kirchenfürsten wurde auch bei dieser Zeremonie deutlich. Er hatte einen neu vorgeschriebenen Ritus durchzuführen, was ihm meiner Meinung nach perfekt gelang. Aber offenbar fand er das nicht, denn beim Schlußchoral fragte er mich: »Meinen Sie, daß ich das richtig gemacht habe?«

Als Geistlicher habe ich zu vielen Pastoren und Predigern Kontakt gehabt, und ich schätze sie sehr als engagierte, aufrichtige und fähige Helfer der Menschheit. Die meisten von ihnen dienen kleinen Gemeinden, relativ wenige haben große Gemeinden, und nur sehr wenige sind berühmte Fernseh- und Rundfunkprediger, wie Oral Roberts, Jerry Falwell, Rex Humbard, Robert Schuller und einige mehr. Alle sind sie aufrichtige, Gott ergebene Männer, von denen jeder seinen individuellen Stil und Ausdruck hat.

Ich erinnere mich noch an eine interessante Begegnung mit Dr. Schuller, lange bevor die Arbeiten an seiner enormen Kristall-Kathedrale in Kalifornien begonnen wurden. Er beschrieb sie mir mit einer solchen Präzision, daß ich bewundernd anmerkte, daß die Kirche bereits erstellt sei, denn tatsächlich ließ sie seine Vorstellung bereits wirklich sein, was typisch für seine kreative Lebenseinstellung war.

Eines, was ich an New York besonders mag, ist Baseball der obersten Liga. Mein ganzes Leben lang war ich ein treuer Baseballfan und habe einige der größten Werfer in Aktion gesehen: Christy Mathewson, Walter Johnson und andere, und in einer späteren Epoche auch Carl Erskine, den ich am meisten bewunderte. Ein unvergessener Werfer in der Geschichte des Spiels war Cy Young, dessen Anzahl an gewonnenen Spielen legendär ist.

In seinen späteren Jahren erhielt Cy Young den Posten des Direktors des Museums für geehrte Schlachtbanner im Rundbau des Kapitols von Ohio in Columbus. Dort begegnete ich ihm eines Tages und war völlig überwältigt, tatsächlich mit einem Sportidol meiner Jugendjahre sprechen zu können. »Mister Young«, sagte ich, »es ist mir eine große Ehre, Sie kennenzulernen, einen der größten Ballwerfer überhaupt. Ich sah Ihnen immer voller Bewunderung zu.«

»Einer der größten?« wiederholte er. »Nicht einer, sondern *der* Größte. Und wenn Sie sich meine Erfolgsbilanz ansehen wollen, wird Ihnen klar sein, daß ich nicht angebe.« Meine späteren Recherchen ergaben, daß diese unbescheiden klingende Behauptung durchaus auf Fakten gestützt war. Obwohl er vielleicht etwas zu bestimmt und selbstüberzeugt sein mochte, war er dennoch ein durch und durch liebenswerter Mann.

Die Kommentare, die Cy Young mir gegenüber im Verlauf von mehreren Besuchen abgab, waren kurz und weise. Auf meine Frage eingehend, wie derzeitige Baseballspieler gegenüber denen von früher abschnitten, sagte er: »Im allgemeinen ganz gut. Nur sind sie im Vergleich zu uns damals Weichlinge. Nehmen Sie die Werfer als Beispiel. Die werfen heute kaum noch ein ganzes Spiel hindurch. Ich schätze, man will sie bei Laune halten. Und dann werfen sie an einem Tag und ruhen sich drei oder vier Tage aus. Damals mußten wir oft mehrere Tage hintereinander durchgehend werfen. Wir waren zäher, viel zäher.«

Ich erinnere mich an eine weitere Bemerkung, die sicherlich nicht nur auf Baseball, sondern auf Probleme des Lebens im allgemeinen angewendet werden kann: »Schauen Sie sich an, wie weich und sanft Ballwerfer heute angepackt werden«, knurrte er. »Wenn sich einer in Schwierigkeiten befindet, kommt der Manager zu ihm zur Feldmitte hinaus und holt ihn aus dem Spiel und setzt einen Ersatzspieler für ihn ein. Aber in den Zeiten, als ich spielte, wenn da der Werfer nicht weiterkonnte, wußte der Manager, daß er es in sich hatte, das Spiel wieder zu bestimmen, und der Mann blieb im Spiel, weil man erwartete, daß er sich von selbst ›freiwerfen‹ würde.« Ich bin immer dankbar dafür gewesen, daß es zu dem Gespräch mit dem berühmten alten Werfer Cy Young gekommen war, in dem er mir diese großartige Einsicht vermittelte. Denn ich habe entdeckt, daß auch ich auf meine Weise manchmal im Spiel und »am Ball« bleiben mußte.

Es war an mir, mich »freizuwerfen«, als ich in eine der schwierigsten Situationen geriet, die ich je erlebt habe. Sie kam im Herbst 1960 während des Präsidentschaftswahlkampfes zustande, in dem John F. Kennedy Richard Nixon besiegte. Traditionell bin ich so eine Art selbständiger Republikaner, und da ich Nixon bereits lange kannte, war ich natürlich für ihn. Ich war jedoch nie in Politik involviert, da ich der festen Überzeugung bin, daß sich ein Geistlicher des Evangeliums da nicht einmischen sollte. Also habe ich Richard Nixon in keiner Weise Unterstützung geleistet. Auch habe ich mich nie gegen Senator Kennedy gestellt, und schon gar nicht, weil er Katholik war.

Vorurteile waren nicht Teil meiner Erziehung. Im Gegenteil, uns wurde als Kindern beigebracht, Juden und Katholiken zu respektieren und ihre Religionen so in Ehren zu halten wie unsere eigene. Als ich in Cincinnati aufwuchs, waren meine Schulfreunde und Spielgefährten schwarz, weiß, jüdisch, katholisch oder protestantisch, und jeder wurde gleichermaßen akzeptiert.

Ich erinnere mich an ein Gespräch mit Dale Carnegie, in dem wir darauf zu sprechen kamen, wieviel Dummes wir getan hätten, wie blöde man sich verhalten kann und ähnliches. Dale meinte, er denke manchmal daran, ein Buch mit dem Titel zu schreiben: »Dumme Dinge, die ich getan habe.« Lachend sagte ich dazu, daß es eine Buchserie ergeben würde, wenn ich ein solches Projekt vornähme. Das wurde dann auch durch eine Situation bestätigt, auf die ich mich zu meiner Bestürzung und Verwirrung eingelassen hatte.

Für den Tag nach meiner Rückkehr von einer Europareise war in Washington ein Treffen zum Thema Religionsfreiheit geplant. Ich hatte nicht die Absicht, an dem Treffen teilzunehmen, da solche Einladungen routinemäßig an Geistliche verschickt werden. Dann rief mich Dr. Daniel A. Poling an und meinte, daß er als Redakteur des *Christian Herald* bei dem Treffen »hineinschauen« wolle, und fragte, ob ich nicht mitkommen wollte. Wir hätten uns lange nicht gesehen, könnten am nächsten Tage wieder nach New York zurückkehren und in Washington einen gemeinsamen netten Abend genießen. Ich ließ mich von ihm überzeugen, aber aus dem vorausgesagten »netten Abend« sollte ein schlimmes Erlebnis werden.

Als wir beide Platz genommen hatten und der Eröffnung des Treffens entgegensahen, stellte sich heraus, daß der designierte Vorsitzende irgendwo aufgehalten worden war, und man bat mich, seine Funktion vorübergehend zu übernehmen. Ohne mein Gehirn zu bemühen, machte ich mit und begab mich an das Rednerpult. Ich hatte keine Ahnung, was für ein Programm vorgesehen war, und befaßte mich nur damit, die Personen der Versammlung vorzustellen, deren Namen mir überreicht worden waren. Dann wurden diverse betont akademische und historische Abhandlungen über Religionsfreiheit im allgemeinen vorgetragen. Nach meiner Überzeugung war nichts davon auch nur im geringsten politisch angehaucht.

Der Fehler war, daß die Versammlung in der Hauptstadt Amerikas während einer erhitzten Präsidentschaftswahl stattgefunden hatte, bei der einer der Kandidaten zufällig Mitglied der katholischen Kirche war (übrigens nicht der erste Katholik, der sich um dieses Amt bewarb; Alfred E. Smith hatte es Jahre zuvor getan). Jedenfalls nannte die Presse die Versammlung »die Peale-Gruppe«, obwohl ich weder mit der Organisation noch mit der Programmgestaltung etwas zu tun gehabt hatte. Man nahm sofort an, daß es sich um eine Veranstaltung gegen Kennedy gehandelt hatte, und zu meinem Erstaunen machte man mich zur Zielscheibe des Geschreis. Da diese Unterstellungen wider meine lebenslange Geisteshaltung liefen, brachten sie mich dermaßen in Verlegenheit, daß ich sofort überzeugt war, daß ich dem Ruf meiner Kirche geschadet hätte. Als Konsequenz schickte ich dem Vorsitzenden des Kirchenrats mein Rücktrittsgesuch. Am nächsten Sonntag hatte ich vor, meine Abschiedspredigt vor der Kirchengemeinde zu halten.

Als der Sonntag gekommen war, begab ich mich auf die Kanzel und wandte mich meinem Publikum zu, als sich zu meiner Überraschung die gesamte Gemeinde von den Sitzen erhob, ein Ausdruck ihrer Liebe und Unterstützung. Es war mir ein unvergeßlicher Moment. Der Kirchenrat lehnte mein Rücktrittsgesuch einstimmig ab und bestand darauf, daß ich das Pfarramt behielte. Zur Zeit schrieb ich eine regelmäßige Zeitungskolumne, und mehrere Zeitungen veröffentlichten sie nicht mehr, aber schließlich nahmen die meisten sie wieder auf.

Später entwickelte sich eine freundschaftliche Beziehung zwischen Senator Robert Kennedy und mir, und den Vorfall betreffend riet er mir nur, ihn zu vergessen, denn »jeder kennt Ihren Geist und respektiert ihn«. Ich erzählte ihm, daß mein Großvater irischer Katholik gewesen sei. Grinsend meinte er dazu, ich hätte »Opa mehr ähneln sollen«. Und so verblaßte diese für mich äußerst schmerzhafte Erfahrung. Ich habe aber keinen Zweifel, daß man nach meinem Tode wieder in diesem furchtbaren Ereignis herumwühlen wird, trotz all meiner Bemühungen um den Geist der Ökumene. Aber so ist leider das Leben.

Predigen und Politik vertragen sich nur selten gut. Ich erinnere mich noch an meinen einzigen Ausflug in die Politik, einen sehr kleinen, lange bevor ich den Entschluß traf, Geistlicher zu werden. Es war während der Zeit an der Ohio Wesleyan University, daß mein guter Freund John Joseph und ich in einen Präsidentschaftswahlkampf verstrickt wurden. John sollte später eine bedeutende Funktion bei der Telefongesellschaft von Ohio ausüben und wurde ein angesehener Rechtsanwalt. An der Universität war er bei allen Studenten beliebt, obwohl der Vorsteher der Studenten wohl weniger begeistert von ihm war, weil John immer »irgend etwas anstellte«, was ihm die Zurechtweisungen des Vorstehers einbrachte. Ich muß aber auch zugeben, daß John dabei nicht alleine war, denn ich war immer mit von der Partie. Die Streiche, die wir spielten, waren spaßiger Art, wie die Beförderung eines Pferdes in die Chorempore der Kapelle. Aber all das ist längst verziehen, denn John ist schon seit langem ein geehrtes und gesetztes Mitglied auf Lebenszeit des Kuratoriums der Universität.

In einem Jahr war jedoch eine Präsidentschaftswahl in Anmarsch, und der Kampf um die Vorwahlen ging auf seine heiße Phase zu. Senator Warren G. Harding suchte die Unterstützung der Delegation Ohios bei dem Nationalkonvent der

Republikaner, wie auch einige andere, unter ihnen General-major Leonard Wood, eine damals sehr populäre Figur. John und ich sprachen oft darüber, zu wessen Gunsten wir »unser Gewicht« in die Waagschale werfen würden. Diese Entscheidung wurde uns jedoch abgenommen, als wir beide aus irgendeinem Grund in die Wahlkampfzentrale von General Wood im alten Neil-Haus in Columbus eingeladen wurden. Dort wurden wir unauffällig in ein Hinterzimmer geführt, in dem ein dicker Mann in Hemdsärmeln an einem Tisch saß. »Setzen Sie sich, meine Herren«, sagte er uns. Als »Herren« begrüßt zu werden, gefiel uns enorm.

»Nun«, fuhr der Dicke fort, »Sie beide sind uns als populäre Führungspersönlichkeiten am Campus empfohlen worden, und da Sie intelligente und progressive Männer sind, befürworten Sie natürlich Leonard Wood für die Präsidentschaft unseres großen Landes. Sie stimmen mit uns überein, daß diese historische Persönlichkeit der Mann der Stunde ist. Wir wollen der Wählerschaft dieses großen Staates zeigen, daß alle gebildeten, intelligenten Menschen unseren Kandidaten befürworten. Was wir von Ihnen möchten, ist, daß Sie eine Meinungsumfrage an der Universität durchführen, die haushoch zugunsten von General Wood ausfällt. Das Ergebnis wird dann im ganzen Staat verbreitet. Und«, fügte er hinzu, »in einem Monat wird der Kandidat bei einer großen Versammlung in der Gedächtnishalle sprechen. Wir hoffen doch, daß die jungen Herren uns die Ehre erweisen werden, an dem Abend mit auf der Bühne zu sitzen, bei dem General persönlich.«

Zu sagen, daß wir uns geehrt fühlten, wäre eine Untertreibung, denn wir waren mit Begeisterung auf der Seite von General Leonard Wood. Ich glaube immer noch, daß er ein großer Präsident gewesen wäre, denn er war ein hervorragender Verwalter. Soviel ich weiß, war er auch der einzige Arzt, der sich je um das Amt des Präsidenten bewarb. Er hatte eine ruhmreiche Karriere als Stabsarzt in der U.S.-Armee hinter sich. Für seine Verdienste bei der Expedition, die den Apachen Geronimo gefangennehmen sollte, sprach ihm der Kongreß die Ehrenmedaille zu.

Wood wurde 1860 in Winchester, New Hampshire, geboren. Nach erfolgreichem Abschluß an der Harvard Medical School im Jahre 1884 trat er der Sanitätstruppe der Armee bei. Später als Oberst führte er die »Rauhen Reiter«, das berühmte Freiwilligenregiment, dem auch Theodore Roosevelt während des spanisch-amerikanischen Krieges angehörte. Während seiner Zeit als Militärgouverneur von Kuba von 1899 bis 1902 bereitete er die Insel auf die Selbständigkeit vor. Er ließ Straßen und Schulen bauen und zur Bekämpfung des Gelbfiebers Sümpfe und andere Brutstätten der Mücken trockenlegen. Von 1906 bis 1908 war General Wood oberster Befehlshaber der amerikanischen Streitkräfte auf den Philippinen, und er war Stabschef der U.S.-Armee von 1910 bis 1914. Wood diente als Generalgouverneur der Philippinen von 1921 bis zu seinem Tod 1927.

Aber um zu unserem Abenteuer in der Politik zurückzukehren – wir waren stark beeindruckt. John und ich nickten zustimmend wie wichtige Leute und nahmen die Einladung dankend an.

»Natürlich werden Sie etwas Geld benötigen«, sprach unser politischer Mitstreiter (denn wir fühlten uns bereits sehr zugehörig), »um diese Umfrage zugunsten des Generals auf die Beine zu stellen. Wieviel, meinen Sie, wird ausreichen?«

Ich begann etwas in dem Sinne zu murmeln, daß wir nichts dafür haben wollten, als mir John unter dem Tisch ans Bein trat. Der Dicke griff in eine Schublade und holte die gewaltigste Rolle von Geldscheinen hervor, die John oder ich je gesehen hatten. Unsere Augen traten bei dem Anblick beinahe heraus. Eindrucksvoll zählte der Mann Fünfdollarscheine vor uns aus, einen Schein nach dem anderen, und gab dann jedem von uns fünfzig Dollar. »Steckt das ein, und schweigt darüber«, raunte er uns zu.

Wie Verschwörer wurden wir durch einen Seitenausgang hinausgebracht. In den Taschen hielten wir unser »politisches Geld« fest, kamen von der schmalen Gasse auf die High Street gegenüber dem Kapitol und sprachen ehrfürchtig von der Geldrolle, »an der ein Pferd ersticken würde«.

Tatsächlich gaben wir das gesamte Geld für Plakate und ähnliches aus, und die Studentenschaft stimmte überwältigend für Leonard Wood. Das Ergebnis unserer Aktion war ein Thema für viele Zeitungen in Ohio. John nannte mich von nun an »Senator« und ich ihn »Gouverneur«, und in unseren Augen leuchteten Visionen unserer nun unaufhaltsamen politischen Laufbahn.

Am Abend der spektakulären Wahlversammlung in Columbus wurde General Wood begeistert gefeiert, als er den Gang zur Bühne entlangschritt. Dann saß er da oben, flankiert von John auf der einen und mir auf der anderen Seite. Nur muß ich eingestehen, daß zwischen ihm und uns noch einige andere saßen. Also, John und ich nahmen den jeweiligen Endplatz in der langen Reihe ein, dessen Mitte General Wood bildete. Aber wir verbeugten uns vor dem Applaus und winkten den Menschen zu, genau wie der Kandidat.

Bei dem nachfolgenden Nationalkonvent verlor unser Kandidat leider haushoch gegen Warren G. Harding. Wenn aber die Manager der Wood-Kampagne die Einsicht gehabt hätten, John und mich zum Konvent nach Chicago mitzunehmen, ist jeder Zweifel ausgeschlossen, daß General Leonard Wood Präsident der Vereinigten Staaten geworden wäre anstelle von Warren G. Harding!

Nun, wie ich schon sagte, das war mein erster und einziger Ausflug in die Politik, doch hatte ich später einigen Kontakt mit Persönlichkeiten der Politik.

Wenn man es bedenkt, ist das Leben doch ein abenteuerlicher Vorgang. In meinem Fall gewann ein Junge aus einer Kleinstadt in Ohio viele Freunde, von denen man kaum glauben konnte, daß er ihnen je begegnen würde. Doch kann ein Lebensweg in Amerika ungewöhnliche Wendungen enthalten, und sogar ein Junge aus armer Familie kann dort Privilegien genießen, wenn er sich engagiert und hart arbeitet. Ich habe viele Menschen in allen Lebenslagen gekannt, die bescheidensten und erhabensten, und ich bin ihnen allen dankbar, denn sie waren und sind meine Freunde.

Einer davon war Herbert Hoover, der Präsident der Vereinigten Staaten wurde, ein guter Mensch und lieber Freund, dessen Gedenken ich ehre. Ich lernte ihn vor langer Zeit kennen, als er nach Beendigung seiner Präsidentschaft öfters länger in New York war. »Ich möchte etwas für Sie tun«, sagte er und zog nachdenklich an seiner Pfeife, »denn Sie tun immer etwas für so viele Menschen.« Daß er meine Leistung übertrieb, versteht sich von selbst, aber damals war ich bemüht, eine heruntergekommene, fast handlungsunfähige Kirche wieder aufzubauen.

Also sagte ich: »Herr Präsident, das ist sehr gütig von Ihnen. Wären Sie gewillt, eines Abends zu uns zu kommen und mit den Männern unserer Kirche zu sprechen?« Er sagte sofort, daß er dies gerne tun würde. Und so kam es, daß ein früherer Präsident der Vereinigten Staaten aus der Güte sei-

nes Herzens heraus einen Abend im Keller einer Kirche verbrachte, um die Kirchenleute an seinen Erfahrungen teilha-
ben zu lassen. Ich war überwältigt und dachte mir, daß wahrscheinlich nur in Amerika ein früherer Staatschef in dieser
Weise zum Volk zurückkehren könnte. Ich werde den Abend
nie vergessen, als Herbert Hoover diese relativ kleine Gruppe
ansprach, als würde er vor einem Publikum von Tausenden
reden.

Einmal verbrachte Herbert Hoover einige Zeit im Mark-
Hopkins-Hotel in San Francisco. Als er erfuhr, daß ich auch
in der Stadt sein würde, lud er mich freundlicherweise zu sich
ein. Ich traf ihn in seiner Suite an, umgeben von Büchern und
Papieren. »Sie scheinen sich schriftstellerisch zu engagieren«, stellte ich fest.

»Ja«, meinte er. »Ich habe vor, ein Buch über Woodrow
Wilson zu verfassen.«

»Das ist doch einigermaßen ungewöhnlich«, sagte ich.
»Ein republikanischer Präsident, der über einen demokratischen Präsidenten schreibt.«

»Ach wissen Sie«, sagte Hoover, »Wilson war doch einer
unserer größten Präsidenten und hatte mit epochalen Vorgän-
gen zu tun, und er verhielt sich dabei, wie es ein sehr großer
Amerikaner tut.«

Keinem Präsidenten wurde wohl so übel mitgespielt wie
Herbert Hoover. Deshalb nutzte ich diese Gelegenheit, um
ihn zu fragen, wie er die Verleumdungen und Mißhandlungen
ertragen konnte, ohne daß sie ihm sichtbar zusetzten.

»Wissen Sie, als ich beschloß, in die Politik zu gehen,
wußte ich, daß es streckenweise hart werden könnte, und so
war ich darauf vorbereitet, als die Attacken gegen mich
gestartet wurden. Und da ich von Haus aus Ingenieur bin,
habe ich gelernt, die Dinge sachlich zu sehen. Ich untersuchte

jede Kritik. Wenn sie berechtigt war, versuchte ich, daraus zu lernen. War sie unberechtigt, so ignorierte ich sie einfach. Und« sagte er noch, »Sie wissen, daß ich Quäker bin.« Er erläuterte das nicht weiter, aber ich wußte, worauf er hinweisen wollte, denn es ist eine Basislehre der Quäker, Frieden im eigenen Zentrum zu entwickeln.

Da ich mich immer dafür interessiere, warum ein Mensch glaubt, daß er Erfolg hatte, fragte ich Herbert Hoover einmal, was seine große Karriere möglich machte. Seine spontane Antwort lautete: »Da ich meine Eltern bereits sehr früh verlor, wurde ich von älteren Menschen großgezogen. Ich war von ihrer Reife und ihrer Weisheit umgeben.«

Ohne es zu wissen, half mir Herbert Hoover, meine Minderwertigkeitsgefühle zu überwinden. Eines Sonntags hielt ich die Predigt in der Christuskirche auf dem Quaker Hill. Obwohl die Kirche klein ist, hat sie eine angesehene Gemeinde. An diesem Sonntag saß Herbert Hoover in der ersten Reihe. Ich habe die Angewohnheit, aus einer Ansprache eine Predigt werden zu lassen und aus einer Predigt eine Ansprache, je nachdem, was besser paßt. An dem Morgen fand ich meine Bemühungen nicht sonderlich gelungen, aber anschließend hörte ich, wie Hoover einer Gruppe von Menschen sagte, das sei »eine verdammt gute Rede« gewesen. Später in der gleichen Woche befand ich mich hinter der Bühne einer großen Halle, in der ich vor einer Wirtschaftstagung sprechen sollte. Und dann kam mein alter Minderwertigkeitskomplex erneut zum Vorschein und flüsterte mir ein, daß ich es nicht schaffen würde. Doch ich rief mir Herbert Hoovers Bemerkung ins Gedächtnis, daß ich »eine verdammt gute Rede« gehalten hätte, und ich sagte mir: »Wenn das gut genug ist für den Präsidenten der Vereinigten Staaten, dann sollte es auch gut genug für die Leute da draußen sein.« So gewann ich das Selbstvertrauen, um wirksam aufzutreten.

Eines Abends vor vielen Jahren fuhr ich in den Norden New Yorks nach West Point. Ich hatte zugesagt, dort im alten Thayer Hotel vor einer vielköpfigen Versammlung von jungen Männern zu sprechen, die sich Gedanken um das Land machten. Obwohl ich die Teilnahme an politischen Veranstaltungen immer vermieden habe, konnte man diese Versammlung nichts anderes nennen. Diese intelligenten und engagierten jungen Männer waren zusammengekommen, um einen Plan zu entwickeln, wie sie Franklin D. Roosevelt, der damals den Gipfel seiner beispiellosen Beliebtheit und Macht erreicht hatte, das Weiße Haus entreißen könnten. Sie wirkten auf mich wie verwegene Davids, die nicht einmal eine Steinschleuder besaßen und dennoch meinten, sie könnten den mächtigen Goliath und sein landesweit unterstütztes Erneuerungsprogramm stürzen.

Dieses Ziel erreichten sie nicht, aber ich lernte an diesem Abend, wie weit einen Engagement und Einsatzfreudigkeit im Leben bringen können. Denn unter den Teilnehmern dieses Treffens befanden sich auch William Rogers, der später Außenminister unter Präsident Eisenhower wurde, und Herbert Brownell, damals ein junger Abgeordneter, der der gleichen Administration als Justizminister diente.

Auch bei der West-Point-Versammlung traf ich zum erstenmal einen dynamischen und brillanten jungen Mann, dessen Karriere bis an die Türen des Weißen Hauses führen sollte. Tatsächlich verbrachte Thomas E. Dewey aber zwölf Jahre in der Gouverneursvilla in Albany, New York. Er war einer der größten in einer langen Reihenfolge von berühmten Männern, die Gouverneure des Staates New York gewesen waren.

Thomas Dewey war auch ein Nachbar von uns am Quaker Hill. Seine beiden Söhne, Tom jr. und John, wuchsen zusammen mit unseren Kindern Margaret, John und Elizabeth auf. Ich zählte zu seinen größten Bewunderern. Er war ein großartiger Administrator – was er als Generalstaatsanwalt und Gouverneur von New York bewies –, und meiner Meinung nach wäre er einer unserer fähigsten Präsidenten gewesen. Ich war bei ihm in der Nacht, als er die Präsidentschaftswahl nach anfänglichen Vorsprüngen an Harry Truman verlor. Er nahm die Niederlage philosophisch hin. »Es sollte eben nicht sein. Finden wir uns damit ab«, sagte er und verlor nie wieder ein klagendes Wort darüber. Er wollte siegen, aber er zerbrach nicht an Niederlagen.

Einer seiner engsten Freunde war G. Lynn Sumner, eine führende Persönlichkeit der Werbebranche New Yorks. An einem kalten Wintertag assistierte ich Dr. Ralph C. Lankler, dem Pastor der Christuskirche auf Quaker Hill bei dem Seelenamt für Lynn Sumner. Dewey war einer der Sargträger, und als wir im Vorraum der Kirche standen, verzögerte sich der Gang zum Grab aus irgendeinem Grund. Mit rauhem Ton, der seine Gefühle verbergen sollte, sagte Dewey: »Laßt uns losgehen. Lynn ist bereits in den Händen, die ihn immer behüten werden.«

Tom Dewey war ein zutiefst religiöser Mann. Ich sehe ihn noch vor mir, wie er jeden Sonntag seiner attraktiven Frau Frances in die Kirche folgte, hinter ihm die beiden Jungen. Ich erinnere mich noch, wie ich einmal zusah, wie die Familie hinter der Kirche aus dem Auto stieg und Frances ihre Finger anfeuchtete, um die Haare der Jungen in Ordnung zu bringen, wie Mütter es immer getan haben.

Thomas E. Dewey war einer der wirkungsvollsten Redner, die ich je gehört habe, und besaß das seltene Talent, die Gemüter der Menschen zu bewegen. Er ging mit einem ureigenen Elan auf Debatten ein und steigerte sich bis hin zu einem leidenschaftlichen Höhepunkt, an dem seine melodische Stimme trompetenhaft den Saal durchdrang und das jubelnde Publikum von den Sitzen riß.

Ich war eines Abends in der »Scheune« dabei, einem geselligen Versammlungsort am Quaker Hill, und hatte einige Bemerkungen zu einem Thema abgegeben. Dewey äußerte sich später dazu, bezog sich auf das, was ich gesagt hatte, und brachte dabei auf humorvolle Weise einige Meinungsunterschiede zum Ausdruck. Jemand sagte ihm später, daß er damit meine Gefühle verletzt hätte. Obwohl es fast Mitternacht war, rief er mich an. Ich war im Begriff, mich schlafen zu legen. »Ich muß dich gleich sprechen«, sagte er. »Bist du schon im Bett?«

»Ja«, sagte ich, »aber für dich stehe ich jederzeit wieder auf.«

»Schlüpf doch einfach in einen Morgenrock. Ich bin gleich da.«

So gekleidet empfing ich ihn an der Tür. »Was treibt einen Gouverneur zu dieser Tageszeit zu einem Seelsorger?« fragte ich.

Er trat ein und setzte sich neben mir hin. »Ich fürchte, ich habe deine Gefühle heute abend verletzt, Norman«, sagte er. »Aber du weißt, daß ich einem lebenslangen Freund nicht weh tun würde, für nichts auf der Welt. Verzeihe mir bitte.«

»Du hast meine Gefühle nicht verletzt«, antwortete ich. »Sicherlich können Freunde unterschiedliche Meinungen zum Ausdruck bringen. Aber Tom, nie werde ich die Freundschaft und die Herzensgüte vergessen, die dich heute nacht hierherbrachten.«

Wir plauderten noch ein bißchen und gingen dann auf die

Veranda hinaus. Er legte seinen Arm um meine Schultern und sagte: »Du bist ein großartiger Freund.« Mit diesen Worten stieg er ins Auto und winkte mir zu. Und ich stand da und sah zu, wie der Gouverneur von New York in der Nacht verschwand. Ich hatte den echten Tom Dewey erlebt. Er war überhaupt nicht der kaltschnäuzige Macher, als den ihn Journalisten manchmal darstellten.

Zusammen mit einigen weiteren Geistlichen wurde ich einmal eingeladen, Präsident Truman in dem berühmten »Ovalen Zimmer« des Weißen Hauses vorgestellt zu werden. Er hatte ein Thema im Kopf, worüber er einige Geistliche befragen wollte, aber die Einzelheiten habe ich nicht behalten. Jedenfalls war das Gespräch äußerst lebhaft, und ich fand ihn eine starke und interessante Persönlichkeit. Er befragte jeden von uns nach unseren Kindern, und ich sagte ihm, daß mir meine kleine Tochter Margaret unmißverständlich zu verstehen gegeben hätte, daß ich mit schlimmen Konsequenzen rechnen müßte, wenn ich ohne ein höchstpersönliches Autogramm des Präsidenten heimkehren sollte. »Ich habe auch eine Tochter namens Margaret«, sagte Herr Truman darauf, als ob wir das nicht wüßten.

»Bitte schreiben Sie doch hierauf, Herr Präsident«, sagte ich, und reichte ihm ein normales liniertes Stück Papier, das ich in der Tasche hatte.

»Das ist kein geeignetes Papier für ein Präsidentenautogramm an ein Mädchen namens Margaret«, erklärte Harry Truman und fing an, in einer Schreibtischschublade herumzuwühlen, wobei er murmelte: »Wo sind bloß diese verdammten Karten vom Weißen Haus?« Die Schublade war wesentlich unaufgeräumter als meine zu Hause, und das besagt wirklich einiges. Endlich hatte er eine hübsche Karte mit Stahlstichverzierung gefunden, auf der »Der Präsident. Das Weiße Haus.« stand. Darauf schrieb er: »Für Margaret Peale. Mit den besten Wünschen, Harry S. Truman.« »Sagen Sie ihr, sie solle das aufbewahren. Das wird eines Tages ein Erbstück werden«, sagte er dazu, »und richten Sie ihr alles Liebe von mir aus.« Seine volkstümliche Freundlichkeit berührte uns alle sehr. Margaret ist heute noch stolz auf diese Karte, und daß ich es schaffte, sie ihr mitzubringen, fügte meinem Prestige als Vater einiges hinzu.

J. Edgar Hoover, der berühmte Direktor des FBI, war ein gläubiger Mann von starker Persönlichkeit. In gewissen Zeitabständen veranstaltete er, was er die »FBI-Akademie« nannte, Auffrischungskurse, zu denen bis zu zweitausend Polizeichefs und andere hochgestellte Beamte nach Washington kamen. Direktor Hoover lud mich zweimal ein, bei den Abschlußfeiern am letzten Tag zu sprechen, wenn die Teilnehmer ihre Urkunden erhielten. Es waren herausfordernde, anregende Veranstaltungen für mich.

Bei meinem zweiten Besuch dort saß ich auf der Bühne links neben Direktor Hoover. Weitere Vertreter der Regierung saßen auf der rechten Seite der Bühne. Links neben mir stand ein leerer Stuhl. Ich fragte mich natürlich, für wen dieser Stuhl vorgesehen war, aber die Frage wurde beantwortet, als plötzlich der Präsident der Vereinigten Staaten, Dwight D. Eisenhower, zur Freude der zahlreichen Anwesenden den Saal betrat. Er begrüßte jeden einzelnen auf der Bühne in der für ihn typischen, entgegenkommenden Art, samt dem berühmten Eisenhower-Lachen, und nahm dann auf dem leeren Stuhl Platz.

Dann drehte er sich zu mir und sagte, fast wie ein ehrfürchtiger kleiner Junge: »Wissen Sie was? Ich soll die Marke eines Spezialagenten des FBI bekommen. Ist das nicht toll?«

Er war absolut entzückt, daß er der Inhaber eines Abzeichens von solcher polizeilicher Autorität sein sollte. Direktor Hoover erzählte mir später, daß der Präsident dies als eine der größten Ehrungen seines Lebens betrachtet habe. Auf mich machte er den Eindruck eines natürlich gebliebenen amerikanischen Jungen, der etwas größer geworden war.

»Herr Präsident«, sagte ich, »ich soll hier heute der Redner sein, aber wenn Sie dabei sind, sollte kein anderer sprechen. Ich trete gerne zu Ihren Gunsten von meinem Vortrag zurück.«

»Für nichts in der Welt tun Sie das«, sagte er darauf. »Alles, was ich hier will, ist die FBI-Spezialmarke in Empfang zu nehmen und einer Ihrer positiven Ansprachen zuzuhören.« Dermaßen ermutigt hielt ich meine Ansprache, komplett mit meinen üblichen energischen Gesten. Die Reaktion des Präsidenten war sehr großzügig. Er sagte mir, er möge Prediger, die »Bienen verscheuchen«, während sie sprechen, was ich als Zustimmung meines lebhaften, gestenreichen Sprechstils aufnahm.

Das Amt des Präsidenten ist immer von einer gewissen Aura umgeben. Aber »Ike« Eisenhower war immer ein so erfreulicher, zugänglicher Mensch, daß man völlig entspannt mit ihm sprechen konnte wie mit einem alten Freund.

Ich brachte meine Überraschung zum Ausdruck, daß er, nachdem er die geschätzte Marke in Empfang genommen hatte und auch schmeichelhafterweise für die Dauer meiner Ansprache dageblieben war, auch noch der Urkundenverleihung an mehr als zweitausend Beamte beiwohnte. Darauf sagte er, nachdem diese Männer der FBI-Akademie, eine Menge Zeit geschenkt hätten, könne er auch noch eine Stunde aufbringen, um ihre Leistung zu ehren. Dann sagte er etwas, was mich völlig umwarf: »Außerdem genieße ich es, hier mit Ihnen zu reden.« Das war weder Schmeichelei noch eine höfliche Floskel. Er war ein sehr direkter und aufrichtiger Mann.

Also sprachen wir fast eine Stunde lang über christliches Leben, spirituelle Erlebnisse und wie ihn der Herr auf verschiedene Weise durch einige seiner schweren Entscheidungen geführt hatte. Er fragte mich über das Leben nach dem Tode und warum ich von der Unsterblichkeit der Seele überzeugt sei und erklärte mir seinen eigenen festen Glauben. »Wenn die Bibel besagt, daß etwas so ist, dann ist das endgültig. Es ist so.« Wie er in dem Gespräch zu erkennen gab, war Eisenhower ein überzeugter, bibelgläubiger Christ, und es war deutlich zu sehen, daß er den Glauben im Kreis der Familie erhalten hatte.

Im Laufe des Gesprächs stellte ich ihm die Frage: »Herr Präsident, Sie haben in Ihrem Leben alle Größen dieser Welt kennengelernt. Würden Sie mir sagen, wer der größte Mann ist, der Ihnen je begegnet ist, können Sie ihn nennen?« Ohne zu zögern, antwortete er: »Das kann ich, aber es ist kein Mann. Es ist eine Frau, meine Mutter.« Er fuhr fort und erzählte, daß seine Mutter nicht viel Schulbildung gehabt hatte, aber dennoch hochgebildet war. »Sie lernte aus dem größten aller Bücher. Aus der Bibel schöpfte sie Weisheit und tiefe Einsichten. Sie wurde intuitiv und wahrnehmend. Sie besaß enormes Verständnis, weil sie ihr Leben nah dem Herrn führte.« Es war die Beschreibung eines Sohnes, der stolz auf seine Mutter war und sie offensichtlich sehr schätzte.

»In meiner Position«, sagte er, »habe ich mir oft gewünscht, daß ich einfach den Telefonhörer aufnehmen könnte, um meine Mutter zu fragen, was sie von diesem oder jenem Mann hielt. Sie kannte Menschen. Sie spürte, was sie waren. Und ich hätte mich in vielen Dingen gerne auf ihre Meinung verlassen. Manchmal« – und hier zögerte er –, »manchmal habe ich mich tatsächlich bemüht, ihre Gedanken im Himmel zu lesen. Ich spüre ihre Nähe bei mir.«

Dann erzählte er mir eine Geschichte über seine Mutter, die mich stark beeindruckte. Eines Abends bei ihnen auf der kleinen Farm spielte Frau Eisenhower Karten mit ihren Söhnen. Bei der Schilderung grinste er. »Sie dürfen mich nicht mißverstehen. Das waren nicht die üblichen Karten mit Königen, Damen und Buben. Mutter hätte dem nie zugestimmt. Was wir hatten, war ein altes Familienspiel, das bei uns ›Flinch‹ hieß, aber immerhin waren es Karten, die wie üblich vergeben wurden.

Mutter teilte Karten aus, und das Blatt, das ich erhielt, war völlig unmöglich. Ich fing an, mich zu beschweren, daß ich mit einem so schlechten Blatt überhaupt keine Chancen hätte. Schließlich sagte Mutter: ›Legt die Karten hin, Jungs. Ich will euch einen Rat geben, und besonders dir, Dwight. Ihr spielt hier ein freundschaftliches Spiel in eurem Zuhause, mit eurer Mutter und Brüdern, die ihr liebhabt. Aber da draußen in der Welt wird euch das Leben jede Menge schlechter Karten geben, und eure Mitspieler werden euch vielleicht gar nicht liebhaben. Also heißt es hier zu lernen, die Karten zu nehmen, die ihr bekommt, und sie mit Gottes Hilfe so gut zu spielen, wie ihr könnt.‹ Ich habe diesen Rat meiner Mutter nie vergessen und meine Karten einfach so gut gespielt, wie ich konnte«, sagte er und fügte hinzu: »Und Gott hat mir auf dem ganzen Wege beigestanden.«

Als Richard Nixon als junger Marineoffizier in New York stationiert war, nahmen er und seine Frau fast jeden Sonntag an unseren Gottesdiensten teil, und als die Familie in New York wohnte, war sie oft vollständig bei uns.

Dann begann Julie Nixon in Begleitung eines sympathischen jungen Mannes zur Kirche zu kommen, David Eisenhowers, des Enkels des früheren Präsidenten. Eines Tages kamen sie zu mir, um anzukündigen, daß sie heiraten würden, und wollten, daß ich die Zeremonie durchführe. Selbstverständlich war mir das eine große Ehre. Als der Hochzeitstermin nahte, kam Julie zu mir ins Büro, um die Einzelheiten der Feier zu besprechen, und trug ihre persönliche Bibel bei sich, mit deren Hilfe sie die Bedeutung der Eheschließung besser verstehen lernen wollte. Ihr Vater war gerade zum Präsidenten gewählt worden, also fragte ich sie, ob sie nicht lieber bis nach der Amtseinführung am 20. Januar warten wolle, um dann im Weißen Haus getraut zu werden. Sie meinte darauf, daß eine Eheschließung ein persönlicher, religiöser Akt sei und sie David in einer Kirche, dem Haus Gottes, heiraten wollte.

So kam es, daß ich David Eisenhower und Julie Nixon am 22. Dezember 1968 vor dem Altar der Marble Collegiate Church in den heiligen Bund der Ehe übergab. Die Familien des Brautpaares waren vorne zu beiden Seiten des Hauptgangs präsent, und Mamie Eisenhower blickte stolz auf ihren Enkel, den Ike immer besonders gern gehabt hatte. Ike selbst mußte zur Zeit stationär im Walter-Reed-Krankenhaus in Washington behandelt werden, verfolgte das Geschehen aber über Kabelfernsehen.

Einige Zeit später sagte mir Präsident Nixon nach einem Sonntagmorgengottesdienst, daß er vorhabe, an Sonntagen Gottesdienste im Ostzimmer des Weißen Hauses zu veranstalten, die von gastierenden Pastoren, Priestern und Rabbinern geführt werden sollten. Ich hatte in Erinnerung, daß Präsident William McKinley bereits etwas Ähnliches im Weißen Haus durchgeführt hatte, aber es stellte sich heraus, daß es sich dabei um Choralgesänge an Sonntagnachmittagen gehandelt hatte, also war Präsident Nixons Vorhaben eine historische Innovation.

Ich sprach bei vier dieser Gottesdienste im Ostzimmer, denen Mitglieder des Kabinetts, des Bundesgerichtshofes, des Senats und des Abgeordnetenhauses beiwohnten. Eingeladen waren aber auch Sekretärinnen, Küchenpersonal, Gartenpflegepersonal, Polizisten und andere, und sie kamen mit ihren Familien. So bildete sich jeweils eine Gemeinde, die eine repräsentative Versammlung von Amerikanern aller Lebenswege war, und es herrschte ein Geist spiritueller Verbundenheit.

Bei zweien dieser Besuche übernachteten wir im Weißen Haus. Ich erinnere mich, daß uns der Präsident und Frau Nixon unser Quartier vorführen wollten, als uns der Präsident fragte, ob wir lieber in dem »Lincoln-Zimmer« oder dem »Königinnen-Zimmer« schlafen wollten. Ich war dabei, mich für das Lincoln-Zimmer zu entscheiden, als Ruth fragte, warum das andere Königinnen-Zimmer genannt wurde. Der Präsident erklärte uns, daß dies so sei, weil viele Königinnen dieses Zimmer bewohnt hätten, und er wies auf ihre Bilder an den Wänden hin: Königin Elisabeth II. von England, die Königinmutter, Königin Wilhelmine der Niederlande und andere waren da zu sehen. »Da wir heute Königin Ruth bei uns haben«, sagte er, »schlage ich vor, daß Sie dieses Zimmer nehmen.«

Da ich frische Luft liebe, ging ich zum Fenster des Königinnen-Zimmers, um es zu öffnen, schreckte aber zurück, als ich auf einmal im gleißenden Licht der Scheinwerfer stand, die das Weiße Haus nachts immer anstrahlen. Am Zaun jenseits des Rasens standen zahlreiche Menschen, die hineinsehen wollten, obwohl es bereits relativ spät war. Ich kam zu dem Schluß, daß man als Präsident auch nicht immer auf

Rosen gebettet ist und die Privatsphäre wohl stark unter dem Amt leidet. Als ich in dem großen Himmelbett lag und nachdachte, sagte ich zu Ruth: »Weißt du, Liebling, hier sind Ruth und Norman Peale, ein Mädchen vom Lande aus Iowa und ein Junge vom Lande aus Ohio, zwei Predigerkinder aus bescheidenen Verhältnissen, und die schlafen heute nacht tatsächlich im Königinnen-Zimmer des Weißen Hauses. Ist das nicht unglaublich?«

Am nächsten Tage saß ich zusammen mit dem Präsidenten in einem sehr kleinen Zimmer, das zu Lincolns Zeit als Telegrafenstation gedient hatte. Dort waren während des Sezessionskrieges ständig die Frontberichte eingegangen. Abraham Lincoln suchte den kleinen Telegrafenraum nachts auf, um zu erfahren, welche Nachrichten von den Armeen vorlagen und wie es den Truppen der Union ergangen war, obwohl sein Herz auch zu den graugekleideten Soldaten der Konföderation des Südens ausging.

Aus meiner Studentenzeit erinnere ich mich an die landesweite Verärgerung und Enttäuschung, die der sogenannte »Teapot-Dom«-Ölskandal hervorrief, in den der Innenminister und der Minister der Marine, zwei Männer, die Präsident Harding nahestanden, verwickelt waren. Ich habe den »Watergate-Skandal« Präsident Nixon gegenüber nie erwähnt. Ich erachte ihn als einen Pragmatiker von ungewöhnlicher Intelligenz, und so, wie ich ihn kenne, fällt es mir schwer zu verstehen, wie zugelassen werden konnte, daß der Watergate-Vorfall stattfand.

Seit seinem Abschied vom Präsidentenamt haben die von ihm verfaßten politischen Werke wie auch die Würde seines Auftretens auf internationaler Ebene Anlaß zu Bewunderung gegeben.

Beim Mittagstisch nach einem Gottesdienst im Weißen

Haus im Jahre 1968 sagte Präsident Nixon plötzlich: »Ich möchte, daß Sie eine Aufgabe übernehmen.«

»Selbstverständlich, Herr Präsident, wird es mir eine Ehre sein, zu dienen, wie ich kann«, erwiderte ich.

Er wollte, daß ich nach Vietnam reiste und zu den Soldaten spräche. Der Krieg tobte damals mit ungekannter Heftigkeit. »Ich sorge dafür, daß Sie vor großen Truppenverbänden sprechen, abgelegene Posten besuchen und die Verwundeten in den Lazaretten sprechen können.«

»Wovon soll ich zu den Soldaten sprechen?« fragte ich.

»Sagen Sie ihnen nur das, was Sie uns sonntags in der Kirche sagen. Predigen Sie das Evangelium, so, wie Sie es hier tun. Helfen Sie den Männern, so gut Sie können.«

In Vietnam war ich unter der Obhut des Militärgeistlichen Oberst Will Hyatt, der später General und oberster Geistlicher der U.S.-Armee wurde, ein großartiger Mensch und sympathischer Begleiter. Per Hubschrauber besuchten wir viele Vorposten und Kampfverbände, sprachen mit Soldaten der Armee, Marineinfanterie und der Luftwaffe über tiefgreifende Fragen des Lebens. Ich bemühte mich, hilfreiche Worte für Angehörige aller Glaubensrichtungen zu finden, hob aber immer unseren Herrn als den Heiland hervor. Offiziere und Mannschaften erwiesen mir jeden nur denkbaren Dienst, und ich hatte die Ehre, bei einem Festessen Gast des Oberbefehlshabers, des Generals Creighton Abrams, sein zu dürfen.

Bei Lazarettbesuchen unterhielt ich mich mit jedem einzelnen Patienten. Manchmal sprach ich ein Gebet, oder ich notierte mir Botschaften für Familienmitglieder und Freunde in der Heimat. Es erstaunte mich zu erfahren, daß ein Verwundeter innerhalb von einer halben Stunde in ein gut ausgerüstetes Feldlazarett gebracht werden konnte, wo ihn ärztliche Betreuung erwartete, die dem Standard unserer

Krankenhäuser zu Hause in nichts nachstand. Nie werde ich den Anblick eines kleinen vietnamesischen Jungen aus dem Gedächtnis löschen, dessen Leben aus einer klaffenden Wunde verrann, während engagierte amerikanische Ärzte ihr Äußerstes taten, um ihm zu helfen. Ich stand dabei und betete voller Liebe für ihn. In seinem Leiden öffnete er die Augen und dankte mir mit seinem Blick. »Warum«, dachte ich, als ich den Ort verließ, »mußte so ein guter Junge sterben? Nimm seine reine, junge Seele zu Dir, oh Herr«, betete ich.

Wenn wir uns im Kampfgebiet befanden, waren wir ständig von drei zusätzlichen Hubschraubern begleitet. Als ich mich nach dem Grund dafür erkundigte, erfuhr ich, daß ein Gesandter des Präsidenten für die Dauer seines Aufenthalts den Status eines Generals hatte und daher zusätzliche Sicherheitsmaßnahmen für ihn getroffen wurden. Bei einem solchen Flug näherte ich mich ohne mein Wissen einem der größten Ereignisse meines Lebens als Geistlicher. Wir setzten auf Hügel 55 auf, wo einige tausend Soldaten in voller Kampfausrüstung angetreten waren. »Was haben wir hier vor?« fragte ich.

»Sie sind hier, um das Seelenamt für acht Gefallene zu halten, die dieses Regiment gestern verlor.« Dann sah ich die Reihe von acht Gewehren, die mit den Bajonetten im Boden staken, den Kolben je ein Stahlhelm aufgesetzt. Die Soldaten saßen in Reihen auf dem Boden vor einer improvisierten Rednerplattform, die mit einer Flagge geschmückt war.

Ich sah in die jungen Gesichter vor mir. Wieder wurde mir bewußt, daß es noch halbe Kinder waren, und nie vergesse ich den Ernst, der diese Gesichter zeichnete. »Worüber soll ich zu ihnen sprechen?« fragte ich den neben mir sitzenden Kommandeur.

»Sprechen Sie zu ihnen über ihren Gott und ihre Heimat.

Wovon kann man sonst sprechen? Einige dieser Jungs werden wahrscheinlich tot sein, bevor die Sonne heute untergeht.«

Ein schwarzer Unteroffizier sang das bewegende alte Kirchenlied »Wie groß Du bist«. Ein Militärgeistlicher las den 23. Psalm und das vierzehnte Kapitel des Buches Johannes; seine Stimme war von Gefühl erfüllt, als die alten Worte über die Reihen von Soldaten und den kahlen Hügel klangen. Die Männer lauschten schweigend, und zweifelsohne dachte jeder an seine kleine Kirche zu Hause in Ohio oder Nebraska oder in den Straßen von New York. Während der Gottesdienst stattfand, konnten wir Detonationen in der Ferne hören und sogar Flugzeuge sehen, die Bomben abwarfen.

Dann war es an mir zu sprechen. Als ich in die vielen jungen Gesichter blickte, stockte mir die Sprache. Dann erzählte ich von zu Hause und von den wartenden Familien, nannte die vielen Orte, aus denen die Soldaten stammten. Ich beschrieb unser Land von den felsigen Hügeln New Englands bis zu den saftigen Weiden des Mittleren Westens, führte ihnen die Schönheit von Nord, Süd, Ost und West vor Augen. Ich sprach von der Freiheit, die Amerika allen Menschen gab. »Es ist ein ansehnliches Land«, sagte ich. »Ein wunderbares Land der Hügel, Ebenen und gewaltigen Berge, der Dörfer mit ihren schattigen Straßen, der großen Städte und wunderbaren Menschen, unser Heimatland.«

Ich dankte den acht Männern, die gefallen waren, und empfahl sie Gott. Dann sprach ich von Gott, ihrem himmlischen Vater, und Jesus Christus, ihrem Heiland, und legte jedem, der es noch nicht getan hatte, nahe, sich Gott anzuvertrauen. Ich schloß mit der Bitte, daß der Herr über jeden einzelnen hier wachen und ihn behüten möge, immer, bis hin zum Ende.

Wir sangen gemeinsam einen Choral, ein Trompeter blies den Zapfenstreich als letzten Gruß an die Gefallenen, der Segen wurde ausgesprochen, und der Gottesdienst war beendet.

Ich machte mich auf zum Hubschrauber, und als ich mich umdrehte, standen alle Soldaten und Offiziere da und grüßten. Sie grüßten mich, wie mir sofort klar wurde. Ich wußte kaum, was ich machen sollte, denn als Zivilist konnte ich den Gruß kaum erwidern. Aber sie waren amerikanische Jungen, meine Landsleute, meine Jungs, und so winkte ich ihnen einfach zu.

Und auf einmal brachen alle tausend Mann ihren Gruß ab und winkten zurück. Als mein Hubschrauber abhob, sah ich sie noch immer einem ihrer einfachen Pastoren aus der Heimat zuwinken. Ich lehnte mich in meinem Sitz zurück und konnte die Tränen nicht mehr zurückhalten.

Einige Tage später flog ich mit Will Hyatt in einem Marineflieger zum Flugzeugträger *USS Kitty Hawk*, der im Golf von Tonkin lag. Als wir den Flugzeugträger auf offener See sahen, wirkte er zuerst wie ein Spielzeugschiff. Er nahm aber rasch gewaltige Größe an, als wir uns näherten, um dann eine für mich aufregende Landung auf dem Deck zu machen. Ich belegte das Quartier des Kommandanten, der die Nacht über auf der Brücke war. Am Abend sprach ich auf dem riesigen Vorderdeck vor dem größten Teil der fünftausendköpfigen Besatzung. Es war ein lebhaftes Verkündungstreffen mit Chorälen, Gebeten und einer Predigt, deren zentrales Thema die Verpflichtung dem Herrn gegenüber war. Die Reaktionen der Matrosen waren äußerst genugtuend.

Obwohl Oberst Hyatt und ich mit dem Flottenadmiral und anderen Offizieren zu Abend aßen, hatte ich Gelegenheit zu sehen, wie die Mannschaft verpflegt wurde. Es war mir eine

Freude festzustellen, daß es große Rostbraten und Lamm gab, Truthahn und Hähnchen wie auch schwere Steaks, viele Arten von frischem Gemüse und Obst, Obsttorten und Kuchen zum Nachtisch, und die Portionen auf den Tabletts waren reichlich. Es war befriedigend zu wissen, daß die Regierung unsere Männer dermaßen gut versorgte.

Am nächsten Morgen starteten wir von dem Flugdeck der *Kitty Hawk*. Nie in meinem Leben habe ich einen solchen Vorwärtsschub gespürt wie in dem Moment, als uns der Katapult vorwärts in den Wind schleuderte. Als wir über die Vorderkante des Decks hinweg waren, verlor unser Flugzeug langsam an Höhe, bis ich fast meinte, wir würden ins Meer stürzen. Dann begannen die angestrengten Triebwerke langsam, die Maschine vorwärts zu schieben und zu heben, bis wir oben waren, den Flugzeugträger noch einmal umkreisten und zurück in Richtung Vietnam flogen.

Während des Starts sah ich, wie sich Wills Lippen bewegten. Später fragte ich ihn, ob er in dem Moment gebetet habe, und er sagte: »Was glauben Sie wohl?« Ich wußte es, denn ich hatte auch gebetet. Am nächsten Tag verließ ich Vietnam mit unvergeßlichen Erinnerungen und flog nach Bangkok, um Ruth zu treffen.

Durch Zufall brachten mich meine Vortragsreisen mehrmals auf die gleiche Rednerplattform wie Frank Lausche, den früheren Gouverneur von Ohio und späteren Senator. Obwohl Frank Demokrat war, gelang es ihm immer, beachtliche Mengen an republikanischen Wählerstimmen für sich zu gewinnen. Die Ursache dafür lag nicht darin, daß er den Leuten nach dem Mund redete, sondern in der Tatsache, daß er persönlich sehr beliebt war. Er liebte Menschen und war allen gegenüber freundlich. Wenn wir beide im gleichen Programm auftraten, hörte er meine Ansprachen immer aufmerksam zu. Ich hörte dann aus der Sitzreihe hinter mir, wie sich Frank über meine Witze amüsierte, und hinterher sagte er mir ausnahmslos, daß es »eine großartige Rede« gewesen sei. Und das meinte er auch so, denn er war überzeugt, daß jeder einen wertvollen Beitrag leistete. Vielleicht war ein Grund für seine Beliebtheit, daß er den Menschen half, ihr Bestes zu geben.

Frank Lausche und sein Vizegouverneur saßen einmal spät abends unerkannt in einem Imbiß in Youngstown, Ohio. Gouverneur Lausche fragte den etwas düster blickenden Kellner hinter dem Tresen nach seinem Namen. Desinteressiert antwortete der Mann: »Joe.«

»Nun, Joe«, fuhr Lausche fort, »es wird Sie sicherlich erfreuen, daß dieser Herr der Vizegouverneur von Ohio ist.« Der unbeeindruckte Joe grunzte nur. Daraufhin sagte der Vizegouverneur: »Das ist aber noch nicht alles, Joe, denn dieser Herr ist der Gouverneur von Ohio.« Daraufhin stemmte Joe die Hände auf den Tresen und sagte: »Gut, jetzt wollen wir das mal klarstellen. Sie sind der Gouverneur und Sie sind der Vizegouverneur. Dann bin ich der Präsident der Vereinigten Staaten.«

Vor Jahren sprach ich einmal in Allentown, Pennsylvania, bei einem Bankett zu Ehren von Richter Frank Trexler vom Obersten Gerichtshof. Einer der Redner war der Vizegouverneur des Staates, der später auch Gouverneur werden sollte. Er erzählte, daß er einmal eine recht weite Dienstreise antreten mußte und im Bahnhof von Harrisburg den Zug bestieg. Kurz darauf stiegen einige Wärter der geschlossenen psychiatrischen Klinik (damals Irrenhaus genannt) hinzu, die zwanzig Insassen der Anstalt transportieren mußten, und alle setzten sich um den Vizegouverneur herum hin. Bevor der Zug losfuhr, zählte einer der Wärter die Insassen. »Eins, zwei, drei, vier, fünf, sechs, sieben …«, dann war er bei dem Vizegouverneur angekommen. »Wer sind Sie?« fragte er.

»Ich bin der Vizegouverneur von Pennsylvania.«

»Acht«, sagte der Wärter und zählte weiter.

Ein anderes Mal war ich Hauptredner bei einer Tagung der Drogistenvereinigung Amerikas in Chicago und befand mich hinter der Bühne, als der berühmte Oberbürgermeister der Stadt, Richard Daley, hereinkam. Er sollte die Tagungsteilnehmer offiziell begrüßen, eine Pflicht, die allen Bürgermeistern größerer Städte zufällt. Nach seiner Ansprache setzte er sich neben mich und meinte, er freue sich auf meine Rede. »Herr Bürgermeister«, sagte ich, »ich weiß Ihre Höflichkeit sehr zu schätzen, aber mir ist klar, wie gedrängt Ihr Terminkalender ist, und ich verstehe es völlig, wenn Sie Ihre wertvolle Zeit nicht länger hier verbringen.« Mit diesen Worten gab ich ihm die Hand, sicher, daß es zum Abschied war.

Als ich jedoch meine Rede beendet hatte und zu meinem Stuhl zurückkehrte, saß Bürgermeister Daley immer noch an seinem Platz. Überrascht sagte ich: »Sie sind noch da?« worauf er antwortete: »Als ich heute früh von zu Hause wegging, erzählte ich meiner Mutter, daß Sie hier heute sprechen würden, und wissen Sie, was sie sagte? ›Nun paß auf, lauf nicht wieder davon, wie du das immer machst. Du bleibst da und hörst dir diese Rede an, denn du brauchst viel mehr von diesem positiven Denken.‹«

Bürgermeister Daley war ein hochinteressanter Mann und sehr religiös. Als wir einmal über dieses Thema sprachen, erzählte er mir, daß er fast täglich eine Messe besuchte oder zumindest Pause in einer Kirche machte.

Senator Robert Dole aus Kansas und seine charmante Frau Elizabeth, Transportministerin im Kabinett Präsident Reagans, nehmen gelegentlich an Gottesdiensten in der Marble Collegiate Church teil.

Eines Sonntags kamen sie nach dem Gottesdienst auf einen Besuch in mein Arbeitszimmer. Das war kurz nachdem Bob Dole als Kandidat für die Vizepräsidentschaft zusammen mit Gerald Ford die Präsidentschaftswahl verloren hatte. Ich fragte mich, wie sich ein Mann fühlt, wenn sein Bestreben nach einem so hohen Amt in einer Niederlage endet, und bat ihn, mir seine Gefühle mitzuteilen. Er überlegte meine Frage, die auch als anmaßend hätte aufgefaßt werden können.

Es war jedoch Elizabeth, die rasch für sie beide antwortete. »Wir haben unser Leben dem Herrn übergeben und wollen immer nach Seinem Willen handeln. Entsprechend haben wir das Wahlergebnis so gewertet, daß ein anderer Ausgang nicht in Seinem Willen für uns lag.« Sie sagte dies in so offensichtlicher Aufrichtigkeit, während Bob nickend zustimmte, daß ihre Worte einen unvergeßlichen Eindruck auf mich machten.

Ihre Ehe dürfte einmalig darin sein, daß sie die Ämter eines Senators und die eines Kabinettsmitglieds in einer Familie vereint.

Die menschliche Qualität, die Abkehr von Allüren jeder Art sind Eigenschaften, die ich in den wirklich großen Persönlichkeiten festgestellt habe, denen ich begegnet bin. Wenn ein Mensch echte Größe besitzt, hat er es nicht nötig, sich groß zu geben, und Angeberei stößt Menschen ab, die wirklich etwas zu sagen haben.

In diesem Zusammenhang denke ich an Herbert Lehman, einen früheren Gouverneur des Staates New York. Für mich bleibt er einer der zugänglichsten, liebenswürdigsten Männer, denen ich begegnet bin. Ich trat zusammen mit ihm in den Programmen diverser Veranstaltungen auf und lernte ihn durch diese vielen Kontakte recht gut kennen. Sein Umgang mit mir war immer von außerordentlicher Güte gekennzeichnet. Zur Zeit des Zweiten Weltkrieges fand einmal eine große Veranstaltung im Waldorf-Astoria-Hotel statt, bei der es um Kriegsanleihen ging und ich die Rednerplattform mit Gouverneur Lehman, Postminister James A. Farley und anderen Würdenträgern teilte. Im Publikum gab es auch Gegner der Sache, und ein Mann, der unverkennbar angetrunken war, machte den Rednern mit seinen Zwischenrufen zu schaffen, schien es aber besonders auf mich abgesehen zu haben. Mit etwas Glück und Entgegenkommen gelang es mir, ihn ruhigzustellen. Gouverneur Lehman äußerte sich anschließend lobend über meine Einstellung zu diesem Problem. »Man darf nicht gegen sie ankämpfen, nicht böse werden, man muß sie nur lieben. Auf diese Weise wird man damit fertig.«

»Gouverneur«, sagte ich, »Sie gehören dem jüdischen Glauben an, machen sich aber gut als praktizierender Christ.«

Worauf er antwortete: »Das Judentum lehrt uns: ›Liebe deinen Nächsten wie dich selbst.‹ Also glaube ich schon, daß wir beide dieselbe Wellenlänge haben.«

Das Ende des Zwischenfalls war, daß der Störenfried am Ausgang auf mich wartete und sagte: »Sie sind ein netter Mensch. Es tut mir leid, daß ich mich so schlecht benommen habe.«

»Alles in Ordnung«, sagte ich, »wir sind Freunde.«

Um das Zehn-Jahr-Jubiläum meiner Amtszeit zu feiern, organisierte ein Kirchenkomitee im Oktober 1942 einen speziellen Sonntagabend-Gottesdienst. Einige prominente Persönlichkeiten hatten bereits zugesagt, aber das Komitee war hinter dem Gouverneur her. Man wußte nicht genau, wie man ihn erreichen sollte, wie viele Vorzimmerdamen im Wege stehen würden. Letztlich trug man die Frage an mich heran.

»Nun«, sagte ich, »der Gouverneur hat ein Telefon, und wir haben auch eins. Warum rufen wir nicht einfach an?«

»Oh, der Gouverneur spricht nicht einfach mit jedem am Telefon.«

»Wahrscheinlich tut er es doch«, antwortete ich darauf. »Er ist ein netter Mensch, der würde mit jedem reden.«

Also ließ ich ein Gespräch zu der persönlichen Sekretärin des Gouverneurs in Albany durchstellen und sagte ihr, ich hieße Norman Peale und würde gerne mit dem Gouverneur sprechen, wenn dieser Zeit hätte, und ob ich meine Nummer hinterlassen könnte. Sofort war eine Männerstimme in der Leitung. »Hallo, Norman? Hier spricht Herbert Lehman. Rufst du an, um für mich zu beten? Ich könnte es dringend gebrauchen.«

Ich erklärte, daß wir sehr geehrt wären, wenn er zu unserer Feier kommen würde, und begann, ihm das Programm zu schildern, aber er unterbrach mich: »Sicher werde ich da sein. Sag mir nur wann.« Er war auch dabei und hielt eine Ansprache, in der er seine eigenen spirituellen Empfindungen mit allen Anwesenden in einer ehrlichen und bodennahen Weise teilte. Die Gemeinde war von ihm völlig eingenommen, und ich natürlich auch.

Nelson Rockefeller mochte Menschen, alle Arten von Menschen, und er bewegte sich unter ihnen mit seinem charakteristischen Spruch »Hallo, Kumpel«, schüttelte Hände und klopfte Menschen auf die Schultern, und alle liebten ihn. Diese offene Art war völlig aufrichtig gemeint. Er war kein schauspielender Politiker, der Schultern klopfte, um Wählerstimmen zu erheischen. Der Gouverneur von New York und spätere Vizepräsident der Vereinigten Staaten Nelson Rockefeller erhielt Stimmen, und zwar massenhaft, weil er ein wahrer und hochqualifizierter Mensch war.

Ich kannte ihn seit der Zeit, als unsere Söhne gemeinsam die Deerfield Academy besuchten. Da er selbst, wie alle Rockefeller-Kinder, religiös erzogen worden war, bedeutete der Glauben ihm sehr viel, und ich meine, daß ein großer Teil seiner Motivation, der Öffentlichkeit zu dienen, daher stammte. Soziale Verbesserungen waren ihm ein ernstes Anliegen, und er engagierte sich dafür. Sein persönlicher Glaube gab ihm Ausdauer, als es darum ging, seinen verschollenen Sohn zu finden, und er in fernen Ecken der Erde vergeblich nach ihm suchte. Er erzählte mir später, daß er bei diesem traurigen Erlebnis die Wirklichkeit Gottes gespürt hatte. »Er half mir wirklich«, sagte er einfach.

Nelson Rockefeller war ein gütiger Mann und meiner Meinung nach sehr rücksichtsvoll, was andere betraf. Das letzte Mal, als ich ihn sah, sprachen wir gemeinsam vor der jährlichen Rotary-Versammlung im großen Ballsaal des Waldorf-Astoria-Hotels, der mit zweitausend Rotariern aus allen nordöstlichen Staaten gefüllt war. Er sprach zuerst an diesem Tag, hauptsächlich über seinen berühmten Großvater und dessen Prinzipien des konstruktiven Lebens. Meine Ansprache folgte, und als ich sie beendet hatte, setzte ich mich hinten auf der Plattform neben Gouverneur Rockefeller. Er sagte: »Großartig, Kumpel, großartig.« Dann holte er seinen Füllfederhalter heraus und schrieb etwas auf sein Programmheft. »Nimm dies in Erinnerung an mich«, sagte er und gab es mir. Darauf stand: »Für Norman Peale, der mehr Menschen mehr Gutes getan hat als irgendein anderer lebender Mann.« Es war unterschrieben: »In Bewunderung, Nelson.« Ich war überwältigt, nicht nur von dem großzügigen Lob, sondern von seinem

Gefühl mir gegenüber. Und mich berührte die freundschaftliche Weise, in der er mir diese Geste entgegenbrachte.

Zum Ende unseres Gesprächs sagte ich: »Ihr Bruder Laurence ist ein lieber Freund von mir, und ich sehe ihn und Mary recht oft.«

Er saß schweigend einige Momente lang und sagte dann: »Laurence ist ein Heiliger, ein wunderbarer, guter Mann.« Dann meinte er, er müßte gehen. Er klopfte mir auf den Rücken, sagte: »Wir sehen uns, Kumpel«, und verließ die Bühne. Zwei Wochen später war er tot.

Ich lernte Präsident Jimmy Carter kennen, als er Gouverneur von Georgia war. In jedem Jahr verleiht »Wegweiser« einen Preis an eine Kirche, ob groß oder klein, die etwas Innovatives und Hervorragendes geleistet hat. Im Jahre 1974 ging dieser Preis an die Kirche der Außergewöhnlichen in Macon, Georgia, und »Außergewöhnliche« hieß Behinderte.

Ruth und ich fuhren nach Macon, um die Auszeichnung zu überreichen, und wurden von zehntausend Menschen im Stadion der Stadt begrüßt.

Auf der Bühne standen vier Schaukelstühle, für Gouverneur und Frau Carter und für Ruth und mich.

Ein Altar war vorne auf der Plattform errichtet worden, um eine Kirchenatmosphäre anzudeuten. Ein spastisch gelähmter junger Mann, der seine Arme und Beine nur schwer kontrollieren konnte, ging vor, um die Kerze anzuzünden. Das gesamte Publikum schien sich mit diesem jungen Mann anzustrengen, seinen kreisenden Arm so weit unter Kontrolle zu bringen, daß er den Anzünder an die Kerze halten konnte.

Gouverneur Carter saß in dem Schaukelstuhl neben mir. Konzentriert lehnte er sich nach vorne, und ich hörte deutlich, wie er flüsternd betete: »Oh Herr, bitte hilf dem armen

Jungen, die Kerze anzuzünden.« Als dies geschehen war, leuchtete Carters Gesicht in einem entspannten Lächeln auf.

Vor Jahren hielt ich oft Ansprachen gemeinsam mit Jennings Randolph, und ich habe ihn immer für einen der größten Redner überhaupt gehalten. Nachdem er zum Senator der Demokratischen Partei von West Virginia gewählt worden war, sah ich ihn nicht mehr oft. Einmal später hatte ich jedoch einen Redetermin in West Virginia, und mir wurde mitgeteilt, daß ich am Flughafen von Charlestown abgeholt und zu der Tagung gebracht werden würde. Das Wetter an dem Abend war windig, und es goß in Strömen. Wer mich erwartete, war Senator Jennings Randolph, der mich zu der Tagung brachte, wo er mich in seiner einmaligen Art vorstellte, und dann wieder zum Flughafen fuhr. Als ich zum Ausdruck brachte, daß es mir peinlich sei, daß er so bemüht worden war, meinte er nur: »Ich kann es nicht zulassen, daß ein alter Freund den großen und gastfreundlichen Staat West Virginia besucht und nicht einmal vor dem Regen geschützt wird.«

Vielleicht war unsere Kirche auch dabei, zumindest einem politischen Führungstalent eine Starthilfe zu leisten. Der Männerverein der Kirche hatte Stipendiengelder gesammelt, die verdienten Studenten zugute kommen sollten. Ein Empfänger eines solchen Stipendiums war ein junger Mann namens Guy Vander Jagt am Hope College in Michigan. Er brachte hervorragende Leistungen während seines Studiums und wurde später Abgeordneter von Michigan und prominent im Parlament. Er ist überzeugt, daß die finanzielle Hilfe unserer Kirche der entscheidende Faktor für seine höhere Bildung war.

James A. Farley, der ehemalige Postminister, war ein alter Freund von mir. Es heißt, daß er einige mobilisiert habe, damit Franklin D. Roosevelt Präsident wurde. Farleys ganzes

Wesen war von natürlicher Freundlichkeit geprägt, und er ging nicht nur als Politiker auf Menschen ein. Einmal erzählte er mir überglücklich: »Ich habe mich mit den einzigen beiden Männern versöhnt, mit denen ich mich nicht verstand. Ich bin zu jedem der beiden hingegangen, und wir haben unsere Mißverständnisse ausgeräumt, haben uns geschworen, das Ganze zu vergessen, und haben unsere frühere starke Freundschaft wiederentdeckt. Jetzt herrscht Frieden zwischen mir und jedem Menschen auf dieser Welt, Gott sei Dank«, fügte er hinzu und lächelte.

Zur Feier unserer Silberhochzeit gaben Ruth und ich einen Empfang im Kirchengebäude, zu dem mehrere tausend Gäste kamen. Für diejenigen, die in der sich langsam bewegenden Schlange warteten, um uns zu begrüßen, muß der heiße Julitag eine Qual gewesen sein. Jemand trat an mich heran und sagte mir, daß Jim Farley hinten in der Schlange stehe.

»Sage ihm, daß er nach vorne kommen soll«, sagte ich. »Bringe ihn bitte gleich hierher. Die anderen werden Verständnis dafür haben.«

Mein Helfer war kurz darauf wieder bei mir. »Herr Farley weigert sich, die Schlange zu überspringen. Er meint, für Sie stehe er jederzeit Schlange.«

Als er uns endlich erreichte, sprach ich mein Bedauern aus, daß er so lange hatte warten müssen. Aber er sagte nur: »Ich respektiere Sie und Frau Peale als Diener Gottes und als meine lieben Freunde.« Jim Farley war ein herzensguter Mensch, und ich war geehrt, mit ihm über viele Jahre hinweg freundschaftlich verbunden zu sein.

Wir sprachen einmal gemeinsam bei einer Autorenehrung in Philadelphia, und die Redner, Gäste und Organisatoren, die am Haupttisch plaziert waren, trafen sich in einer Suite ein Stockwerk höher. Auf dem Wege zum Ballsaal trafen wir eine Serviererin mit ihrem Wagen. Jim Farley hielt an, streckte seine Hand aus und sagte: »Hallo, mein Name ist Jim Farley. Und wie heißen Sie?« Als wir dann weitergingen, strahlte die junge Frau vor Überraschung und menschlicher Rührung. Jim war immer vollkommen unaffektiert und kam allen Menschen entgegen, weil er sie nicht nur liebte, sondern auch achtete.

19. Kapitel
Ich mag Menschen

Mein alter Zeitungsredakteur Grove Patterson, für den ich in Detroit gearbeitet hatte, gab seiner Autobiographie den Titel »Ich mag Menschen«. Ich mag sie auch, und ich möchte von einigen berichten, an die ich in dem Zusammenhang denke. Natürlich gäbe es viele und vieles mehr zu beschreiben, aber ein Buch kann nur einen gewissen Umfang haben.

Ein Mann, den ich für eine sehr anregende Persönlichkeit hielt, hatte als Junge aus ärmlichen Verhältnissen in Columbus, Ohio, begonnen und stieg zum echten Volkshelden Amerikas und dem Initiator einer großen Luftfahrtgesellschaft auf. Es war Hauptmann Eddie Rickenbacker, ein unvergeßlicher Mensch.

Bei einem Zusammensein beschrieb er die Armut, in der er aufgewachsen war, und wie in seiner Familie die Kleider ausgetragen werden mußten und von Kind zu Kind zerschlissener wurden. Ich merkte, daß es einen Vorfall gab, der Eddie besonders gekränkt hatte, und das war, als er ein Paar Schuhe seiner älteren Schwester tragen mußte. Sie waren von der altmodischen, hochgeknöpften Art. »Stell dir nur vor, wie ein Kerl wie ich Schuhe seiner Schwester trägt«, sagte er. »Ich zog die Hosen so weit herab, wie ich nur konnte, um sie zu verstecken.« Vierzig Jahre später war diese Episode immer noch ein wunder Punkt in Eddies Erinnerung. Er hatte sich damals vorgenommen, der Armut zu entkommen.

Seine Mutter vergötterte er. »Jeden Abend knieten wir Kinder bei unseren Betten und sprachen unsere Gebete. Dann gab sie uns einen Gutenachtkuß und streichelte unsere Gesichter mit ihren durch Arbeit rauh gewordenen Händen, von denen ich wußte, daß sie einmal weich und hübsch gewesen waren.« Und auch bei diesen Worten klang sein Haß auf die Armut durch.

Jahre danach hatte Eddie einen Flugunfall, der ihn fast das Leben kostete, und zurück blieb ein steifes Bein. Ich war einmal bei ihm, als gebetet werden sollte, und wegen seines Beines konnte er nur schwerlich knien. »Geht es an, daß ich sitzen bleibe, während ich bete?« fragte er mich. Ich versicherte ihm, daß dies selbstverständlich sei, aber ich merkte deutlich, daß es ihm schwerfiel, seine Kindheitsgewohnheit zu knien zu überwinden.

In der Geschichte der Luftfahrt ragt der Name Eddie Rickenbacker groß heraus. Piloten seiner Zeit flogen »mit dem Hosenboden« und vertrauten dem »himmlischen Richtstrahl«. Er war konsequent ein Positivdenker. Als Rennfahrer glaubte er daran, daß er seinen Wagen durch reine Willenskraft ins Ziel bringen könnte, wie sich auch die Mechanik gerade verhalten wollte. Er war ein unbezwingbarer Draufgänger und ein Patriot und wurde das führende As unter den Kampffliegern Amerikas im Ersten Weltkrieg. Er bezwang feindliche Flugzeuge und schaffte es oft nur mit schwer beschädigter Maschine zurück zum Stützpunkt, aber was sein Doppeldecker an Flugfähigkeit entbehren mußte, ersetzte er mit inbrünstigen Gebeten. So jedenfalls schilderte er es, und sein Blick dabei deutete einen Fausthieb an, falls man seine Worte anzweifeln sollte.

Er war absolut von der Kraft des Gebets überzeugt. Einmal trieben Eddie und seine Mannschaft ohne Nahrung im Pazifik, und er betete. Kurz darauf landete eine Möwe auf seinem Kopf, und von ihr konnten sich die Männer so lange ernähren, bis sie gerettet wurden. Diese Geschichte fand in den Vereinigten Staaten weite Verbreitung und wurde von einigen Geistlichen in Frage gestellt, die dann jedoch von Rickenbacker gehörige Schelte hinnehmen mußten. »Ich war da«, erklärte er. »Ich betete zu unserem Vater im Himmel, der uns alle behütet, und Er schickte den Vogel, um unser Leben zu retten, und daran ist nichts zu deuten.« Dem fügte er noch einige Kraftausdrücke hinzu, die ich hier besser weglasse.

Während des Krieges besuchten Eddie und ich einmal ein Krankenhaus und Rehabilitationszentrum der Luftwaffe, das in der Trinity-Pawling School unter der Leitung des angesehenen Arztes und Freundes von uns, Dr. Howard Rusk, eingerichtet worden war. Rickenbacker sprach mit den verwundeten und schwer leidenden Fliegern dort wie ein Vater, der seine Liebe zum Ausdruck bringt, und ließ sie wissen, wie sehr er ihre Opfer für unser Land achtete. Nachdem er seine Ansprache beendet hatte, donnerte der Applaus, denn er war das Idol jedes Fliegers dort. Dann hielt er die Hand hoch, und es wurde still, und mit belegter Stimme sagte der alte Held: »Hört mal zu, Jungs, noch eins, und glaubt mir, ich weiß, was ihr durchmachen mußtet. Ich habe den gleichen Weg hinter mir. Betet zu Gott und zu unserem Herrn Jesus Christus. Und hört nochmal zu, Jungs, wenn ihr noch nie eine tiefe spirituelle Erfahrung erlebt habt, dann sorgt im Namen Gottes dafür, daß ihr eine erlebt.« Der Beifall nach diesen Worten überstieg noch den von vorher. Tränen glänzten in seinen Augen, und er sagte: »Komm, Norman, laß uns abhauen. Ich halte das nicht mehr aus. Was für großartige Kerle sie alle sind.«

Als wir den Korridor entlanggingen, sagte ich: »Ob du es glaubst oder nicht, Eddie, du bist selbst ein großartiger Kerl.«

Eddie Rickenbacker mußte letztlich seinem alten Feind, dem Tod, den Sieg überlassen. Man wollte, daß ich das Seelenamt für ihn in unserer Kirche abhielt, aber ich war zur Zeit in Europa, und so sorgten Lowell Thomas und mein alter Freund Dr. Daniel A. Poling dafür. Aber wäre ich dabeigewesen, so hätte ich den unzähligen versammelten Bewunderern Eddie Rickenbackers von einem Ereignis in seinem Büro erzählt, das mir in Erinnerung bleibt.

Ich war gerade dabei, das Büro zu verlassen, als ein Laufjunge ein Paket im Vorzimmer abgab. Als er durch die geöffnete Tür in das Chefbüro hineinschaute, sah er Eddie. Mit großen Augen fragte er: »Ist das Hauptmann Eddie?«

»Er ist es, mein Sohn«, sagte ich. »Willst du ihn kennenlernen?«

»Ich würde alles geben, nur um seine Hand zu schütteln.«

»Eddie«, sagte ich, »hier ist ein junger Mann, der deine Hand schütteln möchte.«

Eddie stand hinter seinem Schreibtisch auf, und die Bewunderung in den Augen des Jungen muß unverkennbar gewesen sein. »Mein Sohn«, sagte er, »sei immer ein guter Amerikaner und habe Vertrauen zu Gott.«

Draußen im Korridor sagte der Junge: »Das vergesse ich mein Leben lang nicht.«

Wenn ich so zurückblicke über meine erfüllten Jahre und die Menschen auflíste, die ich gekannt habe, wird mir bewußt, wieviel ich von ihnen gelernt habe. Da gab es zum Beispiel Amos Sulka, der vor vielen Jahren völlig mittellos nach New York gekommen war und zu einem prominenten Herrenausstatter wurde, mit exklusiven Läden in New York, Paris und anderen Städten. Wir waren beide Mitglieder des Rotary Clubs von New York. Mir fiel später die Aufgabe zu, bei seiner Beerdigung zu sprechen und einen Mann zu würdigen, dessen Lebenslauf der Tradition Amerikas entsprach.

Amos sagte mir einmal: »Um in irgendeinem Bereich eine gute Leistung zu erbringen, muß man alles wissen, was es darüber zu wissen gibt. Dann tu dein Bestes, eigne dir Wissen an, vertraue auf Gott, sei ehrlich, biete gute Ware an und einen Gegenwert für das, was du erhältst, behandle die Menschen richtig, und gib nicht klein bei, wenn du recht hast.« Er erzählte mir von seiner ersten Begegnung mit William Randolph Hearst, dem die New York American und weitere Zeitungen gehörten. Zur Zeit war er wohl der größte Zeitungsverleger der Welt. Man sagte ihm nach, daß er ein Tyrann sei, unnachgiebig und rechthaberisch. Ich lernte ihn einmal kennen, und die strenge Art, in der er einen ansah, war beeindruckend. Er war sehr bestimmt, erteilte jedem Befehle und war es gewohnt, daß man ihm gehorchte.

Eines Tages, als Hearst bereits älter war, betrat er Sulkas Laden, so wie Amos es schilderte. Ein Verkäufer erkannte Hearst nicht und fragte: »Darf ich Ihnen dienlich sein, Sir?«

Worauf Hearst befahl: »Ich will Sulka sprechen!«

Der Verkäufer bemühte sich zu erklären, daß Herr Sulka der Besitzer sei und nicht selber bediene. Die Forderung blieb die gleiche.

»Ich bin William Randolph Hearst, und ich will Sulka sprechen.«

Sulka kam hervor und sagte höflich: »Willkommen, Herr Hearst. Was darf ich für Sie tun?«

»Ich will neue Kragen, genau wie der, den ich trage«, sagte Hearst. Damals waren Kragen getrennt und wurden mit Knöpfen am Hemd befestigt. »Ich will zwei Dutzend davon.«

»Herr Hearst«, sagte Amos, »ich bin Herr Sulka, der renommierteste Herrenausstatter der Welt, und ich spreche mit Herrn Hearst, dem renommiertesten Zeitungsverleger der Welt. Ich muß Ihnen leider sagen, daß der Kragen, den Sie tragen, überhaupt nicht zu Ihnen paßt. Ich kann Ihnen einen solchen Kragen nicht verkaufen.«

Hearst brauste auf: »Hören Sie zu, Sulka, ich trage diesen Typ Kragen bereits seit Jahren, und ich weiß, welchen Kragen ich zu tragen habe. Entweder ich bekomme ihn, oder ich kaufe hier gar nichts.«

Sulka erwiderte ruhig: »Ich würde Ihnen lieber nichts verkaufen als solche Kragen. Ich möchte nicht, daß der große William Randolph Hearst in einem unpassenden, unzeitgemäßen Kragen gesehen wird.«

Die Blicke der beiden Männer hielten sich gegenseitig fest. Beide waren auf ihrem Gebiet fachkundig, beide waren willensstark. Endlich sagte Hearst: »Gut, Sie alter Dickkopf, welchen Kragen soll ich Ihrer Meinung nach tragen?«

Ich fragte Amos: »Hast du ihm deine Wahl verkaufen können?«

»Natürlich habe ich das, und er kam Jahr für Jahr wieder und kaufte mehr davon. Hearst war groß genug, um zuzugeben, wenn er im Unrecht war.«

Amos Sulka war sachkundig und daher selbstsicher, und er war ein ausgezeichneter Verkäufer.

Ruth und ich gehörten zu den Gästen der Feier im Weißen Haus, mit der DeWitt und Lila Wallace als große Amerikaner geehrt wurden. Der Präsident überreichte ihnen beiden – sie waren stets ein Team – die Freiheitsmedaille, die höchste Auszeichnung, die der Präsident Zivilisten verleihen kann. Als sich DeWitt Wallace für die Ehrung bedankte, fing er mit den Worten an. »Angeblich bin ich ja schüchtern und wortkarg, aber …« und hielt dann eine bewegende, besinnliche Ansprache über seine Liebe für das Land und die vielfältigen Chancen, die es jedem bietet.

Dieser bemerkenswerte Mann, sein Leben lang ein belesener Denker, hatte eine einfache sowie einmalige Idee, die vor ihm niemandem eingefallen war. Er wollte die interessantesten Berichte aus allen denkbaren Quellen zusammentragen und sie als Magazin gesammelt veröffentlichen. Einen Prototyp dieses Magazins schickte er an die zehn wichtigsten Zeitschriftenverlage New Yorks und erhielt nur Absagen. William Randolph Hearst sagte ihm, daß sich die Idee nie durchsetzen würde. Unerschrocken und mit einem Startkapital von 600 Dollar, die er von seinem Vater und seinem Bruder geborgt hatte, machte er sich selbständig. Die Idee setzte sich durch, und *Reader's Digest* wurde das erfolgreichste Magazin der Geschichte, mit einer monatlichen Auflage von achtzehn Millionen Exemplaren in den Vereinigten Staaten und weiteren dreizehn Millionen im Ausland.

Wie bereits gesagt wurde, sechs Worte bestimmen den Erfolg jedes Unternehmens: »Finde einen Bedarf, und erfülle ihn.« Der Bedarf lag in diesem Fall in dem ewigen Wunsch des Menschen, sich zu verbessern. DeWitt Wallace füllte seine Zeitschrift mit Beiträgen, die dem Leser halfen, größere Erfüllung im Leben zu finden. Er glaubte an Gott, die Vereinigten Staaten und menschliche Werte, und der Beitrag, den er den Menschen in seinem Leben leistete, war enorm.

Wally, wie wir ihn nannten, war ein stiller, zurückhaltender Mann von beeindruckender Größe, und auch im hohen Alter wirkte er nicht alt. Er hatte immer etwas Charmantes, Jugendliches an sich. Er war ein treuer Christ und ein ebensolcher Patriot, der sich nie in den Vordergrund drängte und trotz seines öffentlichen Ansehens ein einfacher Mensch blieb.

Als DeWitt Wallace im Alter von einundneunzig starb, leitete ich die Gedächtnisfeier. Neben den Freunden der Familie waren auch die führenden Persönlichkeiten des Verlages bei den Feierlichkeiten anwesend, die in Wally und Lilas wunderschönem Haus *High Winds* stattfanden, das auf einem Hügel im Kreis Westchester lag. Als ich mich zum Sprechen erhob, hörte ich den Wind, der um das Haus herum seufzte. Ich ließ es still werden, damit wir ihm alle lauschen konnten. »Hört den Wind an«, sagte ich. »Die Natur betrauert zusammen mit uns den Abgang eines großen, sanften Geistes aus dem Kreis der Menschen …«

John Galbreath war ein Junge vom Lande und stammte aus Mount Sterling, Ohio. Die Farm der Familie war verarmt, und sein Vater mußte darum kämpfen, mit dreißig Morgen Land die Lebensgrundlage zu erhalten. Es waren solide, religiöse Leute, und John wuchs mit der positiven Überzeugung heran, daß ein junger Mensch mit Glauben und Charakter, der bereit war zu arbeiten, zu denken und seinen Mitmenschen gegenüber fair zu sein, in Amerika Chancen finden würde. John hatte eine liebenswerte Art an sich und blieb sein Leben lang ein bodenständiger, umgänglicher Mensch, auch als er ein beachtliches Vermögen besaß.

John wurde im Immobilienhandel und im Bauwesen groß. Er sanierte einen heruntergekommenen Stadtteil von Columbus, und in Hongkong baute er die Mei Foo, eine Wohnsiedlung für achtzigtausend Menschen. Er ist Besitzer der Pittsburg Pirates, eines Baseballklubs der Nationalliga, und Pferde aus seinem Rennstall gewannen mehrere Male das Kentucky Derby. Durch das Interesse an der Pferdezucht entstand eine freundschaftliche Beziehung zu Königin Elisabeth II. Aber trotz aller Errungenschaften und Prominenz ist John Galbreath ein Junge aus Ohio geblieben, der das Land und die alten Traditionen liebt.

Ich erinnere mich an einen Abend, an dem uns seine Frau Dorothy zu einem Gottesdienst in einer restaurierten Scheune fuhr, bei dem wir Ansprachen halten sollten. Die alten Choräle und die Wortverkündungen ließen Johns Augen feucht werden – wie auch meine. Auf der Rückfahrt herrschten Sturm und Wolkenbruch, und John fuhr das Auto zurück zur Darby-Dan-Farm. Dort aßen wir eine Schale Cornflakes in der Küche, und ich mußte daran denken, daß wir keine fünfzig Meilen von den dreißig Morgen entfernt waren, auf denen Johns bescheidenes Elternhaus gestanden hatte. Von seinem Privatflugplatz aus startet sein Düsenflugzeug oft über den staubigen Feldweg, den John als Junge entlanggewandert war.

Vor Jahren war ich ein häufiger Gast in Art Linkletters beliebten Fernsehsendungen, und wir sahen uns oft bei Versammlungen jeder Art, bei denen wir Ansprachen hielten. Einmal kam er von der Westküste nach New York, um bei einem Festessen für Ruth und mich im Waldorf-Astoria als Conférencier aufzutreten.

Bei seinen öffentlichen Auftritten hat Art eine geniale Fähigkeit, das Publikum für sich zu gewinnen. Ich habe ihm bei der Ausübung dieser Kunst oft zugesehen und diese Fähigkeit bewundert, und durch Zuhören habe ich viel von ihm gelernt. Zuallererst wirkt der Name auf ein Publikum, denn Art Linkletter ist bereits in das Bewußtsein jedes Amerikaners eingegangen und wird überall geehrt. Dann erscheint dieser große, gutaussehende Mann und geht ohne

Eile zum Rednerpult hin, steht dort, lacht das Publikum an und erhält unweigerlich eine stehende Ovation, noch bevor er zu reden beginnt. Er strahlt aus, daß er die Menschen mag, und spricht dann einfach zu ihnen wie ein Freund. Als Redner hat er das seltene Talent, entspannt zu bleiben, und das Publikum reagiert entsprechend darauf. Er ist sicherlich einer der beliebtesten und geachtetsten Persönlichkeiten Amerikas, denn es ist allgemein bekannt, daß er bei tragischen Erlebnissen Halt in seinem festen Glauben findet. Er ist ein ausgezeichnetes Beispiel dafür, daß die Menschen einen mögen, wenn man sie auch mag.

Viele Jahre lang ritten ein romantischer Cowboy namens Roy Rogers und seine Frau Dave Evans in die Herzen von Kindern und auch Erwachsenen ein. Im Verlauf ihrer jährlichen Auftritte im Madison Square Garden waren sie sonntags immer in der Kirche. Dazu kamen dann Mengen von Menschen, die ihre Hände schütteln wollten, denn für sie waren Roy und Dale die Verkörperung Amerikas.

Beide sind standfeste Christen, die sich nie scheuen, dafür Zeugnis abzulegen. Auf seinem bekannten Pferd »Trigger« macht Roy gelegentlich inmitten einer atemberaubenden Vorstellung Pause, um ein Wort über Jesus zu sagen und sein riesiges Kinderpublikum zu ermahnen, ein gutes Leben zu führen. Ein zaghafter Fernsehsponsor warnte Roy einmal, daß er wegen dieser kurzen religiösen Einlagen in Erwägung ziehe, den Vertrag zu kündigen. Roy zögerte keinen Moment, sondern erklärte, daß ihm die Loyalität Gott gegenüber wichtiger sei als Geld. Der Sponsor war davon so beeindruckt, daß er die Drohung nie verwirklichte.

Ein weiterer Mann, mit dem ich seit langem verbunden bin, ist W. Clement Stone, Gründer der Combined Insurance Company of America, eines großen Versicherungskonzerns. Auch ist er ein großzügiger Philantrop. »Clem« war der Sohn einer Witwe. Er verkaufte als Junge Zeitungen im Süden Chicagos, um etwas zum Lebensunterhalt beitragen zu können. Er ging in Restaurants und Imbisse und bot seine Zeitungen den Geschäftsleuten an den Tischen an. Wenn ihn, wie so oft, der Besitzer hinauswarf, kam er durch einen Seiteneingang wieder herein. Die Gäste waren von seiner Hartnäckigkeit so beeindruckt, daß sie den Besitzer baten, den Jungen seine Zeitungen verkaufen zu lassen. Später sollte dieser Zeitungsjunge zum Besitzer einer Drittelmilliarde Dollar werden, aber er blieb einer der Menschen, die Geld besitzen, ohne daß das Geld sie besitzt.

Clem verschenkt Millionen, und zwar immer in solcher Weise, daß junge und ältere Menschen etwas davon haben, die sich bemühen, voranzukommen. Er ist großherzig und konsequent bemüht, Menschen zu motivieren, sich neue Chancen zu eröffnen. Im Laufe der Jahre spendete er wohl an die zwei Millionen Dollar für die Arbeit unserer Institute der Religion und Gesundheit, deren Vorsitzender er war. Sein Bild hängt an einem Ehrenplatz in den Räumen der Institute, neben dem des Gründers, Dr. Smiley Blanton, und meinem. Seine Zuwendungen sind zu zahlreich, um hier aufgeführt zu werden, aber es ist bedeutend, daß Dr. Arnaud C. Marts, die unbestrittene Autorität in dem Bereich des wohltätigen Spendens und Autor des Standardwerks *The Generosity of Americans* (Die Großzügigkeit der Amerikaner) sagte: »Clem Stone ist der großzügigste Mann, der mir je begegnet ist.«

Clem ist auch einer der großen Positivdenker der Welt und

verbreitete ein System mit der Bezeichnung P. M. A. (*Positive Mental Attitude* = Positive geistige Einstellung). Er hatte immer den starken Drang, allen Menschen positive Geisteshaltung beizubringen. Gemeinsam mit Napoleon Hill verfaßte er mehrere Bücher, wovon eines der populärsten den Titel trägt *The Success System That Never Fails* (Das Erfolgssystem, das nie versagt). Er ist Begründer der Zeitschrift *Success* (Erfolg). Clem findet das Leben großartig und Chancen großartig, und ich finde Clem großartig.

Ich rief ihn einmal an, um Schwierigkeiten zu besprechen, die bei den Instituten der Religion und Gesundheit aufgetreten waren. »Clem«, sagte ich, »wir haben ein Problem.«

»Herzlichen Glückwunsch«, rief er mir durch das Telefon zu.

»Aber es handelt sich um ein sehr schwieriges Problem.«

»Doppelten Glückwunsch«, war seine Antwort. Nachdem er sich dann die Einzelheiten angehört hatte, formulierte er eine seiner großen positiven Erkenntnisse: »Jeder Nachteil bringt immer einen entsprechenden Vorteil mit sich.«

Seit seinem Knabenalter litt John Walton, genannt »Bert«, an einem alles beherrschenden Minderwertigkeitskomplex. Da er überzeugt war, daß er nur ein durchschnittliches Denkvermögen besaß, handelte er auch dieser negativen Annahme entsprechend, mit dem Ergebnis, daß er einige Schulen verlassen mußte, auf die ihn sein nicht gerade reicher Vater hatte schicken können. Letztlich schaffte er seinen Abschluß an der unteren Grenze der akademischen Anforderungen und fand eine Stelle, nur setzte seine über lange Zeit genährte Gewohnheit des Versagens wieder ein. Anschließend verlor er weitere Stellen aus demselben Grund. Es kann nicht überraschen, daß seine Leistungen die

374

niedrige Ebene, auf der er sich selbst eingestuft hatte, nicht überschritten.

Dann verschaffte er sich einen unbedeutenden Job bei einer amerikanischen Firma, die in Australien, wo Bert lebte, eine Niederlassung unterhielt. Sein Beginn war vielversprechend, da Bert eine ansprechende Persönlichkeit hatte, aber es dauerte nicht lange, und sein Glaube an die eigene Unfähigkeit machte sich wieder in seinen Leistungen bemerkbar. Zu der Zeit besuchte ein leitender Mitarbeiter aus den Vereinigten Staaten die Filiale in Sydney. Da er sich besonders für die jungen Leute der Firma interessierte, veranstaltete er Versammlungen, bei denen er von dem jeder Persönlichkeit eigenen Potential sprach. Er betonte das Prinzip »Du kannst, wenn du glaubst, du kannst« und hob hervor, daß zunehmendes positives Denken Versagergewohnheiten vollständig überwinden kann.

Bert war mit dieser Art zu denken noch nie in Berührung gekommen. Zuerst überraschte es ihn, festzustellen, daß man durch bloßes Verändern der eigenen Denkgewohnheiten und Lebenseinstellung eine dramatische Umkehr der eigenen Natur bewirken könnte. Die Überraschung wurde zur Absicht, und die Absicht wurde zur Überzeugung, und dann folgte vollständige Akzeptanz der Philosophie des positiven Denkens. Zum erstenmal in seinem bislang erfolglosen jungen Leben begann Bert, an sich selbst zu glauben und auch daran, daß er Fähigkeiten haben könnte, die er sich nie vorgestellt hatte. Und doch quälte ihn weiterhin die Überzeugung, daß ihm sein durchschnittliches Denkvermögen nur eine beschränkte Zukunft ermöglichen würde.

Der Firmengesandte ahnte Berts verschlossenes Potential. Der Vorstellung des durchschnittlichen Denkvermögens setzte er die entgegen, daß man durch die Entwicklung der positiven anstelle der negativen Denkvorgänge und durch die Kultivierung der bildhaften Vorstellung zu einem außergewöhnlichen Menschen werden konnte.

Er erklärte ein wirkungsvolles Prinzip, von dem ich oft geschrieben und gesprochen habe: die tiefverwurzelte Tendenz, genau das zu werden, als das wir uns selbst bewußt oder gewohnheitsgemäß sehen. Ein solches geistiges Bild tendiert dazu, sich zu verwirklichen, wenn es lange und konsequent genug beibehalten wird. Sieht man sich als minderwertig, so wird die Wirklichkeit wahrscheinlich minderwertige Züge annehmen. Andererseits bewirken positive Vorstellungen positive Ergebnisse.

Dann tat der Firmengesandte etwas, was für Bert den Beginn einer Karriere markieren sollte. Von dem höhergelegenen Fenster eines Korridors wies er auf einen grauhaarigen Herrn hin, der an seinem Schreibtisch arbeitete. Es war der Filialleiter, der in wenigen Jahren in den Ruhestand treten würde. »Bert, jemand muß sein Nachfolger werden, und das kannst du sein. Wenn dich das interessiert, dann sieh dich selber bildlich dort in dem Stuhl. Aber um das zu schaffen, wirst du erst richtig denken und hart arbeiten müssen deinen derzeitigen Aufgaben alles geben, was du geben kannst, und das ist eine ganze Menge.«

Bert reagierte entsprechend und wurde mit der Zeit einer der effektivsten Mitarbeiter der Firma, bis der Schreibtisch, den er sich vorgestellt hatte, seiner war. Später übernahm er die Leitung des gesamten Betriebs in Australien. In seiner Tasche trug er immer eine kleine Plastikkugel, in die ein Senfkorn eingebettet war, um ihn an die Zeilen aus der Bibel zu erinnern: »Wenn euer Glaube auch nur so groß wie ein Senfkorn wäre … Nichts wäre euch unmöglich« (Matthäus 17, 20). Und dann kam der Tag seines Lebens in London, als ihn Königin Elisabeth II. in den Adelsstand erhob und er nunmehr Sir John Walton hieß. All dies unterstreicht die alte und weiterhin gültige Wahrheit, daß ein Mensch aus sich selbst Unglaubliches machen kann, wenn er das positive Prinzip konsequent anwendet.

Die Untersuchung dieses Phänomens zeigt, daß fast immer begleitende Prinzipien vorhanden sind, wie überzeugtes Festhalten an Glaubens- oder Verhaltensidealen. Meistens spielen auch Moralvorstellungen eine Rolle sowie engagierte positive Selbstverpflichtungen.

Alle diese Prinzipien treten im Fall des verstorbenen Branch Rickey in Erscheinung, der einer der sehr wenigen Spitzenmanager des Baseballs war und nacheinander drei Spitzenklubs der Nationalliga führte. Sein zunehmendes Alter tat nichts, um seine Begeisterung für den Sport abstumpfen zu lassen. Bei einem Festessen zur Feier seines Fünfzig-Jahr-Jubiläums als Manager fragte ihn ein Reporter, welcher Moment für ihn der größte gewesen sei, den er in einem halben Jahrhundert im Baseball erlebt habe. Schlagfertig antwortete Rickey: »Der kommt noch.« Er war natürlich ein Positivdenker und brachte unzählige Spieler dazu, selbst positiv zu werden, und viele von ihnen gingen in die Annalen des Sports ein.

Rickeys Treue zu moralischen und christlichen Prinzipien wurde dadurch deutlich, daß er die Farbgrenze im Baseball durchbrach und den schwarzen Spieler Jackie Robinson in den Club in Brooklyn aufnahm. Er brachte dem temperamentvollen Sportler bei, die Selbstbeherrschung zu bewahren, wenn ihm Rassenhaß entgegengebracht wurde. Rickeys Rat an Jackie lautete, das Neue Testament zu lesen und nochmals zu lesen und sich an das Vorbild Jesu zu halten, wenn er bespuckt wurde. Robinsons Fähigkeit, dies zu befolgen, ließ ihn nicht nur eine der größten Figuren dieses Sports werden, sondern auch einen charakterlich großen Mann.

Als Zweifel über das Einbringen von schwarzen Spielern laut wurden und es hieß, daß dies »nicht funktionieren« würde, sagte Rickey: »Es muß funktionieren. Ich bin sicher, daß es das wird. Es ist richtig, und das Richtige funktioniert immer.« Rickeys uneingeschränkte positive Überzeugung in dieser ethischen Frage bewirkte dann auch den Erfolg.

Rickey befand sich einmal in harten Verhandlungen im Union League Club in New York. Es ging um die Vermietung des alten Baseballstadions Ebbets Field an den Profi-»Football«. Die Verhandlungen näherten sich endlich einem Ergebnis, das Rickeys Club einen beachtlichen Gewinn versprach.

Plötzlich rückte er die Zigarre in den anderen Mundwinkel, biß fest zu und warf seinen Bleistift auf den Tisch. »Die Vereinbarung ist hinfällig«, knurrte er. »Ich mache nicht mit.« Alle Beteiligten sahen ihn entsetzt an.

»Wieso? Wir sind uns doch fast einig. Was soll das heißen, die Vereinbarung findet nicht statt?« fragte der Leiter der Gruppe, die das Stadion mieten wollte.

»Findet nicht statt, weil mir nicht gefällt, wie Sie dauernd von einem Freund von mir sprechen«, erwiderte Rickey. »Ich brauche das nicht mit anzuhören, und Ihr Geld interessiert mich verdammt wenig.«

»Das verstehe ich überhaupt nicht. Was für ein Freund? Ich habe nie von einem Ihrer Freunde gesprochen.«

Worauf Rickey antwortete: »Bei Ihnen heißt es dauernd Jesus dies und Jesus das. Er ist mein Freund.«

Sein Gegenüber war wie versteinert. Stille herrschte im ganzen Raum. »Jetzt verstehe ich Sie, Herr Rickey. Er ist auch mein Freund. Ich gehöre der Gesellschaft des Heiligen Namens an. Ich versichere Ihnen, das kommt nicht mehr vor.«

Im späteren Verlauf der Verhandlungen erlitt Rickey einen Anfall, der ein Herzinfarkt hätte sein können, und man brachte ihn in ein Bett. Ein Arzt wurde geholt, und als sein Seelsorger war ich auch bei ihm und betete. Als ich den Raum verließ, kam der Mann, der Rickey brüskiert hatte, mit. Mit Tränen in den Augen nickte er in Rickeys Richtung. »Der Kerl«, sagte er erschüttert, »ist der größte Mann, dem ich je begegnet bin. Das ist ein echter Mann.« Es war kein Infarkt, und Rickey erholte sich, aber der Ablauf sagt einiges darüber aus, daß wahre Positivdenker in ihrer Prinzipientreue nicht zimperlich sind.

John Glossinger, ein großer, grauhaariger Mann mit einem sympathischen Gesicht war ein Personalberater, den Firmen kommen ließen, wenn es um Angestelltenfragen ging. Er selbst nannte sich eine Art von Arzt für Unternehmen, bei denen die Verständigung zwischen Leitung und Belegschaft krankte. Er war ein zurückhaltender Mann mit einer vorzeigbaren Erfolgsbilanz. Er hatte etwas an sich, das zu sagen schien: »Alles geht in Ordnung. Glaube nur an gute Ergebnisse.« In seiner ruhigen Art bewirkte er immer Verbesserungen.

Vielleicht lag ein Grund für seinen Erfolg darin, daß er Menschen und Probleme positiv anging. Weil er an Menschen glaubte, gelang es ihm, Qualitäten ans Licht zu bringen, die vorher nie zum Ausdruck gekommen waren.

Zum Beispiel in dem Fall eines jungen Mannes in einer Versandabteilung. Seine Aufgaben waren nichts Besonderes, aber er besorgte sie gut und schnell, er schien seine Arbeit zu mögen und war als guter Arbeiter bekannt. Glossinger bemerkte bald, daß dieser junge Mann, Jack, bei den Kollegen beliebt war und einen Ruf für Zuverlässigkeit genoß. Auch unter Druck blieb er ruhig und zuversichtlich, daß alles bewältigt würde.

Eines Tages suchte Glossinger Jack an seinem Platz auf und fragte: »Hast du je daran gedacht, als Vertreter für die Firma zu arbeiten?«

»Auf keinen Fall. Ich fühle mich hier im Versand wohl.« Doch Glossinger war überzeugt, daß er in diesem Mann das Potential eines hervorragenden Vertreters entdeckt hatte, und er hatte beschlossen, Jack aus seiner sicheren, aber zukunftslosen Nische herauszuholen und ihn sanft, aber bestimmt in die Richtung einer höheren Ebene zu bewegen.

Trotz Jacks Proteste ließ Glossinger ihn in den Verkauf versetzen und teilte ihm ein Riesengebiet in West Virginia zu. Er sagte ihm: »Ich begleite dich einige Tage lang auf der Tour, bis du dich eingearbeitet hast.« John Glossinger war ein höchst kompetenter Verkäufer, und Jack lernte schnell, worum es ging. Dann sagte ihm Glossinger: »Morgen reise ich ab. Du bist fähig, diese Arbeit alleine zu schaffen.«

Jack war niedergeschlagen und fühlte sich sehr unsicher. »Wenn wir zusammen reisen, habe ich auch Selbstvertrauen, aber alleine ...«

»Du bist nie alleine«, unterbrach ihn Glossinger. »Sage dir jeden einzelnen Tag: Ich bin nie alleine. Ich beherrsche meine Aufgabe. Mit der Hilfe Gottes werde ich erfolgreich sein. Ich diene den Interessen meiner Kunden. Ich sehe mich selbst erfolgreich. Ich denke zu allen Zeiten positiv.«

John Glossinger erzählte diese Geschichte einige Jahre später, nach einem Festessen zu Ehren des jungen Mannes, der nicht nur die besten Umsätze für seine Firma erzielt hatte, sondern damit die gesamte Branche anführte. Als John Glossinger Jack damals auf dem Bahnsteig alleine ließ, schickte er einen jungen Mann durch eine positive Lebenseinstellung in eine erfolgreiche Karriere.

Es ist in meiner Kirche Brauch, Porträts der Pfarrer malen zu lassen. Der Künstler, der mich malen sollte, war Howard Chandler Christy, damals auf dem Höhepunkt seines vielgerühmten Schaffens.

Howard Christy war ein spiritueller Mensch von vorbildlicher Persönlichkeit. Er war ein robuster, direkter Mann. Sogar mitten im Winter konnte man ihm auf den Straßen westlich des Centralparks begegnen, ohne Hut oder Mantel, das Gesicht rot vom eisigen Wind, und er begrüßte einen mit einem Ruf und einem Lachen.

Als ich eines Tages für ihn saß und mir die Predigt des kommenden Sonntags überlegte, die das Thema Sorgen behandeln sollte, fragte ich ihn: »Howard, machen Sie sich je Sorgen?«

»Für nichts in der Welt. Ich glaube nicht an Sorgen.«

»Aber haben Sie sich denn nie Sorgen gemacht?« wollte ich wissen.

»Doch«, antwortete er lachend, »aber nur einmal, und das war, weil sich alle anderen Sorgen machten und ich das Gefühl hatte, ich verpaßte etwas. Also nahm ich mir einen Tag, an dem ich mir Sorgen machen wollte. Ich hatte eine herrliche Nachtruhe genossen und aß dann ein schönes, großes Frühstück, weil ich mir dachte, mit hohem Bauch sollte man sich Sorgen gar nicht erst vornehmen. Dann begann ich, mir Sorgen zu machen. Nur, als es 10 Uhr war, wußte ich nicht mehr, was ich nun damit anfangen sollte, und dann hörte ich auf, weil es eine völlig nutzlose Bemühung war. Und seitdem habe ich mir nie wieder Sorgen gemacht.«

»Sie wollen sagen, daß Sie sich nur einmal und dann für so kurze Zeit Sorgen gemacht haben?« fragte ich erstaunt.

Die Antwort entsprach seinem unnachahmlichen, dynamischen Stil. »Wissen Sie, ich verbringe jeden Morgen eine Viertelstunde damit, meinen Geist mit Gott zu füllen, und da bleibt kein Platz übrig für Sorgen.«

Dem Namen Arthur Rubloff, Immobilienhändler und Bauunternehmer, kann man überall in Chicago begegnen. Eine seiner Kreationen ist die »Magnificent Mile«, die prachtvolle Meile, ein glitzernder Teil der weltberühmten Michigan Avenue. Er ist Mäzen der Künste, Kunstsammler und ein Bürger, der sich Gedanken um das Wohl der Allgemeinheit macht, und wenn man nicht aufpaßt, schenkt er einem noch das Hemd, das er gerade am Leibe hat.

An einem recht warmen 31. Mai, meinem Geburtstag, besuchten er und ich sein großangelegtes Evergreen Plaza Shopping Center, ein Einkaufszentrum großen Stils. Ich trug weder Hut noch Mantel, während er eine Melone und Mantel trug. Herr Rubloff meinte alsbald: »Sie brauchen einen Mantel.«

»Brauche ich nicht«, antwortete ich. »Dafür ist es viel zu warm.«

»Der Winter ist im Anmarsch«, knurrte er und führte mich zu einem Herrenausstatter. »Geben Sie Doktor Peale einen Mantel, einen wirklich modernen.«

Meine Proteste ignorierte er einfach, und ich verließ den Laden mit einem erstklassigen Mantel mit Samtkragen, einem passenden, modernen Hut und einem Dutzend Krawatten. Während wir weitergingen, beobachtete ich Arthur und seinen Spazierstock, der einen goldenen Knauf hatte. Bewundernd sagte ich: »Ein wirklich prächtiger Spazierstock, Arthur.«

Er drückte ihn mir in die Hand. »Schön, daß Sie ihn mögen. Er gehört Ihnen.«

»Aber ich will keinen Spazierstock. Ich habe nie einen getragen.«

»Wird langsam Zeit«, sagte der nun stocklose Herr Rubloff. Ich bemühte mich, den Spazierstock würdevoll nach seiner Manier zu tragen. Wenn ich heute höre, daß jemand als großherzig bezeichnet wird, denke ich an Arthur Rubloff, den Jungen aus armen Verhältnissen, der den amerikanischen Traum verwirklichte.

Eine gewisse Zeit lang teilte ich eine große Anzahl von Redeterminen mit Millard Bennett. Wir sprachen vor großen Wirtschaftsverbänden im ganzen Land sowie in Kanada. Millard Bennett ist ein großartiger Redner, der sein Publikum rühren und motivieren kann. Er ist ein Künstler, wenn es darum geht, Menschen zu überzeugen.

Im Verlauf einer Tagung gab Millard Bennett eine der besten Definitionen der Kunst des Verkaufens ab, die ich je gehört habe. »Verkaufen heißt«, sagte er, »einen Vorgang der Überzeugung in Bewegung zu setzen, der einen anderen Menschen dazu bringt, einen Weg der Übereinstimmung mit dir zu gehen.« Mir gefiel diese Definition, denn laut ihrer Aussage bin auch ich, ein Seelsorger und Schriftsteller, ein Verkäufer, denn ich bemühe mich, Menschen dazu zu bringen, einen Weg der Übereinstimmung über das Evangelium und positives Denken mit mir zu gehen.

20. Kapitel
Gesundheit, Energie, ein langes Leben

Nachdem er eine meiner vierzigminütigen Reden angehört hatte, die wie üblich von heftiger Gestik begleitet war, fragte mich ein Journalist nach der Quelle meiner »außergewöhnlichen Energie«, wie er sie nannte.

Die Antwort, sagte ich ihm, liege in diesem Zitat: »Die aber, die dem Herrn vertrauen, schöpfen neue Kraft, sie bekommen Flügel wie Adler. Sie laufen und werden nicht müde, sie gehen und werden nicht matt.«

»Das ist gut«, meinte er. »Von wem stammt das?« Er war überrascht, als ich ihm sagte, dies sei Jesaja 40, 31.

Offen gestanden weiß ich nicht, warum ich mit Mitte Achtzig mehr Arbeit vollbringen kann, als ich halb so alt schaffte. Ich habe viele betagte Menschen gebeten, mir das Geheimnis ihrer Langlebigkeit zu verraten. Ein Mann sagte mir, es sei darauf zurückzuführen, daß er nie geraucht habe, ein anderer, weil er seit seiner Jugend Zigarren rauche. Andere sagen, daß sie sich immer mit leichter Kost ernährt hätten, während wiederum andere behaupten, ihr hohes Alter komme daher, weil sie ihr Leben lang alles verschlungen hätten, was sich ihnen anbot. Manche Menschen sagen, daß sie ihr Arbeitspensum mit zunehmendem Alter verringerten, und andere meinen, sie hätten unvermindert hart gearbeitet. Es mag sein, daß das Altern dadurch beschleunigt wird, daß man sich übermäßig damit befaßt. Ich habe mich kaum darum gekümmert, wie alt ich war, und tue es heute auch nicht, sondern gehe meinen Aufgaben wie üblich nach. Würde ich mich dauernd selbst daran erinnern, wie alt ich bin, wäre ich vielleicht geneigt, keine Reden mehr zu halten, keine Bücher mehr zu schreiben und keine Reisen mehr zu unternehmen. Aber das wäre nicht meine Art, obwohl ich mir meine Aktivitäten sorgfältiger organisiere als früher. Wenn ich in den vergangenen Jahren eine Ansprache halten sollte, traf ich mich vorher mit einem Komitee, ließ mir die Stadt zeigen und ein Abendessen arrangieren. Nach meiner Ansprache begrüßte ich oft Hunderte von Menschen und nahm dann noch an einem Empfang teil.

So mache ich es aber nicht mehr. Wenn ich bei einem Bankett sprechen soll, treffe ich erst im Ballsaal ein, wenn der Nachtisch gereicht wird. Nach meiner Ansprache werde ich aus dem Saal begleitet und suche mein Hotelzimmer auf. Ich bin keineswegs ungesellig, und ich liebe es, mit Menschen zu sprechen, aber ich habe gelernt, daß dies, das viele Händeschütteln und besonders Autogramme geben, mehr von meiner Energie verzehrt als die Rede an sich.

Als ich Anfang Fünfzig war, schrieb ich in »Die Kraft positiven Denkens«: »Je länger ich lebe, um so überzeugter bin ich, daß weder Alter noch die Lebensumstände uns unserer Energie und Vitalität berauben müssen … Die Erhaltung der Energie ist davon abhängig, daß wir die persönlichen Rhythmen mit denen Gottes synchronisieren … Wenn wir uns auf den Rhythmus Gottes einstellen, entwickeln wir in uns ein natürliches Tempo, und Energie fließt frei.«

Ich schlafe acht bis zehn Stunden pro Nacht, gehe möglichst früh zu Bett und stehe früh auf. Ich rauche nicht, esse gemäßigt. Mein Arbeitstag beginnt mit dem Aufstehen und endet, wenn ich mich zur Ruhe begebe. Auf Reisen nehmen

Ruth und ich ausnahmslos Arbeit mit. Im Sommer schwimmen wir gerne, und wir gehen täglich zwei bis drei Kilometer spazieren.

Obwohl bewußte Ernährung und Körpertraining zweifellos wichtig für ein langes Leben und die Erhaltung von Energie sind, ist die geistige Einstellung noch wichtiger, besonders, wo sie Mitmenschen betrifft. Ich kann aufrichtig behaupten, daß es keinen Menschen gibt, dem gegenüber ich Aversionen empfinde, und schon gar nicht gibt es Menschen, die ich hasse oder denen ich feindselig gegenüberstehe, und ich empfinde keinen Neid. Ich bin überzeugt, daß Feindseligkeit, böser Wille, Neid, Haß und ähnliche negative Gefühle Krankheit hervorrufen und Energie vermindern. Ich kannte einmal einen Arzt, der mir sagte, daß einer seiner Patienten tatsächlich an »Groll-itis« gestorben war, wie er es nannte. Der Mann hatte seit langem Wut gegenüber einem früheren Freund gehegt, die ihn letztlich krank machte und seinen Tod verursachte.

Mein grundlegender Leitgedanke zu Gesundheit, Energie und einem langen Leben besagt, die eigenen Gedanken gesund und positiv zu halten. Ich unterstütze eine Aussage von Ralph Waldo Trine in seinem Werk *In Tune with the Infinite*: »Willst du immer jung bleiben und die Freude und Lebenskraft der Jugend in deinen reiferen Jahren beibehalten? Dann achte gewissenhaft auf eines – wie du in deiner Gedankenwelt lebst.«

Selbstverständlich ist es auch von Vorteil, von guten Ärzten betreut zu werden, und ich habe das Beste an medizinischer Fürsorge erhalten, durch Dr. Louis Faugeres Bishop aus New York City, Dr. Milnor B. Morrison jr. aus Pawling sowie Dr. John C. Carson und Dr. Z. T. Bercovitz aus La Jolla, California.

Ich habe mein Leben lang gearbeitet und arbeite noch immer, nur heute mehr denn je. Mein üblicher Tagesablauf oder Lebensstil ist kaum der Grund dafür, daß ich mich in meinem Alter dermaßen wohlfühle. Und Ruth, die jünger als ich ist, besitzt mindestens ebensoviel Gesundheit und Energie, wenn nicht mehr.

Im Verlauf unseres jährlichen Urlaubs in den Alpen der Schweiz haben uns Ernst Zingg, ein Käsehersteller, und Max Schwab, ein schweizerisch-amerikanischer Geschäftsmann, wissenschaftliche Geh- und Atemübungen beigebracht, die nicht nur zu unserer größeren Freude beitrugen, sondern auch zu unserem Wohlsein. Bei unseren gemeinsamen Wanderungen lehrten uns die beiden Männer, zweimal tief einzuatmen und dann zweimal tief ausatmen, während ein relativ langsamer, aber stetig rhythmischer Schritt beibehalten wird. Die Kombination von Gang und Atmung ist besonders bei Steigungen wichtig, von denen es in der Schweiz viele gibt. Auch plaudert der fachkundige Wanderer dabei nicht, sondern verhält sich still und konzentriert sich auf seine vorgegebenen Atemübungen. In den Pausen ruhen die Wanderer und schenken ihre Aufmerksamkeit dem herrlichen, dauernd wechselnden Panorama der Landschaft, und dabei unterhalten sie sich natürlich. Diese disziplinierte Art des Wanderns hat meiner Meinung nach viel mit unserer guten Gesundheit zu tun. Zu Hause in New York oder auf der Farm gehen wir zwei bis drei Kilometer täglich, und in den schweizerischen Bergen mindestens das Doppelte.

Im Laufe der Jahre hat es mir sehr gut getan, täglich spazierenzugehen oder zu wandern. Ich bin sicher, daß es das Altern aufhält. In seinen »Anmerkungen über das Gehen« sagt Ralph Waldo Emerson: »Es ist eines der Geheimnisse, um dem Altern zu entgehen.« Auch Thomas Jefferson hatte wohl diese Wirkung in Gedanken, als er schrieb: »Von allen Übungen ist das Gehen die beste.«

Ich habe viele Wanderungen über die Feldwege von Dutchess County mit meinem Freund Frank Wangeman gemacht, der viele Jahre lang der beliebte Geschäftsführer des Waldorf-Astoria-Hotels in New York war. Frank schenkte mir das Buch *The Magic of Walking* von Ruth Goode und Aaron Sussman, das er mit der Widmung versah: »Mit freundschaftlicher Hochachtung und in Vorausschau auf viele schöne gemeinsame Wanderungen.« Die Autoren halten Wandern für »gute Medizin« und beschreiben, wie die Muskeln beim Gehen das Blut förmlich zurück zum Herzen drücken, der Kreislauf angeregt wird, während Puls und Blutdruck nachlassen. Da ich seit Jahren regelmäßig spazierengehe und wandere und mich stark wie eh und je fühle und mich bester Gesundheit erfreue, muß es eine ursächliche Verbindung zwischen der Praxis und dem Ergebnis geben.

Seit ich zum Positivdenker wurde, habe ich natürlich immens davon profitiert, daß ich mich selbst nie negativ betrachte. Ich denke Gesundheit, nicht Krankheit. Geistig habe ich den körperlichen, geistigen und spirituellen Verfall sowie die Minderung meiner Fähigkeiten von mir gewiesen.

Ein interessantes, wenn auch nicht dramatisches Beispiel der Wirkung positiven Denkens auf die Gesundheit sehe ich darin, daß ich vor vielen Jahren jeden Februar eine fürchterliche Erkältung bekam. Sie begann immer mit einem rauhen Hals, laufender Nase und allgemeinen Schmerzen, den klassischen Symptomen. Unweigerlich wurden meine Stimmbänder in Mitleidenschaft gezogen, so daß ich nur noch krächzen konnte. Dann geriet ich jedesmal in die Krise, meine Predigt am Sonntag geben zu können oder nicht. Dieser defätistische Zustand trat jahrein, jahraus ein, bis ich eines Tages beschloß, daß das Ganze irrational sei, und entschied, es zu beenden. Ich erkannte, daß es überhaupt keinen Sinn ergab, davon auszugehen, daß ich im Februar oder zu irgendeiner anderen Zeit eine Erkältung haben müßte. Dementsprechend begann ich positiv zu denken, daß ich eine solche Erkältung nicht brauche und den Winter erleben könne, ohne dabei meine Stimme zu verlieren, wie ich es gewohnt war.

Seit dem Moment dieses festen Entschlusses habe ich nie wieder eine Erkältung gehabt, jedenfalls keine, die mich irgendwie einschränkte. Dennoch muß man vor Negativismus dauernd auf der Hut sein. In einer Situation war ich von Leuten umgeben, die husteten und niesten und nur über ihre Erkältungen sprachen. Da vergaß ich mein positives Denken und fing an, mich dem Chor der Nieser und Schnupfer anzuschließen. Schnell bekam ich mich wieder in den Griff, schaltete mein positives Denken wieder ein und habe seitdem nie einen Redetermin aufgrund einer Erkältung absagen müssen. Auch hat meine Stimme nie wieder versagt.

Ich bin überzeugt, daß jeder normal gesunde Mensch sein Wohlbefinden kreativ durch ein stark positives Selbstgefühl bestimmen kann. Grove Patterson blieb gesund, indem er diese positive Betrachtungsweise auf sein eigenes Befinden richtete. Ich kam einmal in sein Büro und fragte, wie es ihm gehe. »Großartig«, sagte er. »Großartig, und so wird es auch bleiben. Außerdem würde ich es dir nicht sagen, wenn ich mich schlecht fühlte, denn damit würde ich nur einen Zustand bestätigen, den ich ablehne.« Man soll widrige Umstände immer ablehnen, ihnen jede Macht über einen selbst absprechen.

Auch wende ich auf meine Gesundheit und mein Alter die positive Kraft der bildlichen Vorstellung an. Wie bereits erwähnt, tendiert der Mensch dazu, so zu werden, wie er sich selbst am stärksten sieht, im Negativen wie auch im Positiven.

Im Alter von siebenundachtzig leitete ein Freund von mir, Frank Bering, das Sherman House, ein großes Hotel in Chicago. Ich sollte da einmal bei der Tagung eines nationalen Industrieverbandes mit dreitausend Mitgliedern sprechen. Frank organisierte die riesige Versammlung auf seine übliche ruhige Art, und ich sah ihm bewundernd zu. »Frank«, fragte ich, »wie alt bist du eigentlich?«

Er sah mich mit eiskalter Miene an. »Was ist los? Fehlt deinem Zimmer etwas? Bist du mit dem Service nicht zufrieden?«

»Oh doch«, fügte ich schnell hinzu. »Mir fiel nur auf, wie geschickt du alles handhabst, und da war ich neugierig. Außerdem«, fuhr ich fort, »kenne ich dein Alter, denn du bist ja mit meiner Mutter zur Schule gegangen.«

»Nun, wenn du es weißt, warum erwähnst du es dann?« knurrte er.

Dann schlug er mir freundschaftlich auf die Schulter und meinte: »Hör zu, mein Sohn, lebe dein Leben, und vergiß dein Alter. Wenn ich in den Spiegel blicke, sehe ich nicht Frank Bering als alten Mann. Statt dessen sehe ich ihn so, wie er immer war, ein engagierter, fröhlicher junger Kerl. Also haben es die Jahre nie geschafft, mich alt zu machen, denn ich lasse sie nicht.«

James A. Farley war zeitlebens ein energischer Mann und an allem interessiert, auch in seinen späteren Jahren. Eines Tages fragte ich ihn: »Jim, wie kommt es, daß Sie einfach nicht älter werden?«

»Ich denke nie alte Gedanken«, war seine spontane Antwort. »Es sind die alterbehafteten Gedanken, die einen Menschen alt machen.«

Ich traf einmal Bischof Fulton J. Sheen, als er auch schon im fortgeschrittenen Alter war, und mich beeindruckte seine dynamische Ausstrahlung. »Meine Güte, Sie sehen aber gut aus«, begrüßte ich ihn begeistert.

Daraufhin fragte er mich schmunzelnd: »Kennen Sie die drei Zeitalter des Menschen?«

»Wie lauten sie?« fragte ich.

»Jugend, Mittelalter und ›meine Güte, Sie sehen aber gut aus‹.« Bischof Sheens Geheimnis war, daß er immer von der Welt fasziniert war, die Menschen liebte und seinen Humor beibehielt.

Aus meiner eigenen Erfahrung und der anderer Menschen erwuchs meine Überzeugung, daß Gedanken und Glauben sehr wohl psychische und physische kreative Kraft enthalten. Die Wirkung dieser Kraft ist abhängig von der Intensität des Glaubens des einzelnen.

Als ich William H. Danforth, Besitzer der Ralston Purina Company, näher kennenlernte, war er bereits ein alter Mann, aber gesund und äußerst aktiv. Er war ein begeisterter Befürworter von Körpertraining und von allem, was der Gesundheit diente. Als ich einmal in einem kleinen Restaurant in St. Louis Gemüse und Hüttenkäse mit ihm zu Mittag aß, erklärte er mir den Wert eines täglichen Übungsprogramms und sprach weiter darüber, als wir die Eingangshalle seines Bürogebäudes durchquerten. Plötzlich hielt er an und sagte: »Das zeige ich Ihnen jetzt.« Er zog sein Jackett aus und bestand darauf, daß ich mich, wie er, auf den Fußboden legte, wo er mir dann Unterricht in Liegestütz und anderen Übungen erteilte, die besonders der Schmälerung der Taille dienten. Die Ansammlung von Menschen um uns herum störte ihn überhaupt nicht. Er war sehr bekannt und geachtet, und ich bemerkte, daß ihn sein gelegentlich unkonventionelles

Auftreten den Bürgern von St. Louis noch sympathischer machte.

William Danforths kleines Buch *I Dare You* ist ein Fundus der Weisheit und Motivation und hat mir in meiner eigenen Einstellung zu Gesundheit und einer positiven Weltanschauung wertvolle Dienste geleistet. Er erzählt in dem Buch von seinen Problemen mit mangelnder Körperkraft und Gesundheit als Kind. In seinen ersten Schuljahren hatte er jedoch glücklicherweise einen Lehrer, der vor allem die Wichtigkeit der Gesundheit hervorhob und glaubte, daß ein schwacher, kränkelnder Junge gesund, stark und leistungsfähig werden könne. Seine Methode, William Danforth zu motivieren, war direkt und unmittelbar. »Ich fordere dich heraus, der stärkste, gesündeste Junge der Klasse zu werden. Du kannst es.« Danforth erzählte mir, daß dieses »Herausfordern« auf ihn wirkte und ihn reizte. »Und ich habe alle meine Klassenkameraden überlebt und bin noch immer kräftiger und gesünder als die meisten Männer, die ich kenne«, sagte er.

Als ich mit ihm die Straße entlangging, nahm ich mir fest vor, den Geist, die Philosophie und die gesunde Lebensführung dieses vitalen alten Herrn nachzuahmen. Seine Grundsätze waren: gesund denken, mäßig essen, regelmäßiges Körpertraining, viel spazierengehen und wandern, sich selbst positiv betrachten, sauber denken und handeln und Gott den Schöpfer bitten, einen immer wieder zu erneuern. Als wir uns an dem Tag trennten, sagte er: »Ich fordere Sie heraus, gesund zu sein und ein wunderbares Alter zu erreichen, aber nie an Alter zu denken. Denken Sie nur an langes Leben.« Die Herausforderung habe ich angenommen. Irgendwann kaufte ich mir in Taiwan ein Paar goldene Manschettenknöpfe, die das chinesische Schriftzeichen für ein langes Leben tragen.

Ich benutze sie recht häufig, aber sie brauchen mich nicht daran zu erinnern, da langes Leben bereits tief in mein Bewußtsein eingeprägt ist.

Von Mort Cheshire, der vor langer Zeit ein berühmter Musiker des Varietés war, lernte ich eine weitere Einstellung zum Leben kennen. Im Alter von hundertundzwei war er noch immer gesund und aktiv. »Mort«, fragte ich ihn einmal, »wie erklärst du dir dein langes Leben?«

Er sagte einfach: »Es ist der Wille des Herrn. Ich bin in Seinen Händen. Er wird mir Leben schenken, bis Er mich heim zu Sich holt.« Das tat der Herr ein Jahr später. Demütig wie Mort Cheshire habe ich mein eigenes Leben in die Hände des Herrn gelegt. Er gab mir Leben, und es ist an Ihm, es zu nehmen, wenn Er die Zeit für richtig hält.

Ich befand mich auf einer Vortragsreise an der Westküste, als meine Sekretärin, Doris Phillips, aus New York anrief, um mir mitzuteilen, daß sie vom Weißen Haus soeben Nachricht erhalten habe, daß mir Präsident Reagan die Freiheitsmedaille am Montag, dem 26. März 1984, im Weißen Haus verleihen würde.

Natürlich war ich völlig überrascht und saß da wie benommen von der Vorstellung, daß mir diese Ehre zuteil werden sollte. Die Bedeutung der Freiheitsmedaille war mir bekannt. Sie hat im Zivilleben den gleichen Stellenwert und die Seltenheit, die der Ehrenmedaille im Militär zukommt, und nur der Präsident kann sie verleihen. Als Ruth und ich darüber im Hotel sprachen, war meine Reaktion von Gefühlen überlagert. Ich dachte an meine Mutter und meinen Vater, die unter schwierigen Umständen Entbehrungen auf sich genommen und gespart hatten, um ihren Söhnen eine weiterführende Bildung zu ermöglichen und sie gut auf das Leben vorzubereiten. Wie stolz sie sein würden zu wissen, daß einer ihrer Söhne diese Ehrung durch den Präsidenten persönlich erfahren sollte.

Das Mittagsbankett war ein großartiges Ereignis. Der Präsident und Frau Reagan empfingen die Ehrengäste und ihre Familien, und dann überreichte er die Medaillen mit Gratulationen für jeden der Empfänger. Es war ein eindrucksvoller, unvergeßlicher Moment in meinem Leben, und mein Herz war von Glück erfüllt. Nie wäre mir eingefallen, daß der Junge aus dem ländlichen Ohio eine solche Anerkennung durch den Präsidenten erleben könnte.

Meine offizielle Äußerung dazu lautete: »Die Freiheitsmedaille des Präsidenten zu erhalten ist die Überraschung und Ehrung meines Lebens. Ich wäre dankbar, wenn ich etwas vollbracht hätte, das den Zuspruch dieser hohen Auszeichnung rechtfertigte. Wie jeder Amerikaner stehe ich tief in der Schuld meinem Land gegenüber. Ich hoffe nur, ihm auch etwas geben zu können.«

Vielleicht liegt es daran, daß mein Leben nie aufgehört hat, aktiv zu sein, daß mir in den letzten Jahren einige überraschende Ehrungen zuteil wurden.

Außer in New York City leben wir seit mehr als vierzig Jahren in Pawling, New York. Die Handelskammer von Pawling schloß sich mit dem dortigen Rotary Club zusammen und veranstaltete ein Ehrenbankett für Ruth und mich, kurz nachdem mir die Freiheitsmedaille verliehen wurde. Die Feier fand im größten Ballsaal Pawlings am 19. April 1984 statt. Dr. James L. Stoner, Präsident des örtlichen Rotary Clubs, und Richard Novik, Präsident der Handelskammer von Pawling, teilten sich den Vorsitz. John und Elizabeth Allen, mein Schwiegersohn und meine Tochter, hielten Ansprachen. Ihr Thema war »Wir sind stolz auf dich, Papa«, und anschließend beschrieb Ruth unseren Besuch im Weißen Haus. Gesandte des Kreises, der Stadt und der Ortschaft präsentierten uns Auszeichnungen. Der Landtag des Staates New York würdigte mich in einem offiziellen Akt, und die Stadt Pawling änderte ihren Slogan, der jetzt lautet: »Der Stolz des Harlemtales und die Heimat des positiven Denkens.« Das freute mich außerordentlich, wie auch eine weitere Ehrung, die *Rotary International Presidential Citation for 1983–84*, die höchste Auszeichnung, die Rotary International vergibt.

Meine Erwiderung auf all diese Lobpreisungen war zutiefst dankbar, aber kurz: »Nach diesem denkwürdigen Ereignis fürchte ich, daß ich angesichts der Ehre und der Liebe, die mir heute abend erwiesen wurden, Schwierigkeiten haben werde, mein Ego wieder unter Kontrolle zu bringen!«

Manchmal werde ich gefragt, ob ich die Absicht habe, mich zurückzuziehen. In Antwort darauf kann ich nur fragen: »Wovon?« Eigentlich habe ich mindestens sechs Arbeitsplätze, an denen ich zur Zeit beschäftigt bin: die Zeitschrift »Wegweiser«, die Stiftung für christliches Leben, die Kirche, Bücher verfassen, Rundfunkprogramme und Vortragsreisen. Man könnte jede dieser Aktivitäten zu einer vollzeitigen Beschäftigung werden lassen. Ich genieße die Arbeit. Sie ist immer mein Leben gewesen. Die Vorstellung des Ruhestands übt keinen Reiz auf mich aus. Ich glaube vielmehr, daß ich die meisten meiner jetzigen Beschäftigungen weiter betreiben werde, solange mir der Herr Gesundheit und Energie schenkt.

21. Kapitel
Trost in Zeiten der Trauer

Wie jeder Geistliche habe ich an dem Leid vieler Menschen teilgenommen. Ich habe zusammen mit Menschen in Zeiten der Krankheit gebetet, habe mich bemüht, ihren Schmerz mit Trost zu lindern, und habe ihnen am Grabe beigestanden, wenn der Tod einen geliebten Menschen von ihnen genommen hatte. Es ist immer mein Bestreben, ihren Glauben zu festigen und ihnen zu versichern, daß Gottes Liebe bei ihnen ist. Dieses tun zu dürfen, stellt in meinem Leben eine große Ehre dar wie auch eine Funktion von ergreifender Bedeutung.

Ich erinnere mich an eine Frau, die mich gebeten hatte, zu ihr ins Krankenhaus zu kommen. Ich stand an ihrem Bett und fragte: »Wie geht es Ihnen, Helen?« Ihre Antwort war mutig, weise und unvergeßlich: »Wie es mir geht? Nun, mein Körper wird bald sterben, aber ich, Helen, bin sehr lebendig und bereit für die Zukunft. Sie haben mir geholfen, die Angst vor dem Leben und nun die Angst vor dem Tode zu überwinden.« Dann sagte sie: »Als mein Pastor und unser langzeitiger Freund kümmern Sie sich bitte um Joe, meinen Mann. Ich habe immer auf ihn aufgepaßt. Er ist so ein starker Kerl und doch so abhängig. Lassen Sie ihn sich eine Weile lang auf Sie stützen, nachdem ich gegangen bin, bis er seinen Halt findet.« Ich würdigte sie als eine große Frau, und ich glaube, es gelang mir auch, dem rührenden alten Joe zu helfen. Dies ist ein wichtiger Teil der Arbeit des Seelsorgers, das Trösten von Trauernden, sie mit der Kraft der Liebe und des Glaubens zu unterstützen, zusammen mit rationalem Denken und Verständnis.

Während ich über viele Jahre hinweg sterbenden Menschen beigestanden habe und auch, weil ich mich oft im Leben in der Nähe des Todes befand, bin ich allmählich zu der felsenfesten Überzeugung gelangt, daß der physische Tod keineswegs das Ende des Menschen bedeutet und daß ein höheres Leben weitergeht, nachdem das irdische Leben abgeschlossen ist. Und ich glaube ohne jeden Zweifel, daß das Leben im Jenseits von wesentlich höherer Qualität ist als das diesseitige. Wenn wir das irdische Leben als ein unbegreifliches Wunder betrachten, was für eine noch unbegreiflichere Erfahrung wird dann diese Existenz auf einer höheren Ebene sein, die wir das ewige Leben nennen!

Über viele Jahre hinweg habe ich bei Gottesdiensten für diejenigen, die von der Sterblichkeit in die Unsterblichkeit übergegangen waren, ein Gleichnis verwendet, dessen Wahrheitsgehalt ich persönlich für unangreifbar halte. Ich meine, die Idee dafür entsprang einer Schrift, die Leslie Weatherhead vor vielen Jahren in London veröffentlichte. Nehmen wir einmal an, ein ungeborenes Kind im Mutterleib wäre fähig, rational zu denken und sich auszudrücken. Nehmen wir dann an, daß jemand diesem Kind sagt: »Bald wirst du den Zustand, in dem du dich befindest, beenden, sterben und, wie wir Lebende es nennen, geboren werden.«

Das Kind könnte einwenden: »Aber hier gefällt es mir doch. Ich werde genährt, gewärmt, geliebt und versorgt. Es ist sehr angenehm, und ich fühle mich wohl. Ich will nicht hier heraussterben oder, wie ihr es nennt, geboren werden.«

Aber die Veränderung ist unumgänglich, und es kommt der Moment, in dem das Kind »stirbt« oder seine vorgesehene Zeit im Mutterleib vorbei ist und es geboren wird. Was dann? Das Baby sieht hoch in ein wunderschönes Gesicht und in Augen, die es mit Liebe betrachten. Es wird in liebenden Armen gewiegt und ist erstaunt über das, was geschehen ist. Bald entdeckt das Kind, daß es alles erhält, was es will, wenn es nur weint oder Geräusche macht. Alle lieben das Baby und beeilen sich, ihm alles recht zu machen. Also sagt sich das Baby alsbald: »Dies ist ja wunderbar. Das, was man irdisches Leben nennt, ist viel besser als mein früheres Dasein.«

Die glücklichen Jahre der Kindheit vergehen, das Kind wächst heran und wird erwachsen. Der junge Mensch heiratet, gründet eine Familie und hat selbst Kinder. Er erlebt den Alltag aus Mühe und Erfolg, Freude und Tränen, und er genießt die Früchte seines Schaffens.

Dann naht das Alter, und Gebrechlichkeiten machen sich bemerkbar. Der Gedanke an den Tod stellt sich bedrohend ein. Und nun sagt er sich: »Hier werde ich nicht bleiben. Ich werde vergehen, ich werde sterben.« Wie vor langer Zeit wehrt er sich gegen diese Vorstellung. »Ich will aber nicht sterben. Ich liebe das Leben hier. Schon so lange ist dies meine Heimat. Ich liebe das geheimnisvolle Morgengrauen, die herrlichen Sonnenuntergänge, den Wechsel der Jahreszeiten. Ich liebe das Knirschen des Schnees unter den Füßen, den Duft des Sommerregens, den Anblick von entfernten Bergen im Dunst. Ich will nicht die verlassen, die ich liebe. Ich will nicht sterben.«

Doch wieder nimmt die Natur ihren Lauf. Dieser Mensch stirbt. Was geschieht nun? Dürfen wir nicht logischerweise glauben, daß er nicht stirbt, sondern statt dessen neu geboren wird? Er blickt in ein Gesicht empor, das lieblicher ist als das seiner Mutter. Liebende Augen sehen ihn an, und er wird von ewigwährenden Armen gehalten. Wieder gilt das Gesetz von Entwicklung und Wachstum, aber diesmal in einer Welt, die schöner ist als jede andere.

Soll Gott auf einmal Sein Wesen von einem der Liebe in eins der grausamen Vernichtung umändern? Wird Er unberechenbar gegen Seine eigenen Gesetze verstoßen und das von ihm geschaffene Wesen auslöschen? Könnte Er so das Lebewesen behandeln, das als Sein Ebenbild erschaffen wurde? Eine solche Vorstellung ergäbe keinen Sinn. Sie widerspräche dem Grundprinzip des Schöpfers. Da Er gestern, heute und in Ewigkeit konstant bleibt, können wir nicht nur spirituell, sondern auch rational sicher sein, daß dieses irdische Leben lediglich ein vorübergehender Abschnitt des Gesamtlebens ist und daß der Zyklus von Geburt, Tod und Neugeburt zu dem Ziel des Lebens führt, das unauslöschbar und ewig ist.

Auf allen verfügbaren Wegen der Kommunikation habe ich diese Argumentation Hunderte von Malen wiederholt, denn ich glaube fest daran, daß dies die absolute Wahrheit ist, und immer wieder bin ich dadurch belohnt worden, daß gelehrte und weise Menschen ausgesagt haben, daß ihnen diese Folgerung die uralte Frage »Was ist der Tod?« beantwortet hat. Die Antwort lautet einfach. »Er ist die Fortsetzung der verantwortungsvollen, normalen und natürlichen Gesetze Gottes, die Er ursprünglich in Bewegung versetzt hat.«

Besonders beeindruckt hat mich die Anzahl der wissenschaftlich und praktisch veranlagten Menschen, denen diese Denkweise zusprach. Die Witwe des großen Erfinders Thomas A. Edison erzählte mir, daß sie erkannte, daß ihr Mann dringend sprechen wollte, als er im Sterben lag. Der anwesende Arzt beugte sich tief herab und hörte den großen Wissenschaftler unmißverständlich sagen: »Es ist wunderschön hier drüben.« Edison behauptete nie etwas, wovon er sich nicht hatte überzeugen können. Er war kein Träumer oder Poet, sondern ein präzise denkender Wissenschaftler.

In einem weiteren Buch berichte ich von zwei praktisch veranlagten Männern, für die diese Gedanken eine wichtige und überzeugende Hilfe waren.

Ich erhielt eines Tages telefonisch Bescheid, daß mich Alfred P. Sloan, ein Industrieller, der mit der Entstehung von General Motors zu tun hatte und den Konzern damals leitete, mich dringend sprechen wollte. Dies erschien mir merkwürdig, weil wir uns noch nie begegnet waren. Mir wurde erklärt, daß seine Frau nach fünfzig Ehejahren gestorben sei. Er hatte sehr an ihr gehangen und war verzweifelt. Niemand hatte ihm bisher helfen können, und da er meine Bücher kannte, wandte er sich jetzt an mich. Er fühlte sich so elend, daß er das Haus nicht verließ. Der Anrufer bat mich daher, ihn zu besuchen.

Alfred Sloan hatte ein beeindruckendes Auftreten und war eine beherrschende Persönlichkeit. Seine Miene war streng, seine Art sachlich und direkt. Der kühle Blick, mit dem er mich fixierte, duldete kein Ausweichen. »Ich will Ihnen eine einfache Frage stellen«, sagte er, »und ich will kein Herumdrücken und keine philosophische Diskussion. Ich will ein klares Ja oder Nein, also eine Antwort, und wenn Sie sie nicht geben können, dann sagen Sie es.« Ich sah ihn genauso direkt an wie er mich. »Gut«, sagte ich darauf, »stellen Sie eine klare Frage, und Sie erhalten eine klare Antwort.«

»Meine Frau ist vor kurzem gestorben. Ich liebte sie und verließ mich auf sie. Was ich wissen will, ist: Werde ich wieder mit meiner Frau zusammen sein, wenn ich sterbe?

Ich bat einen Pfarrer von einer Kirche in der Nähe zu mir

und stellte ihm diese Frage. Er redete einen Haufen unschlüssiges Zeug und murmelte tatsächlich irgend etwas von wegen erweiterter Betrachtungsweise und moderner Einstellung gegenüber der Unsterblichkeit in diesem aufgeklärten Zeitalter. Ich bin ihn, so schnell ich nur konnte, wieder losgeworden. Der Mann war doch unseriös. Nun, wie lautet *Ihre* Antwort?«

»Die Antwort ist ja.«

»Wie sicher sind Sie sich?«

»Absolut und hundertprozentig.«

In gewisser Weise erstaunte mich Sloans fast kindhafte Art, obwohl er nach außen hin dominant und mächtig wirkte. Er erklärte mir, daß seine Frau einen regen Geist gehabt hätte, Menschen intuitiv erfassen und sehr gut kombinieren konnte. »Ich zog sie bei allen meinen Vorhaben zu Rate«, sagt er, »und sie brachte bemerkenswerte Gesichtspunkte hinzu. Sie war mein Leben. Sie war es, zu der ich jeden Abend heimkehrte. Was soll ich ohne sie bloß anfangen?« Die Tränen standen ihm in den Augen, und seine Stimme bebte. Aber er schob die Emotionen beiseite. »Sie sind sich also sicher. Wieso?«

Ich erzählte ihm das Gleichnis des unwilligen Kindes vor der Geburt und daß der Grund meiner Überzeugung darin liege, daß die Bibel uns unmißverständlich lehrt, daß Leben nach dem Tode auf diejenigen wartet, die den Herrn lieben und in Seiner Gnade stehen. Ich zitierte Hinweise aus der Bibel hierzu: »Da Ich lebe, werdet ihr auch leben«, und »Ich bin die Auferstehung und das Leben. Wer an mich glaubt, und wärc er tot, er würde dennoch leben. Und wer lebt und an mich glaubt, wird nie sterben.« Ich erinnerte ihn daran, daß Jesus nach der Auferstehung vielen Menschen erschienen und daß sie über jeden Zweifel hinweg belegbar sei. Ich nannte ihm jede Bibelpassage, die mir in diesem Zusammenhang in dem Moment einfiel.

Dann fügte ich hinzu: »Herr Sloan, um sicher zu sein, daß Sie Ihre Frau im ewigen Leben wiedersehen werden, muß diese Lebensqualität in Ihnen vorhanden sein. Sagen Sie mir bitte, wie Sie zu dieser Aussage der Bibel stehen: ›Und dies ist das Zeugnis: Gott hat uns ewiges Leben gegeben, und dieses Leben ist in seinem Sohn. Wer zum Sohn gehört, hat das Leben; wer nicht zum Sohn gehört, hat das Leben nicht. Dies schreibe ich euch, damit ihr wißt, daß ihr ewiges Lebens habt; denn ihr glaubt an den Namen des Sohnes Gottes.‹« (1. Johannes 5, 11–13)

Er sah mir gerade in die Augen. »Ich glaube, und ich habe den Sohn Gottes in mir.«

»Beziehen Sie auch diese auf sich? ›Denn wenn du mit deinem Mund bekennst: Herr ist Jesus, und in deinem Herzen glaubst: Gott hat ihn von den Toten auferweckt, so wirst du gerettet werden‹.« (Römer 10, 9)

Erneut bestätigte er seinen Glauben: »Das bekenne ich.«

Ich teilte meine eigenen spirituellen Erfahrungen in meinen Zeiten der Betroffenheit und Trauer mit ihm und sagte ihm, wie ich durch Glauben und Gebet die göttliche Zusicherung erhalten hatte, daß wir uns irgendwie, irgendwann wiedersehen würden. »Sie glauben *wirklich*. Ich danke ihnen, denn Sie haben meinen eigenen Glauben gefestigt. Ich darf auch von mir behaupten, daß ich gläubig bin. Auch bin ich getröstet, denn jetzt bin auch ich sicher.« Dann sagte er noch: »Mir gefällt ein Geistlicher, der glaubt, der weiß, warum er glaubt, und der nicht zögert, seinen Glauben auch zu bekennen.«

Alfred Sloan hat diese Welt nun selbst verlassen, und daß sich sein Glaube sowie meiner bestätigt hat, steht für mich außer jedem Zweifel.

Ein weiterer tatenfreudiger Geschäftsmann war Roy

Thomson, einer der wenigen ganz großen Zeitungsmänner unserer Zeit. Er besaß und leitete Zeitungen in England, Schottland, Kanada und den Vereinigten Staaten, unter anderen die *Times* und die *Sunday Times* in London und den *Scotsman* in Edinburgh. Er kaufte und verkaufte Pressehäuser gerne, und daß er Genuß an seiner Karriere hatte, war in der gesamten englischsprachigen Welt bekannt. Roy Thomson wurde in armen Verhältnissen in Kanada geboren und letztlich in den Adelsstand erhoben – Lord Thomson of Fleet.

Eines Tages lud er mich ein, sein Gast bei einem Mittagessen im reich ausgestatteten Speisesaal der *Sunday Times* zu sein. Anwesend waren führende Redakteure und Journalisten der *Sunday Times* sowie angesehene Londoner Geschäftsleute. Die Tischgespräche umfaßten viele Themen, Politik, internationale Angelegenheiten, britisch-amerikanische Beziehungen und die Aussichten für den Weltfrieden. Mitten in die allgemeinen Gespräche hinein sagte Lord Thomson auf einmal: »Doktor Peale, ich möchte eine Frage aufwerfen. Ich werde alt, und eines Tages werde ich sterben.« Die Gespräche an den Tischen verstummten. »Was ich wissen will, ist: Gibt es ein Leben nach dem Tode, glauben Sie daran, und wenn ja, warum? Bitte sagen Sie mir das, denn ich möchte es wirklich wissen.«

Bislang waren die Unterhaltungen humorvoll und gefällig verlaufen, aber nun wurde der Ton ernst. Ich war mir keineswegs sicher, daß dies keine Fangfrage war, doch dann spürte ich, daß die Absicht hinter der Fragestellung doch eine ernstzunehmende war. Alle Anwesenden hörten gespannt zu.

»Nun, Lord Thomson«, sagte ich, »ich bin kein großer Gelehrter, sondern eher ein recht pragmatischer Prediger, aber ich bin überzeugter Christ und glaube an die Versprechen, die uns die Heilige Schrift macht. Ich glaube an die

Unsterblichkeit, an das Leben nach dem Tode und an die christliche Vorstellung der Erlösung für alle Zeit und Ewigkeit. Ich bin gläubig, Sir, und ich sage Ihnen, daß sie bei Christus im Paradies sein werden, wenn Sie an Ihn glauben.« Dann nannte ich ihm die gleichen Bibelstellen, die ich Alfred Sloan zitiert hatte. »Aber auch abgesehen von der biblischen Lehre, Mylord, gibt es Indizien für Intelligenz und ein Grundprinzip des Lebens. Sie sind ein Mann mit einem Sinn für Logik und schätzen das, was einen Sinn ergibt.« Dann trug ich das Gleichnis des ungeborenen Babys vor, was nicht nur den Lord, sondern sämtliche Gäste sehr interessierte.

»Ergibt das für Sie einen Sinn?« fragte ich zum Schluß und merkte mit Schrecken, daß ich zu lange geredet hatte. Die Versammlung war still, jemand hustete, einige Gäste wischten Tränen von den Augen. Lord Thomson seufzte tief. »Es ergibt in der Tat einen Sinn«, antwortete er schließlich. »Ich werde dieses Gleichnis nie vergessen. Es hat mir sehr geholfen, indem es mir einige Fragen beantwortet hat, die mich seit Jahren verfolgen.«

Dann wechselte seine Stimmung plötzlich. »Glauben Sie, daß es mir da drüben gefallen wird?« fragte er.

»Aber natürlich wird es das, denn es wird sehr anregend sein, und Sie sind doch zeitlebens ein Mann gewesen, der Anregungen schätzt.«

»Und was meinen Sie, werde ich da tun?« fragte er und grinste.

»So, wie ich Sie kenne, halte ich es für wahrscheinlich, daß Sie Zeitungshäuser an- und verkaufen!« Das brachte ein heiteres Echo der versammelten Gäste, und die Runde löste sich auf.

Auf dem Weg zum Lift legte Lord Thomson seinen Arm um meine Schultern. »Ich hatte Sie immer als einen Lehrer des positiven Denkens eingeschätzt«, sagte er, »aber wissen Sie was, mein Freund? Sie sind auch ein Mann Gottes, und Sie gefallen mir aus beiden Gründen!«

Lord Thomson ist unterdessen auch in das nächste Leben übergegangen. So, wie er den Glauben verinnerlichte, bin ich überzeugt, daß sich Gott seiner angenommen hat.

Dieser sich an der Bibel orientierende Glaube ist meines Erachtens mit den präzisen Gesetzen der Natur verbunden, die als göttliches Gesetz definiert werden können. Wenn Gott, wie ich es glaube, der Schöpfer ist, dann folgt daraus, das Er der Urheber aller Naturgesetze ist, und diese stellen die Methodologie dar, nach der alle Dinge nach festen Formeln funktionieren.

Seit einigen Jahrhunderten begreift der Mensch langsam Gesetzmäßigkeiten, die immer schon existierten, für ihn jedoch nicht erfaßbar oder verständlich waren. Dann begann das wissenschaftliche Zeitalter, und die Menschheit brachte spektakuläre Erfindungen hervor. Eine Erfindung ist ja lediglich die Entdeckung der Anwendung natürlicher Kräfte, Stoffe und Prozesse. Als Beispiel könnte die Entdeckung Alexander Graham Bells dienen, daß sich die menschliche Stimme über Draht vermitteln läßt. Anschließend entdeckten Guglielmo Marconi, Thomas Edison und andere, wie Schallwellen drahtlos von einem Rundfunkempfänger aufgefangen werden konnten, und später konnte sogar noch das Bild der sprechenden Person mitgesendet werden.

Die ersten dieser Entdeckungen und Anwendungen der Naturgesetze versetzten uns in Staunen und Ehrfurcht, doch heute sind wir mit technischen Wundern überfüttert und nehmen neue nicht unbedingt desinteressiert, aber weitgehend gelassen als normal zur Kenntnis.

Es gibt einen weiteren Bereich, den wir, wie unsere Vorfahren aus der Steinzeit, als wundersam oder außerhalb der natürlichen Gesetzmäßigkeiten stehend ansehen, und wenn wir davon sprechen, benutzen wir Bezeichnungen wie »mysteriös« oder »übersinnlich«. Wir nennen es auch Hellsehen und schlimmstenfalls Scharlatanerie. Menschen, die sich damit befassen, begeben sich in die Gefahr, als verschroben und versponnen angesehen zu werden. Doch traten einige geistige Abenteurer auf, wie Steinmetz, Edison, Einstein, McDougall, Rhine und andere, anerkannte Gelehrte und Wissenschaftler, die einem enormen Wahrheitsbereich, den es unbestreitbar gibt, der aber praktisch unerforscht ist, Seriosität verleihen. Niemand hätte sich die Eroberung der Lüfte vorgestellt, die den einfachen Experimenten der Brüder Wright in Kitty Hawk folgte. Man belächelte das Ganze, das sowieso zu nichts führen würde.

Doch erinnern wir uns heute wieder an die Prophezeiungen, die Steinmetz über zukünftige wissenschaftliche Beweise im Bereich des Spirituellen machte, an Einsteins Überzeugung, daß Intuition ein erstaunlicher Weg des Wissens ist, und an die Demonstration einer wirklichen Welt jenseits unserer traditionellen Vorstellung von dem Universum durch McDougall und Rhine.

So war zum Beispiel für unsere Vorväter der Himmel irgendwo über uns. Doch fliegen viele Menschen heute routinemäßig in zehntausend Metern Höhe, ohne dem Himmel begegnet zu sein, und auch die Mondflüge kamen ihm nicht näher. Diese Tatsache führt Denker dazu, ein anderes Konzept des Alls zu entwickeln, eines, das davon ausgeht, daß das Leben nach dem Tode denselben Raum beansprucht, den wir bewohnen, jedoch in einem höheren Frequenzbereich, einer erweiterten Dimension. Stewart Edward White *(The Unobstructed Universe)* veranschaulicht diese Vorstellung mit dem einfachen Beispiel eines elektrischen Ventilators. Ist das Gerät ausgeschaltet, so blockieren die Flügel natürlich dort, wo sie stehen, die Sicht. Ist es jedoch eingeschaltet, wird der gesamte Bereich der Flügel durchsichtig. Jede Erhöhung der Frequenz begünstigt die Sicht.

In ähnlicher, wenn auch sehr komplizierter Weise können die höheren Ebenen spiritueller Erleuchtungen gelegentlich die Grenzen zwischen Diesseits und Jenseits durchbrechen und uns Einblicke, Ahnungen oder blitzartige Eingebungen des Himmels ermöglichen, der wirklicher denn je gedacht existiert. In diesen parallel zu unserem sichtbaren Universum existenten Zustand des Lebens, den Himmel, sind unsere geliebten Toten übergegangen, und zu gegebener Zeit werden auch wir durch die Pforte gehen, die wir den Tod nennen, die aber genauer gesagt der Eingang in ein höheres Leben ist.

Ich bin im Verlauf von Jahren zu dieser Auffassung von Leben und Tod und einem höheren Leben gekommen, durch das Studium vieler Abhandlungen und durch gewisse persönliche Erlebnisse. Ich habe zugehört, wie vertrauenswürdige Leute von Erfahrungen auf diesem Gebiet erzählten, widerwillig und zögernd, weil sie befürchteten, als »nicht ganz bei Trost« abgestempelt zu werden. Obwohl ich umfangreiches Material über Kontakte zu Seelen im Jenseits gelesen habe, ging ich Berichte dieser Art immer vorsichtig und mit einer wissenschaftlichen Geisteshaltung an. Als pragmatisch gesinnter Junge aus Ohio stand ich allem skeptisch gegenüber, das ich nicht aus eigener Erfahrung bestätigen konnte.

Dann starb meine Mutter eines Nachts, nachdem wir einen wundervollen gemeinsamen Abend im Hause meiner Eltern in Canisteo, New York, verbracht hatten. Ich hatte den Mitternachtszug zurück nach New York City genommen und war gerade in unserer Wohnung eingetroffen, als das Telefon klingelte. Es war Ruth, die mir sanft beibrachte, daß meine Mutter soeben gestorben war. Ich war verständlicherweise von Schmerz und dem Gefühl des Verlustes überwältigt. Ich wußte weder aus noch ein, noch mir irgendwie zu helfen, also ging ich zur Kirche und setzte mich auf meinen Stuhl auf der Kanzel. Mutter hatte mir immer gesagt, daß sie bei mir sein würde, wenn ich die Kanzel bestieg. Ich saß da eine Zeitlang, dachte an sie und versuchte, ihre Gegenwart zu spüren. Ich glaube, daß uns allgemein der erste Schock über den Tod eines geliebten Menschen das Gefühl vermittelt, ganz alleine auf der Welt zu sein.

Innerlich aufgewühlt und verstört ging ich in mein Arbeitszimmer im Kirchengebäude, dessen Fenster auf die Fifth Avenue blicken. Auf dem Schreibtisch lag eine Bibel, die mir meine Mutter viele Jahre zuvor geschenkt hatte. Es ist mir eine liebgewonnene Gewohnheit, an jedem Sonntag, kurz bevor ich das Kirchenschiff betrete, um die Predigt zu halten, meine Hände auf diese Bibel zu legen und ein Gebet zu sprechen. Also legte ich in diesem Moment instinktiv meine Hände auf die Bibel und blickte, ohne wahrzunehmen, auf die Straße jenseits des Fensters. Plötzlich empfand ich das Gefühl, daß sich zwei gewölbte Hände leicht, aber unbedingt spürbar auf meinen Kopf legten.

Sofort begann mein wissenschaftlich geschulter Verstand, mein moderner, skeptischer Intellekt, die Wirklichkeit dieser erstaunlichen Empfindung zu negieren. Trotz dieser Zweifel und meines sogenannten logischen Denkens »wußte« etwas in mir, daß mein Spüren von Mutters tatsächlicher Gegenwärtigkeit echt gewesen war. Ich hatte keine Stimme vernommen. Ich hatte nichts gesehen. Ich hatte lediglich die Hände gespürt, die mich trösteten, und es waren ohne jeden Zweifel ihre. Alleine in meinem Schmerz mit nach ihr ausgestreckter

Hand – hatte ich so für einen kurzen Augenblick die höhere Frequenz erreicht? Und hatte sie, die Hand zu mir hin ausgestreckt, es möglich gemacht, daß Mutter und Sohn einen kurzen, aber unverkennbaren Kontakt zwischen Zeit und Ewigkeit hatten? Allen rationalen Infragestellungen zum Trotz kann ich die Überzeugung nicht loswerden, daß sie spirituell tatsächlich gegenwärtig war, um mir mitzuteilen: »Mir geht es gut. Ich liebe dich.« Ich betrachte es als einen Brückenschlag in einem behinderungsfreien Universum.

An einem Samstag einige Jahre später fuhren Ruth und ich nach Ocean Grove, New Jersey, wo ich am nächsten Tag vor einem großen Publikum sprechen sollte. Als weiterer Redner vorgesehen war der Methodistenbischof Arthur J. Moore, einer der hervorragenden Prediger seiner Zeit. Am Samstagnachmittag gingen Ruth, der Bischof und ich auf der Promenade am Asbury Park spazieren und trafen auf eine Versteigerung von Möbeln und Haushaltsgegenständen aus dem nahegelegenen Sommerwohnsitz des verstorbenen Präsidenten Woodrow Wilson. Der Bischof war ein unersättlicher Versteigerungsanhänger, also gingen wir hinein. Bald wurde ein sehr schönes Paar Sturmleuchten mit geschliffenem Kristall angeboten, von dem es hieß, daß Präsident Wilson sie besonders geschätzt hätte.

Zu meiner eigenen Überraschung bot ich mit, wenn mein Angebot auch sehr gering war. Einige Teilnehmer überboten mich, aber mein Konkurrenzinstinkt war angestachelt, und ich bot mehr, obwohl der Preis alarmierend stieg. Plötzlich schwiegen die Mitbewerber, und ich war der Käufer. Ruths Freude war unverkennbar.

Montag früh verstauten wir die Leuchten im Kofferraum unseres Wagens und machten uns auf den Weg nach Hause. Ich habe jedoch eine ausgeprägte Sparsamkeitsader und das

Gefühl, daß uns die Leuchten an den Rand der Armut getrieben hätten, wurde ich nicht los. Während ich fuhr, dachte ich dauernd daran, daß ich für die beiden Leuchten zuviel ausgegeben hatte. Wir hielten zu Mittag bei einem Restaurant und aßen Würstchen. Als wir hinaus auf den Parkplatz und in die gleißende Sonne gingen, schien sich Mutters Präsenz auf einmal vor mir zu verkörpern, und sie sagte mir deutlich: »Höre auf, dir über die Sturmleuchten Gedanken zu machen. Ruth ist ein wundervolles Mädchen. Nichts ist zu gut für sie.« Dann war sie verschwunden. Tränen liefen über mein Gesicht, Ruth war erschreckt. »Was fehlt dir?« fragte sie besorgt. Wir waren bereits Meilen weiter, als ich ihr sagen konnte: »Irgendwann erzähle ich es dir.«

Ich konnte nicht anders, als mir Gedanken darüber zu machen, was es in den Spielregeln des unbehinderten und sensiblen Universums gibt, das eine Mutter so unerwartet bei ihrem Sohn auf der banalen Bühne eines Parkplatzes erscheinen lassen würde. Mir fielen James Russell Lowells Worte ein: »Liebe kann ihre Zugehörigen nie verlieren.« Aber während das Verständnis trübe ist, ist die Wirklichkeit es nicht. Ich sehe diese schönen Sturmleuchten, während ich heute schreibe. Sie haben eine besondere Bedeutung für mich, die mit ihrem gediegenen Aussehen nichts zu tun hat.

Warum mir diese mystischen Vorfälle geschahen, wie auch drei weitere, die ich mitteilen will, kann ich nicht sagen. Aber als ich sie in Vorträgen und Schriften mitteilte, erzählten mir Menschen – sehr sachlich denkende Menschen – von ähnlichen Geschehnissen. All das scheint die These zu bestätigen, daß eine Gesetzmäßigkeit existiert, die zwar spirituell, aber dennoch faktischer Natur ist.

Ich glaube auch, daß es logisch und realistisch ist zu erwarten, daß wir irgendwann zu einem genaueren Verständnis dessen gelangen werden, was wir heute als mysteriös und mystisch betrachten. Was wir uns heute hauptsächlich aus dem Glauben heraus an Überzeugung aneignen, kann eines Tages durch größeres Verständnis der Gesetze Gottes leichter anzunehmen sein. Denn es erscheint mir eine vernünftige Annahme, daß die Naturgesetze, die die Gezeiten der Meere, die Zeit der Aussaat und der Ernte bestimmen, auch in dem Bereich des menschlichen Lebens und Sterbens und dem Leben nach dieser irdischen Phase Gültigkeit haben. So, wie die Ewigkeit unteilbar ist, gleichzeitig jetzt und später existiert, so bestimmen die Gesetze des Schöpfers alles sterbliche und unsterbliche Leben, das Er schuf.

Daß diejenigen, die ins Jenseits übergegangen sind, weiter leben und wachsen, ist eine Annahme des Glaubens und der Logik. Die Bibel sagt uns: »Im Haus meines Vaters sind viele Wohnungen. Wenn es nicht so wäre, hätte ich euch dann gesagt: Ich gehe hin, um euch einen Platz zu bereiten? Wenn ich hingegangen bin und euch einen Platz bereitet habe, komme ich wieder und werde euch zu mir holen, damit ihr auch dort seid, wo ich bin.« (Johannes 14, 2–3) Damit könnte nicht nur ein spirituelles Zuhause gemeint sein, sondern wir könnten auch viele Ebenen des Verständnisses und des spirituellen Wachstums erreichen, nachdem wir die »Grundschule« des Lebens auf dieser Erde absolviert haben. Das wirklich wichtige, fortgeschrittene Lernen findet auf der »anderen Seite« im Hauptteil unseres Daseins statt. Und der Herr hat diesen Ort für uns vorbereitet. Er wird dort bei uns sein und wir bei Ihm.

Ich habe drei Erlebnisse gehabt, aus denen ich das Gesetz der Entwicklung und des Wachstums herauslese. Bei dem ersten saß ich auf der Rednerplattform eines großen Vortragssaales in Sea Island, Georgia, in dem sich ein Publikum von nahezu zehntausend versammelt hatte und Kirchenchoräle sang. Die Leitung der Veranstaltung hatte wieder Bischof Moore. Er rief alle anwesenden Geistlichen auf, nach vorne zu kommen und einen Chor zu bilden, um »den Leuten zu zeigen, wie man singt«. Er schienen Hunderte zu sein, die die Gänge herab zur Plattform kamen. Dann »sah« ich ihn, meinen Vater, der Jahre zuvor im Alter von fünfundachtzig gestorben war. Er ging einen Gang entlang auf uns zu und sang dabei. Er schien ungefähr vierzig Jahre alt zu sein und sich in seiner besten Form zu befinden, ohne ein Anzeichen von Arthritis, eines Schlaganfalls oder eines entkräfteten Körpers. Er wirkte dynamisch und war offenbar glücklich. Seine gesamte Ausstrahlung war die eines Menschen, der das Leben genießt.

Ich stand da wie gebannt, vollkommen eingenommen von dem, was ich »sah«. Das Riesenpublikum verschwand für mich, ich war mit Vater alleine. Als er näher kam, erschien sein gewohntes großartiges Lächeln, und er hob den Arm in seiner typischen Geste, während er mit jugendlichem Schritt nach vorne kam. Ich erhob mich von meinem Stuhl, ging vor zur Kante der Plattform und streckte die Hand nach ihm aus. Dann war er verschwunden. Ich war erschüttert und etwas verlegen, aber dennoch glücklich.

Wie auch immer das Phänomen erklärt werden mag, ich hatte das Gefühl, daß wir zusammen gewesen waren. Der Bischof wunderte sich über mein Verhalten und fragte, ob mir etwas fehle. Ich sagte, es gehe mir gut. Später erzählte ich ihm die Einzelheiten, und er sprach von der »Gemeinschaft der Heiligen« und fügte hinzu: »Warum sollten wir nicht glauben, daß Ihr Vater hier war? Er hätte sich doch an einer Versammlung wie dieser gefreut.« Mir fiel die Zeile eines Gedichts ein: »Geist und Geist können sich treffen.« Und das können sie tatsächlich in einem unbehinderten Universum, das von Gottes unverwechselbaren Gesetzen des ewigen Lebens regiert wird.

Nicht lange nach diesem Erlebnis stand ich auf dem Bürgersteig vor einem der Häuser, in denen ich als Kind gewohnt hatte. Es war in einer ruhigen, von Blumen gesäumten Straße in Norwood, Ohio. Roger Ferger, damals Herausgeber des *Cincinnati Enquirer*, hatte mich durch Norwood begleitet. Wir hatten damals in unseren Jahren in diesem schönen Ort nahe Cincinnati drei verschiedene Häuser bewohnt, und an diesem Tag statteten wir jedem davon einen kurzen Besuch ab. Vor dem Haus in der Madison Avenue stieg ich aus dem Auto und stand da, als mir ein profundes mystisches Erlebnis widerfuhr, das von einer Vision begleitet war.

Es schien mir, als wäre die Gegenwart auf einmal verschwunden, und statt dessen war ich wieder ein kleiner Junge, stand auf dem Bürgersteig und hielt meinen kleinen Bruder Bob an der Hand. Wir waren beide so gekleidet, wie es für Kinder damals üblich war, und wir warteten auf Mutter und Vater. Da öffnete sich die Haustür, und sie kamen die Eingangstreppe herab. Mutter trug ein altmodisches Kleid, das bis zu ihren Schuhen herabreichte. Es war aus einem Spitzenstoff, hatte einen weiten Rock mit schmaler Taille und einen Stehkragen. Ihr Haar war hoch aufgetürmt und von einem hübschen Hut gekrönt. Sie schien ungefähr fünfunddreißig Jahre alt zu sein. Vater wirkte wie um die Vierzig, trug einen dunkelblauen Anzug und eine Melone. Er nahm Mutters Arm und führte sie galant die Treppe herab. Beide lächelten uns an.

Die Erscheinung war so vollkommen wirklich für mich, daß ich unwillkürlich auf sie zuging. Damit brach der Bann, und die Vision war verschwunden. Aber ihre Wahrhaftigkeit stand für mich außer Zweifel. Ich war überglücklich, doch kehrte sich meine Freude in Niedergeschlagenheit um, als mir wieder klar wurde, daß sie nicht mehr auf dieser Erde weilen. Meine Gefühle standen mir deutlich im Gesicht, als ich zum Auto zurückkehrte. Ich erzählte Roger, was vorgefallen war, und nach einigen Momenten der Stille sagte er: »Sie waren da! Ihr wart zusammen.« Ich glaube auch, daß es so war, und vielleicht leben wir tatsächlich in einem unbehinderten Universum, in dem diejenigen, die wir lange geliebt und dann verloren haben, hin und wieder unser Leben in liebevoller Präsenz berühren. Vielleicht sollen uns solche ergreifenden Momente auch sagen: »Wir werden uns wiedersehen.«

Ähnlich wie bei dem vorhergegangenen Erlebnis ging es mir, als ich bei der wöchentlichen Gebetsversammlung der Mitarbeiter der Stiftung für Christliches Leben in Pawling sprach. Mein Bruder, Dr. Robert Clifford Peale, war einige Wochen zuvor im Alter von neunundsechzig gestorben. Er war Arzt und Chirurg in Pawling und ein engagierter Christ gewesen. Er liebte die Menschen und setzte sein Wissen und Können ein, um ihnen zu helfen. Vor seinem Tod hatte die Krankheit, die letztlich sein Leben beendete, seinen Körper entkräftigt und zerstört.

Als ich an diesem Tage sprach, sah ich plötzlich nicht mehr meine Zuhörer, sondern nur noch meinen Bruder Bob. Er stand auf einem Platz im Freien vor dem Gebäude. Der Raum, in dem ich mich befand, war durch die Wand und die einen Korridor weiter befindliche Hausmauer von diesem Platz getrennt. Doch Bob schritt kraftvoll und energisch über den Platz. Er war jung und vital und strahlte Freude und Begeisterung aus. Er winkte, und sein Lachen war so, wie ich es von ihm kannte. Ich empfand, daß er mir sagte: »Alles in Ordnung, Herr Diakon«, ein Spitzname, den nur er manchmal bei mir anwendete, »alles ist gut so.« Dann war er verschwun-

414

den. Während dieser Erscheinung, die nur wenige Sekunden andauerte, hatte ich aufgehört zu sprechen. Ich war aber von der Wirklichkeit des Erlebnisses so überwältigt, daß ich nicht weitersprechen konnte und die Versammlung beendet wurde.

Dieses merkwürdige Ereignis festigte meine Überzeugung von vier Fakten: 1. Geliebte Menschen, die »im Herrn« starben, sind nicht tot; 2. sie leben und wachsen, sind wohlauf und glücklich; 3. ihre Liebe zu uns besteht weiterhin; und 4. sie sind uns nahe. Und obwohl sie in einer anderen, höheren Dimension leben, können sie in seltenen Momenten die Grenze zu uns überschreiten. Aber auch wenn sie einen nicht so unmittelbar erreichen, wie es manche Menschen erfahren, bleibt die Beziehung zu uns erhalten, und sie warten darauf, daß wir sie akzeptieren.

Warum gerade mir diese Erlebnisse gegeben waren, kann ich nicht schlüssig beantworten. Vielleicht deshalb, weil ich sie dringend nötig hatte. Ich stelle mir gerne vor, daß sie geschahen, weil ich ein spiritueller Lehrer bin und daher lernen und überzeugt werden mußte, um fähiger zu werden, leidenden Menschen wirksam zu helfen. Man kann ja kaum Überzeugung lehren, wenn man nicht selbst überzeugt ist. Und ich bin absolut sicher, daß der Allmächtige Gott will, daß wir wissen, daß Er gestern, heute und in Ewigkeit gleichbleibend ist. Von dieser Basis ausgehend und angesichts dessen, daß Er uns auf dieser Welt Leben schenkte und uns segnete, wird Er uns gleichwohl in der nächsten Welt Leben schenken und Seinen Segen. Seine Gesetze finden nicht willkürlich Anwendung, und sie sind nicht veränderbar. Wir können uns darauf verlassen, daß Gott und die Gesetzmäßigkeiten, die Er schuf, in Ewigkeit gleichbleibend sind. Ob im Leben oder im Tode, Er liebt uns und behütet uns. Die Wahrheit dieser Botschaft steht für mich über jeden Zweifel erhaben.

NORMAN VINCENT
PEALE

Die Wirksamkeit positiven Denkens

Der Weg
zum neuen Lebensgefühl

Unzählige Menschen haben durch Norman Peale eine
positive Grundhaltung dem Leben gegenüber gefunden.
Sie meistern ihre Probleme besser, mit jener inneren
Gelassenheit, die alle auszeichnet, die gelernt haben,
zum Leben ja zu sagen.
Norman Vincent Peale vertritt nicht irgendein trockenes
philosophisches System, sondern er verbindet die Erkenntnisse der Wissenschaft mit den ewigen Lebens-
gesetzen des Glaubens und des Vertrauens. Seine erstaunlichen Texte spiegeln den lebendigen Geist der
Wahrheit und der gläubigen Zuversicht.
Dieses Buch birgt die Kerngedanken aus seinem Werk.
Er will ganz konkret Wege aufzeigen, die zu einem erfüll-
teren Leben und zu einem neuen Lebensgefühl führen
können.

ISBN 3-404-66366-7

BASTEI
LÜBBE